죄 없는
죄인 만들기

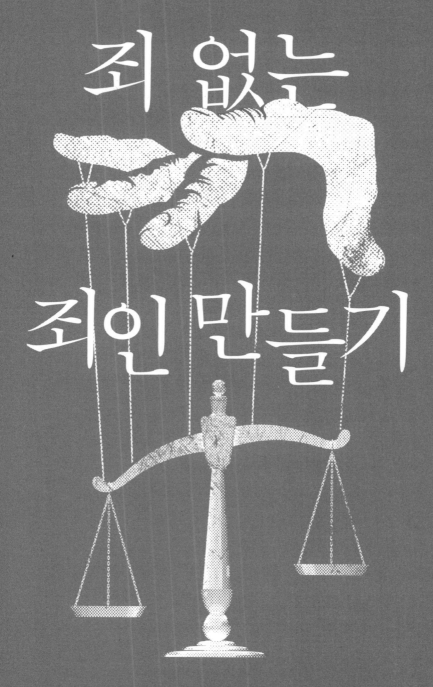

죄 없는

죄인 만들기

BLIND INJUSTICE

마크 갓시
박경선 옮김

결백한 사람은 어떻게 유죄가 되는가

원더박스

차 례

1
불의에 눈뜨다

Eye Opener

내 의뢰인 리키 잭슨은 본인의 표현을 빌리자면
'감전 사형'을 선고받았었다. 1970년대에 가까스로
전기의자 신세는 면했지만, 그는 자신이 저지르지도
살인 사건 때문에 이후 교도소에서 40년 가까이
복역했다. 이는 깨진 바 없는 기록이다.

Blind
Injustice

내 의뢰인 리키 잭슨은 본인의 표현을 빌리자면 '감전 사형'을 선고받았었다. 1970년대에 가까스로 전기의자 신세는 면했지만, 그는 자신이 저지르지도 않은 살인 사건 때문에 이후 교도소에서 40년 가까이 복역했다. 이는 지금까지도 미국에서 깨진 바 없는 기록이다. 2014년 11월 클리블랜드의 어느 쌀쌀한 아침, 나는 교도소를 나서는 쉰일곱의 리키와 함께 걸었다. 이제 그가 발을 내딛는 세상은 갓 열여덟—오하이오주가 처음 그를 사형시키려 할 때의 나이—청년이었던 1975년의 세상과는 비슷한 구석이 거의 없었다.

나는 법정에서 레이먼드 타울러 옆에도 나란히 앉았다. 그는 자신이 저지르지 않은 강간 사건 때문에 29년을 복역했다. 그는 고요하고 냉철한 성격이었고 굉장한 예술가이자 음악가이기도 한 르네상스형 인간이었다. 감옥에서 수십 년을 고통받은 레이먼드에게 판사가 판결을 내리며 "이제 당신은 자유의 몸입니다"라고 하던 순간 나도 그 자리에 있었다. 그러고 나서 판사는 판사석에서 일어나 레이먼드를 포옹하고는 눈물이 그렁그렁한 눈으로 아일랜드의 축복기도를 읊어주었다.

길이 나타나 당신을 만나러 마중나오기를.

바람은 언제나 등 뒤에서 당신을 밀어주기를.

햇살은 당신의 얼굴에 따스히 쏟아지기를.

그리고 비는 당신의 들판을 보드랍게 적셔주기를.

그러다 우리가 다시 만날 때까지

신께서 당신의 손을 친히 잡아주시기를.

오하이오 이노센스(결백) 프로젝트Ohio Innocence Project에서 활동하는 변호사로서 나는 지금까지 리키와 레이먼드 같은 이들 25명의 목소리를 대변하며 석방을 도왔는데, 그들이 자신이 저지르지 않은 죄 때문에 복역한 세월을 합하면 470년이다(원서 출간 이후에도 무죄 방면 사례는 더 늘어나 2022년 현재 도합 750년 이상을 복역한 39명을 감옥에서 꺼냈다—옮긴이). 그중에는 낸시 스미스처럼 자녀와 생이별을 해서 아이들이 성인이 되어버린 후에야 자유의 몸으로 다시 품에 안을 수 있었던 의뢰인들도 있었다. 그런가 하면, 가까웠던 가족이나 친구가 한 명도 남지 않은 세상으로 돌아가게 된 리키 잭슨 같은 경우도 있었다.

* * *

지금은 고인이 된 친구 루이스 로젠탈을 내가 처음 알게 된 것은 그녀가 잘못된 판결의 문제에 자연스레 빠져들면서였다. 루이스는 변호사는 아니었고, 박애주의자이자 열혈 사회운동가였다. 루이스와 그 남편 딕의 관대한 마음과 박애주의는 내 고향 신시내티를 변화시켰으며, 그 때문에 신시내티의 컨템포러리아트센터를 비롯한 여러 곳에 그들의 이름이 붙어 있다. 루이스는 오하이오 이노센스 프로젝트를 설립하고 구성하는 데도 크게 이바지했다. 나 역시 2003년 설립에 참여하여 지금까지 운영되고 있는 오하이오 이노센스 프로젝트의 주요 사명은 리키, 레이먼드, 낸시 같은 죄 없이 갇힌 사람들을 석방하는 것이다.

활동하며 내가 루이스에게 새로운 사건에 대해 설명할 때마다, 즉 새로 조사가 이뤄져 수형자의 무죄를 입증할 새로운 증거가 발견된 사례를 알려줄 때마다 그녀는 "대체 어떻게 이런 일이 있을 수가 있죠?"라고 묻곤 했다. 그리고 해를 거듭할수록 질문은 이렇게 바뀌었다. "대체 이 사람이 애초에 어떻게 유죄판결을 받을 수가 있었던 거죠?"

그리고 몇 달 뒤 우리가 찾아 낸 명백한 결백의 증거들을 보고도 검찰 측이 실수를 인정하기는커녕 적극 반격에 나서는 중이라고 알려주면 루이스는 이렇게 물었다. "이유가 뭐죠? 그 사람들은 대체 왜 그럴까요? 왜 자기네 실수를 인정하지 못하죠? 대체 어떻게 죄 없는 사람을 계속 감옥에 둘 수가 있죠? 어떻게 그럴 수가 있을까요?" 시스템이 그런 식으로 반격에 나서는 이유를 루이스는 절대 이해하지 못했다. 이런 부정의한 사례들이 밖으로 드러나지도 못하게 시스템이 법과 진실을 왜곡하는 방식도, 개혁을 거부한다는 모습도. 뼈아픈 실수를 저질러 놓고서 변화와 개선을 고집스럽게 거부하는 태도도 이해하지 못했다.

비단 루이스만이 아니다. 이제까지 이 사회에 있어온 오판의 문제를 들은 사람이면 누구나 그와 똑같은 질문들을 했다. 나는 잘못된 유죄판결이라는 주제로 강연할 기회가 많은데, 강연이 끝나면 실제로 늘 이런 질문을 받았다. "이런 일이 왜 일어나나요?" "검찰은 이 딱한 사람들이 정당한 재판을 받는 것마저 왜 이리 어렵게 만드는 건가요?" "이런 문제를 해소하는 방향으로 시스템 개선이 왜 안 되고 있나요?"

나는 이런 질문들을 받고 또 받았다. 그리고 그 질문들에 답해보고자 이 책을 썼다. 흔치 않은 이력으로 얻은 독특한 관점 덕분에 내가 다른 이들이라면 주기 힘든 답을 내놓을 수 있을 듯해 그런 결심을 했다. 나는 '이노센스Innocence 운동' 활동가이자 변호사로서 경찰, 검찰, 재판부, 변호인들의 부당한 행동과 그로 인해 죄 없는 무수한 이들이 겪게 되는 이루 말할 수 없는 고통을 끊임없이 목격해왔다. 다시 말해, 루이스를 비롯해 많은 이들을 의아하게 만드는 상황들을 줄곧 목격해왔다.

그러나 그런 활동을 하기 전에는 오랜 세월 동안 나는 완고한 검사로 일해왔다. 양쪽 입장에 다 있어봤기에, 지금 이 시점에 검사 재직 시절을 돌이켜보면 나 역시 똑같은 사고방식으로 처신해왔음을 깨닫는다. 이제야 나는 주변의 다른 검사들이 모두 가지고 있던 그런 태도가 비극적인 부정의를 가져왔음을 안다. 따라서 이 책은 일종의 고백록이자 회고록이 될 것이다. 나는 이 책에서 잘못된 유죄판결로 이어지는 심리적이고 정치적 요인들을 개인적인 체험을 바탕으로 지금껏 그 어떤 책에서도 볼 수 없었던 방식으로 조명해보고자 한다. 이는 한 사람의 진화에 관한 이야기이자 내가 새로이 눈뜨고 진실을 발견해나가는 이야기이기도 하다.

이 책에서 나는 인간 심리의 타고난 결함과 정치적 압력이 어떻게 형사사법 분야의 행위자들—경찰관, 검사, 판사, 변호사—을 기이하고도 놀라우리만치 불공정한 행동을 하면서도 스스로는 이를 인지하지 못하게 만드는지 설명하려 한다. 개인 차원으로나 사회 차원으로나 우리가 이런 문제들에 대체로 눈감고 있음을 말하고자 한다. 우리는 이를 인정하지 않고 꿋꿋이 부정하고 있을 뿐이다. 정말이지, 우리 형사사법제도는 정의의 여신처럼 눈을 가린 채 정의를 실천하는 게 아니라, 그저 불의에 눈감고 있다.

그리하여 이 책의 마지막에서는, 좀 더 공정하고 정확한 시스템으로 개선하기 위한, 즉 이 문제들을 인지하고 우리의 마음과 생각을 열어두기 위해 필요한 조치를 설명하고자 한다.

* * *

법조계에 발을 들인 초기에 나는 뉴욕시에서 연방검사로 여러 해 재직하며 당시 지역사회 뉴스 면에 오르내리거나 때로는 미국 전국 단위 뉴스 면을 장식하는 흉악범죄들을 여러 건 기소했다. 조직범죄, 납치, 테러, 중대사기범죄 등이었으며, 고위급 정치인들의 부패 사건들도 있었다. 나는 "범죄에 맞서 공격적으로 싸운" 공로로 법집행 부문 지역 표창을 받았고 "뛰어난 성과"를 인정받아 재닛 리노 법무장관으로부터 미 전역을 통틀어 오직 소수의 검사만 받을 수 있는 모범검사상을 받기도 했다. 한마디로, 나는 검사 중의 검사였다.

2001년, 나는 고향 신시내티 인근 노던켄터키대학 소속인 체이스로스쿨에서 형법 교수로 재직하게 되었다. 체이스로스쿨에는 켄터키 이노센스 프로젝트라는 단체가 있었는데, 이 단체는 로스쿨들을 기반으로 활동하며 전국 단위의 조직망을 구축하고 법학도들을 참여시켜 잘못된 유죄판결로 복역 중인 이들을 석방시키려 노력하고 있었다. 내가 부임하던 첫해에 이 켄터키 이노센스 프로젝트를 지도하던 교수가 안식년에 들어갔는데, 신임 형법 교수인 나에게 그 자리를 대신 맡아달라는 부탁이 들어와 한 해

동안 학생들을 지도하기로 했다. 그러나 전직 검사였던 나는 회의적이었다. 이 나라에서 죄도 없는 사람들이 감옥에 갇혀 있다는 것을 믿지 않았고, 정말 믿고 싶지도 않았다. 그러나 신임 교수로서 새 상관 격인 이의 부탁을 도저히 거절할 수가 없었으므로 마지못해 받아들였다.

켄터키 이노센스 프로젝트에 참여 중인 로스쿨 학생들과 처음 만난 자리에서 두 학생은 강간죄로 복역 중인 허먼 메이라는 재소자와의 면담 내용을 보고했다. 교도소에서 면담을 마치고 곧바로 온 그들은 "그 사람의 눈을 똑바로 쳐다봤"는데 그의 진실함을 볼 수 있었고, 그의 고통이 느껴졌으며, 그가 결백하다는 사실을 "알게" 됐다고 열과 성을 다해 토로했다. 난 속으로 '너무 순진들 하네. 마음이 여려 터져서 속아 넘어갈 준비가 돼 있는 법학도들이 잔뜩 모여 있구만'이라고 생각했다.

애초에 메이를 유죄로 판결하게 만든 증거가 무엇이었는지 학생들에게 물어봤다. 그러자 강간 사건이 일어난 날 밤에 같은 동네의 어떤 차량에서 도난당한 기타를 메이가 전당포에 맡기다 붙잡혔다는 이유로 용의선상에 오른 것이라고 답했다. 경찰은 이것이 단순한 우연의 일치일 리가 없다고 여기며 강간 피해자에게 메이의 사진을 포함한 사진 몇 장을 펼쳐 보여주었고, 피해자는 메이를 지목했다. 그리고 재판정에서도 자신을 강간한 남자가 바로 메이라고 증언했다.

피해자 몸에 남아 있던 범인의 정액은 강간 사건 직후 병원에서 검사로 확보해둔 상황이었다. 피해자는 재판 당시 자신은 별다른 성적 접촉 없이 지내던 상태였으므로 그 정액은 강간범의 것이 틀림없다고 증언했다. 그러나 메이가 재판을 받던 당시에는 정액에 대한 DNA 검사가 기술적으로 불가능했다. 그리하여 메이는 유죄판결을 받고 교도소로 보내졌다.

피해자의 목격 증언이 확실했기에 나는 메이가 유죄라고 믿었다. 솔직히 **틀릴 리 없다**고 생각했다. 피해자가 확신하며 그 남자를 지목한 상황에 정말 그 남자가 결백할 수도 있다고 믿는다면 그 학생들은 못 말리는 낭만주의자일 거라고 생각했다.

그러나 켄터키 이노센스 프로젝트는 새로운 과학적 기법을 사용해 범인의 정액을 가지고 DNA 검사를 하기 위해 관할법원을 이첩했다. 검사 결과 그 강간범의 DNA 프로필은 허먼 메이의 DNA 프로필과 일치하지 않는다는 게 확인됐다. 메이는 자신이 저지르지 않은 것으로 밝혀진 범죄 때문에 교도소에서 13년 복역 후 석방됐다.

검사 중의 검사라 자부하던 내가 이 일에 얼마나 큰 충격을 받았는지는 말할 필요도 없을 것이다. 나는 완전히 새로 눈을 뜨게 됐다. 십대 소년이었던 메이가 사회 수업시간에 교실에서 느닷없이 경찰에 체포돼, 울면서 경찰서로 끌려가서는 그저 포렌식 분석을 위해 사타구니에서 음모를 뽑혔다는 이야기가 문득 새로운 의미로 다가왔다. 불과 몇 달 전만 해도 그런 이야기들에는 코웃음을 치며 그 사람은 그런 대우를 받아 마땅하다고 생각했던 나 자신이 떠올라 구역질이 났다. 대체 어떻게 이런 일이 일어날 수 있었던 건지 혼란스러웠다.

그 일이 있은 직후 나는 전미 이노센스 네트워크Innocence Network 컨퍼런스에 참석했다. 그곳에서 나는 본인이 저지르지도 않은 범죄 때문에 교도소에서 10년, 15년, 심지어는 25년까지도 복역해야 했던, 미국 각지에 온 수많은 사람을 만났다. 그때까지 새롭게 밝혀진 미국 형사사법제도의 취약점들에 대한 여러 학자와 법률가들의 강의를 들었다. 내가 이노센스 운동을 제대로 경험한 것은 이때가 처음이었다. 이를 계기로 내 안에서는 느리지만 확실한 변화가 일어나기 시작했으며, 모든 걸 새로운 관점으로 바라보게 됐다. 이전에 알던 것 이상으로 잘못된 판결이 많이 일어나고 있으며 형사사법제도에는 여러 문제점이 있다는 사실을 비로소 이해하기 시작했다. 그리고 내가 검사로 일했을 때 그런 문제들을 인식했어야 마땅하지만 나 역시 그저 부정만 하고 있었다는 사실을 깨달았다.

이듬해 나는 오하이오에 위치한 신시내티대학 로스쿨에 재직하게 됐다. 당시 오하이오는 미국의 큰 주들 가운데 이노센스 운동 관련 조직이 없는 주 중 하나였다. 존 크랜리(이 책 집필 당시 신시내티 시장)를 비롯한 몇몇 인사들과 함께 나는 새로운 직장이 된 신시내티 로스쿨에 2003년 오하이오 이노센스 프로젝트를 창설했다. 이때까지만 해도 나에겐 막연한 믿음이 있었다.

이후 우리 프로젝트에서는 결백을 주장하는 오하이오주 내 수형자들의 사례 수천 건을 조사했다. 우리의 조사 활동을 통해 유죄가 재확인된 경우도 많았던 반면, 앞서 언급된 사례처럼 결백이 밝혀져 석방된 이들도 25명 있었다.

1989년 이래 미국 전역에서 잘못된 유죄판결의 피해자로 밝혀진 이들이 2,000명이 넘는다. 그리고 이 숫자는 매주 늘고 있다. 이런 사례들의 구체적인 내용은 몇몇 유수 대학 및 로스쿨들의 협력으로 운영되고 있는 미국 무죄방면등록부National Registry of Exonerations 웹사이트에 게시되고 있다.[1] 그러나 이 숫자도 빙산의 일각에 불과하다는 걸 이제는 안다. DNA 등 새로운 증거를 활용할 수 있는 경우는 전체 사건 중 일부에 불과하기 때문이다. 활용 가능한 증거가 전혀 없는 더 많은 수의 수형자들은 자신의 결백을 입증할 길이 아예 없는 셈이다.

그러나 그저 우리 형사사법제도 안에서 죄 없는 이들이 가끔 잘못된 유죄판결을 받는 일이 있다는 사실 때문에 이 책을 쓰게 된 건 아니다. 죄 없는 사람이 감옥에 가는 경우가 이 나라엔 너무 많다는 폭로가 한때는 발칵 세상을 뒤집어놓기도 했지만, 이제는 새로울 것 없는 소식이 돼버린 지 오래다.

나를 움직인 건 그보다는 개인적인 경험이었다. 검사였다가 이노센스 프로젝트 변호사가 되어 목격해온 인간의 기괴한 행동들에 나는 충격을 받는 동시에 마음이 크게 이끌렸다. 내가 봐온 숱한 목격자들은 착각을 하고도 자신이 본 게 틀림없다고 굳게 믿고 있었고, 자신의 증언이 경찰과 검찰에 의도에 따라 왜곡되고 이리저리 바뀌는 동안에도 본인이 조종당했다는 사실을 전혀 깨닫지 못했다. 검경 역시 사건에 대한 자신들의 초기 가설에 맞춰 목격자 진술을 수정한 것을 깨닫지 못하고 있었다. 검찰, 경찰, 재판부, 변호인단 모두 증거와는 상관없이 저마다 자신의 최초 직감을 의심하고 싶지 않은 탓에 터널시야tunnel vision(터널의 출구만을 보듯 어느 한 가지 생각에 사로잡혀 다른 걸 고려하지 못하는 심리 현상－옮긴이)에 갇혀 비이성적인 판단을 하고 있었다. 시스템 내부의 압력과 정치 논리에 따라 부당하고 불공정하게 움직이면서도 각자 본인의 진짜 동기에 대해서는 내내 부인하기에 급급했다. 또한 진실을 간파하는 자신의 능력에 대해서는 너무나도 고집스럽고 오만하게 굴면서도 본인의 인간적 한계는 끝끝내 인정하지 않았다. 그리고 이런 인간의 결함들이 결국 비극적이고 고통스러운 결과로 이어진다는 것까지 똑똑히 봤다.

결국 이노센스 운동에서 가장 길게 남을 중요한 결과는 결백이 밝혀져 자유를 되찾은 이들보다도, 그 과정에서 파생된 새로운 심리학적 이해와 그로부터 비롯될 형사사법제도의 개혁일 거라고 나는 믿는다. 이노센스 운동을 통해 사회학자들은 인간의 인식, 기억, 오류를 연구하고 그로써 인간 정신을 더 잘 이해할 수 있는 새로운 동력을 얻게 됐다. 심리학자들은 이제 이런 질문들을 던지기 시작했다. "목격자 열 명이 증인석에 앉아서 전부 이 남자가 범인이라고 입을 모아 말했는데 어떻게 DNA 검사에서는 그 사람이 범인이 아니라는 결과가 나올 수가 있죠?" "보통 사람, 지능도 평균 이상인 사람이 누군가를 죽였다는 자백을 하고 게다가 본인이 한 짓이라고 스스로 확신까지 했는데, 이제 와서 DNA 검사로 범인이 따로 있다고 밝혀지는 일이 어떻게 가능하죠?" "당연히 중립적이어야 하는 CSI 과학수사관이 증인석에서 피고인의 지문이 피 묻은 칼에서 나온 지문과 일치한다고 했는데 이제 와서 불일치 사실이 밝혀지는 게 어떻게 가능하죠?"

이 질문들에 대한 답들은 깜짝 놀랄 만하다. 그리고 그 답들은 그 수많은 잘못된 유죄판결을 설명하는 데 도움이 될 뿐만 아니라 우리 형사사법제도의 여러 기본 전제와 우리가 일상에서 '진실'이라 인식한 것에 도달하게 된 과정에 의문을 던지고 있다.

운 좋게도 나는 그 과정에서 학술적 관점—심리학 임상 개발 연구 및 교육—과 이노센스 프로젝트 변호사이자 전직 검사의 관점 모두에서 깊이 관여해볼 수 있었던 덕에 이런 심리학적 원리들이 현실 세계에서 펼쳐지는 모습을 가장 가까이서 지켜볼 수 있었다. 따라서 이 책에서는 이런 원리들을 학술적 관점과 현실적 관점에서 설명해보고자 한다. 각 장에서는 형사사법제도에 내재된 인간의 나약함, 이를테면 확증편향, 기억 가변성, 목격 오인, 터널시야, 신빙성 판단의 오류, 행정악行政惡, administrative evil, 관료주의적 부정, 비인간화dehumanization, 제도 내부의 정치적 압력 등을 하나씩 탐색한다. 심리학 분야의 학술 및 임상 연구에서 이 사안들에 관해 배워온 것들을 설명하고, 검사이자 이노센스 활동 변호사였던 내 자신의 직업적 관점에서도 사건들을 소개하며 이런 원리들이 진실을 왜곡하거나 중대한 불의를 일으킨 경우들을 보여주고자 한다. 또한 이런 원리들은 형사사법제도 이외 영역에서도 작용하기 때문에, 나는 같은 심리적 문제들이 일터든 집이든 일상에서도 진실을 못 보고 지나치게 만들 수 있음을 보여줄 생각이다.

앞으로 더 설명할 기회가 있겠지만, 오판의 원인이 되는 심리적 결함들은 삼중장애triple-whammy다. 이 결함들은 첫 번째 사례에서처럼 잘못된 유죄판결에 일조할 뿐만 아니라 오류가 일어나도 그 오류들을 제대로 보거나 이해하지 못하게 만든다. 다시 말해 그 오류들이 우리의 눈을 가려 그로 인한 파장을 못 보게 만든다는 이야기다. 그러고 나면 20년, 30년, 심지어 40년이 지난 뒤 그 유죄판결은 잘못된 것이라는 주장이 제기됐을 때 똑같은 심리적 문제들로 인해 우리는 또 다시 과거의 실수를 부인하게 된다. 즉 하나의 심리적 결함이 문제의 원인이 되고, 문제가 진행되는 걸 보지 못하게 만들 뿐만 아니라, 차후에 그 문제를 되짚어 발견할 가능성까지 차단해버리는 것이다. 그 결과 우리 사회는 편향, 오인, 잘못된 기억 문제에 대해 집단적으로 부정하는 상태가 된다. 검사, 판사, 경찰, 배심원, 목격자, 변호사, 언론사 기자—즉 **모두가**—는 시스템이라는 신화를 무턱대고 믿어버린 뒤 자신들이 얼마나 얇은 살얼음 위를 걷고 있는 것인지 알지 못한 채 확신에 찬 태도로 하던 일을 계속 한다. 과학과 심리학 분야의 비약적인 새로운 발견들이 과거의 신화를 빠르게 허물고 있지만, 시스템 전반의 구성원들은 이를 무시하고 '새로운' 것을 거부하며 허술한 근거는 도외시한 채로 자기 의견이 옳다고 확신한다.

다만 이야기를 시작하기에 앞서 몇 가지 먼저 짚고 싶다. 첫째, 나는 심리학자가 아니다. 변호사다. 그러나 검사 출신의 이노센스 활동 변호사라는 특수한 입장 덕분에 심리학 교수들이라면 그저 상상만 할 법한 방식으로, 인간의 이상한 행동을 '현장'에서 인지할 수 있었다. 개인 심리에 매료된 나는 법정에서 매일 보고 있던 인간들의 심란한 행동을 좀 더 이해하고, 나 역시 검사 시절 얼마나 형편없었는지 제대로 파악하고자 심리학 이론을 연구하기 시작했다. 따라서 이 책은 변호사가 심리에 관해 쓴 책이기는 하나, 현실 상황 속에서 주요 심리학 이론의 의미를 이해하는 데 실마리가 될 것이라 믿는다.

둘째, 이 책에서 제도 차원의 인종차별에 대해서는 논하지 않을 예정이다. 물론 인종차별은 형사사법제도에서 결과를 오염시키는 주요 심리 현상임에는 틀림없다. 극히 중요한 부분이기는 하나 이 문제는 다른 곳에서 꾸준히 탐구돼왔고 굉장히 복잡하고도 광범위한 문제인 탓에 이 책 전체를 집어삼키게 될 수도 있을 것 같다. 이 책의 목적은 아직 그만큼 널리 논의 및 토론이 이뤄지지 못한 다른 사안들을 조명하는 데 있다.

셋째, 형사사법제도 내 관계자들, 특히 경찰관, 검사, 판사, 변호사에 대해 자주 비판적 입장을 취하겠지만, 그렇다고 해서 내가 이들 직업군이 주로 나쁜 사람들로 채워져 있다고 생각하는 것은 아니다. 오히려 반대다. 나는 법집행을 담당하는 이들에게 깊은 존경심을 품고 있으며 그들을 지지하는 입장이다. 중차대한 업무를 수행하면서도 고맙다는 소리 한 번 제대로 듣지 못하는 변호사들에 대해서도, 그리고 판사들에 대해서도 마찬가지로 깊은 존경심이 있다. 그보다 나는 이 책에 나오는 전문가들의 정의롭지 못한 행동은 그들이 **사람**이기에 발생하는 것이라 생각한다. 적절한 조언과 훈련 없이는 누구든지 그들의 입장이 되었을 때 비슷하게 행동하게 될 것이다. 우리의 인간적 한계(우리의 심리적 결함과 시스템에 자리한 구조적·정치적 문제)를 인식하고 이해하는 겸손함을 갖춰 나가는 과정만이, 우리가 형사사법제도criminal justice system를 진정 정의로운 시스템system of justice으로 만드는 방법이라고 생각한다.

넷째, 검사 시절 내가 했던 일들에 대해, 그리고 검찰에서 '우리' 그러니까 나 자신과 동료 검사들이 했던 일들에 대해 종종 언급할 것이다. 그 과정에서 검찰 재직 당시 내가 보고 배운 것을 근거로 관례와 관행이라 믿었던 것들도 거론한다. 그러나 내가 언급하는 대부분의 관행을 가르치는 공식적인 교육 같은 건 전혀 없었다. 신임 검사들은 대개 현업에서 상관이나 선배 검사들의 모습을 보고 그런 관습이나 관행을 습득했다. 따라서, 내가 "검찰에서는 X를 했다"고 한다면 내 생각에 통상적인 관례나 관행이 그랬다는 것이지 검찰청 내의 모든 검사가 실제로 그렇게 행했다고 확언하는 것은 아니다.

마지막으로, 이 책은 절망만을 이야기하는 '멸망의 책doomsday book' 같은 것이 아니다. 마지막에 가서는 우리 시스템 내 여러 문제를 해소하는 데 도움이 될 만한 해법을 몇 가지 제시할 예정이다. 인간이 운영하는 시스템이라면 늘 인적 오류human error가 있기 마련이지만, 형사사법제도를 좀 더 정밀하게 만들기 위해 취할 수 있는 조치들은 얼마든지 있다. 그리고 우리는 그런 조치들을 탐구하고 학습하고 실행할 의무가 있다. 인생의 많은 문제가 그렇듯, 우리의 인간적 약점들을 인식하고 인정만 한다면 절반은 해결된 셈이다. 그러나 매번 사람들이 부지불식간에 행하는 진실의 왜곡을 최소화하기 위해 형사사법제도 안에서 실행 가능한 절차들을 제시하고자 한다.

2

눈을 가리는 부정

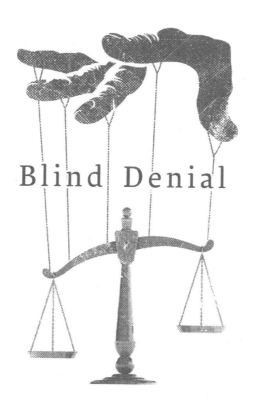

Blind Denial

그런 의미에서 나는 검사와 경찰 들—내가 대체로
'선한 사람들'이라 여기는 이들—이 터무니없는 악행을
저지르는 것을 지켜봐왔다. 우리 의뢰인이 억울하게
교도소에서 고통을 겪고 있다는 확실한 증거를
계속 밝혀내는데도 검경은 그런 증거를 면밀히
검토조차 하지 않은 채 그저 반사적으로 우리 주장을
거부했으며 죄 없는 이들을 계속 감옥에 방치하고자
법정에서 거짓된 주장을 교묘하게 계속 펼쳤다.
게다가 판사마저 그들에게 동조하는 경우도 있었다.

Blind
Injustice

검찰을 떠나 이노센스 사건 소송을 진행한 지 얼마 지나지 않아, 나는 금세 자신들이 죄 없는 사람에게 유죄판결을 내렸다는 사실을 인정하지 못하고 극단적 수준의 심리적 부정psychological denial에 자주 굴복하는 검찰과 경찰의 모습을 직접 마주치게 됐다. 초기에 내가 맡아 무죄방면exoneration까지 이끌어냈던 이노센스 사건 가운데 클라렌스 엘킨스 사건이 있다. 클라렌스 엘킨스는 1998년 6월 오하이오 바버튼에서 장모를 강간 및 살해하고 질녀를 폭행 및 강간한 죄로 교도소에 수감되었다.

클라렌스 엘킨스의 장모인 주디 존슨은 한밤중 자택 거실에서 침입자에게 공격당했다. 현장은 공포영화 속 장면 같았다. 범인은 주디 존슨을 강간하고 무참히 폭행 살해한 뒤 시신 주변 바닥이며 벽에 온통 흥건하게 피범벅을 해두었고, 곧장 다른 침실로 들어가 엘킨스의 조카이자 주디 존슨의 손녀인 여섯 살의 브룩 서튼을 폭행 및 강간하고 내버려둔 채 현장을 떠났다. 그러나 브룩은 다행히 목숨을 건졌다. 다음 날 아침 의식을 회복한 브룩은 범인이 클라렌스 이모부와 "비슷하게 생겼다"고 경찰에 진술했지만 이는 나중에 "클라렌스 이모부였다"가 되어버렸다. 브룩은 폭행을 당해 의식을 잃기 전 캄캄한 데서 단 몇 초간 범인을 본 것이 전부였지만 경찰은 별다른 수사 진행은 전혀 하지 않은 채 클라렌스를 강간 살해 혐의로 즉시 체포했다. 엘킨스는 전과도 없었고 알리바이도 있었지만 오하이오 수사당국은 아이의 불확실한 진술에 근거해 엘킨스에게 사형을 선고했다. 배심원단은 사형에는 반대했으나 클라렌스에게 유죄평결을 내렸고 클라렌스는 결국 종신형을 선고받았다.

클라렌스는 체포되면서도, 재판 중에도, 수감된 이후로도 수년간 자신은 죄가 없다고 애타게 외쳤다.

그의 절규는 2005년에 새로 꾸려진 우리 오하이오 이노센스 프로젝트팀의 귀에 들어왔고 우리는 범죄현장에서 수집한 증거로 DNA 검사를 해보기로 했다. 엘킨스가 재판을 받던 때보다 DNA 검사 기법이 진일보한 덕분에, 검시관이 살해된 존슨의 질강을 검사할 때 썼던 면봉에서 한 남성의 DNA를 찾아낼 수 있었다. 그리고 이 DNA는 엘킨스의 것이 아니었다. 존슨은 당시 성관계 상대가 전혀 없는 상태였으므로 질강에 있었던 남성의 DNA는 강간살해범의 것일 수밖에 없었다. 게다가 브룩 서튼의 팬티에서도 동일한 미상의 남성 피부세포가 발견됐다. 범인은 브룩 서튼을 폭행해 의식을 잃게 만든 뒤 팬티를 벗기고 강간했다. 그날 밤 존슨의 질강과 브룩의 팬티에 DNA를 남길 수 있었던 것은 진범뿐이었다. 그리고 그 DNA는 엘킨스와 일치하지 않았으므로 엘킨스는 이 범죄와 관련하여 100% 결백하다는 논리적 결론이 성립됐다.

나는 우리가 제시한 DNA 검사 결과를 보면 검찰 측에서 엘킨스에 대한 공소를 파기하고 석방시킨 뒤 진범을 찾아 나서리라 생각했다. 어쨌든 엘킨스는 결백하다는 것, 그러므로 냉혈한 살인마는 여전히 거리를 활보하고 있다는 사실은 분명했으니 말이다. 재심 분야에 신참이었던 나는 지나치게 순진하게도 검찰이 변함없이 엘킨스는 유죄라고 주장하며 맞섰을 때 적잖이 놀랐다. 검찰은 그냥 맞서는 정도가 아니라 분노와 악의로 가득 차 터무니없이 이상한 주장들을 늘어놓으며 맹렬히 반격하고 나섰다.

검찰은 우리가 제시한 DNA 증거에 대해서 엘킨스가 무슨 수를 썼는지 몰라도 잔혹한 공격을 하고도 범죄현장에 DNA를 안 남긴 것이라고 주장했다. 우리가 찾아온 어느 남성의 DNA는 사건 발생 이전이나 이후에 범죄와 무관하게 발생한 일종의 오염일 거라고 했다. 이를테면, 첫 재판 당시 어떤 남성 배심원이 아무도 안 볼 때 그 증거물 봉투를 열어 브룩의 피로 얼룩진 팬티에 손을 비벼대서 자기 DNA를 여기저기 남겼을 수도 있지 않겠냐는 것이었다. 정말 놀라운 발상 아닌가?

물론 이 말도 안 되는 시나리오가 사실이라는 증거 따위는 검찰에게도 전혀 없었다. 어떤 남성 배심원—혹은 다른 어떤 남성—으로부터 본인이 증거 봉투를 열어본 뒤 증거 여기저기에 온통 자기 DNA를 묻혀놓았다는 내용의 진술서를 받은 바도 없었다. 그야말로 검찰은 이 이야기를 그냥 상상 속에서 지어낸 것이었다. 그리고 그들의 가설은 상식적으로 말이 안 될 뿐 아니라, 실제 증거로도 명백히 반박 가능했다. 존슨의 질내에서 정액을 채취한 시료가 들어 있던 봉투는 엘킨스의 재판이 진행되는 내내 봉인된 상태 그대로였다. '증거물보관의 연속성' 서류를 보면, 해당 봉투는 살인 사건이 발생한 직후 검시관실에서 질내 정액 채취가 처음 이뤄졌던 당시부터 수년 뒤 DNA 검사가 이뤄질 때까지 적절한 방식으로 봉인되고 보관되었음을 확인할 수 있었다. 봉인 부분은 부적절한 방식으로 파손된 흔적이 전혀 없었다. 그리고 남성 배심원이든 다른 어느 누구든 정식 봉인된 봉투를 뜯어 정액채취 시료에 자신의 DNA를 묻혀놓을 수 있는 방법은 전무했다.

검찰 측에서는 이 같은 불편한 사실에 맞대응하고자 몇 가지 다른 기이한 주장을 내놓았다. 가령 존슨의 질강에서 확인된 남성의 DNA는 존슨이 살해된 그날, 사건 발생 전에 어떤 남성과 악수를 하여 손에 그 남성의 DNA가 묻었고 이후 존슨이 손으로 자위행위라도 하는 중에 자기 질 내부를 만지다가 옮겨 묻게 되었을 수도 있다는 주장이었다. 세상에나! 그리고 설사 이게 사실이라도, 검찰 측은 존슨과 악수를 한 그 남자가 브룩의 팬티에는 어떻게 자기 DNA를 남겨두었는지 설명하지 못했다.

2005년, 클라렌스의 석방 여부를 결정하기 위한 법정 심리에서 검찰 측은 이 멍청한 주장을 열과 성을 다해 내세웠다. DNA 검사에서 밝혀졌던 명백한 결백의 증거에도 불구하고 주임검사는 엘킨스를 "강간범 클라렌스 엘킨스"라고 계속 지칭했다. 가령 법정에서 자기 주장을 펼칠 때 그는 잠시 말을 멈추고는 내 옆에 오렌지색 죄수복 차림에 족쇄를 달고 앉아 있는 엘킨스를 가리키며 과장된 말투로 그렇게 호명했다. 잘못된 유죄 판결로 감옥에서 고통을 받으며 그 긴 모욕의 세월을 견뎌야 했던 엘킨스가 DNA 검사로 결백이 밝혀진 뒤에도 검사가 여전히 자신을 그런 식으로 부르는데도 그토록 차분하게 자리에 앉아 있을 수 있다니 나로서는 놀랍기만 했다. 그는 그 모든 걸 우아하게 견뎠다.

법정에서 내가 발언을 하고 DNA 검사 결과를 판사에게 설명할 때면 주임검사와 보조검사는 눈알을 이리저리 굴리며 분노 섞인 한숨을 이따금씩 내뱉곤 했다. 재판 중 휴정 때마다 주임검사와 내가 복도로 나서면 여러 대의 카메라와 마이크가 우리 얼굴에 들이밀어졌다. 그러면 검사는 매번 엘킨스는 유죄가 확실하며 이 DNA 증거는 전부 교묘한 속임수라고 주장했다.

그 목소리에 묻어나는 확신과 자기 입장에 대한 자신감은 충격적이었다. 내 눈에는 마치 법정에서 그 검사가 달은 치즈로 만들어져 있다는 주장을 열과 성을 다해 진지하게 하는 듯했다. 향후 다른 이노센스 사건들에서 검사들의 비슷한 반응을 보게 되니 머릿속에 이런 질문들이 떠올랐다. 이 검사는 자기 주장이 말이 안 된다는 걸 알면서도 정치적인 이유로 그저 연극을 하고 있는 걸까, 아니면 본인이 하는 말을 정말 믿는 걸까? 그는 거짓말을 하고 있는 걸까? 죄 없는 사람을 계속 감옥에 가둬놓으려는 악인인가? 아니면 그저 머리가 별로 좋지 못해서 정말로 DNA 검사 결과를 믿지 못하는 것일까? 어느 쪽일까? 멍청한 걸까 아니면 악한 걸까?

그러나 몇 년 뒤 다른 사건들에서도 비슷한 입장을 취하는 다른 검사들의 주장을 듣고 난 뒤 나는 마침내 답을 찾았다. 그 검사는 본인이 하는 말을 **정말로** 믿었던 것이다. 그는 연극을 하는 게 아니었다. 악인도 아니었다. 엘킨스가 결백하다는 사실은 자신이 지금껏 인생을 바쳐온 그 시스템에서 내면화한 모든 것과 상충했다. 그는 일종의 심리적 부정否定 상태였고 이 때문에 증거를 객관적으로 평가할 수 없었다. 그는 말 그대로 정신적으로나 감정적으로나 진실을 받아들이지 못했다.

엘킨스 사건의 경우, 판사 역시 부정 상태라는 게 드러났다. 검찰 측 주장의 취약성과 우리 측 DNA 증거의 확실성에도 불구하고 판사는 엘킨스를 석방해달라는 우리 측 명령신청을 거부했다. 엘킨스는 남은 평생을 감옥에서 보내야 한다는 뜻이었다.

절망 속에서 조사는 계속됐다. 진범을 찾아내려 분투하던 엘킨스의 당시 아내 멜린다와 사설탐정 마틴 얀트는 곧 강력한 용의자—얼 만이라는 사람—를 찾아냈다. 만은 전과가 있었고 사건 발생 당시 주디 존슨의 옆옆집에 살고 있었다. 심지어 외모도 엘킨스와 꽤 비슷했다. 얼 만은 다른 몇 건의 범죄를 저질러 2005년에 엘킨스와 같은 교도소에 수감 중이라는 사실도 알아냈다. 오하이오에는 교도소가 서른 곳 있었는데 엘킨스와 만은 우연히도 같은 교도소에 있던 데다 심지어 같은 독방동에 있었다.

얄궂은 운명의 장난 덕분에 엘킨스는 교도소에서 만이 버린 담배꽁초 하나를 주워 우리 DNA 연구실로 보낼 수 있었다. 우리 연구실에서는 얼 만의 DNA가 존슨의 질강과 브룩의 속옷에서 채취된 남성의 것과 일치한다는 사실을 확인했다. 그런데 이후 이어진 얼 만의 혈액검사에서도 같은 결과가 확인되었는데도 검찰 측은 클라렌스가 결백하다는 사실을 여전히 믿으려 들지 않았다. 그 뒤로 검찰 측이 결국 항복하고 엘킨스 석방에 동의하기까지는 만의 자백 그리고 엘킨스 편에 섰던 오하이오주 법무장관 짐 페트로의 과감한 개입까지 필요했다.[1] 2005년 12월, 클라렌스 엘킨스는 감옥에서 나와 자유의 몸이 되었다. 얼마 지나지 않아 얼 만은 법정에서 유죄를 인정했으며 주디 존슨에 대한 강간 및 살해, 그리고 브룩 서튼에 대한 폭행 및 강간 죄목으로 현재 수감 중이다.

* * *

이노센스 변호사로 활동하면서 나는 선한 사람들—검사와 경찰—이 '악행'이라 할 만한 일들을 태연하게 저지르는 광경을 목격했다. 물론 '선한 사람들'이라고 할 때 선과 악 사이에 놓인 경계선은 매우 가늘고 어느 누구도 온전히 선하거나 온전히 악하지만은 않다는 사실은 알고 있다. 우리는 모두 복잡한 존재고, 인간 내면에서의 선과 악의 공존에 대한 철학적 논쟁에 끼어들고 싶은 마음도 없다. 그보다는 반反사회성sociopathy 같은 인격장애가 없고 대체로 옳은 일을 하려 하며 자기 행동으로 다른 사람에게 공연히 큰 고통을 안기는 일은 막으려 애쓰는 전형적인 평범한 사람들을 일컫는 일상적인 의미로 '선한 사람들'이라는 표현을 쓰고 있다.

그런 의미에서 나는 검사와 경찰 들—내가 대체로 '선한 사람들'이라 여기는 이들—이 터무니없는 악행을 저지르는 것을 지켜봐왔다. 우리 의뢰인이 억울하게 교도소에서 고통을 겪고 있다는 확실한 증거를 계속 밝혀내는데도 검경은 그런 증거를 면밀히 검토조차 하지 않은 채 그저 반사적으로 우리 주장을 거부했으며 죄 없는 이들을 계속 감옥에 방치하고자 법정에서 거짓된 주장을 교묘하게 계속 펼쳤다. 게다가 판사마저 그들에게 동조하는 경우도 있었다.

실제로, 지난 25년간 내가 검사 출신의 이노센스 활동 변호사라는 관점에서 지켜봤던 모든 심리적 현상 가운데 가장 나를 매혹시킨 것은 시스템 내에서 깊이 관여하고 복무한 이들에게서 너무도 자주 나타나는 극렬한 부정 반응이었다. 이들 중 상당수는 **가끔은** 죄 없는 사람도 유죄판결을 받아 자신이 저지르지도 않은 범죄 때문에 교도소에 수감되는 일이 있다는 사실 자체는 **막연하게나마** 인정할 것이다. 다들 신문도 읽었고 수형자들의 무죄방면 사례에 관한 이야기도 봤으니까. 2015년과 2016년에는 그런 석방 사례들이 미국 전역에서 매주 세 건꼴로 있었다. 그런데도 자기가 있는 검찰청이 수년 전 관여한 특정 사건이 오판이라고 제시하면 무슨 증거가 있든 다들 어김없이 **이** 사건만큼은 죄 없는 사람이 유죄판결을 받은 경우가 아니라고 한다.

미 의회에 관한 여러 여론조사 결과가 생각난다. 의회가 제 임무를 다하고 있다고 보느냐는 질문에 응답자들은 대체로 매우 낮은 점수를 주는 편이라, 지지한다는 긍정적 답변은 보통 10% 선을 맴돈다. 그런데 자기네 지역 의원들에 한정하여 같은 질문을 던지면 후한 점수가 나온다. 대개 의회 전체를 두고 물었을 때에 비해 훨씬 높다.[2] 그러나 의원들이 각자 맡은 직무를 훌륭하게 수행하고 있다면 전체로서의 의회는 어떻게 그토록 형편없는 평가를 받는 걸까? 대부분 물을 흐리는 건 '다른 쪽 의원들'이라고 늘 생각한다. 마찬가지로, 잘못된 판결이 간혹 있을 수도 있다고 인정하는 법집행관들조차도 **본인**이 유죄판결한 피고인 가운데 결백한 사람이 있을 수 있다는 개념은 완강히 거부한다.

대니얼 메드웨드가 저서 『검찰 콤플렉스Prosecution Complex』에서 말했듯 검사들은 "'차마 직면할 수 없는 것을 직면'하기를 회피하려고" 부정에 굴복한다. 여기서 차마 직면할 수 없는 것이란 바로 수형자가 결백할 수도 있다는 사실이다. 저자는 이렇게 덧붙였다. "이렇게 부정하는 마음에서 검사들은 무례하게 굴기도 한다. 심지어 공식적으로 결백하다는 사실이 공표된 이후에도 사과를 거부하거나 논리의 한계를 넘는 비열한 행동을 기어이 한다."[3] 아마도 경찰에 대해서도 똑같이 말할 수 있을 것이다. 일부 사례들을 보면 부정 심리가 뚜렷이 드러난다. 더 이상 유죄라는 증거는 아무것도 남아 있지 않은데도 무죄가 입증돼 석방된 이들을 보복성 재심으로 밀어 넣는 검사들이 있다.[4] 무죄 입증이 끝난 데릭 디컨에 대한 보복성 재심에서 배심원단이 무죄 평결한 뒤 배심원 대표는 이렇게 말했다. "근거가 전혀 없었어요. 데릭 디컨에게 불리한 증거는 단 하나도 없었습니다. 저들은 왜 이미 24년의 세월을 감옥에서 보낸 사람을 또 재판에 세운 겁니까?"[5]

검경이 현실 직면을 회피하기 위해 간혹 택하는 가설을 가리킬 때 이노센스 운동에서 쓰는 표현이 있다, 바로 '기소되지 않은 공동사정자射精者 unindicted co-ejaculator'다. 이는 법정에서 흔히 사용되는 법률용어인 '기소되지 않은 공범unindicted co-conspirator'을 살짝 비튼 표현이다. 아주 단순히 설명하자면, 이 개념은 한 남자가 어떤 여자를 강간하여 몇 년 전 유죄판결을 받았고 그 여성은 자신이 강간 사건 전까지 성적 활동이 전혀 없었으며 강간범은 남자 한 명이었다고 증언하면서 나왔다. 이후, 유죄판결을 받은 남성의 DNA가 강간 발생 후 채취된 정액과 일치하지 않는다는 검사 결과가 나오자 검찰 측은 틀림없이 강간범이 두 명이었던 거라고 말을 바꾼다. 그리고 피고는 분명 강간을 저질렀지만, 정액을 남긴 건 공범인 또 다른 남자―기소되지 않은 공동사정자(검찰 측이 실제로 이 용어를 쓴 건 아니다)―였다는 주장을 펼친다. 피고인은 단지 사정만 하지 않은 것이라는 논리였다.

다른 여러 사건에서 검경은 아무 증거도 없이 검찰 산하 주립 연구소에서 얻은 DNA 검사 결과에 **틀림없이** 오류가 있으며 검사 과정 어딘가에서도 분명 오류가 발생했을 것이라는 주장을 거듭 반복하며 완강히 입장을 고수하기도 한다.[6] 그러나 검찰 측이 자체 연구실에서 내놓은 DNA 검사 결과를 이용해 누군가를 **유죄판결**하려는 상황에서 피고인 측이 그런 주장을 했다면 터무니없는 억지라고 치부했을 것이다.

내가 담당했던 이노센스 사건들에서 검찰 측이 이런 식의 논리를 펼치는 경우를 수없이 봤다. 그때마다 나는 자리를 박차고 일어나 판사를 비롯한 법정 내 모든 사람에게 말하고 싶었다. "잠시만요. 이 사람들 지금 다 진심으로 하는 말인가요? 농담이라도 하고 있는 겁니까? 여기 어디 몰래 카메라 숨어 있어요? 저 지금 촬영당하고 있는 거 아닙니까? 저 지금 어디 화성에 와 있어요? 제가 미쳐가는 건가요? 지금 제가 제대로 듣고 있는 거라면, 저 사람들이 미쳤거나 제가 미쳤거나 둘 중 하나죠." 물론, 실제로 이런 말을 한 적은 없지만 검찰 측의 괴상망측한 주장에 판사가 고개를 주억거리는 광경을 볼 때면 그런 충동이 이따금씩 다시 일곤 한다. 이런 유형의 사건들에서 그간 내가 지켜보아온, 이처럼 어안이 벙벙한 극단적 수준의 부정에 기가 막혀 머리를 쥐어뜯던 나는 그 이면의 심리를 파고들어보기로 했고, 결국 이 책을 쓰게 됐다. 이런 상황을 도저히 이해할 수 없었던 나로서는 답을 구하려면 심리학을 찾을 수밖에 없었다.

* * *

이노센스 변호사로서 활동하는 동안 내 의뢰인이 증거를 통해 결백이 입증되고 한참이 지난 뒤에도 감옥에 갇혀 고통받는 경우는 계속 있었다. 결백을 입증할 확실한 근거를 찾아내도 검찰 측이 '기소되지 않은 공동사정자' 가설이라든가 엘킨스 사건의 경우처럼 '자위하는 할머니' 가설 따위의 황당한 주장을 들고 와 반박하면서 의뢰인은 계속 감옥에 갇혀 있게 된다. 결국엔 이런 의뢰인들 중 다수를 석방시키기는 했지만 법집행부와 재판부에서 보이는 이런 식의 반응 때문에 그들 대부분은 결백의 증거가 처음 밝혀진 시점 이후로도 몇 년을 더 감옥에서 고통받아야 했다. 그런가 하면 DNA 검사 결과 결백이 밝혀졌음에도 불구하고 여러 해 소송을 한 뒤에 지금까지도 의뢰인이 여전히 감옥에 갇혀 있는 사건들도 있다. 이런 사건에서 집단적 부정 상태는 검찰 측과 재판부, 그리고 항소법원 등 전체에 만연해 있었다. 담당 검사의 주활동무대에서 멀어질수록 객관적인 법정 심리審理, hearing의 가능성은 높아지지만 차후에 편견 없는 판사를 만날 수 있을지는 알 수 없는 노릇이다. 결백하다는 강력한 증거가 있어도 죄 없는 이가 반드시 정의를 찾으리라는 보장은 없다. 시스템 안에서 우리가 자주 보게 되는 부정의 수준 역시 다르지 않다.

죄 없이 감옥에 갇힌 의뢰인들을 만나러 교도소에 다녀올 때마다 아이를 잃거나 부모가 돌아가실 때 곁에 있지 못한 것에 대한 그들의 고통과 슬픔에 늘 충격을 받는다. 내 의뢰인 낸시 스미스는 강력한 결백의 증거 덕분에 결국 석방되긴 했으나, 면회를 갈 때면 늘 덫에 걸린 한 마리 곰 같은 모습이었다. 혼란과 고통이 지속되는, 사실상 그치지 않는 정신적 고문을 받는 상태인 듯 보였다. 낸시는 오하이오 엘리리아의 어느 어린이집에서 일하는 버스 운전기사였다. 1990년대 초 다른 주의 어린이집에서 벌어진 아동 성추행 호소 건이 집중보도된 뒤 아동이 성추행당했다는 비슷한 주장들이 미국 전역의 어린이집에서 터져 나오기 시작했다. 이들 사건에서 공통된 하나의 맥락은 이들 어린이집 중 다수가 헤드스타트Head Start(빈곤 가정의 아이들을 돕기 위한 미국 정부의 프로그램-옮긴이)에서 후원한 곳이라는 점이었는데, 낸시의 경우도 그랬다. 이 어린이집들은 피해를 입었다고 제기하는 가족에게 충분한 돈을 지급하거나 그렇지 않으면 거액의 민사 합의로 끌려들어가야 했다. 현재는 '어린이집 히스테리 사건Daycare Hysteria Cases'으로 통칭되는 이 사건들에서 기소됐던 이들 다수는 결백한 것으로 밝혀졌고 많은 이들이 무죄방면됐다.[7] 실제로, '어린이집 히스테리 사건'

은 세일럼 마녀재판(1692년 미국 매사추세츠의 세일럼 마을에서 벌어진 마녀 재판으로 19명이 사형당했다 − 옮긴이)이나 다름없는 현대판 마녀사냥이었다. 샛길로 빠지는 듯하니 다시 본론으로 가자.

스미스 사건에서 (훗날 합의금으로 수백만 달러를 받은) 부모는 스미스가 3세와 4세인 자녀들을 어느날 아침에 차량에 태운 뒤 어린이집으로 데려다주지 않고 어느 이상한 주택으로 데려갔다고 주장했다. 거기서 낸시와 낸시의 '남자친구'가 아이들을 성추행한 뒤 어린이집 시간이 끝날 때쯤 귀가시켰다는 것이었다. 재판을 앞두고 아이들은 이야기를 계속 바꿨고 낸시와 낸시의 남자친구가 자신들에게 오줌을 마시게 하고 바늘로 찔렀다는 등의 엄청난 이야기까지 등장하기 시작했다. 비슷한 종류의 사건들을 연구해온 아동학대 전문가들은 이런 특성을 보이는 이야기들은 위험신호라고 할 것이다. 실제로 학대당하지 않았으며 성에 대해 이해하거나 진짜 성추행이 보통 어떤 것인지 알기에 너무 어린 나이의 아이들은 "그 사람들이 너한테 무슨 나쁜 짓을 했니?" 같은 질문을 받으면 깜짝 놀랄 만한 괴상한 답을 하는 경우가 많다.

낸시가 유죄판결을 받고 교도소에 수감된 지 여러 해가 지난 뒤, 성추행을 당했다던 당일 그 아이들은 전부 제대로 출석한 것으로 표시된 출석부가 증거로 나왔다. 뿐만 아니라, 그날 낸시가 몰던 버스에는 성인 보조교사가 동행했으며 나중에 이 보조교사는 그런 엄청난 일들은 일어난 적 없다고 확인해주었다. 아이들은 어린이집 앞에서 내렸고 나중에 버스를 타고 집으로 돌아왔다. 게다가 아침에 아이들을 어린이집에 데려다주고서 이후 오후에 다시 집으로 데려다주기 전까지의 사이에 낸시는 늘 다른 부업을 하러 갔었다. 사건 당일에 낸시가 부업 장소에 있었다는 사실은 근태기록으로도 확인이 가능했다. 아이들이 경찰과 면담하는 모습을 촬영한 영상도 공개됐는데, 낸시와 그 공범이라는 사람을 유죄로 모는 방향으로 부모들이 아이들을 미리 코칭한 것이 확인되었다. 믿기 어렵지만, 낸시의 담당 변호사는 버스에 함께 탑승했던 보조교사를 증인으로 요청하지도 않았고 낸시의 결백을 입증할 근태기록 문서를 조사하지도 않았다. 고소를 진행한 가족들이 부유해질 동안 낸시는 그들의 주장들 때문에 거의 15년을 지옥에서 보냈다. 결백을 입증하는 증거가 드러난 후 낸시는 2009년 석방됐고, 사건을 둘러싼 이 한바탕 난리는 〈데이트라인 NBC〉의 한 시간짜리 에피소드로 다뤄지기도 했다.[8]

내가 교도소에서 낸시를 면회한 건 낸시가 석방되기 한참 전, 무죄방면 가능성이 까마득한 꿈 같기만 할 때였다. 지금까지도 나는 그날의 낸시만큼 깊은 정서적 고통에 빠진 사람을 본 적이 없다. 그녀는 네 자녀를 직접 기를 수 없다는 사실에 극도로 괴로워했다. 홀로 아이들을 키우던 낸시가 오판으로 유죄판결을 받은 뒤 어린 자녀들은 친척집을 전전해야 했다. 자연히 아이들은 충분한 안정감을 느낄 수 없었는데, 한 명은 심각한 심리적 문제가 발생했으며 결국 중독 문제까지 생겼다. 자녀들을 돕기 위해 낸시가 할 수 있는 일은 아무것도 없었다. 왜 이런 일이 일어나고 있는지 너무도 혼란스러웠던 낸시는 말을 하는 동안에도 가만히 앉아 있지를 못했다. 온몸을 덜덜 떨었고 너무나 심하게 흐느껴 우는 바람에 나는 그녀가 하는 말을 거의 알아듣지 못했다. 낸시는 끝없이 이어지는 가혹한 정신적 고문을 견디는 상태였다.

그날 차를 몰아 교도소에서 집으로 돌아가는 길에 나는 낸시가 직면해야 했던 그 끔찍한 불의不義—결백을 입증하는 증거가 확실한 상황에서도 자녀들에게서 떨어진 채 감옥에 여전히 갇혀 있어야만 한다는 사실—에 대해 생각했다. 낸시가 당하고 있는 정신적 고문이 압도적일 만큼 생생히 느껴져서 몸이 다 아플 지경이었다. 낸시를 석방시켜야 한다는 압박감 때문에 갓길에 차를 세울 수밖에 없었다. 금방이라도 토할 것 같았다.

여러 다른 사건들을 진행하면서도 나는 무수한 불면의 밤을 보냈다. 허나 그건 그래봤자 그저 변호사로서의 경험이다. 죄 없는 이들과 그 가족들이 겪어온 고통과 슬픔은 감히 상상조차 못하겠다.

우리 팀이 2011년에 결국 결백을 입증해 석방시킨 딘 길리스피의 어머니는 2003년에 우리가 아들 사건을 맡은 직후 내게 이렇게 말했다. "딘이 오하이오주 당국에 끌려간 이후로 저희 가족이 크리스마스를 즐거운 마음으로 보낼 수 있었던 건 이번이 처음입니다. 누군가 들어주는 사람이 있고 다른 누군가가 드디어 우리 편에 서서 함께 싸워주기로 했다는 사실을 알게 된 것만으로도 약간은 크리스마스 기분이 나네요." 2003년까지 딘의 어머니와 가족들은 이미 딘 없는 크리스마스를 열두 번이나 겪어야 했다. 그리고 마침내 자유의 몸이 된 딘을 귀가시킬 수 있게 되기까지는 그로부터 여덟 번의 크리스마스를 더 지나야 했다. 실제로, 딘은 그의 결백을 입증하는 증거를 우리가 찾아낸 이후에도 교도소에서 3년을 더 보내야 했다. 그저 엘킨스 사건 담당 검사만큼이나 무시무시하게 완고한 검찰 측과 재판 담당 판사의 거센 반발 때문이었다.

이 사건들을 볼 때면 죄 없는 이들에게서 자유를 박탈하고 그 가족 구성원 전부에게 엄청난 인간적 고통을 안기는, 불합리하고 지적으로도 불성실한 입장을 취하는 경찰관, 검사, 판사 들이 눈에 들어온다. 이런 행위는 악행이라 할 만하다. 그러나 앞으로도 설명하겠지만 우리 형사사법제도에 몸담고 있는 이 행위자들은 보통의 선량한 사람이라고 생각한다. 실제로, 이들이 **정말** 악한 거라면, 우리 제도 내부의 경찰관과 검사 중에는 악인 비율이 높다는 결론을 내릴 수밖에 없다. 형사사법 영역에서 일하는 다수가 유죄확정판결 이후 결백 주장에 대해 이런 반응을 보이니 말이다. 그러나 이들은 악인이 아니다. 그저 평범한 보통 사람들에 불과하다. 길을 건너는 노인을 보면 돕고 몸이 아픈 이웃의 집 입구에 쌓인 눈을 삽으로 치워줄 그런 사람들이다. 고등학교 국민윤리 수업시간에 외부강사로 초청을 받거나 미국의 뛰어난 사법제도에 관해 학생들에게 강의를 할 법한 사람들이며, 누구나 참 좋은 사람이라고 평하고 수업 시간에는 아이들이 커서 본받고 싶다고 할 만한 사람들이다. 그렇지만 그런 이들이 일터에서는 거듭 이처럼 가슴 아프고 가혹한 불의를 저지른다. 관료주의 전반을 안개처럼 뒤덮고 있는 부정 상태에서 움직이고 있기 때문이다.

세 가지 심리적 요인—인지부조화cognitive dissonance, 행정악administrative evil, 비인간화dehumanization—이 겹쳐 복합적으로 작용하면 선량한 사람들도 우리 형사사법제도 안에서 이런 종류의 '악한' 결과를 가져오게 된다.

인지부조화

인지부조화는 우리 내면에 가장 깊이 자리 잡은 믿음에 상충하는 정보를 밀쳐두고 피하거나 부정하게 만드는 심리적 현상이다.[9] 이 이론에 따르면 인간은 상충하는 두 신념을 장시간 유지할 수 없다. 내면에서 엄청난 불편과 부조화가 일어나기 때문이다. 부조화의 감정을 해소하려면 갈등을 완화하는 조치가 필요한데, 대개 각자의 정신세계에 가장 중요한 신념만큼은 무조건 고수하고, 대척점에 놓이는 신념은 자기도 모르게 부정하는 쪽으로 움직인다.[10] 그리고 많은 경우, 자신이 유지하기로 한 신념과 상충하는 정보를 단순히 부정할 뿐 아니라 자기 내면에 생겨난 불편감을 조금이라도 덜기 위해 그와 대립하는 신념을 맹비난하며 그것이 완전히 틀렸고 무효임이 틀림없다고 확신해버린다. 자신에게 가장 중요한 신념을 절대적으로 옳은 것으로 합리화하고 나면 그 반대 주장을 맹비난함으로써 본인의 합리화에 대해 과잉보상을 하는 것이다.

　제2차 세계대전 당시 독일 나치당을 지지했던 이들 다수는 나치당이 유대인을 비롯하여 표적으로 삼은 집단들을 대량학살하고 있다는 사실을 결국 깨닫게 됐다. 단언컨대, 대부분은 처음에 그런 깨달음에 부조화의 감정을 느꼈을 것이다. 사람들은 독일을 세계열강으로 격상시킴으로써 자부심을 선사하겠다는 정당을 사랑하기는 했어도 대학살이 부도덕한 일이라는 것도 알았다. 이처럼 서로 긴장 관계에 놓이는 신념들을 마주한 그들은 한쪽을 선택해야만 했다. 나치당을 떠나 당의 활동에 동참하지 않을 수도 있었다. 그러나 이 선택은 개인적으로나 직업적으로나 엄청난 희생을 해야 함을 의미했고 많은 이들은 그런 희생을 원치 않았다. 아니면, 계속 당에 몸담은 채 모래밭에 머리만 묻고는 실제로 대학살은 일어나고 있지 않으며, 그저 적군 측이 퍼뜨린 터무니없는 소문에 불과하다고 혼자 믿어버릴 수도 있었다. 혹은 자신이 사랑하는 조국이 벌이고 있는 일을 좀 더 흔쾌히 받아들이기 위해 당의 이데올로기를 수용하는 데 '올인'하는 쪽을 택할 수도 있었다. 즉 유대인들을 죽이는 것이 그 상황에서 도덕적으로 옳은 일이라고 굳게 믿어버리고, 다른 의견을 내놓는 사람에 대해서는 방어적인 태도로 맹비난을 퍼붓는 식으로 말이다.

　몇몇 독일인들이 나치당을 탈퇴하고 일부는 나아가 유대인들을 구출하는 영웅적인 선택을 했던 반면, 다수는 당시 벌어지고 있던 일을 부정하거나 '최종해결책Final Solution'에 관한 당의 입장을 적극 수용함으로써 과잉보상을 택했다. 위계상 강제수용소에 더 가까운 이들일수록 일어나고 있는 일들 자체를 부정하기는 더 어려웠으므로 자신들의 행동을 내면적으로 정당화하고 부조화의 감정을 회피하기 위해 '올인'하는 쪽을 택할 가능성이 더 높았다.

인간은 좀 더 일상적인 일들에서도 인지부조화에 빠진다. 흡연은 건강에 나쁘다는 걸 우리는 안다. 계속 흡연을 하면서 동시에 건강에 미치는 영향을 염려하고 있을 수는 없다. 잠재의식 속에서 도저히 장기간 유지할 수 없는, 버틸 수 없는 상황이다. 그러므로 이런 부조화를 해결하기 위해서는 무언가를 해야만 한다. 한 가지 선택지는 담배를 끊는 것이고, 실제로 그렇게 하는 이들도 있다. 그런가 하면 계속 흡연을 하면서도 그런 부조화를 피하기 위해 합리화를 시도하는 이들도 있다. 이들은 곧 담배를 끊을 생각이므로 장기간 끽연으로 인한 건강 악화는 겪지 않으리라는 주문을 속으로 외울 수도 있다. 한 해가 지나면 또 다음 해에, 10년이 지나면 또 다음 10년 동안 이들은 '곧 끊을' 거라는 주문을 계속 왼다. 객관적 관찰자의 시선으로 보면 결국 영영 담배를 끊지 않으리라는 게 명백하다. 혹은 담배를 끊으면 체중이 늘어 흡연보다 더 위험한, 당뇨병 등의 문제가 생길 거라고 혼자 판단해 굳게 믿어버리기도 한다. 그래서 이렇게 말하곤 한다. "가족력에 당뇨가 있거든요. 제가 살이 안 찌는 건 오직 담배 덕분이죠. 독을 고를 수밖에 없는 신세라 안됐죠. 그래도 어쩔 수가 없어요."

혹은 흡연이 주는 즐거움이 너무 크기 때문에 건강상의 위험을 능가하고도 남는다고 굳게 믿을 수도 있다. 그들은 이렇게 되뇐다. "당장 즐겁지가 않은데 10년 더 살아서 뭐하겠어. 담배를 피우면 마음이 차분해지고 일상이 즐거워진다고. 담배를 안 피우면 일에 집중이 안 돼. 담배를 피울 때 나는 좀 더 나은 사람이 되거든. 건강 문제로 계속 스트레스 받고 걱정이나 하면서 더 사느니 난 차라리 짧게라도 즐겁게 살겠어. 좀 느슨하게 살 필요도 있다고."

수십 년 전, 인지부조화 이론의 아버지인 심리학자 레온 페스팅거는 그해 12월 21일 자정에 세상이 종말을 맞을 것이라는 교주의 말을 굳게 믿는 어느 종교 집단에 잠입했다. 종말의 순간에 특정한 장소까지 교주를 따라 간 이들은 어느 우주선에 태워져 구원을 받을 것이라 믿었다. 그중 많은 이들은 외계에서는 다 필요없으리라고 믿었기 때문에 집을 팔고 재산은 주변에 전부 나눠주었다.

페스팅거는 예언대로 되지 않았을 때 교인들이 어떻게 반응할지 궁금했다. 12월 21일 자정이 됐고 아무 일도 일어나지 않았다. 우주선도 나타나지 않았고 세상에 종말은 오지 않았다. 새벽 2시 무렵이 되자 모두들 예민해지기 시작했다. 그러나 5시 15분 전에 교주가 갑자기 새로운 예언을 받았다며 이 작은 무리의 굳건한 믿음 덕분에 신께서 세상에 시간을 좀 더 허락하기로 결정하셨다고 선포했다. 이들의 신앙심에 감명받은 신께서 마음을 돌리셨다는 게 그 교주의 주장이었다. 페스팅거의 예상대로 온통 교주에게 홀려 있던 교인들은 이제 그 어느 때보다도 그의 주장을 더 굳게 믿었다. 잔뜩 들뜬 그들은 기적을 보도해달라며 언론에 연락도 하고, 그런 순간을 직접 목격한 은총을 누린 기적을 한층 새로운 열정으로 전도하기 시작했다.[11]

* * *

앞에서도 말했지만, 대다수의 경찰과 검사는 선량한 이들이라고 생각한다. 그들은 타인을 도우려는 마음으로 법을 집행한다. 범죄를 저지하고 범죄 피해자에게 발언 기회를 주고 정의를 실현하기 위해 싸운다. 선을 위한 싸움이 그들 몸에 배어 있고 이는 그들의 자기정체성과 심리에서 필수적인 부분이 된다. 주변 동료들이 "우리는 좋은 사람들이야. 다른 이들의 안전을 지키는 데 인생을 걸었지"라고 하는 말을 진실 그대로 믿는다. 그리고 사실이기도 하다. 법집행을 하는 이들은 자기 삶을 공익에 헌신해왔다. 가령 많은 검사들은 변호사로 개업하면 훨씬 더 돈을 많이 벌 수 있을 텐데도 공익에 헌신하기 위해 더 적게 버는 쪽을 선택한다.

여러 해 전 이들 개개인이 형사사법제도 안에 첫발을 내디뎠을 때, 이 시스템은 건국의 선조들 이래로 긴 세월 동안 이전 세대의 지성과 지혜와 노고가 더해져 완벽을 향해 계속 더 나은 방향으로 개조돼온 인상적인 모습이었을 것이다. 그런 시스템의 일부가 되어 마침내 그 횃불을 다음 세대로 넘겨줄 수 있게 됐다는 건 행운이었다. 그리고 일하는 내내 그들은 각자 자기 삶을 그 시스템에 쏟아부으며 자신이 부분의 합 이상―한 사람 이상의 몫―으로 고귀하고 대단한 무언가에 기여하고 있다고 굳게 믿으며 내심 자부해왔다. 그리고 자기 정체성과 고고한 자존감의 일부는 바로 그런 믿음을 토대로 만들어졌다.

그래서 이노센스 운동과 심리학 분야가 발전하면서 시스템 중심부의 일부 기본 전제에 의문이 제기되자, 그 안의 개인들은 적대감까지는 아니라 하더라도 방어적 태도로 반응하는 경우가 많았다. 특정 사건에서 결백한 이가 잘못된 유죄판결을 받았을 가능성을 누군가가 제기하면, 그들은 일단 부정하고 나선 뒤 피고인이 왜 유죄가 확실한지 설명하려고 터무니없는 이론들을 들고 오는 경우도 있었다. 지금껏 우리가 살펴봤듯이 DNA 검사가 결백을 뚜렷이 입증해주고 있는데도 말이다. 혹은 시스템 전반의 개혁—이를테면 목격증인의 범인식별이나 포렌식의 신뢰도를 제고하기 위한 노력—이 필요하다는 의견에 대부분 코웃음을 치며 지금껏 늘 해왔던 방식대로만 하려 들고 개혁에 대한 제안은 아예 듣지도, 고려해보지도 않으려 한다.

물론, 누군가가 와서 "당신네가 죄 없는 사람을 유죄라 판결해서 30년을 감옥에서 보내게 만드는 동안, 진짜 범인은 거리를 활보하며 여자 셋을 강간살해했습니다. 당신의 실수 때문에요"라고 말한다면 받아들이기 힘든 것은 당연하다. 참기 힘든 부조화가 야기될 것이다. 그리고 그 시스템에 인생을 걸고 자존감의 원천으로 삼았던 이들로서는 시스템 자체는 물론이고 자기 자신에 대해 품었던 모든 믿음과 상충하는 이야기일 것이다.

그러므로 그런 이야기를 들을 때 그들 앞에는 선택지가 놓인다. 먼저 그 이야기가 진짜인지 판단하라는 주장을 객관적으로 검토할 수 있다. 물론 대다수에게 이는 굉장히 힘든 일이다. 그래서 많은 이들이 본능적으로 무릎반사 같은 반응을 보인다. 새로운 증거를 비판적 관점에서 진단하기를 거부하고 시스템의 공정성에 대한 본인의 뿌리 깊은 믿음을 지키기 위해 어처구니없는 이론들을 들고 나오게 되는 것이다. 그리고 자신의 믿음과 정체성에 의문을 제기하는 사람들을 향해 분노를 표출한다. 형사사법 시스템상에 오류가 있으니 다각도로 철저한 점검과 개혁이 필요하다는 지적을 받으면 그들은 대부분 방어적 태도와 분노의 반응을 보인다.

초기에 이노센스 변호사로 활동을 한 적 있었던 대니얼 메드웨드 교수는 우리 학생들에게 이런 심리 현상을 현업에서 처음 목도하고 충격을 받았던 경험에 대해 들려줬다. 뉴욕에서 이노센스 단체 측 대리인으로 처음 맡았던 사건에서 메드웨드팀은 의뢰인이 결백하다는 증거를 차고 넘치게 찾아냈다. 그는 당시 자기 학생들에게 이렇게 말했다고 한다. "이건 아주 강력한 증거다. 검찰도 다들 합리적인 사람들이고 정답에 도달하기를 원하는 건 마찬가지야. 굳이 따로 재심 신청을 하지 않아도 우리 의뢰인을 석방시킬 수 있을 거다. 우리는 그저 검찰 측과 만나서 우리가 찾은 증거를 보여주면 되고, 석방에 그들도 동의를 할 거라 확신한다." 그러나 그가 틀렸다. 너무 순진했다. 그리고 이 분야에 처음 발을 들였을 때의 내가 그랬듯 그 역시 인간 심리에 대한 이해가 부족했다. 검찰 측의 반응, 그리고 그들이 피고의 결백을 인정하지 않으려고 새로운 증거를 우스꽝스럽게 지어내는 방식에 메드웨드는 충격을 받았다. 검사들의 반응이 너무나 인상적이었기에 그는 이후 법학 교수로서의 행보에서 그 이면의 심리를 집중 연구하며 해당 주제로 여러 편의 글을 썼고 끝내는 『검찰 콤플렉스』라는 책을 출간하기도 했다.

* * *

다른 주들과 마찬가지로 오하이오에도 특정 법적 요건이 충족되지 않은 경우 유죄확정판결 후postconviction 사건일지라도 DNA 검사를 위해 검경은 범죄현장의 생물학적 증거를 새로 제출해야 한다는 법 규정이 있다. 이 법 규를 근거로 오하이오 이노센스 프로젝트가 결백을 주장하는 수형자를 대리해 DNA 검사를 시도한 사건이 아마도 백여 건이 넘을 것이다. 경험이 적던 초기에는 담당 검사에게 전화를 걸어서는 이렇게 말하곤 했다. "이 수형자가 서면으로 보낸 내용에 따르면 본인은 결백하답니다. 해당 사건을 찾아보니 이 사람 말이 진실인지 확인하려면 DNA 검사가 필요할 것 같습니다. DNA 검사를 해볼 수 있게 DNA 정보 반출에 동의해주시겠습니까? 검사 비용은 저희 쪽에서 지불할 예정입니다. 동의만 해주시면, 이 사안으로 법정 다툼하며 시간 낭비를 하지 않아도 됩니다."

이에 대한 대답은 거의 항상 "안 됩니다"였다. 그럼 나는 강조하곤 했다. "아직 이 사람이 무죄라고 말하는 게 아닙니다. 그저 DNA 검사만 하면 답을 찾는 데 도움이 될 수 있다는 말씀을 드리는 거예요. 검찰 측에서 부담할 비용은 전혀 없으니 그냥 저희가 검사만 해보면 안 될까요?" 그래도 대답은 거의 언제나 "안 됩니다"였다. 통화 중에 내게 이렇게 말한 검사도 있었다. "당신들 프로그램 이름 '오하이오 이노센스 프로젝트'가 거북스럽네요. 대체 무슨 의도로 그런 이름을 지은 겁니까? 모욕적이군요. 알겠네요. 그 사람들을 대변해서 빼내 주고 싶은 거겠죠. 하지만 그 사람들 실제로 결백한 경우는 하나도 없어요. 당연한 얘기죠."

그래서 몇 년이 지난 지금은 DNA 검사에 동의해주기도 한다는 사실이 확인된 오하이오의 몇몇 카운티의 경우를 제외하고는 굳이 전화해서 물어보지 않는다. 오하이오주의 DNA 관련 법에 의거하여 우리 의뢰인은 DNA 검사를 받을 권리가 있다는 내용을 담은 명령신청을 법정에 제출할 뿐이다. 검찰 측에서 적대적인 태도로 반대하고 나서리라는 걸 알면서도 말이다.

강연 도중에 이런 이야기를 하면 어김없이 이런 질문이 나온다. "검사들은 DNA 검사에 왜 동의를 하지 않는 걸까요?" 내가 할 수 있는 유일한 답은 검사들이 워낙 심리적 부정이 강한 상태인 데다 검찰에서 지금까지 유죄판결을 내린 사람은 전부 유죄가 맞다는 확신에 찬 나머지 그런 절차는 다 시간 낭비라고 보기 때문이라는 것이다. 그러나 그런 방어적 태도는 정의롭지 못할 뿐 아니라 혈세 낭비이기도 하다. 실제로, 우리가 법정에서 DNA 검사 허가를 얻기 위해 싸워야만 하는 경우 대개 소송에 수년이 소요되니 그 과정에서 법정의 소중한 시간과 자원이 낭비되는 셈이다.

어느 재소자의 요청으로 지방검찰청에 연락해 해당 사건의 DNA 검사 동의를 부탁했던 적이 있었다. 검사 비용은 우리 쪽에서 지불할 예정이라고도 알려줬다. 재소자의 결백 주장이 진실인지 아닌지 쉽게 판단 가능한 생체 시료가 다수 있는데도 검찰 측은 동의를 거부했다. 그래서 우리는 법정 소송으로 갈 수밖에 없었다. 포괄적인 소송 이후 법원에서는 우리의 명령신청을 기각했다. 오하이오주 DNA 관련 법규에 따르면 해당 재소자에겐 DNA 검사를 받을 권리가 분명히 있는데도 말이다. 1~2년 뒤 사건을 담당 검사가 활동하는 지방법원으로부터 항소법원으로 옮겨가 법에서 규정한 DNA 검사를 거부한 것은 그 검사의 "재량 남용"임을 밝힐 수 있었다. 그리하여 DNA 검사용 생체 시료를 연구소에 제출하라는 명령과 함께 사건은 법원으로 환송됐다.

DNA 검사가 진행됐고 재소자는 유죄가 확증됐다. 이노센스 운동에서 이런 사례는 드물지 않다. 처음에 검사를 진행하고자 할 때는 우리도 당연히 재소자가 정말로 결백한 건지 아닌지 확실히 알 수 없다. 단지 DNA 검사를 통해 진실을 찾아내기 원할 뿐이다. 나는 학생들에게 우리가 기대할 수 있는 최선의 답은 유죄임을 확증하는 DNA 검사 결과라고 말한다. "죄 없는 사람이 감옥에 있는 동안 진짜 범인이 바깥에서 추가 범죄를 저지르고 다녔기를 바라는 마음으로 있다면 그건 역겨운 일이야." 그래서 이 재소자의 유죄를 다시금 확증하는 검사 결과가 나왔을 때 크게 동요하지 않았다. 최종적인 답을 얻었다는 것에 만족했다. 이 사건에서도 우리는 그런 결과에 대해 늘 하던 대로 했다—DNA 관련 각하 신청을 하고 해당 재소자 대리를 종료했다.

통상적으로, 의뢰인의 유죄가 확증되고 나서 우리가 그런 명령신청을 하면 검찰 측에서 동의하는 신청서를 서면으로 제출하고 법원에서는 검찰이나 변호인 측에서 법정에 출두할 필요 없도록 해당 사안에 대한 종결 명령을 내린다. 모든 과정은 서면으로 이루어지며 우편 혹은 최근에는 전자파일로 전달된다. 그런데 이 사건에서는 우리가 각하 신청을 마쳤는데 검찰 측에서 관련 사안에 대한 추가 논의를 위해 법정 심리를 하고 싶다며 명령신청을 했다. 검찰 측의 이런 요구에 나는 어리둥절했다. 이건 시간 낭비가 아닌가. DNA 검사로 재소자의 유죄가 확인됐고 해당 사안은 신속히 해소돼야 한다는 데 모든 이의 의견이 일치했는데 대체 왜 그 각하 신청을 두고 또 다시 법정 출두까지 해가며 시간을 허비해야 하나? 그럼에도 불구하고 예의상 나는 이 이상한 요청을 거부하지 않았다.

법정 심리가 있기 전날 밤, 꽤 잘 알고 지냈던 어느 기자가 전화를 걸어와 이런 식의 말을 했다. "선출된 검사장(미국은 주검찰청 및 카운티 검찰청의 검사장을 지역 주민들이 직접 선출한다. 검사장들은 자신이 필요한 만큼 검사를 채용하는데, 이들은 보좌 역할로 검사장의 명을 받아 업무를 수행할 뿐 소송 행위는 검사장의 명의로 이루어진다 – 옮긴이) 본인이 내일 법정에 옵니다. 부하 검사들만 오는 게 아니고요. 유죄가 분명한 강간범 하나 때문에 오하이오 이노센스 프로젝트가 혈세를 낭비하고 검찰과 법정의 시간을 잡아

먹고 있다며 몰아세우고 싶어서 오는 거겠죠. 우리 기자들도 내일 다 그 자리에 있게끔 언론에 미리 언질까지 줬습니다. 조심하시라는 말씀을 드리려 전화했습니다.”

수화기를 내려놓고 나서 나는 검찰청에 전화를 걸어 애초 소송까지 갈 필요 없이 DNA 검사 비용을 우리가 부담하겠다는 제안을 했었던 일을 상기시키면서, 이미 몇 년 전에 혈세 한푼 쓰지 않고 재소자의 유죄를 확증할 수 있었으나 그러지 못했다는 점을 지적했다. 다시 말해, 시간과 비용을 낭비하게 된 건 검찰 측이 검사에 동의하지 않았기 때문이라고 꼬집은 것이다.

다음 날 법정 심리가 있기 전 아침에 기자가 다시 내게 전화를 걸어 말했다. “저쪽에서 취재요청을 취소했습니다. 그 선출직 검사장은 안 온답니다. 아랫사람 하나만 보내나봐요.” 심리는 약 60초간 진행됐고 싱거웠다. 그리고 시간낭비였다. 그들이 기존 입장에서 한 걸음 물러선 유일한 이유는 그동안의 헛된 시간낭비가 다른 누구의 잘못이 아니라 바로 본인들의 잘못 때문에 벌어진 일임을 우리가 상기시켜줬기 때문이었다.

이노센스 운동에서 활동 중인 변호사라면 누구나 유죄판결을 받은 이들 가운데 결백한 사람이 있을 수 있다는 주장에 대해 검찰 측이 완고하게 부정하며 반격에 나섰던 사례들을 차고도 넘치게 댈 수 있을 것이다. 이 책에서도 이미 여러 사례를 언급했는데, 한 가지를 더 말하고자 한다. 내가 이쪽 업무에 발 디딘 지 얼마 되지 않아 아직 순진하던 시절의 일이다.

오하이오 이노센스 프로젝트에 의뢰한 리코 게인즈라는 사람이 있었다. 그는 의문의 소지가 있는 목격자 증언을 주요 근거로 살해 혐의로 유죄판결을 받았다. 이후 리코가 수감 생활을 몇 년 하고 난 뒤에, 검찰 측

핵심 증인이 자기가 법정에서 했던 진술은 사실이 아니라며 진술을 뒤늦게 철회했다.

보통 이 정도로는 이노센스 사건 승소에 충분하지 않다는 걸 지금은 안다. 몇 년이 지난 뒤 검찰 측 증인이 진술을 번복해도, 판결을 뒤집지는 못한다. 재판부는 그저 '유죄인 살인자'나 그 가족이 증인에게 압력을 넣어서 진술을 번복한 거라고 짐작하곤 한다.

그러나 이 사건에서는 우리 쪽에서 준비한 게 더 있었다. 그 살인 사건이 벌어진 거리에 살던 남자가 해당 총격 사건을 목격했다며 우리에게 연락을 해왔다. 그는 앞길에서 몇 명이 다투는 소리를 듣고 범인들을 봤을 당시 자택 진입로 끄트머리 도로 근처에 있었고, 총기 발사 순간에는 자기 차량 뒤에서 몸을 수그려 피한 뒤 주변을 둘러봤다. 그는 우리 측 의뢰인이 사건과 무관하다는 걸 알고 있었을 뿐 아니라 총을 쏜 범인은 동네에서 각종 범죄와 폭력 전과로 악명 높았던 수상한 인물들이었다고 확인해주었다.

원심 당시에는 자기 집에 십대 자녀들이 있었고 그런 불량한 인물들에 맞서는 증언을 해 아이들을 위험에 처하게 만들까 봐 나서기가 두려웠다고 고백했다. 그러나 이제 자녀들도 다 커서 독립을 한 데다 진범들이 다른 범죄로 수감 중이라는 사실을 신문 기사를 통해 알게 됐다고 했다. 이제 본인이나 자녀들의 안전에 대해 더 이상 두려워하지 않고, 진실을 이야기할 수 있었다. 새로 나타난 이 증인은 우리 의뢰인의 친구도 아니었고 거짓말을 할 동기도 없어 보였다.

게다가 탄도학 보고서 내용에 따르면 해당 총격 살인은 검찰 측이 복수의 밀고자snitch(범죄자가 자신의 안위를 위해 경찰 등에 동료의 범죄를 밀고하는 행위를 'snitch'라고 한다 - 옮긴이) 증언을 통해 주장한 방식으로는 성립이 불가능했다. 오히려 살해 당시 상황에 관한 이 새로운 증인의 설명을 뒷받침했다.

우리는 검찰 측에 연락하여 이 새로운 증거에 관한 정보를 전달했다. 새로 나타난 증인을 만나보게 해줄 수 있고 필요하면 거짓말탐지기도 사용해볼 수 있지 않겠냐고 했다. 그런지만 검찰 측은 거부했다. 증인을 만나보려 들지도 않았고 거짓말탐지기 사용도 원치 않았다. 그래서 우리가 직접 그 증인에 대해 거짓말탐지 조사를 실시했고 통과했다. 거짓말탐지기가 전적으로 신뢰할 만한 것은 아니긴 하지만, 어쨌거나 긍정적인 결과는 간혹 검찰 측에 영향을 미칠 수도 있기 때문에 우리 쪽 증인들을 위해 가끔 활용하기도 한다. 그러나 검찰 측과의 대화는 아무런 진전이 없었고 우리는 이 새로운 증거를 근거로 리코를 석방해달라는 명령신청을 재판부에 제출했다.

명령신청이 접수되자 검찰 측이 우리에게 연락을 취해와 입장이 바뀌었다고 말했다. 새로 나타난 증인을 직접 만나서 그가 말하는 내용이 진실인지 확인하고 싶다는 것이었다. 사건에 무언가 진전이 있을 수도 있고, 검찰 측이 모든 가능성을 열어두고 검토할 의지를 보였다는 기대에 찬 우리는 증인에게 연락해 검찰 면담에 출석하도록 약속을 잡았다. 그런데 막상 증인이 도착하자 검찰에서는 면담을 하지 않았다. 그 대신 교통위반범칙금 몇 건 체납을 이유로 그를 구금했다. 조서를 쓰게 하고 정식 연행 절차까지 밟았다. 그는 자기가 다니던 교회에 전화를 걸어 목사에게 미납 범칙금을 전부 납부하고 풀려날 수 있게 교인들에게 모금을 해달라는 부탁을 해야 했다. 납부가 완료되고 나서야 검찰은 그를 풀어줬다.

검찰이 보내는 메시지는 분명했다. 사실, 검찰 측은 열린 자세로 사건에 접근할 생각이 없었고 그저 증인을 겁박해 곧 있을 석방 심리에서 증언을 하지 못하도록 수단과 방법을 가리지 않으려는 속셈이었던 것이다.

결국에 우리는 종신형을 선고받았던 리코를 9년간의 수감 생활 끝에 석방시킬 수 있었다. 그러나 수많은 다른 이노센스 사건들에서 볼 수 있듯 검찰 측은 객관적 입장을 취하거나 진실을 찾으려는 선의의 노력 한번 기울이지 않고 매번 재소자의 결백을 부인하기만 했다.

물론 예외도 있다. 그렇지만 유죄확정판결 후 이노센스 사건에서는 검찰 측의 이런 행동이 관행이나 다름없다. 강연 중에 이런 이야기를 하면 청중은 혼란스러워하며 이런 질문들을 한다. "검사들은 왜 그러나요? 정의로운 결과를 원하지 않는 건가요?" "진실을 원하지 않는 걸까요?" 그들은 도무지 내 말이 믿기지 않는다는 표정으로 나를 쳐다본다. 그래서 나는 넷플릭스 다큐멘터리 시리즈 〈살인자 만들기Making a Murderer〉가 반가웠다. 검사들이 진실을 밝히기 거부하는 명백한 사례를 사람들이 마침내 볼 수 있게 되었기 때문이었다. 이 다큐멘터리는 스티븐 애버리가 페니 비언스턴에 대한 강간과 폭력 죄목으로 받은 오판을 뒤집기 위한 법정 싸움을 그리고 있다. 이 법정 싸움이 한창 진행되던 1995년에 이웃 카운티의 한 검사가 애버리 사건을 담당했던 보안관실에 전화해 자기네가 방금 검거한 그레고리 앨런이라는 남자가 페니 비언스턴을 강간했다고 자백했다는 정보를 전달했다. 그러나 이 전화를 받은 직원은 이 사실을 법정에도, 애버리 측 변호인단에게도 알리지 않았고 심지어 기록조차 해두지 않았다. 그는 상관 두어 명에게 관련 사실을 이야기하기는 했으나 그 뒤 모두가 그 사실을 무시해버렸다.

몇 년 뒤, DNA 검사를 통해 앨런이 진범이라는 사실이 입증되고 결국 애버리가 풀려난 이후, 위스콘신주 검찰청에서 조사를 시작했고 그제서야 그 보안관실은 수년 전 전화통화 내용을 문서로 기록했다.

애초에 전화가 왔을 때 그들은 왜 조치를 취하지 않았을까? 일종의 심리적 부정 때문이다. 그들의 머릿속에서는 애버리가 페니 비언스턴을 공격한 범죄자라는 것에 추호의 의심도 없었던 탓에 그런 전화는 중요하지 않았던 것이다. 좀 더 엄밀히 말하자면, 그들은 인지부조화를 겪었고 그 통화내용은 애버리의 유죄에 대한 자신들의 믿음과 상충하는 것이었기 때문에 한켠으로 밀어놓았던 것이다. 일단 주사위가 던져지고 나면 인간은 생각을 바꾸기 매우 힘들어한다. 어느 심리학 연구결과를 보면 경마장에서 곧 있을 경주에 돈을 이미 건 도박꾼들은 돈을 걸 말은 골랐지만 아직 줄 서서 기다리고 있는 상태의 도박꾼들보다 자기 선택이 옳다고 훨씬 더 확신한다.[12] 도박판에 돈을 거는 행동에는 마음을 어느 한쪽으로 굳혀버리는 무언가가 있다. 유죄판결을 끝낸 검경은 돈을 어느 한쪽에 걸어버린 상태다. 주사위를 던진 셈이니 되돌릴 길은 없다.

* * *

나 역시 검사 시절 이런 문제를 겪었다. 한 가지 사례를 살펴보겠다. 검사 시절 2~3년간 나는 협조적인 특정 '밀고자snitch'와 많은 시간을 보냈다. 이 남자는 우리가 예전에 구속했던 사람이었는데 형기를 줄이기 위해 나중에 우리 쪽에 밀고를 해주는 정보원이 되었다(정보원들은 자신들이 구속된 죄목에 해당하는 범죄를 저질렀다고 인정한 뒤 협력 기간이 종료될 때까지 최대 수년까지 수감 시점을 늦추기로 합의한다. 이후 협력 기간 중 이들이 법 집행에 얼마나 도움을 주었는가에 따라 양형시 관대한 처분을 받을 수 있다). 다수의 재판에 대한 증언 준비 과정에서 나는 그와 자주 만났다. 만나다 보니 꽤나 영리하고 재미있는 사람이었고 상당히 솔직한 것 같기도 했다. 좋은 협업 관계로 발전했고, 나는 그를 좋아했다. 무슨 이유였는지는 기억이 나지 않지만 언젠가 한 번은 내가 지나가는 말로 자백—몇 년 전 처음 체포됐을 당시 순찰차 뒷좌석에서 그가 했던 자백—에 대해 언급한 적이 있었다. 내 말에 그가 히죽거리길래 물었다. "왜요? 왜 웃었어요?" 그러자 그가 말했다. "제가 죄를 지은 건 맞아요. 하지만 순찰차 안에서 ○○○형사가 말한 그런 자백을 한 적은 없어요. 그 사람이 그냥 지어낸 거죠. 제 변호사가 자백 내용에 대해 작성한 보고서를 보여줬었는데 황당하더라고요. 뭐 상관이야 없습니다, 어쨌든 유죄 인정은 할 생각이었으니까. 제가한 일을 안 했다고 하는 건 아니니까요."

형사가 자백을 날조했다는 진술은 정밀 조사가 필요한 심각한 사안이다. 그러나 당시에는 그의 말을 헛소리로 치부해버리고 되새겨보지 않았다. 말도 안 되는 소리라고 생각했다. 그래서 나는 화제를 돌렸다. 하지만 돌이켜보니 그에게는 거짓말을 할 동기가 전혀 없었다는 걸 이제야 알겠다. 그는 해당 범행에 대해 수년 전 이미 스스로 유죄를 인정한 뒤 곧바로 정보원이 된 사람이었다. 몇 년이 지난 시점에 굳이 왜 자백 내용이 날조됐다는 이야기를 지어내겠는가? 현재 본인과 협조 관계고 나중에 자신이 선고받을 징역 기간에 크게 영향을 미칠 수도 있는 형사가 조사를 받게 될지도 모를 사안이었다. 그러므로 그에게는 오히려 그런 거짓말은 하지 **않을** 동기가 충분했다. 그리고 이 정보원이 무언가 시비를 걸려고 내게 그런 고백을 굳이 할 이유가 있거나 한 상황도 아니었다. 어쩌다 지나가는 이야기로 우연히 나온 화제였던 데다 그 이야기를 먼저 꺼낸 것도 나였다. 정보원은 그 모든 상황에 대해 아무 생각이 없어 보였고 내가 재빨리 화제를 바꾸는 대로 내버려뒀다.

나중에 돌이켜보니, 이 정보원을 처음 체포했을 때 그 형사에게 자백을 받아내라고 내가 엄청 압박을 했던 기억이 났다. 형사에게 이 사건은 만만치 않을 듯하다며, 당신은 예전부터 자백을 잘 받아냈으니 이번에도 '마법을 부려서라도' 이 자에게도 자백을 받아낼 수 있기를 진심으로 바란다고 말했었다.

그리고 이 정보원의 주장을 깊숙이 묻어버렸기 때문에, 당시 맡고 있던 사건에서 그 형사가 받아낸 자백 중 문제가 될 만한 것은 또 없는지 확인해보지도 않았다. 그런 사건을 다루는 법조인이라면 날조된 자백을 받아냈다고 보이는 형사가 다른 사건에서도 자백을 날조했을 수 있다는 의심을 분명히 해봤을 것이다. 그런데 그때는 그런 확인을 할 생각조차 못했다. 이 장의 원고를 쓰면서 그 사건에 대해 떠올리면서야 비로소 그런 생각이 처음 들었다. 스티븐 애버리를 복역하게 만든 강간 사건에 대해 그레고리 앨런이 범행을 자백했다는 전화를 받은 〈살인자 만들기〉 속 경찰관이 그랬듯 나 역시 머리에 담아둘 가치조차 없는 터무니없는 오정보라고 생각했던 것이다.

오늘날까지도 그 정보원이 날조된 자백이라 했던 말이 진실인지 아닌지는 알지 못한다. 그렇지만 내가 인지부조화 때문에 그의 말을 흘려들었다는 건 이제 분명히 안다. 시스템에 대한 내 기존 신념에 어긋난다는 이유만으로 나는 그 말을 머릿속에서 무시해버렸던 것이다. 그리고 상관들에게 해당 사안을 들고 가서 어떻게 할지 물었더라면 아마 그들 역시 무시해버렸을 것 같다. 내부 조사 따위는 전혀 없었을 것이다. 어쩌면 경찰관의 말보다 정보원의 말을 더 믿을 정도로 그렇게 잘 속으면 어쩌냐고 혼쭐이 났을지도 모르겠다. 우리는 누군가를 종신형에 처하게 만들 정보를 주는 밀고자를 믿으면서도, 시스템에 관한 근본 신념이 위협받을 경우엔 또 그의 주장을 가차 없이 그저 허튼 소리로 당장 치부해버린다.

* * *

이노센스 변호사로서 나는 오하이오의 경찰서들이 경찰의 사건 파일에 대한 우리 측 요청을 방해하며 막아서는 모습에 끊임없이 좌절한다. 어떤 사건에 착수해서 우리가 가장 먼저 하는 일은 담당 경찰서에 공문서public records 요청을 하는 것이다. 오하이오의 공문서법에 따라 경찰 파일 원본을 입수하여 조사가 어떻게 이뤄졌으며 어떤 증거가 수집됐는지 판단하기 위해서다. 2003년부터 2009년경까지 우리 프로젝트에서 이 일을 처음 시작했을 당시에는 꾸준히 경찰 사건 파일을 받아볼 수 있었다. 그러나 세간의 이목이 집중된 몇몇 석방 사례 이후 여러 경찰서에서는 우리에게 파일을 제공하지 않기 시작했다. 단순히 우리 측 서신을 무시하는 경우도 있었고, 회신시 파일은 보내지 않은 채 아직 조사 진행 중이라 공문서법의 예외적 상황에 해당한다는 내용의 서신만 보내오기도 했다. 심지어 우리 측 의뢰인이 수십 년 전 이미 유죄판결을 받았던 사건들에 대해서까지 조사 중이라는 주장을 하기도 했다. 현실적으로 해당 수사가 정말로 여전히 진행 중일 리는 없었다. 이런 움직임은 일제히 조직적으로 일어난 듯 보였다. 오하이오 전역의 수많은 경찰서들이 정확히 똑같은 시기에 같은 태도를 보였기 때문이다. 마치 오하이오주 차원에서 개최한 회의에서 전원 합의라도 한 것 같았다. 우리에게 사건 파일을 넘겨주지만 않으면 그토록 많은 무죄방면을 막을 수 있기라도 한 것처럼 말이다. 우리 사무실에서 일하던 임상 전문가 도널드 캐스터 교수는 이런 교묘한 술책에 철퇴를 놓을 새로운 선례를 만들기 위해 결국 콜럼버스 경찰서를 고소해야 했다. 2016년에 우리는 이 소송에서 이겼다.

검사 재직 시절, 내가 담당한 예전 사건 중 하나에 관한 공문서 요청을 처음 받았을 때 기억이 난다. 상관들은 어떻게 대응해야 하는지 워싱턴 DC의 한 연방 검사에 물어보라고 말했다. 그래서 전화를 걸었고 대략 이런 취지의 이야기를 들었다. "수사가 아직 종결되지 않았다고 주장하면 되니까 그렇게 말하고 파일은 넘기지 말아요. 가령 피고가 제3의 공범과 범행을 저질렀을 수도 있다는 의견이 파일에 있는데 그 인물을 구속할 만큼의 충분한 증거는 없었거나 당시 그 인물을 추적하지는 않았다면, 수사가 아직 진행 중이라고 있는 그대로 말할 수 있는 겁니다. 나중에 누군가가 당신 사무실로 들어와 그 공범을 구속하기에 충분한 증거를 건네줄 수도 있는 거니까요." 더 이상 그 사건을 붙들고 있지도 않고 생각도 하지 않은 채 벌써 수년이 지난 상태였음에도 불구하고, 나는 조언대로 그 사건이 완전히 종결된 건 아니라는 주장을 가능하게 만들 얼토당토한 시나리오를 떠올렸고 이후로 그 사건에 대해서 다시는 생각해보지 않았다. 조금도 신경이 쓰이지 않았다. 그저 '헛소리'를 막을 그토록 손쉬운 방법이 있어서 기뻤다.

*　*　*

인지부조화는 최근 법과학forensic sciences 분야의 변화 요구에 맞서는 거센 백래시에 기름을 부었다. 이노센스 운동, 심리 연구, 비약적 과학 발전 등으로 인해 여러 법과학 분야의 오류가 새로 밝혀지자(이에 관해서는 차후에 심도 있게 다룰 예정이다), 해당 분야 종사자들은 마치 14세기 교회의 신성한 진실을 모독하는 이단이라도 보듯 새로운 이론들을 맹비난하고 나섰다.

흔들린 아기 증후군shaken baby syndrome(SBS)을 예로 들어보자. 지난 이십여 년간 미국에서 수천까지는 아니어도 최소 수백 명이 특정 의학 가설을 근거로 유죄판결을 받았다. 현재는 이 가설이 무효라는 걸 다들 알지만, 한동안은 잘못된 유죄판결을 내리는 근거가 됐다. 이 이론에 따르면, 사망했거나 심각한 부상을 입은 유아가 병원에 실려왔을 때 세 가지 특정 증상―망막 출혈, 뇌경막하 혈종, 뇌부종―이 확인되면 아기는 돌보던 사람이 심하게 흔든 게 틀림없다. 그렇게 강하게 흔들 경우에만 이 세 증상이 동시에 나타나게 된다는 것이 이 이론의 내용이었다. 유아가 의식을 잃어 부모나 베이비시터가 911에 전화를 했고 차후 세 증상이 확인되면 그 유아를 돌보던 사람은 누구든 아기를 흔든 혐의로 살인(아기가 목숨을 건졌을 경우에는 폭행) 죄목으로 기소되어 유죄판결을 받게 될 수 있었다.

물론 지금에 와서는 여러 다른 조건과 질병으로도 해당 세 증상이 나타날 수 있다는 게 잘 알려졌다. 소파나 기저귀교환대에서 떨어지는 등의 가벼운 추락도 이들 증상을 유발할 수 있다. 그에 따라 흔들린 아기 증후군 가설에 의해 살인죄로 기소됐던 수많은 이들이 최근 석방됐지만, 이는 해당 가설을 지지하는 검찰 측 전문가에 이론적으로 맞설 의학계 전문가들을 기용할 금전적 여력이 있는 경우에만 가능했다. 그리고 풀려난 이들도 이미 수년을 복역한 뒤였으며, 그것도 열린 태도로 의학 자료를 검토해서 중립적으로 판단할 수 있는 판사를 운 좋게 만난 경우였다.[13] 이 이론에 따라 유죄판결을 받은 많은 이들이 아직도 감옥에 있으며, 그중 상당수는 완전히 결백할지도 모른다.

이처럼 상황이 바뀌자 관련 사건들에서 검찰 측에 유리한 증언을 해주며 돈을 벌던 몇몇 소아과 의사들 사이에서 상당한 반발이 일어났다. 이들은 흔들린 아기 증후군 가설이 애초에 틀렸을 수 있다고 주장하는 의사들에게 앙심을 품고 맹비난을 하고 나섰다. 관련 내용의 시비는 가리지 않고 무작정 기존의 이론에 의문을 제기하는 의사들을 겁박했다. 피고 측에 유리한 증언을 한 후 정설을 흔들려 했다며 위증 혐의로 기소까지 당한 의사도 있었다. 물론 결국 그는 무죄선고를 받았다. 영국에서는 한때 흔들린 아기 증후군 이론을 지지한 세계적인 신경병리학자 웨이니 스콰이어 박사가 이후 다수의 사건에서 해당 증후군은 부적절한 진단이라는 법정 진술을 했다는 이유로 2016년에 징계를 받았다.[14] 이에 스무 명이 넘는 유수 병리학자들과 해당 분야의 전세계 주요 연구자들이 다음과 같은 논평을 게재했다.

월요일에 영국의료협의회General Medical Council가 이른바 흔들린 아기 증후군 사건들에서 증언을 했다는 이유로 웨이니 스콰이어 박사를 의료인 등록부에서 제명했다는 소식에 우리는 우려를 표한다. 스콰이어 박사는 소아신경병리학 분야의 대표적 학자로 지난 32년간 존 래드클리프병원에서 자문을 담당해온 인물이기도 하다. 그에게 쏟아진 온갖 비판 가운데는 동료들의 관점에 대한 존중이 부족했다는 목소리도 있었다.

세대마다 종교적 신앙이나 다름없는 정설은 있기 마련이며, 역사에서 한 가지 확실한 교훈이 있다면 어제는 굳게 믿었던 수많은 신념도 내일은 웃음거리가 될 수 있다는 사실이다. 흔들린 아기 증후군이 여기에 해당할지는 물론 두고 볼 일이다. 그러나 스카이어 박사의 사례는 기존 노선에 따르지 않는 사람에게 권위 있는 집단이 과도한 징계를 하는 또 다른 우려스러운 모습이다.

'주류' 신념에 의문을 제기할 어느 박사의 자유가 21세기판 종교재판식으로 부정당했으니 오늘은 과학계의 슬픈 날이다. 아기가 자연적인 다른 원인으로 사망했을지도 모르는데, 흔들려서 죽었다는 또 다른 의사의 '진단'으로 불행한 처지에 놓인 부모나 양육자에게도 특히 슬픈 날이다.[15]

이 논쟁의 시시비비와 검찰 측과 의료계의 반응을 제대로 포착한 〈신드롬The Syndrome〉이라는 다큐멘터리가 있다. 이 문제에 관심이 있는 독자라면 이 대단한 작품을 꼭 보기 바란다. 애초부터 완전히 틀린 이론이었을 수 있다는 주장에 대한 기성 의료계의 반응 속에 적나라하게 드러난 인지 부조화와 그들의 허접한 담론 수준을 확인할 수 있다. 예를 들면, 이 분야에 몸담고 있는 어느 의사가 흔들린 아기 증후군 컨퍼런스에서 기타를 치며 청중이 다같이 노래를 따라부르도록 유도하는 장면이 나오는데, 영화 〈오즈의 마법사〉의 삽입곡 중 〈나에게 뇌가 있다면If I Only Had a Brain〉을 풍자적으로 개사한 노래다.

나는 말하겠네 아기가 흔들렸다는 주장엔 근거가 없다고

내 의견을 원하는 사람들이 있거든

말도 안 되는 이야기지만 난 열심히 일해서 돈을 벌 거야

나에게 만 달러만 준다면 나는 정직한 사람이 될 텐데,

학대라고, 확실하다고 말할 텐데, 저 너머 오즈의 마법사처럼

하지만 내 지갑이 말해 돈이 필요하다고 그러니

난 재출혈이라고 말할 거야

나에게 만 달러만 준다면 아, 공식 증거가 왜 없는지

이제 말해줄게

아주 아주 드문 원인을 이야기해

증거는 없지만 무슨 상관이람?

다른 의사들이 뭐라든 상관없어, 난 무조건 추락사고라고 할 거야

증인석에서 그렇게 말하겠어

뇌 안에 심한 출혈이 있어, 아니면 난 다신 거짓말 안 해

나에게 만 달러만 준다면 안구에 출혈은 다른 이유로도

일어납니다, 자백은 다 거짓이죠, 나 혼자 북치고 장구치네

이야기가 많다고 해서 과학이 되는 건 아니지,

연구도 믿을 수가 없네

나에게 만 달러만 준다면 아, 공식 증거가 왜 없는지

이제 말해줄게

아주 아주 드문 원인을 이야기해

증거는 없지만 무슨 상관이람?

나를 비판하는 사람들이 많아, 하지만 피고인들은 우릴 찾지

내가 계획에 도움이 되니까

한목소리로 나를 욕할 테지만 상관없어 난 낯짝이 두꺼우니까

나는 늘 만 달러를 받거든. 난 만 달러를 받고 싶어.

난 정말 만 달러가 필요해.

흔들린 아기 증후군 가설 자체의 진위를 가리려 들 때 이 가설을 옹호하는 쪽에서 늘 나오는 반응이 있다. 체포된 사람들 중 일부가 아기를 흔들었다는 자백을 했으니 가설은 틀림없이 참이라는 주장이었다. 가설이 참이라는 증거가 자백이라니, 의료계에서 자신들의 전문 분야 외 영역을 의학적 진단 속에 포함시키는 것의 문제점이 드러나는 대목이다. 이 의사들은 허위자백false confessions 현상을 잘 이해하지 못하는 것은 분명하며, 이 부분에 관해서는 이 책 후반부에서 설명할 예정이다. 심리학 연구를 해왔거나 법정 밖에서 벌어지는 일들을 지켜봐온 사람이 아닌 이상, 수많은 판사들을 비롯해 대부분의 사람들이 허위자백에 대해 잘 알지 못하므로 놀라운 일은 아니다. 또한 최근에 아이를 잃은─아마도 한 사람의 평생에 일어날 수 있는 가장 끔찍한 공포─부모가 허위자백 문제에 극도로 취약한 상태라는 것도 알지 못한다. 특히나 선처를 받을 수 있고 남은 다른 자녀들과 나중에라도 재회할 수 있는 유일한 방법은 자백뿐이라든가, 혹은 자백하지 않으면 아이를 흔든 책임이 당신 배우자에게 갈 것이라는 말을 경찰에게 듣기라도 한다면, 더욱 그렇다.

따라서 흔들린 아기 증후군의 경우, 부정확한 의학 가설 하나가 허위자백을 끌어냈고, 그 허위자백이 틀린 의학 가설을 입증하는 용도로 이용되는 순환적 되먹임 고리circular feedback loop가 작동하는 셈이다.

교흔(깨문 자국)bite mark 증거 비판에 대해서도 기존 법과학계는 비슷하게 편협한 악의적 태도로 반격하고 나섰다. 이런 유형의 법과학 증거를 제대로 조사한 곳은 단 두 곳의 독립 기관뿐이었는데 이들이 내놓은 보고서는 상당히 비판적이었다. 2009년 미국과학한림원의 보고서에서는 교흔 증거에 관련된 고질적인 문제들을 짚었고, 2016년 텍사스 과학수사위원회에서는 텍사스주에서는 이 증거의 사용을 잠정 중단해야 한다고 판단했다.[16] 이에, 전미 법치의학위원회American Board of Forensic Odontology(ABFO)는 반격에 나섰고 이들을 옹호하는 측에서는 "문제를 제기한 이들의 신빙성에 흠집을 내고자 공격적이고 때로는 지극히 인신공격적인 전략을 취했다"고 《워싱턴포스트》는 보도했다.[17] 특히, 현상 유지를 원하는 측에서는 기존 학설에 감히 의문을 제기한 치의학자들을 상대로 윤리위 제소를 진행했는데 이는 문제의 소지가 다분했다.[18]

2015년, ABFO는 교흔 증거의 신뢰도를 입증하고 비판 여론을 잠재우기 위한 연구를 진행했다. 그러나 이 연구는 처참한 실패로 끝났다. 참여했던 39명의 법치의학자들이 100여 건의 사건에 대해 천차만별의 견해를 내놓는 바람에 이 '과학'이라는 것의 주관적이고도 임의적인 성격만 만천하에 드러낸 꼴이 됐다. 미국과학한림원 회원인 폴 지아넬리 교수는 이 같은 결과에 대해 "심란하다"면서도 "놀랍지는 않다"며 이렇게 덧붙였다. "같은 교흔을 두고도 어떤 분석가는 사람 치아의 자국이라고 증언한 반면, 또 다른 분석가는 완전히 다른 자국, 이를테면 벌레에 물린 자국이라든가 벨트 버클에 찍힌 자국 같은 것이라고 증언한 사건이 지금껏 수없이 많았다."

그러나 ABFO 연구에서 가장 희한한 부분은 자기네 연구결과를 스스로 숨기려는 노력이었다. ABFO 내부 정보원들이 《워싱턴포스트》측에 전한 우려 섞인 목소리에 따르면 조직 지도부가 연구결과에 "충격"을 받고 "휘청거리는" 중이어서 결과 발표 예정이던 컨퍼런스에서 패널 출연을 취소하려 했다고 전했다. 우여곡절 끝에 예정대로 패널 출연은 이뤄졌으나 ABFO 측 발표자들은 해당 연구의 의미를 축소하며 연구 방법론에 문제가 있었다고 비판했다. 그리고 연구에서 교흔 이론의 심각한 오류가 드러난 뒤에도 ABFO 측은 법정에서 이 '과학적' 증언을 계속하도록 회원들을 종용했다.

ABFO는 결국 연구결과를 공개 및 배포하지 않기로 했다. 이에 대해 폴 지아넬리는 이렇게 맞받았다. "이곳이 정말로 과학에 근거한 조직이라면 이 연구결과에 극도로 괴로움을 느끼며 그 결과를 발표하리라 생각했다. 그리고 교흔 증거가 연관됐던 미결 사건에 최대한 빨리 그 결과가 반영될 수 있도록 조치했을 것이다."[19] 교흔 증거를 변함없이 지지하던 검찰 역시 노골적인 거짓말까지는 하지 않는다 해도 종종 이와 다를 바 없는 방어적 태도로 대응하곤 했다.[20]

기존 방식에 대한 문제 제기에 쏟아지는 이런 유형의 반응은 법과학 외부에서도 뚜렷이 나타났다. 2012년, 루이빌의 한 형사는 자신이 수사한 남성이 살인을 자백했는데 켄터키 이노센스 프로젝트 측 의뢰인이 이미 해당 살인 사건으로 복역 중이라는 사실을 프로젝트 측에 알려왔다. 그러나 이 형사의 상관들은 피고인 중심 단체로 보이는 곳에 이런 정보를 알려줬다는 사실을 탐탁치 않아 했다. 그래서 자신이 좌천됐다는 게 그의 주장이었는데, 언론에서 입수한 내사과 이메일을 보면 소속 경찰서에서 과연 그를 못마땅하게 여겼음을 알 수 있다. 이메일에는 해당 문제는 "대외비 사안"으로 다뤘어야 했고 그 사건에 "끼어들어"서는 안 됐다는 내용이 담겨 있다. 결국 그 형사는 자기 행동에 대해 보복성으로 불이익을 준 루이빌 시 당국을 상대로 문제를 제기해 45만 달러의 내부고발자 지원금을 받아낼 수 있었다.[21]

2009년, 로버트 넬슨이라는 캔자스시티의 재소자가 자신의 결백을 입증하기 위해 DNA 검사를 요구했지만 법원에서는 이를 거부했다. 그는 2011년 재판부에 재고해달라며 명령신청서를 다시 제출했지만 또 다시 반려되었다. 이번에는 캔자스시티의 DNA 관련 법규에서 요구하는 적절한 신청서 양식을 사용하지 않았다는 이유였다. 이후 넬슨의 누나는 법원에 연락을 취해 넬슨이 절차를 진행할 때 참고할 수 있게 다른 재소자의 명령신청 사례를 알려달라고 요청했다. 당시 전화를 받았던 섀런 스나이더라는 법원 서기가 제대로 접수된 다른 재소자의 명령신청서 견본을 보내주었다. 스나이더가 넬슨의 누나에게 보내준 명령신청 건은 공개된 자료로 대외비 문서도 아니었다. 이후 넬슨은 세 번째 신청서를 제출했고 이번에는 정확한 절차에 따라 접수가 완료됐다. DNA 검사가 진행되어 넬슨의 결백이 밝혀졌고 그는 자신이 저지르지 않은 강간 사건으로 30년을 복역한 뒤에야 풀려났다. 그러나 스나이더가 넬슨의 누나에게 자료를 공유해주었다는 사실을 알게 된 법원은 스나이더를 해고했다. 스나이더가 정년퇴직을 불과 9개월 앞둔 시점이었다.[22] 나중에 전국적으로 방영된 방송에서 넬슨은 스나이더를 '천사'라고 불렀으며, 스나이더는 자신이 해고를 당하긴 했지만 넬슨을 도왔던 것을 후회하지 않으며 과거로 돌아간다 해도 "똑같이 하겠다"고 이야기했다.

행정악

선량한 사람들은 보통 독자적으로 행동할 때는 선한 마음으로 움직인다. 혼자 행동할 때 내면의 도덕적 잣대는 유일한 지침이자 우리를 속박하는 유일한 대상이다. 그러나 선량한 사람들이 형사사법제도처럼 미리 정해진 각종 정책과 절차에 일제히 발맞춰 걷는 거대한 관료조직에 속해 있을 경우 인지부조화와 부정의 문제는 엄청나게 증폭된다. 거대한 관료조직 속에서 각 개인은 그들이 '응당 해야 할' 것들을 하는, 톱니바퀴의 톱니에 불과하다. 어떤 개인을 특정한 불의의 원인으로 지목하기는 어렵고, 책임은 희석된다. 책임은 '시스템'에 있지, 개인에게 있지 않다.

관료체계 내의 행위자들은 그 안의 각종 정책과 절차—'기본 방침'—에 매여 있기 때문에 혼자 행동할 때면 떠올릴 내면의 도덕적 잣대를 확인 혹은 심지어 고려조차 하지 않도록 길들여진다. 그리고 주변의 모든 사람이 동일한 정책과 절차를 따르고 있으니 자신도 그런 정책과 절차를 따르라는 지시대로 움직여도 스스로 옳은 일을 하고 있다는 경직된 감각을 지니게 된다. 다시 말해, 거대한 관료조직 안에서는 소속 집단의 관행과 절차가 각 개인 내면의 도덕적 잣대를 밀어내고 따라야 할 기준이 되어버린다.

이런 현상을 '행정악'이라 한다. '선량한' 독일인들이 거대한 톱니바퀴의 톱니가 되어 홀로코스트 자행에 동참하게 만든 과정이 바로 이 '행정악'이었다. 조직연구 분야의 어느 교수는 이렇게 표현하기도 했다.

현대 들어 기술적 합리성technical rationality을 강조하는 지배적인 문화적 맥락에서는 새로운 형태의 위험한 악이 등장할 수 있다. 홀로 코스트는 행정악의 출현을 알리는 상징적인 사건이었지만, 비인간화

dehumanization와 집단학살 행위에서 명백히 드러난 행정악의 경향은 공직의 정체성 속에 깊게 파고들었다. 행정악의 일반적 특성은 평범한 사람들이 통상적인 직무 및 행정의 역할 범위 안에서 자신이 잘못된 일을 하고 있음을 인식하지 못한 채 악행에 가담할 수도 있다는 것이다. 도덕적 역전moral inversion의 조건에서 사람들은 자신의 악행을 선한 것으로 인식하게 될 수도 있다. [23]

1960년대와 1970년대에 진행된 수많은 심리 실험을 통해 평범한 사람들이 관료주의 환경에서나 집단에 소속되어 규칙과 규정을 따르는 경우 혼자 행동할 때는 저지르지 않을 잔혹한 행위를 태연히 자행할 수도 있음이 밝혀졌다. 널리 알려진 스탠리 밀그램 교수의 연구는 본래 미국인들은 권한을 가진 이가 지시한다 해도 제2차 세계대전 당시의 독일인들과는 달리 잔혹한 악행에 가담하지는 않을 것임을 입증하기 위한 작업이었다. 예일대 연구소에서 진행된 이 실험에서 피험자들은 이것이 기억에 관한 실험이며, 흰색 실험실 가운을 입은 '과학자'의 감독 및 지시하에 '교사' 역할을 맡게 될 것이라고 설명을 들었다. '교사'들에게는 다른 피험자들—'학습자들'—의 기억 향상을 돕는 것이 목표라고 설명해주었다.

'과학자'가 지켜보며 지시를 내리는 가운데 피험자들은 일련의 단어쌍들을 읽어주며 학습자들이 듣고 기억했다 따라 말하게 하라는 요청을 받았다(사실 학습자들은 밀그램과 사전에 몰래 약속을 해둔 한 팀이었다). 학습자가 해당 단어쌍을 정확히 따라하면 교사들은 정답이라고 확인만 해주면 됐다. 그러나 학습자가 실수를 하면 교사들은 앞에 놓인 정교한 제어판의 스위치를 올려 전기충격을 주어야 했다. 학습자가 실수를 할 때마다 전기충격의 강도가 상승하게 돼 있었다. 답을 말하지 못하면 그 역시 오답으로 보고 충격을 가해야 했다. 제어판에는 15볼트에서 시작하여 450볼트까지 15볼트씩 증가하는 30단계의 충격 강도가 있었다. 제어판에는 단계마다 설명이 붙어 있어서, 고강도 부분에는 '매우 강한 충격', '강렬한 충격', '극도의 충격', '위험: 견디기 힘든 충격', 그리고 맨 마지막에는 불길한 느낌을 풍기는 'XXX'가 쓰여 있었다.

학습자들은 바로 옆 방에 있었으므로 교사들은 학습자들을 볼 수는 없어도 두 방 사이의 열린 문 사이로 학습자들의 소리는 들을 수 있었다. 실험이 시작되기에 앞서 교사들을 그 옆 방으로 데려가 학습자들이 앉을 의자에 앉히고 결박한 뒤 전극을 연결시켜 45볼트 설정에서 전기충격을 직접 겪어보게 함으로써 낮은 수준의 충격이 어느 정도 느낌인지 알게 했다. 45볼트 전기충격은 위험하지 않은 수준이었지만 주의를 기울이게 만들기에는 충분했다.

교사들에게는 알리지 않았지만, 사실 학습자들은 연기자들이었고 교사가 고강도로 스위치를 올려도 이들에게 가해지는 전기충격은 절대 45볼트를 넘지 않게 돼 있었다. 학습자들은 75볼트에서는 들릴 정도로 끙끙대고 120볼트부터는 고통을 호소하고, 150볼트부터는 제발 풀어달라고 애원하기 시작하기로 정했다. 270볼트에서는 마치 극심한 통증을 느끼는 듯 비명을 지르고, 300볼트부터 330볼트까지는 질문에 더 이상 대답도 하지 않고 충격이 가해지는 순간에는 괴로워하는 비명만 지르기로 했다. 330볼트에서는 질문에도 그리고 전기충격에도 아무 반응이 없는 것으로 약속을 해두었다. 정신을 잃었거나 죽은 것처럼 말이다.

밀그램은 전기충격 강도를 높이는 것에 교사들이 심리적 저항감을 느끼리라 예상했기 때문에 과학자에게는 미리 정해둔 방식으로 '재촉'하게 했다. 교사가 주저하는 모습을 보이면 처음 두 번은 "계속해주십시오"라고만 말하게 했다. 그 뒤로는 단계별로 차례대로 "계속하셔야 하는 실험입니다", "계속하시는 게 굉장히 중요합니다", "다른 선택지는 없습니다. 계속 하셔야 해요"라고 말하게 했다. 만일 이 마지막 지침을 듣고도 교사가 계속 머뭇거리면 실험은 종료될 예정이었다.

실험을 진행하기에 앞서 밀그램은 정신과 의사, 대학원생, 학부생, 코네티컷 뉴헤이븐의 중산층 주민 등 수많은 사람들에게 이 실험의 결과가 어떻게 나올 것 같냐고 물어보았다. 다들 소수의 소시오패스 빼고는 교사 역할 맡은 이들이 다—99퍼센트 이상—초반에 실험을 중단시킬 것이라고 답했다. 학습자들에게 최저 강도보다 더 높은 전기충격을 가하는 일은 거부하리라는 것이었다. 밀그램 본인도 그렇게 예측했다.

그런데 모두가 놀랄 만한 실험 결과가 나왔다. 교사의 60퍼센트 이상이 450볼트까지 전기충격을 가했다. 이는 학습자들이 의식을 잃었거나 어쩌면 죽었을지도 모른다는 생각이 들 법한 지점을 훌쩍 넘긴 강도였다. 이후 밀그램은 같은 실험을 다시 진행하면서 전기충격을 가하는 결정을 집단으로 내리도록 방식을 약간 수정했다. 이 시나리오에서는 100퍼센트가 최대치인 450볼트까지 전기충격을 가했다.

앞서 말했듯 밀그램은 미국인 피험자들이 심한 전기충격을 가하게 되지는 않으리라 예상했다. 그는 본래 미국인을 대상으로 먼저 실험한 뒤 독일에서도 동일한 실험을 진행할 예정이었다. 미국인과는 달리 독일인은 위험 수위의 고전압까지 지시를 따를 것이고, 독일 문화의 어떤 요소 때문에 홀로코스트 시기에 그랬듯 독일인들은 권위와 관료주의적 지시를 그대로 따르도록 길들여진 상태라는 가설을 입증할 생각이었다. 그러나 미국인을 대상으로 한 결과가 그토록 예상과 달랐던 탓에 그는 굳이 독일에서 같은 실험을 할 필요가 없었다.

밀그램의 실험 결과는 그 유명한 '스탠포드 감옥 실험'과 닮은 꼴이다. 스탠포드 심리학과 지하실에서 진행된 이 실험에서 필립 짐바르도 교수는 남학생들을 대상으로 '정상' 성격 특성 여부를 심사하여 특별히 공격적이거나 수동적인 성향을 보이는 이들은 제외하고 18명을 선별했다. 이 남학생들에게는 2주간 '감옥 실험'에 참여하는 명목으로 비용을 지불하기는 했으나 짐바르도는 괴롭힘당하는 사람 없이 다들 잘 지낼 것이라고 안심시켰다. 그는 이 피험자들을 두 집단—죄수 9명, 간수 9명—으로 나누어, 실제 감옥처럼 꾸며놓은 환경에서 2주간 함께 생활을 하게 했다. 간수들은 통상적인 교도소에서처럼 죄수들이 규칙을 지키도록 통제하는 역할을 맡았다.

실험은 2주간 진행될 계획이었으나 짐바르도는 6일만에 실험을 중단할 수밖에 없었다. 간수들이 점차 집단적으로 가학적 통제와 학대를 가했기 때문이었다. 죄수들이 점점 침울하고 수동적인 상태가 되어가는 동안 간수들은 점점 더 공격적이고 폭력적인 성향을 띠었다. 엿새째 되는 날 짐바르도는 죄수 다섯을 석방할 수밖에 없었다. 우울과 극단적 불안 증세를 보였기 때문이다. 당시 간수들은 양동이를 비워주지도 않으면서 죄수들에게 강제로 거기에 대변을 보게 하는 등 모멸을 주거나 추잡한 노래를 계속 합창하게 하거나 맨손으로 화장실 청소를 하라고 시키기도 했다.

오늘날에는 밀그램과 스탠포드 실험은 불가능하다. 지난 수십 년간 심의기구에서 윤리지침을 강화했기 때문이다. 그러나 이들 실험을 통해 관료주의적 위계, 실력자에 대한 복종, 집단의 압력 등이 도덕심을 제거하는 효과를 가진다는 걸 확인할 수 있었다. 우리 사회의 수많은 개인들이 밀그램의 실험에서처럼 전기충격을 가하는 장치에 접근 가능하다고 해서 자기 친구, 가족, 이웃에게 그런 장치를 정말 사용할지는 의문이다. 그런 일은 당사자들도 상상하기조차 혐오스러워할 것이다. 각자 내면의 도덕 의식을 유일한 지침으로 삼아 단독적으로 행동한다면 절대 그런 짓은 하지 않을 것이다.

그러나 정상적인 사람들도 고통을 주는 일이 구조의 한 부분인 관료주의적 환경에 속하게 되고 고통을 주라는 지시를 받는다면 눈 하나 깜짝이지 않고 그렇게 할 것이다. 왜일까? 위에 권력자가 있고 구성원이 따를 지침과 절차가 정해져 있는 관료주의적 위계 안에서는 자기 행동을 자기 자신의 것으로 보지 않고 자신이 속해 있으며 믿고 따르기로 한 소속 기관의 것으로 보기 때문이다. 실력자와 조직의 뜻에 따른다. 톱니바퀴의 톱니 각각은 조직이 정해둔 절차와 규칙을 따르도록 길들여져 있으며, 개개인은 혼자 움직일 경우라면 택했을 내면의 도덕 기준을 따르지 않는다. "현대 사회 조직의 합법적 권위에 비하면 개인의 양심은 힘이 약하다." 그리고 "대부분의 조직에서 행동 지침은 합법적 권위를 따른다. 달리 표현하자면, 옳은 일을 한다는 것은 거의 언제나 조직에 도움된다고 여겨지는 일을 하는 것이다."[24] 조직 연구 분야의 어느 전문가는 다음과 같이 말한 바 있다.

행정악은 통상적으로 '가면'을 쓰고 있는 탓에 악행을 저지르라는 노골적인 요청을 받아들여야 하는 경우는 없다. 요청이 그런 식으로 이뤄지는 일은 사실상 없기 때문이다. 악행을 해달라는 요청은 적절한 언어를 통해 전문가 역할 혹은 기술 지원의 형태로 이뤄지거나 의도가 선량한 가치 있는 프로젝트로 포장되어(도덕적 역전) 이뤄질 수 있다. 그 뒤로 나타나는 악은 또 다시 다양하게 나뉘어 사실상 무지에서 비롯되는 경우도 있고 분명히 인지한 상태에서 계획되는 경우도 있다(감춰져 있기도 하고 드러나 있기도 하다). 악행에 가담하는 개인 및 집단은 자기 행동으로 인한 결과를 인지하지 못할 수 있다. 혹은 자신들의 행동이 정당하다든가 좀 더 큰 차원의 선에 기여한다고 확신하는 경우도 있다. 행정악은 이런 연속된 범위 어딘가에 해당하는데 그 안에서 사람들은 자신이 잘못을 저지르는지도 모르는 채로 악행에 가담하거나 일조하게 된다. 통상적으로, 평범한 개인은 단지 조직 내 역할 범위 안에서 적절히 행동하고 있는—근본적으로, 그저 주변 사람들 눈에 그들이 하는 게 마땅해 보이는 일을 하는—동시에, 대개는 모든 일이 벌어진 한참 뒤에야 합리적인 비판적 관찰자의 관점에서 악이라 칭할 만한 일에 참여하고 있을 뿐이다.[25]

* * *

나는 우디 앨런의 팬이다. 당연히 그의 모든 영화에는 플롯이 있고, 그 안에 도덕적 교훈이 담겨 있을 때가 많다. 그러나 작품 속 등장인물들이 그 주요한 플롯과는 무관한 말을 지나가듯 내뱉을 때가 자주 있는데, 이런 대사들은 우디의 세계에서 중요한 여러 도덕적 개념을 영화 속에 슬며시 집어넣는 역할을 한다. 영화 〈한나와 그 자매들〉에서 한 등장인물은 다른 등장인물에게 그가 밤새도록 텔레비전을 보고 있었다고 알려주며 이렇게 덧붙인다. "아우슈비츠에 관한 아주 지루한 TV 프로그램 하나가 나왔어. 끔찍한 장면이 나올수록 지식인들은 혼란스러워하며 수백만 명에 대한 조직적 학살을 놓고 엉뚱한 소리들을 늘어놓았지. 그들이 '어떻게 그런 일이 벌어질 수가 있지?'라는 질문에 절대 답하지 못하는 이유는 질문이 잘못됐기 때문이야. 인간이란 뭔지 생각해본다면, 질문은 이렇게 해야지. '그런 일이 더 자주 벌어지지 않는 이유가 뭘까?'"

나라면 다르게 고칠 테지만 그래도 그 대사에 깊이 공감한다. 마지막 문장을 나라면 이렇게 바꿀 것 같다. "진짜 질문은 이거야. '나치 독일에서 목격했던 것과 똑같은 관료주의적 사고방식으로 서로 매일 같이 불의를 저지른다는 사실을 우리는 대체 왜 그토록 보지 못할까?'" 진실로, 홀로코스트에서 우리 사회가 '얻을' 주된 교훈은 그런 일이 다시 일어나게 돼서는 안 된다는 것이다. 그것이 우리의 지상 목표가 되어야 한다. 그러나 문제는 우리가 홀로코스트 시기에 독일인들이 행동한 방식을 그저 역사 속 일탈의 순간으로 간주한다는 점이다. 물론 재발을 막아야 할 일탈적 순간—그리고 오직 순간—인 것은 맞다. 그러나 현실에서 실제로 홀로코스트를 일으켰던 관료주의적 사고는 우리 주변에 늘 존재하며, 홀로코스트 수준까지는 아니라 하더라도 미시적 맥락 안에서는 심각한 불의를 일으킨다. 홀로코스트를 그저 엄청난 일탈로만 볼 뿐, 그와 동일한 사고방식이 일반적인 관료주의 조직 전반에서 매일같이 좀 더 소소하게 나타나는 현실을 제대로 보지 못함으로써 우리는 역사의 그 끔찍한 시기로부터 배울 수 있는 최대한의 것을 배우지 못하고 있다.

검사와 판사가 눈을 감고 결백의 증거를 헤아려 보기를 거부함으로써 인간에게 크나큰 고통을 준다면, 객관적으로 말해 그들은 악행을 저지르는 것이다. 그러나 그들 중 어느 누구도 그런 식으로 문제를 보는 사람이 없는 건 분명하다. 거듭 말하지만, 나는 그들이 악인이라고는 생각하지 않는다. 그저 그들은 하라는 대로 자기 일을 진행하는 평범한 사람들일 뿐이다. 자신들이 따를 수밖에 없게 설계된 관료주의적 틀 외부의 문제를 바라보거나 나름의 도덕률에 비추어 성찰해보지 않은 채 그저 자기 앞에 있는 '나쁜 놈들'의 주장을 물리치는 데 열중하는 것이다. 그러는 이유는 그들이 인간이기 때문이다. 비슷한 상황에서라면 누구나 그렇게 행동할 법한 방식으로 행동하는 것뿐이다.

비인간화

인지부조화와 행정악의 문제가 형사사법제도 내에서 우후죽순 번지는 것은 해당 시스템 내 행위자들이 형사피고인들을 조직적으로 비인간화하기 때문이기도 하다. 비인간화는 "대립 관계에 있는 이들이 상대를 인간 이하, 즉 도덕적 배려를 받을 자격이 없는 존재라 여기게 되는 일종의 심리적 과정"이다.[26] 비인간화의 문제는 주변 도처에 있으며, 인간이 관료주의적 기구를 통해 조직적 차원에서 다른 인간을 벌하려는 곳에서는 늘 나타난다. 예를 들면, 전쟁 중 양 진영은 서로를 비인간화한다. 제2차 세계대전 당시 나치는 유대인들을 비인간화했고, 미국인들은 "일본놈들"을 비인간화하며 관련된 프로파간다를 퍼뜨려 일본계 미국인들을 포로수용소로 보냈다. 식민지 시대에 노예를 부리던 주인들은 아프리카계 사람들을 비인간화했다.[27] 모든 형태의 인종차별은 비인간화를 수반한다.

마찬가지로, 경찰관과 검사 역시 (그리고 어느 정도는 판사도) 관료주의 구조의 일부분으로 어떤 의미에서는 그들도 참전 중인 셈이다. 모종의 도덕적 맥락에서 '그래 마땅한' 경우를 포함하여 다른 인간에게 엄청난 고통과 벌을 가하는 일을 정해진 일과로 수행해야 하는 사람들이기 때문이다. 그리고 그들은 자신들이 처벌하는 대상을 '적'처럼 간주함으로써 심리적으로 좀 더 쉽게 그 일을 할 수 있다. 이로써 인지적 부조화가 약간 해소된다. 형사피고인들은 '악당', '죄인', '똑같은 놈들'로 정형화되고 개별적 관심을 기울일 가치가 없는 존재가 된다.[28]

　게다가 형사사법제도는 굉장히 빠른 속도로 돌아간다. 늘 수백만 건이 진행 중이다. 판사, 경찰관, 검사, 변호사 들은 현직에 있는 동안 수천 건을 다루며, 수많은 이들이 이들의 처분에 따라 그야말로 휙휙 스쳐간다. 시스템 내의 행위자들은 곧 형사피고인들을 물건—이름도 얼굴도 없이 사건번호만 붙은 채 집무실 서류 캐비닛 안에 쌓여 있는 파일—처럼 여기게 된다. 그리고 그 파일들에 자신들이 그간 배워온 각종 관행, 관습, 행정 규칙, 규정만 적용할 뿐, 그 안에 담긴 사람을 보지도 않고 가장 인도주의적 결과에 도달하기 위해 규칙과 규정을 사건별로 다듬을 필요가 있는지 충분히 살펴보지도 않는다. 이건 마치 공장 조립 라인에서의 사고방식과도 같다. 각 행위자는 톱니바퀴에 달린 톱니처럼 그런 규칙과 규정이 미칠 영향에 대해 깊이 생각하지 않은 채 마치 붕어빵 틀로 찍어내듯 관료주의적 행정 규칙을 적용하고 있는 셈이다.

　뉴욕시의 대형 로펌에서 일하던 시절 나는 미 연방검찰청으로부터 합류 제안을 받았다. 내가 로펌을 그만두게 됐다는 소식과 함께 퇴직 이유가 사내에 알려졌다. 젊은 변호사에게 연방검찰청에서 일한다는 건 굉장히 영광스러운 일이므로 나는 로펌으로 오기 전 연방검찰청에서 검사로 있었던 몇 명을 포함한 그곳 변호사들에게 진심 어린 축하를 받았다.

그런데 예전에 연방검찰청에서 일했던 어느 변호사 한 명만은 표정이 별로 좋지 않아 보였다. 복도에서 다른 이들이 축하 인사를 건네고 있을 때도 이 여성 변호사는 어딘가 불안한 표정을 짓더니 아무 말도 없이 지나가 버렸다. 아마도 이 무리가 무슨 이야기를 나누고 있는지 몰랐기 때문이려니 생각했다. 그래서 나는 그 여성 변호사의 집무실로 가 인사를 건넸다. "안녕하세요, 제가 연방검찰청으로 가는 거 들으셨어요? 예전에 거기서 일하신 적 있다고 들었습니다." 그랬더니 그녀는 "맞아요"라고 시큰둥하게 말했다. 내가 "별로였나요?" 했더니, 곧장 그 당시에는 좋았다고 말하고선 잠시 뜸을 들이더니 그곳에서의 경험이 자신에게 끼친 부분은 마음에 들지 않았다고 했다. 어떤 의미냐고 묻자 이렇게 답했다. "거기서 일하면서 저는 판단하기 좋아하고 가차 없는 사람이 됐어요. 사람들을 비인간화했지요. 그런 사고방식을 털어내버리는 데는 그곳을 떠난 뒤로도 긴 시간이 필요했어요. 물론 아무래도 상관없는 사람들도 있을 겁니다. 하지만 돌이켜보니 저한테는 안 맞는다는 걸 알겠더군요."

나는 새로 맡게 될 직무에 들떠 있었던 탓에 그 변호사의 말을 흘려들었다. 그 후로 새 일에 매우 열정적으로 뛰어들었고 잘 해냈다. 수년간 다양한 흉악범죄자들을 처리했고 그 가운데는 미 전역에서 언론의 조명을 받은 중범죄자들도 여럿 있었다. 그러나 그로부터 몇 년이 더 지나고 피고 측 변호도 맡아본 지금에야 그 변호사가 하려던 말이 무엇인지 알게 됐다. 사실 검사 시절에도 전혀 모르지는 않았다.

실제로, 검찰청에서 우리는 분명 피고인들을 비인간화했다. 그들은 '타자'로 분류됐다. 검사들은 다들 워낙 많은 사건들을 맡고 있다 보니 피고인의 이름을 혼동하는 일도 잦았다. 나 역시 법정에서 엉뚱한 이름을 말한 적이 최소 한 번은 있었던 것 같다. 당시 판사 앞에 서 있던 피고인 대신 다른 사건의 피고인 이름을 내뱉고는 아차했다. 검찰에서는 흔한 일이었다. 피고인 측 변호사들도 마찬가지였다. 피고인은 우리에게 그저 사건 파일에 불과했다. 우리가 하고 있는 관료주의 게임에서 피고인은 그저 교체가능한 부분일 뿐이었다. 중요한 것은 그들의 사건 속 진실 그리고 우리가 그들에게 적용해야 하는 일련의 표준 규칙들뿐이었다.

검찰에서는 '나쁜 놈bad guy'이라는 표현을 썼다. 피고인들은 '타자'이고 우리는 그들에게 벌을 내리고 우리의 관료주의적 관습과 관행을 적용하는 것이 수순이라는 의미였다. 그들을 한 사람 한 사람으로 보지는 않았던 것이다. 초짜 검사였던 시절 나는 특정 사건에서 선임 검사에게 양형 거래 의견을 제시한 적이 있다. 내가 너무 물렁하게 굴지 않기를 바랐던 그는 피고인이 무슨 짓을 했던 거냐고 물었고 내 답변을 들은 그는 이렇게 말했다. "그 자는 나쁜 놈이야. 양형 거래는 안 돼." '나쁜 놈'이라는 표현은 언제나 "그렇게 물렁하게 굴지 말고 마땅히 할 일을 해. 혼쭐을 내주라고"라는 뜻이었다. 우리는 좋은 사람들이었고 그들은 나쁜 놈들이었다. 나쁜 놈들은 마치 공장 조립 라인에서처럼 마땅히 적용할 사전에 정해진 규칙과 규정이 있는 대상이지, 그 틀을 벗어나 우리가 복잡한 고민을 해줄 가치가 있는 존재가 아니었다. 또렷한 흑백의 문제였다.

이런 식의 비인간화가 극단으로 치달으면 '2톤 달성경쟁two-ton contest' 같은 일이 계속 일어날 수밖에 없다. '2톤 경쟁'은 시카고의 검사들이 누가 가장 먼저 "살집 2톤" 기소를 달성할지를 두고 경쟁을 벌인 걸 가리킨다. 그 결과 검사들은 최대한 거물급 피고를 찾으려 들었다.[29] 검찰청에서 내가 아는 이들 중에 '2톤 달성경쟁' 같은 것에 참여한 사람은 없었지만 그런 사고방식에 대해서라면 잘 알고 있다. 내가 직접 그런 삶을 살아봤기 때문이다. 형사피고인은 그저 '일', '건수', '나쁜 놈'에 불과하고 과정 전체가 일종의 관료주의적 게임이다.

* * *

검사 시절 십대 청소년 무리가 우체국 차량을 탈취해 그 안에 있던 수천 달러를 훔친 사건을 맡은 적이 있었다. 해당 차량은 매일 뉴욕시 인근 우체국들을 돌며 하루 동안 각 우체국으로 들어온 현금과 우편환을 수송했으므로 일과가 끝날 즈음에는 수만 달러가 실려 있었다. 그런데 반자동 소총을 든 십대 소년들이 이 우체국 차량을 탈취했다. 그러고는 운전자를 협박해 폐건물 뒤편으로 차를 몰고 가 허공에 총을 한 발 쏜 다음 아직 연기가 피어오르는 뜨거운 총열을 운전자의 입 안에 쑤셔 넣었다. 운전자는 기침을 하며 컥컥댔고, 녀석들은 총구를 들이댄 채로 금고를 열라고 했다. 그러고는 돈을 챙겨 도주했다.

　범인들이 체포되고 보석심리가 이뤄진 뒤에야 배당받은 사건이었으므로 사건을 인계받을 당시만 해도 나는 피고인들이 어떻게 생겼는지 알지 못했다. 내게 그 사건은 그저 파일 한 권에 불과했고 피고인들은 그저 숫자였다. 사건을 인계받은 직후 그 십대들 가운데 두 명의 담당 변호사들이 연락을 해서는 자기네 의뢰인들은 죄를 인정하고 나머지 이들에게 불리한 증언을 할 테니 그 대신 선처를 해달라고 했다. 그러나 또 다른 피고인(워드라고 해두자)의 담당 변호인은 자기 의뢰인은 유죄를 인정할 생각이 없으며 재판까지 갈 계획이라는 뜻을 분명히 밝혔다. 그래서 나는 양형 거래를 하겠다는 두 십대 피고인과 만나 워드에게 불리한 증언을 하겠다는 약속과 서명을 받아냈다.

이 둘의 증언을 준비시키는 일은 시간을 많이 잡아먹고 굉장히 지루한 과정이었다. 둘은 구류 상태였으므로 증언 준비 작업을 할 때마다 매번 집행관들을 통해 검찰청으로 데려왔다가 일이 끝나면 다시 교도소로 데려다주어야만 했다. 이들은 임대주택 단지에서 어려운 형편에서 자랐고 부모의 관심이나 교육을 시키려는 노력도 없다시피 했다. 그렇다 보니, 진술을 준비하면서 "그 다음엔 어떻게 됐나요" 같은 질문을 던지면 도무지 알아들을 수 없는 대답이 돌아올 때가 많았다. 교육 수준이나 의견 표명 능력이 그만큼 부족했다.

이들이 목격자 진술을 제대로 해내게 하려면 어떤 이야기를 정돈된 방식으로 명료하게 전달하는 방법을 가르쳐야만 했다. 가령 한 문장 안에 "그 사람은"을 다섯 번 넣으면 배심원단은 혼동할 수 있다고 알려줘야 하는 식이었다. 실제로, 마음대로 답해보라고 하면 이들은 "그 다음엔 어떻게 됐나요" 같은 질문에 이런 식으로 대답하곤 했다. "먼저, 그들이 네 시에 가자고 했고, 그 사람은 나한테 전화를 했고 더 기다리자고 했고 그 여자가 왔는데 잠깐 내 삐삐를 봤고 그 다음에 그러자고 했고 그 사람도 그러자고 했고 그 다음에 우리가 다 같이 뭘 좀 먼저 먹으러 가기로 했거든요, 그런 다음에 그 사람이 이제 자긴 준비됐다고 알았다고 했어요." 좀 더 천천히 말해야 하고 "그 사람", "그들", "우리"라고 하지 말고 고유명사를 쓸 필요가 있다고, 그래야 배심원들이 이야기 전개를 따라갈 수 있다고 일러줬다. 게다가 이들은 비속어를 너무 많이 써서 알아듣기가 더 힘들기도 했다. 때문에 나는 배심원들이 잘 이해할 수 있게 말하는 법을 가르쳐줘야 했다. 하지만 이들은 자기들 나름의 대화 방식에 너무 익숙해져 있어서 내가 가르쳐주는 내용을 제대로 흡수하기는 불가능에 가까웠다.

그래서 워드 재판을 앞둔 몇 개월 동안 나는 이 두 청소년을 준비시키는 데 거의 매일 시간을 들여야 했다. 그렇게 많은 시간을 같이 보내면서 어느새 나는 이들을 굉장히 좋아하게 됐다. 교육받을 기회가 별로 없었을 텐데도 아주 똑똑했다. 그리고 성격 면면도 굉장히 다정하고 매력이 있었다. 나는 이들이 본질적으로는 '착한' 사람인데 단지 긍정적인 가르침이나 본보기랄 게 거의 없는, 극도로 어려운 환경에서 자란 탓에 결과적으로 안 좋은 선택을 좀 했던 것뿐이라고 금세 믿어버리게 됐다.

나는 이들을 보호하고자 했고 심지어 온정주의적으로 굴기까지 했다. 사건이 종결된 뒤에도 이들이 인생을 잘 살아갔으면 하는 마음이었다. 그들이 가정에서 들어본 적 없을 삶의 교훈을 전해주고도 싶었다. 철학적인 문제들을 같이 토론해보기도 하고 사건 종결 후 이들이 스스로 무엇을 하며 살지를 열심히 고민해보게 하려고도 했다. 둘 다 워낙 어린 나이라는 사실에 마음이 움직인 탓에 나는 이들이 결백하다고 순진하게 생각해버렸다. 가령 둘 중 하나가 몇 시간에 걸친 재판 준비로 녹초가 되면 나는 오후 쉬는 시간 동안 검찰청 회의실에서 그 애가 가장 좋아하는 만화인 〈스파이더맨〉을 보게 해주었다. 회의실에서는 집행관과 같이 보아야 했지만.

나는 초반부터 양형과 관련하여 이들 편에 서서 싸워 최대한 형기를 줄여주겠다고, 그리하여 이런 경험 따위는 떨쳐버리고 내가 알려주는 인생의 모든 긍정적인 일들을 할 수 있게 도와주리라고 결심하게 됐다.

이들과 공동 피고인 신분이던 워드에 대한 시선은 사뭇 달랐다. 재판을 준비하는 동안 나는 점점 더 워드를 탈취 및 도난의 주동자이자 범죄 당시 통제가 불가능한 상태로 치달았던 불량배쯤으로 확신하고 있었다. 우리가 유죄판결을 이끌어내지 않는다면 그가 누군가를 실제로 죽이는 건 시간 문제라는 확신이 들었다. 그래서 나는 워드를 미워했다. 재판을 준비하는 동안 워드는 나의 적이자 더 나은 사회를 위해 처단해야 할 대상이 되었다. 내가 상상한 워드는 굉장히 거칠고 야비하고 사악한 인간이었다. 나는 그에게 '적의 이미지'—처벌 대상이 되는 모든 사람들에게 우리가 씌웠던 이미지—를 씌워놨던 것이다.

재판이 시작되기 직전 판사는 최종적인 공판 전 신청pretrial motions을 처리하기 위해 우리를 전부 소집했다. 이 절차를 위해 법정으로 불려 나온 워드는 상하의가 연결된 죄수복을 입고 수갑과 족쇄를 찬 모습이었다. 워드와 처음 대면한 순간이었다. 나는 워드에게서 눈을 떼지 못했다. 그는 그냥 애였다. 몸집도 작았고 어린애 같은 얼굴을 하고 있었으며, 잔뜩 겁에 질린 듯했지만 애써 그걸 숨기고 있었다. 이 사전심리에서 그는 자기 담당 변호사 옆 피고인석에 앉아 진행 상황을 이해하는 체하며 판사나 변호사가 이런저런 말을 할 때마다 열심히 고개를 끄덕거리더니 메모지에 급하게 무언가를 휘갈겨 적었다. 그 모습이 마치 중요한 내용을 적으며 자기 변호에서 중요한 역할을 담당하고 있기라도 한 것 같았다. 그러나 〈스파이더맨〉이 나올 거라고 말할 때나 자기도 볼 수 있냐고 초조한 듯 물어볼 때 그 애는 나에게 협조 중인 두 증인과 다를 바 없는, 꽤나 순진하고 안일하고 겁에 질린 모습이었다.

정말 나를 미칠 것 같게 만든 건 워드의 편에는 아무도 없다는 사실이었다. 보통은 피고인들에게도 재판에서 힘을 실어주기 위해 얼굴이라도 비추는 가족이나 친구 정도는 있기 마련이라 이는 흔치 않은 경우였다. 아무리 그냥 어린애라 해도 법정에는 워드를 응원하러 온 사람이 단한 명도—심지어 부모조차도—없었다. 그 사실 하나만으로도 나는 워드가 그간 어떤 삶을 살아왔는지 알 수 있었다. 내가 희망을 품고 아버지 역할을 해보려 애썼던, 내게 협조 중인 두 증인과 다를 바 없는 종류의 불우한 삶이었으리라.

상상했던 워드의 모습과 실제 워드의 인간적 면모 사이의 간극에서 나는 혼란을 느꼈고 너무도 괴로웠다. 형사피고인에 대해 이런 식의 감정을 느낀 적은 한 번도 없었는데 어찌 된 일인지 워드를 생각하면 너무 마음이 아프고 슬펐다. 나는 심리가 끝난 뒤 집무실로 돌아와 문을 닫았다. 크나큰 충격이었다. 배를 한 대 제대로 맞은 듯했다. 한참을 눈물을 삼키며 집무실 안을 서성거렸고 전화벨이 울렸지만 받지도 않았다. 워드가 나에게 협조했던, 내가 굉장히 좋아하게 된 두 증인과 흡사하다는 사실 그리고 법정에 그를 응원하러 온 사람이 한 명도 없었다는 사실에 대한 생각을 멈출 수가 없었다. 내게 협조하던 그 증인들과 다를 바 없이 워드 역시 좋은 자질을 분명히 지니고 있었다. 실제로, 증인들은 워드와 절친한 친구 사이였고 함께 자랐다. 다들 키워줄 사람이 없었으므로 임대주택 단지에서 이들은 서로가 서로를 키웠다.

그러나 머리로는 워드가 처벌받아야 할 죄를 지었다는 사실을 알았다. 그리고 그렇게 하는 게 내 일이었다. 그를 처벌하는—해당 범죄에 상응하는 30년형에 처하게 하는—것이 내가 할 일이었다. 그리하여 심리가 진행되는 동안은 그에 대한 내 감정을 애써 털어버리고 할 일을 해나갔다. 그러나 완전히 털어버리지는 못했다. 재판이 시작됐지만 나는 의욕이 없었다. 승부욕이 흘러넘치던 그 시절, 대부분의 재판에서와는 다른 감정을 느꼈다. 내적으로 갈등을 겪었고 워드에게 계속 연민을 느꼈다. 여전히 워드를 응원하러 재판정으로 오는 사람이 아무도 없었다. 매일 아침 나는 누군가가 법정에 와 있기를 바랐지만, 누구도 나타난 적이 없었다.

그래서 우리 쪽 증인 중 한 명이 내가 기대한 유리한 증언을 내놓지 않자 나는 협상을 마무리하고 사건에서 빠져나갈 핑계를 찾았다. 여전히 모든 기소조항에 대해 유죄판결도 가능한 상황이었지만 나는 상관에게 증언이 부족한 문제를 언급하며 워드가 모든 기소조항에 유죄판결을 받을 경우 예상되는 30년형 대신 10년형 언도에 대한 허가를 구했다. 나는 어쩌면 내 제안이 수용되게 하기 위해 그 문제를 더 심각하게 강조했을지도 모르겠다. 상관도 해당 협상을 승인했고 워드도 이를 수용했다. 그리하여 워드는 10년형을 받았다.

이후 나는 협조한 두 증인이 최대한 낮은 형량을 받게 하기 위해 분투했다. 정확히 몇 년형을 받았는지는 기억이 나지 않지만 최저형이었다. 아마도 2년형이었을 것이다. 몇 년 뒤 복역을 마치고 출소한 둘 중 한 명을 법원 복도에서 마주쳤다. 가석방 집행관과의 면담을 위해 법원을 다시 방문한 것이었다. 그는 자기 삶이 달라졌고 교도소에 있는 동안 고등학교 졸업장도 받아서 야구 특기생으로 대학에도 입학했다고 했다. 그런 얘기를 들으니 마음이 훈훈해졌다. 일종의 성공 스토리였다. 하지만 만일 워드가 선처를 구하는 대가로 협조를 하기로 마음을 먹었더라면 워드 역시 지금 대학에 들어가 성공적인 삶을 살기 시작했을지 궁금했다.

내가 검사로서 치명적인 실수를 했었다는 걸 알고 있었다. 내게 협조하는 증인들을 점점 좋아하게 됐고—그들을 인간화했고—그 과정에서 나는 워드도 인간화했던 것이다. 일단 그렇게 되고 나니, 내가 할 일을 할 수가 없었다. 그리고 어쩌면 불필요했는지도 모를 협상을 했고 그로써 워드는 엄청난 선처를 받을 수 있었다. 워드가 위반한 형법을 통과시킬 때 의회—그리고 그 의원들을 선출한 국민들—는 워드의 범죄에 대해 30년 형이 적정 형량이라고 판단했다. 그러나 나는 워드에게 그 정도의 처벌을 하고 싶지 않았다. 워드를 인간화했던 나는 관료주의적 규칙 위에 내 개인적인 감정을 덧칠하여 사실상 내 감정이 내가 준수해야 할 법과 싸워 이기게 만들었다.

확실히는 몰라도 그 어떤 검사도 형사피고인의 인간적인 면모를 생각하며 자기 집무실에서 눈물을 삼킨 적은 없었을 것 같다. 그런 적이 있다 해도 다들 입 밖으로 내지 않았을 것이다. 단 한 번도. 어느 누구도 피고인에 대해 언급할 때 인간화하는 태도로 이야기한 적이 없었다. 그리고 나는 워드에 대한 내 감정을 아내 말고는 어느 누구에게도 말한 적이 없었다.

* * *

나는 워드 사건 같은 일이 다시는 반복되게 하지 않았다. 그리하여 검사다운 사고방식을 다잡고자 애를 쓴 이후로는 어느 판사가 내 상관에게 내가 피고에게 형이 선고된 뒤 환호하며 축하했던 일을 지적한 걸 알고서 충격과 분노의 반응이 나오기도 했다. 그건 크리스마스 즈음의 사건이었다. 배심원단이 오후 5시 30분쯤 유죄평결 의견을 들고 나왔다. 검찰청 내 법률도서관에서 크리스마스 파티가 시작된 직후였다. 몇몇 연방법원 판사들도 그 파티에 참석했다. 함께 사건심리를 담당했던 동료 검사 한 명 그리고 우리 사건 수사에 참여했던 FBI 요원들과 함께 나는 파티 한복판에

뛰어들며 소리쳤다. "우리가 이겼어요! 모든 기소조항에 유죄판결이 났다고요, 여러분!" 그곳에 있던 모두가 우리에게 줄지어 하이파이브를 했다. 다들 손에는 크리스마스 펀치잔을 들고 있었다.

이런 축하 인사가 부적절하다는 생각은 전혀 들지 않았다. 승소할 때마다 늘 했던 행동이었으니까. 실제로, 또 다른 사건에서는 어느 초저녁에 배심원단이 유죄평결을 내린 이후 해당 사건을 맡았던 NYPD 형사가 동료 검사와 나를 데리고 축하하는 의미의 저녁식사 자리를 마련하기도 했다. 그는 사이렌을 울려대고 라이트를 깜박거리며 러시아워의 차량 행렬을 멈춰서게 만들었다. 마치 우리가 범죄현장으로 달려가는 중이라도 되는 양 빨간불도 무시하고 맨해튼 사거리를 꽉 막히게 만들면서 말이다. 동료 검사와 나는 순찰차 뒷좌석에 앉아 승리감에 도취된 채 숨넘어가게 웃어댔다.

그런데 같은 건물에 있던 판사들 중 대부분은 그 크리스마스 파티에 대해 되짚어 생각해보지 않았겠지만, 마음 깊이 불편함을 느낀 사람이 적어도 한 명은 있었던 것이다. 그는 상관에게 내 처신을 지적하고 대충 이런 취지의 의견을 메모로 전달했다. "형사 유죄판결은 축하할 일이 아닙니다. 꼭 필요한 일이지만 형사피고인들 역시 사람이며, 그 가족들에게는 가슴이 찢어지는 경험입니다. 그런 무거운 일에 환호까지 한다는 건 부적절합니다. 형사사법제도에서 승자는 없습니다." 이런 메모를 받았을 때 상관이 주변에 둘러서 있던 우리 무리에게 큰 소리로 읽어줬고 우리는 미친 소리라고 생각했다. "웃기는 인간이네. 자기가 대체 뭐라고 생각하는 거지?" "대책 없는 머저리네." 다들 웃었다. 앞으로는 그런 식의 축하는 삼가라는 소리를 내게 하는 사람은 당연히 없었다. 검찰 문화에서는 자연스레 받아들여지는 부분이었으니까.

* * *

몇 년 전, 오하이오주 대법원은 우리 의뢰인이었던 낸시 스미스의 석방 판결을 항소에서 뒤집었다. 낸시 스미스는 본 장 초반에 언급했듯 아동 성추행 사건에서 잘못된 유죄판결을 받았던 여성으로, 복역하는 동안 네 자녀와 생이별을 해야 하는 엄청난 고통 속에서 지냈다. 무죄로 석방된 뒤에야 다 자라버린 자녀들과 다시 관계를 맺을 수 있었고, 부모가 된 자녀들이 낮 동안 일하러 가면 즐거운 마음으로 손주들을 돌보며 하루하루를 보냈다.

오하이오주 대법원은 스미스의 무죄방면 자체를 두고 시비를 가리진 않았지만 그 대신 절차상의 이유를 들어 판결을 뒤집었다. 무죄방면 결정을 한 재판부에 그런 결정을 할 권한이 없었다는 설명이었다. 어쨌거나 스미스는 즉각 재수감되어야 한다는 것이었다. 우리 측에서는 그런 오류를 바로잡을 근거들을 확보해두었고 적절한 방식으로 무죄방면 재집행을 위한 소송을 이어갈 수도 있었지만, 이런 소송은 1~2년 혹은 그 이상 소요될 수도 있는 데다 법적 절차를 거쳐 다시 무죄방면될 때까지 스미스는 또 다시 교도소로 가 있어야 할 상황이었다. 그리고 재방면된다는 보장이 있는 것도 아니었다—법적인 과정에는 언제나 예상치 못한 장애물이 있고 다양한 관점을 지닌 새로운 판사들이 해당 사건을 넘겨받게 될 수도 있다. 차후에 무죄방면될 수 있다 해도 지금 다시 교도소로 간다는 것은 스미스에게는 상상도 할 수 없는, 견디기 힘든 악몽이었다.

오하이오주 대법원의 판결 이후 검찰 측에서도 언젠가는 스미스가 완전히 무죄방면될 것을 우려하는 모습이 역력했다. 그리하여 그들은 스미스에게 거래를 제안했다. 스미스가 기존에 유죄판결을 받았던 아동 성추행은 각각 수 년형에 해당하는 여러 기소조항으로 이루어져 있었다. 검찰 측은 그중 일부 혐의는 무죄로 선고하되, 최초 무죄방면이 이뤄지기 전까지 스미스가 이미 복역한 기간을 정당한 처벌로 만드는 나머지 혐의들은 그대로 유죄로 두자고 했다. 이 제안을 받아들이면 그대로 유죄판결이 유지될 부분에 대한 복역 기간은 스미스가 형기를 채운 것으로 처리되고, 나머지 혐의들은 기각 처리될 예정이었다. 즉 스미스는 다시 교도소로 가지 않아도 됐다. 또 이 제안을 받아들인다면 스미스가 일체의 항소를 포기하는 데 동의해야만 했다. 혐의들을 최초의 유죄판결 상태로 그대로 남겨두고, 잘못된 유죄판결에 대해 어떤 관련 공직자나 기관에 절대 소를 청구하지 않아야 한다는 뜻이다.

이는 스미스에게 너무나도 고통스러운 선택이었다. 완전한 무죄입증을 위해 싸움을 이어나갈 수는 있지만 그 선택과 동시에 즉각 교도소로 돌아가야만 했다. 다시 감옥에 갇히는 것 자체를 상상조차 할 수 없었던 스미스로서는 검찰 측의 제안을 받아들이지 않을 도리가 없었다.

협상을 마무리짓는 절차가 진행되던 날 법정은 스미스의 가족으로 들어찼다. 모두가 극도로 괴로워했고 스미스의 결정이 옳은 것인지 다들 자신이 없었다. 실제로, 어느 쪽을 택하든 견딜 수 없기는 마찬가지였다. 진정 두 가지 악 가운데서 하나를 골라야 하는 선택이었다.

그러나 지금 내가 이 이야기를 하는 이유는 그날 판사들의 처신 때문이다. 2년여 전 스미스를 무죄방면한 그 판사는 해당 절차에 기피신청을 한 터라 인근 카운티에서 파견된 다른 판사가 그 자리를 대신했다. 그 판사는 그곳에 가득한 인간적 고통은 전혀 인지하지 못한 듯 법정 안에 들어서자마자 농담부터 던졌다. 법정 안에 카메라가 잔뜩 있을 줄은 몰랐다는 듯 손으로 자기 머리칼을 쓸어넘기고 호탕하게 웃으며 쾌활하게 말했다. "오늘 여기 이렇게 온통 카메라가 와 있을 줄 알았더라면 미용실을 다녀왔을 텐데 말입니다." 농담이 침묵에 부딪히자 그는 재빨리 법정 안을 둘러보았다. 공연장에서 호의적인 웃음이 한바탕 터져 나오지 않아 당황스럽다는 양 말이다. 이후 30분가량 이어진 절차 내내 그는 계속 그런 태도로 태연하게, 카메라를 의식이라도 하는 듯 농담을 섞어가며 유쾌하게 굴었다.

그날 판사의 행동에 드러났던 그런 태도에 기술적으로 '틀린' 건 전혀 없다. 그럼에도 불구하고 굳이 이 이야기를 꺼내는 건 법정에 실재하는 인간적 고통과 판사가 그 모든 절차를 바라보는 둔감하고도 비인간화하는 태도 사이에 있는 엄청난 간극에 대해 말하고자 함이다. 그건 마치 환자와 환자 가족에게 살날이 6주 남았다는 시한부 선고를 하면서 농담을 섞어 던지는 의사를 보는 기분이었다.

당시 그 판사가 그 상황을 어떻게 바라봤을지도 나는 안다. 검사 시절 내가 그랬던 것 같은 시선으로 그 역시 보고 있었을 것이다. 그저 자기 일을 하는 여느 날과 다를 바 없는 날이었을 테고, 그저 이름도 얼굴도 없는 또 한 명의 피고인—주변의 사람들에 대해 아무런 인식 없이 그저 자기가 아는 관료주의적 규칙들을 적용해야 할 또 하나의 사건 파일—을 대했을 뿐이리라.

* * *

이노센스 프로젝트를 진행할 때면 나는 그렇게 제도화되다시피 한 비인 간화를 검사들도 극복하고 내 의뢰인과 그 가족들을 고통받는 인간으로 바라볼 수 있게 돕고자 종종 애를 썼다. 하지만 늘 실패했다. 이를테면 딘 길리스피 사건에서도 그런 시도를 해보았지만 성공하지 못했다. 딘의 사 건에 대해서는 약간의 배경 설명이 필요하다.

딘은 스물다섯이던 1991년 체포되어 유죄판결을 받았다. 세 여성에 대 한 강간 혐의였다. 이 사건의 연쇄강간범에겐 독특한 범행 방식이 있었다. 그는 공공 주차장에서 백주 대낮에 여자들을 납치했는데, 배지를 슬쩍 보 여주며 경찰관 행세를 하고는 여자들에게 당신이 인근 상점에서 물건을 훔친 증거가 있다고 주장한 뒤 총구를 들이밀며 인적 드문 곳—건물 뒤 쪽이나 숲속—으로 차를 몰고 가게 만드는 수법이었다. 그런 장소에 도착 하고 나면 범인은 자기 바지를 내리고 강제로 여자들에게 오럴 섹스를 시 켰다. 그리고 강간을 하는 도중에 피해자들에게 굉장히 구체적인 언급을 했는데 이를테면 이런 말들이었다. "나는 CIA 편에서 일하는 살인청부 업자다", "나는 텍사스 코퍼스 크리스티랑 오하이호 콜럼버스 출신이다", "내가 이러는 건 열두 살 때 할아버지에게 성추행을 당했기 때문이다." 피 해자들이 공통적으로 묘사하기로는 번인은 햇볕에 탄 가무잡잡한 피부에 메달 모양의 장식이 달린 사슬 목걸이를 목에 걸고 있었고, 흡연자인데다 금발 혹은 붉은 빛이 살짝 도는 밝은 갈색 머리에 턱 주변에는 여드름이 났다는 게 특징적이었다. 피해자들의 협조로 경찰 측에서 만든 몽타주가 데이턴 전역 여기저기에 붙었다.

미결 사건인 채로 2년이 흘렀고 그러다 딘이 체포되었다. 딘은 체포 당시 친구가 많았고 전과도 없었으며 미래가 보장되는 괜찮은 일자리도 있는 상태였다. 데이턴 지역의 근면성실한 중산층 가정 출신으로, 누구나 좋아하는 인기인이라 할 만한 인물이었다. 그러나 딘은 노조 쟁의 문제를 두고 자신이 일하던 공장의 경영진과 갈등을 겪으며 원한을 사게 됐다. 심각한 원한이었다. 그리고 서로 격분하여 한 바탕 언쟁을 벌인 끝에 딘의 상사는 딘의 재직 서류에 붙은 사진을 들고는 경찰서의 미결 강간 사건들을 수사하는 부서로 가서 이렇게 말했다. "이 딘이라는 사람이 용의자 몽타주 속 강간범과 비슷해 보이네요." 문제의 그 몽타주는 그날까지 2년째 공장 담벼락에 붙어 있었던 것인데도 이 상사는 둘의 관계가 완전히 틀어지고 나서야 딘과 사진을 연결지은 셈이었다.

재판 중에 배심원단이 들었던 내용에 따르면 당시 이 사건을 담당했던 신참 형사가 다른 남성 다섯 명의 사진과 함께 딘의 사진을 일렬로 쭉 늘어놓았고 피해자 3명은 전부 딘을 강간범이라고 지목했다. 그리고 재판에서도 딘을 범인이라고 말했다. 세 피해자의 지목 말고 딘이 범인이라는 다른 증거는 없었다. 과학수사도 전혀 이뤄지지 않았다. 아무것도 없었다. 딘에게는 알리바이도 있었다. 두 차례의 강간 사건이 일어났던 주말에 딘은 친구들과 함께 켄터키에서 캠핑 중이었다. 목격자들의 증언도 있었고 같이 간 친구들 중 한 명은 일기장에 그 여행에 관한 기록까지 남겨놓았다. 그러나 검사는 배심원들에게 딘의 친구들이 딘을 보호하려는 거라고 말했다. 딘은 피부색이 햇볕에 타 가무잡잡하다기보다는 군데군데 붉은 기가 있는 흰 피부고, 고등학교 시절부터 은발이었던 데다, 가슴팍과 목덜미에 털이 많아서 목걸이 따위는 할 수가 없었고, 비흡연자였으며, 턱 주변에 여드름이 난 적은 한 번도 없었다. 그밖에 다른 신체적 특징들 역시 강간범에 대한 피해자들의 최초 진술과 여러모로 어긋났지만 배심원단은 딘에게 유죄평결을 내렸다. 나중에 다시 설명하겠지만, 실제로 인간의 기억과 목격자의 확인은 신뢰할 만하지 않다. 그럼에도 불구하고 세 피해자가 증인석에 앉아 눈물을 흘리며 피고인이 자신들을 강간한 그 남자가 맞다고 '확신'한다고 감정을 실어 주장하는 순간 재판정에서 피고가 그 상황을 이겨내는 건 거의 불가능에 가깝다. 딘은 22년에서 56년형을 받았다.

딘이 20년을 복역한 뒤 우리 프로젝트에서는 두 가지 이유로 각각 다른 법정에서 딘의 혐의를 풀 수 있었다. 첫째, 딘이 기소된 사건 초기부터 배심원단이 오도당했다는 것이 조사 결과 밝혀졌다. 해당 사건을 처음에 조사했던 형사들, 그러니까 딘을 체포한 그 신참 형사가 사건을 넘겨받기 전 아직 미결 상태일 때 사건을 담당했던 형사들을 찾아 조사했는데, 이 노련한 형사들의 말로는 당시 딘의 직장에서 갈등 관계에 있던 상사가 그전에도 딘을 사건에 엮어 넣으려고 애쓴 적이 있었다는 것이다. 그러나 두 형사는 딘을 수사한 뒤 더 볼 것도 없이 그를 용의선상에서 제외시켰다. 피해자들의 진술과 딘의 신체적 특징이 일치하지 않았던 데다, 피해자 한 명이 추가로 진술한 내용도 딘을 범인으로 볼 수 없는 것이었기 때문이었다. 이 피해자는 경찰서에서 첫 조서 작성 후 며칠 뒤에 다시 전화를 걸어와 깜빡 잊고 빠뜨린 내용이라며 범인이 바지를 내리고 피해자를 무릎 꿇린 뒤 오럴 섹스를 하게 만들던 순간 범인의 바지에 적혀 있던 허리둘레와 안솔기 숫자를 봤다고 말했다. 이 전화를 받은 형사들은 범인의 바지 사이즈에 관한 내용이 포함된 좀 더 짤막한 보고서를 추가로 작성하여 파일 안에 넣어두었다. 딘의 상사가 딘의 이름을 언급한 뒤에 이들은 차량관리 부서 기록에서 딘의 키와 몸무게부터 찾아봤고, 딘은 범인과 같은 치수의 바지에 맞는 체격이 아니라는 걸 확인했다. 또한 누군가가 앙심을 품은 상대를 범죄에 연루된 것처럼 꾸며내려 하는 상황 정도는 눈치챌 만큼 경험이 풍부한 형사들이었기에 딘의 상사가 복수심에서 딘을 엮어넣고 있는 게 분명하다고 판단했다. 겉으로 드러날 만큼 확연한 증오심이 보였기 때문이다. 그리하여 이 형사들은 최종 단계에서 딘을 용의선상에서 제외시키는 내용의 보고서를 작성한 뒤 사건 파일 속에 넣어두었다.

이후 두 형사는 이후 해당 경찰서를 떠나 한 명은 플로리다로, 다른 한 명은 애리조나로 전근 갔고 신참 형사가 이 미결 사건을 맡았다. 하필 이 신참 형사는 어쩌다 딘의 상사와 친해졌고 몇 년간 가족끼리도 왕래하는 사이가 됐다. 좀 더 자기 말에 귀를 기울여주는 상대를 만난 딘의 상사는 다시 찾아온 기회를 놓치지 않기 위해 이후 경찰서에 다시 딘의 사진을 들고 왔다. 전임 형사들이 용의선상에서 딘을 제외시켰던 이전 보고서들은 파일에서 사라져버렸고, 딘의 무죄를 방증하던 파일 속의 모든 정보—범인의 바지 치수에 관한 보고서 등—역시 함께 사라졌다. 그리고 그 신참 형사는 딘이 새로운 용의자인 것처럼 사건을 진행해나갔다. 그는 피해자들을 데려와서는 용의자들의 사진을 보여주며 딘을 찾아내게 만들었다. 재판정에서 배심원들은 앞서 정확히 무슨 일이 벌어졌었는지 전혀 알지 못했고 관련된 모든 정보를 제공받지도 못했다. 딘의 변호인도 마찬가지였다. 해당 사건을 처음 맡았던 두 형사의 증언을 바탕으로 연방 판사는 2011년에 딘에 대한 유죄평결을 기각하고 그를 석방시켰다.

우리 측의 별도 수사를 통해 그 강간 사건의 진범도 드러났다. 익명 제보로 또 다른 용의자가 나타났던 것이다. 새로 지목된 용의자가 배지를 보여주며 경찰관 행세를 한 뒤 범죄를 저지르고 여성을 납치한 적도 있다는 사실이 우리 측의 철저한 수사로 밝혀졌다. 게다가 자신이 CIA에 고용된 살인청부업자이며 텍사스와 콜럼버스 출신이고 열두 살 때 남성인 가족 구성원에게 성추행당했다고 주변에 말하고 다닌 것으로도 알려졌다. 강간범과 모든 사항이 일치했다. 이 용의자를 잘 아는 증인들에 따르면 그는 여름에는 피부색을 어둡게 선탠을 했고(문제의 강간 사건들은 8월에 발생했다) 흡연자였으며 붉은빛이 도는 밝은 갈색 머리였고 강간이 벌어졌던 시기인 1980년대 후반에 메달 모양의 장식이 달린 사슬 목걸이를 하고 다녔다. 체포됐던 기록들을 살펴보고, 과거 한 차례 이상 911에 전화를 건 적이 있었던 전 여자친구들을 면담해본 결과 그의 유일한 성적 취향이 오럴 섹스였다는 사실도 알 수 있었다. 파트너가 삽입 성교를 요구할 때 그는 응하지 못했다.

주법원에서 열리는 심리에 대비해 우리는 이 용의자와 강간범 간의 유사성을 보여주는 도표를 준비했다. 오른쪽 절반은 1988년에 피해자들의 진술에 따라 그렸던 몽타주이고, 왼쪽 절반은 1990년에 찍힌 용의자의 사진이다. 비교를 위해 두 얼굴을 절반씩 잘라 붙였다.[자료1]

이 증거를 제시한 후 주법원에서도 딘의 유죄판결은 뒤집혔다. 새로운 용의자와 관련된 이 강력한 증거를 배심원들이 인지했더라면 무죄평결을 내렸을 가능성이 높았을 거라는 판단에서였다.

검사들이 우리의 의뢰인을 파일의 숫자가 아닌 사람으로 보게 만들려는 노력으로 다시 돌아와보자. 딘이 결백하다는 증거가 처음 드러나고 딘은 아직 교도소에 있을 당시, 나는 곧 있을 가석방 신청을 반대하지 않도록 설득하기 위해 검찰 측과 논의할 자리를 마련했다. 아직은 무죄방면을 요구하는 단계가 아니었다. 무죄방면의 가능성을 염두에 두고 우리가 소

▉▉▉▉ (1990년 사진)		진범 (1988년에 작성된 몽타주)
1. 여름에는 짙게 그을린 피부	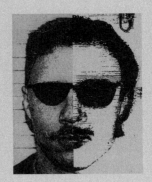	1. 범행 당시였던 여름에 검게 그을린 피부였다는 피해자 진술
2. 금발 혹은 붉은 빛이 도는 밝은 갈색 머리		2. 금발 혹은 붉은 빛이 도는 밝은 갈색 머리
3. 위압적이고 특이한 목소리		3. 위압적이고 특이한 목소리
4. 레바논 교정시설 근무 경력 있으며 데이턴 지역에서 음주한 적이 많음(음주운전)		4. 데이턴 지역에서 만취 상태였음
5. 오럴 섹스만 선호했고 질내 삽입 섹스는 곤란을 겪음		5. 피해자들에게 오럴 섹스를 강요함 (삽입 섹스에는 관심이 없는 눈치였음)
6. 직무상 계약에 의한 살인청부업자라고 주장		6. 직무상 계약에 의한 살인청부업자라고 주장
7. 11~12세경 남성 가족 구성원에게 성추행을 당했다고 주장		7. 11~12세경 남성 가족 구성원에게 성추행을 당했다고 주장
8. 콜럼버스 및 텍사스 출신이라고 주장		8. 콜럼버스 및 텍사스 출신이라고 주장
9. 자기 형의 이름인 '로저'를 가명으로 사용		9. 강간 당시 '로저'라는 이름 사용
10. 1980년대 후반에 메달 장식이 달린 사슬 목걸이를 자주 착용		10. 강간 당시 메달 장식이 달린 사슬 목걸이를 착용
11. 낯선 이들을 상대로 대담하게 경찰관 행세를 하며(경찰 배지를 보여줌) 범행		11. 낯선 이들을 상대로 대담하게 경찰관 행세를 하며(경찰 배지를 보여줌) 범행

오하이오 이노센스 프로젝트 면담 당시 해당 사건에 관해 수상한 발언을 함. 길리스피의 '강간 사건'에 관해 아는 바가 전혀 없다는 주장 이후 그 "숙녀분들"이 진범에 대해 뭐라고 진술했냐고 질문함. 이 사건 자체 그리고 경찰의 수사 재개 여부에 집요한 관심을 보임.

자료1_ 피해자 진술에 따라 작성된 몽타주 및 딘 길리스피 사건의 새로운 용의자 사진 비교 대조. 출처는 딘 길리스피의 공판 자료.

송을 진행하는 동안 딘이 교도소에서 나와 있을 수 있게 단지 가석방에 반대하지만 말아달라는 취지였다. 내가 준비한 결백의 증거—해당 사건에서 저지른 경찰 측의 비위—에 대해 한 시간가량 설명하고 나자 선출직 카운티 검사장은 씩씩대며 말했다. "그래서 내가 뭘 해야 합니까? 그냥 가석방에 반대만 하지 말아달라는 건 줄 알았는데 가석방이랑은 상관도 없는 경찰의 비위며 결백 주장 같은 그런 얘기는 대체 나한테 왜 하는 거요?" 나는 대답하고 싶었다. "우선, 검사님께서는 경찰의 비위를 수사할 수가 있으시죠." 그 이후 몇 년에 걸쳐 사건이 진행되는 동안 이 검사가 이끄는 팀은 딘의 무죄방면을 반대했을 뿐만 아니라 경찰의 비위에 대해서도 아무런 조치를 취하지 않았다. 심지어 그런 비위 사실을 근거로 연방 판사가 딘에 대한 유죄판결을 취소한 뒤에도 말이다.

어쨌든 그렇게 한 시간에 걸쳐 논의가 끝나자 수년 전 배심원단 앞에서 딘의 사건 심리를 담당했던 검사는 내게 너무 늦었다고 말했다. 가석방에 반대하는 내용의 서신을 자신이 가석방 심의위원회에 이미 발송했다는 것이었다. 그러면서 그 서신을 보여줬는데 굉장히 짧았다. 이런 취지의 내용도 있었다. "딘 길리스피가 거짓말탐지기 조사를 통과한 것은 사실이나 이는 그가 워낙 극악무도한 소시오패스라 거짓말탐지기조차 속인 것일 뿐이다."

그 검사는 딘을 전혀 모르고 그저 법정에서 본 게 전부였다. 그는 딘과 대화조차 나눠본 적이 없었다. 이 서신을 통해 그는 딘을 오직 '적'으로만 인식할 뿐이라는 걸 알 수 있었다. 내가 감옥에 보내려고 애를 썼던 워드나 다른 피고인들을 보던 과거의 내 시선이 그랬듯이 말이다. 그러나 실제 딘을 아는 사람이면 누구나 그가 지금껏 만나본 사람들 가운데 가장 똑똑하고 다정하고 덜 이기적인 사람 축에 속한다고 인정한다. 그토록 많은 이들이 그래서 딘을 아끼고 좋아했다. 여러 차례 접견을 가면서 어느새 나는 딘과 친구가 됐고 그의 가족을 좋아하고 존중하게 됐으며 그들의 고통에 공감할 수 있었다. 그때 나는 딘에 대한 담당 검사의 그 경직된 시선은 완전히 틀렸을 뿐 아니라 자신이 엄벌을 가하는 모든 이들을 판에 박힌 모습으로 비인간화해서밖에 보지 못하는 제도화된 관료주의자의 시선이라는 걸 깨달았다.

회의가 끝난 뒤 함께 복도로 걸어 나오면서 나는 그 검사에게 이렇게 말했다. "검사님께 한 가지 제안을 하는 겁니다. 장담하는데 지금껏 그 어떤 피고인 측 변호인도 검사님께 이런 말씀을 드린 적은 없을 겁니다. 다른 사람에 대해 그런 진술을 하신다면 먼저 그 사람을 알아봐야 한다고 생각하지 않으십니까? 그러니 검사님께서 교도소에 있는 그를 접견하게끔 해드리고 싶습니다. 제가 동석하지 않고 원하시는 만큼 충분한 시간을 두고 검사님이 여러 질문도 해보시고 어떤 사람인지 알아보시면 어떨까요. 몇 시간 정도 같이 앉아서 그 사람의 영혼을 좀 들여다보십시오. 그러고도 여전히 그가 소시오패스라는 생각이 드신다면 제게 말씀해주세요. 우리는 다른 인간의 자유를 다루고 있는 만큼 자기 견해에 대해서도 어느 정도 근거를 갖추려는 방향으로 고민을 해주시면 좋겠습니다." 검사는 조금은 놀란 눈치였고 이런 제안에 당황한 것 같기도 했다. 그러더니 생각해보겠노라고 조용히 대답했다.

며칠 뒤 나는 같은 내용의 제안을 담은 이메일로 다시 연락을 취했으나 아무런 답변도 받지 못했다. 시간이 좀 더 흐른 뒤 사건을 처음 담당한 형사 중 한 명이었던 스티븐 프리츠에게 내가 제안한 내용을 설명해줬다.

프리츠는 딘의 사례를 안타까워하며 우리 측에 경찰 측 비위 사실에 대한 정보를 준 인물이다. 사건 담당 검사와 몇 년간 일했던 경험이 있어서 그를 잘 알았고 좋은 사람이라고 생각하고 있었던 프리츠는 그가 교도소로 가서 딘을 접견하도록 잘 이야기를 해보겠노라고 했다. 나중에 듣기로는, 검사에게 이메일을 보내 왜 내 제안에 답변하지 않았느냐고 물어봤지만 "그 이야기는 다시 꺼내지도 말라"는 회신이 왔다고 했다.

지금 생각해보면, 그 검사의 반응은 그리 놀랄 만한 것이 아니었다. 다시 말하지만, 검사들은 비인간화에 길들어 있고 딘과 만나 이야기를 나눈다는 건 관료주의적 관행에서 너무나도 벗어난 일이라 내 제안이 정말 괴상하게 느껴졌을 것이다. 그렇지만 그의 반응은 우리 형사사법제도의 꽉 막힌 분위기를 그대로 반영한다고 할 수 있다.

* * *

이노센스 변호사로서 불의에 맞서 싸운다는 건 때때로 우울하고 절망적인 일이다. 일반 대중은 우리가 극적으로 승소한 뒤 이제 막 석방된 재소자와 기쁨을 나누는 뉴스 속 선명한 장면만 본다. 그러면 사람들은 우리 페이스북 페이지에 찾아와서 우리를 "영웅"이라고 부른다. 그러나 현실에서 실수를 인정하기를 거부하고, 우리 의뢰인들을 비인간화하며, 무고한 이들을 계속 감옥에 가둬두려는 시스템과 계속 싸워나가는 일은 비할 바 없이 사람의 기운을 뺏고 사기를 꺾는다. 의뢰인이 결백하다는 강력한 증거가 나왔는데도 검찰 측에서 무죄방면 신청을 거부하고 재판부마저 그들의 의견에 따르는 사건의 경우는 특히 그렇다. 현재 우리 프로젝트에 도움을 요청해온 의뢰인들 가운데 결백해 보이는 이들이 많고 그들의 결백을 입증할 증거도 우리에게 있지만 여전히 대부분이 철창 안에 갇혀 있다. 이 사건들 중에는 DNA 검사 결과를 비롯하여 결백의 증거가 차고 넘치는 경우도 상당수다.

몇 년 전, 우리 오하이오 이노센스 프로젝트의 법대 학생들이 단체 티셔츠를 제작했다. 티셔츠 등판에는 거대한 빙하에 맞서 권투 글러브를 끼고 싸우는 사람이 그려져 있었다. 우리가 상대하고 있는 시스템이 마치 빙하처럼 움직이기 어려운 상대라는 사실을 학생들이 꽤나 일찌감치 깨달은 것이다. 그렇게 꿈쩍도 하지 않는 벽에 맞서 싸우다 번아웃과 심리적 스트레스를 호소하며 우리 프로젝트를 떠나간 변호사들도 많았다. 장기간 머물며 일하는 이들은 계속 집중하여 싸움을 지속해나갈 수 있도록 끊임없이 서로를 격려하고 응원의 말을 건네야만 한다.

의뢰인이 결백하다는 아주 강력한 증거를 잔뜩 모았던 사건에서 패소했다는 걸 알게 된 다음날, 우리 사무실 전체가 낙담했다. 그 사건에 열심히 매달렸던 학생들은 충격에 빠져 눈물을 흘렸다. 나는 그 학생들 그리고 사건을 담당했던 오하이오 이노센스 프로젝트 변호사 제니퍼 베저런에게 다음과 같은 이메일을 보냈다. 이런 식의 상심을 어떻게 다루면 좋을지 말해주고 싶었다.

제니퍼, 에밀리, 션에게
오늘의 상실에 대해 여러분이 느꼈을 분노와 혼란을 잘 압니다.
여러분은 할 수 있는 모든 것을 했어요. 이토록 가까이서 직접
날것의 불의를 경험하는 것보다 더 끔찍한 일은 많지 않을 겁니다.

견디기 어려운 일이죠. 제가 교도소에 있는 낸시 스미스를 만나러
다녀올 때마다 생이별한 아이들을 그리워하는 스미스의 감정이
너무나도 생생해서 나는 집으로 돌아오는 내내 차 안에서 토할 것
같은 걸 참느라 고생을 하곤 했었습니다. 그런 불의와 고통을
보는 건 실제로 몸이 아플 정도이죠. 애쓰는 것마다 수포로 돌아갔고
스미스의 상황을 해결하기 위해 제가 할 수 있는 일이 아무것도
없는 것 같았습니다.

이번 결과가 저도 정말 마음이 아픕니다. 다들 아시겠지만, 싸움은
아직 끝난 게 아닙니다. 앨은 최선을 다해 계속 싸워나갈 거예요.
결국은 운에 달린 일이기도 합니다. 어떤 판사를 만나느냐에 따라
훨씬 더 상황이 뒤틀리기도 하니까요.

이 일을 오래 해오면서 깨달은 것이 있습니다. 앨의 경우처럼
우리가 패소한 경우에도 누군가는 그를 계속 지지했다는 그 사실
자체가 그의 인생 그리고 인류 전체에도 엄청난 가치가 된다는
것입니다. 당신이 앨이라고 생각하고 그 차이를 상상해보세요.
자기 말을 아무도 들어준 적이 없고 믿어준 사람도 없었으며
자신에게 저질러진 불의를 알아주는 사람 하나 없이, 싸울 자격이
있다고 말해주는 이 하나 없이 평생을 감옥에서 지내야만 하는
상황과 어떻게 다른지.

하지만 앨에게는 자신을 걱정해주는 똑똑하고 학식 있는 사람들이
있었던 겁니다. 한때는 전혀 모르는 사이였지만 찾아와서 자기
말을 믿어주는 데 그치지 않고 몇 년이고 그를 위해 지칠 줄 모르고
일하고 있는 사람들이요. 엄청나게 힘든 싸움이었다는—그리고

애초부터 승산이 별로 없는 싸움이라는 걸 모두가 알고 있었다는—
사실 그 자체는 여러분이 그의 투쟁에 동참했다는 사실 그 자체를
한층 더 의미 있게 만듭니다. 리키 잭슨은 석방되기 전날 밤
교도소에서 우리에게 그런 말을 했습니다. 선하고 재능 있는
사람들이 곁에서 "당신은 나에게 중요한 사람이고 나는 당신을
위해 할 수 있는 모든 노력을 다할 겁니다"라고 말해준 것이
어떻게든 인간에 대한 믿음을 잃지 않게 해줬다고. 혹 자유를
되찾는 결과로 이어지지 않더라도 그에게는 그 자체가 세상
무엇과도 바꿀 수 없는 소중한 것이었습니다. 다른 이들도 똑같이
느낀다는 걸 저는 알아요. 그리고 제가 앨은 잘 알지 못하지만,
그가 사려 깊은 사람이라는 것과 그 역시 분명 그렇게 느끼고
있으리라는 것을 압니다. 다른 어느 누구도 나서서 싸워주려
하지 않는 어떤 타인에게 손을 내밀고 그와 함께 싸우는 일은
그저 그 자체로 엄청난 의미가 있습니다.
몇 년 전 우리가 딘 길리스피 사건을 맡아서 일을 시작했을 때
딘의 어머니는 어느 해 1월에 이렇게 제게 말했어요. "이번
크리스마스는 딘이 감옥에 간 뒤로 제가 처음으로 즐겁게 보낸
크리스마스였습니다. 누군가가 우리 말을 믿어주고 어떤 식으로든
그 싸움을 기꺼이 계속해 나가려 한다는 걸 아는 것만으로 제게는
모든 게 달라진 거였어요." 설령 우리가 딘의 사건에서 승소하지
못한다 해도, 누군가는 그들 편에 서서 그들에게 일어난 일들을
알아주려 했다는 걸 보여준 것만으로도 우리가 딘과 그 가족에게
인간다운 도움을 줬다는 걸 저는 늘 기억할 겁니다.

『앵무새 죽이기』에서 제가 가장 좋아하는 구절은 애티커스가
자기 아이들에게 이렇게 말하는 대목이에요. "나는 너희가 진정한
용기를 총을 든 몸집 큰 남자 같은 모습으로 상상하지 않았으면
좋겠다. 시작하기도 전에 패배했다는 걸 알고 있더라도 어쨌든
일단 시작을 하고서 옳은 일이라는 이유만으로 그 일을 끝까지
해내는 거, 그게 용기란다."

이 일이 이기기 쉬운 싸움이라면 아무나 하려 들고 아무나 할 수
있을 겁니다. 진정한 가치, 그리고 진정한 용기는 단지 그것이
옳기 때문에 어떤 일을 하는 겁니다. 그것이 고통스러운 불의로
끝나버릴 가능성이 높은데도 말이죠. 그런 일을 할 사람은 거의
없고, 그래서 멀리 보면 이 일이 인류에게 훨씬 더중요한 겁니다.
제2차 세계대전 당시 유대인들을 구출하려 애쓴 이들이 많았습니다.
그런데 그들이 숨겨주려 했던 유대인들은 발각되어 죽임을 당했고
유대인들을 숨겨주던 선량한 사람들도 목숨을 잃었지요.
그들의 구출 시도 자체는 실패로 돌아갔고 구하려던 유대인들도
처형당했지만, 바로 그런 사람들이 존재하지 않았다면 우리 인류는
끝장이었을 겁니다. 우리 인류를 더 낫게 만드는 건 바로 그런
사람들입니다. 그들은 영웅이에요. 목표를 달성하지 못했고
큰 실패로 결말이 났다 해도 말이지요. 이번 사건이 제2차 세계대전은
아니지만 앨에게는 못지않게 중요한 불의의 파편이었습니다.
그를 위해 싸워주신 것 그리고 다른 어느 누구도 채워주지 못했을
그 중요한 공백을 채워주신 것, 다들 고맙습니다.
—마크

결론

본 장을 마치며 전직 검사 마티 스트라우드의 편지 일부분을 발췌할까 한다. 스트라우드는 젊은 검사였던 시절, 글렌 포드를 살인죄로 기소하여 사형을 선고했다. 포드는 사형 판결을 받아 루이지애나에서 30년을 복역하다 2014년에 완전히 무죄방면되었다. 무죄방면으로 석방된 직후 포드는 암에 걸렸고 머지않아 2015년에 숨을 거뒀다. 죽기 전 그가 누렸던 짧막한 자유의 시간 동안 루이지애나주 당국은 포드의 배상 청구를 거부하며 맞서 싸웠고 결국 포드가 아무것도 받지 못하게 만드는 데 성공했다. 포드 생전에 《슈리브포트타임스Shreveport Times》의 편집위원회는 루이지애나주 당국에 손해배상을 촉구하는 사설을 게재하기도 했다. 이에 스트라우드 검사는 편집국에 다음과 같은 서신을 보냈다.

귀 매체에 제가 공개적으로 의견을 표명하는 것은 아마도 이것이
처음이자 마지막이 될 것 같습니다. 아주 솔직히 말씀드리자면,
저는 《슈리브포트타임스》의 사설들은 지나친 논란거리는 만들지
않으려고 까다로운 현안에 관한 문제들은 대체로 피한다는 인상을
갖고 있습니다. 하지만 이번만큼은 감탄했습니다. 정의의 이름으로
무엇을 해야만 하는지 뚜렷한 입장을 밝히셨더군요.
글렌 포드는 가능한 최대한의 배상을 온전히 받아야만 합니다.
시스템의 결함들 때문에 인생이 철저히 파괴되었기 때문입니다.
포드 씨가 겪어야만 했던 그 공포에 대해 루이지애나주 사법당국의
이름으로 아무런 배상도 하지 않겠다는 주 당국의 그 뻔뻔한
태도에 소름이 끼칩니다.

제가 지금 무슨 말을 하고 있는지는 스스로 잘 알고 있습니다.

저는 글렌 포드의 재판에 처음부터 끝까지 참여했습니다. 그에게 사형 언도가 이뤄지는 것을 지켜본 사람입니다. 당시 저는 정의가 구현됐다고 믿었습니다. 제 할 일을 한 것이지요. 저는 당시 검사 중 한 명이었고 제가 한 일을 자랑스럽게 여겼습니다.

피해자의 가족들이 우리 검사들과 수사관들에게 애써주어 고맙다고 거듭 인사를 했었지요. 당시 그들로서는 어느 정도 종결된 결과를 얻은 셈이었고, 어쩌면 대부분 그렇게 생각을 했었습니다. 그러나 진실이 마침내 드러날 수 있었던 건 루이지애나의 '중대범죄 유죄확정판결 후 프로젝트Capital Post-Conviction Project'와 함께 노력한 변호사들의 분투와 헌신, 그리고 카도패리시Caddo Parish 지방검찰청과 경찰 측의 노력 덕분이었습니다.

글렌 포드는 죄 없는 사람이었습니다. 그는 지난 30년간 견뎌야 했던 지옥에서 풀려났습니다.

여기엔 복잡하고 전문적인 부분은 전혀 없었습니다. 솜씨 좋은 변호 기술이 그를 풀어준 것도 아니었죠. 포드 씨는 자기 인생에서 30년을 칙칙하고 좁은 감방에서 보냈습니다. 사방이 끔찍한 환경이었죠. 조명은 형편없었고 냉난방 따위는 사실상 없다시피 했으며, 음식은 먹기 힘든 수준이었습니다.

사형수에게 '오냐오냐한다'는 비난을 감수할 사람은 없었습니다. 그런데도 포드 씨는 절대 포기하지 않았습니다. 자신의 결백을 입증하기 위해 계속 싸웠습니다. 그리고 마침내 그 노력이 빛을 보았지요.

그런데도 이런 엄중한 불의에도 불구하고 주 당국은 우리 시민이
겪은 피해에 대한 일말의 책임도 인정하지 않고 있습니다. 고의로
잘못을 저지른 사람은 없으므로 주 당국 역시 아무 책임이 없다는
것이 관료주의의 입장인 것 같습니다. 말도 안 되는 처사이지요.
포드 씨와 그 가족에게 그런 변명을 한다면 어떻겠습니까.
엄연한 진실은 외면하거나 피할 수 있는 것이 아닙니다.
재판 당시, 글렌 포드의 혐의를 벗겨줄 증거가 있었습니다.
검사들은 그런 증거를 알지 못했으므로 잘못된 유죄판결에 대한
책임이 없다는 손쉬운 주장도 있습니다.
그러나 그런 주장은 제게 아무런 위로가 되지 않습니다.
검사이자 재판에 참여한 공무원으로서 공정하게 기소하는 것이
제 의무였기 때문입니다. 재량껏 강한 타격을 할 수는 있었을지
몰라도, 윤리적인 관점에서 저는 잘못된 타격을 해서는 안 됐습니다.
재판이나 형벌과 관련하여 제가 알게 된, 무죄를 입증할 증거를
신속히 공개하는 것도 제 의무에 속했지요. 지나치게 수동적이었던
것이 제 잘못입니다. 포드 씨가 아닌 다른 무리가 연루돼 있다는
소문이 믿을 만한 것일 수 있다는 생각은 하지 못했습니다.
특히나 해당 범죄로 기소된 다른 3명은 결국 증거불충분으로
풀려나 재판에 회부되지 않았기 때문이었습니다.
제가 좀 더 파고들었더라면 몇 년이라도 더 일찍 그 증거가
드러났을 겁니다. 그런데 전 그러지 못했고 저의 나태함은
이 사안에서 오심誤審에 일조하고 말았습니다. 당시 가지고 있던
정보를 바탕으로 저는 진범이 기소됐다고 굳게 믿었고, 엉뚱한

사람을 붙들고 있다는 잘못된 주장 때문에 수사에 자원을 투입하는 일은 없을 거라 마음먹었습니다.

제 사고방식은 틀린 것이었고, 목표는 제가 유죄라고 믿은 사람이 유죄판결을 받게 하는 것이 아니라 정의를 이루는 것이어야 한다는 초심에서도 멀어지고 말았습니다. 물론 증거를 제가 숨긴 건 아닙니다. 그저 다른 결론에 도달하기에 충분한 정보가 저 바깥에 있을 수도 있다는 사실을 진지하게 고려하지 않았을 뿐이었죠. 그리고 그 소홀했던 부분은 제 책임입니다.

게다가 공판 당시의 제 침묵이 잘못된 결과에 일조했던 것도 의심할 여지 없는 사실입니다.

중대 사건은 물론이고 형사배심재판 경험조차 전무했던 변호인이 포드 씨에게 배정된 것은 불공정한 일임에도 저는 의문을 제기하지 않았습니다. 피고인이 전문가를 고용할 만한 경제적 사정이 못 되거나 피고 측 변호인이 재판 준비로 상당 기간 사무실 문을 닫아야 해도 저는 걱정하지 않았습니다. 물론 이 변호사들은 정말 최선을 다했지만 전혀 다른 분야에 속해 있었습니다. 다들 훌륭한 변호사였지만 민사 사건 경력만 있었지요. 그런 경력으로 포드 씨의 목숨을 구하기는 쉽지 않았던 겁니다.

배심원들은 전부 백인이었고, 포드 씨는 아프리카계 미국인이었지요. 후보군이었지만 최종적으로는 배심원으로 선정되지 못했던 아프리카계 미국인들은 차별 가능성에 대해서는 거의 생각을 못했습니다. 당시에는 검찰이 다른 사건들에서도 그런 행위 패턴을 보였다는 사실을 증명하지 않는 이상 배심원단 선정 과정에 인종차별이 있다는 주장은 먹히지 않던 시절이었으니까요.

그리고 제가 아는 법이론에서는 단 한번도 충족된 적 없던,

굉장히 부담스러운 요건임을 잘 알고 있었습니다.

게다가 저는 살인 현장에 목격자가 한 명도 없었음에도 불구하고

총을 쏜 범인은 틀림없이 왼손잡이라는 법의학자의 수상쩍은

증언을 배심원단에 제시하는 데도 동참했습니다. 맞습니다.

글렌 포드가 바로 왼손잡이였습니다.

만시지탄이지만 최악의 경우 증언은 그저 쓰레기과학junk science에

불과할 수도 있더군요.

1984년에 저는 서른셋이었습니다. 오만하고 심판하기 좋아하며

자기도취적이고 그저 내 자신밖에 모르던 시절이었지요. 승소할

궁리만 했지 정의에는 그만큼의 관심이 없었습니다. 영화 〈용감한

변호사And Justice for All〉에 나온 알 파치노의 대사를 빌리자면

"승리가 전부처럼 되어버렸다Winning became everything"가 되겠네요.

재판에서 포드에게 사형 판결이 내려진 뒤 나는 다른 사람들과

어울려 술을 몇 잔 곁들이며 자축했습니다. 역겨운 일이지요.

나는 동료 인간의 죽음을 요청하는 임무를 위임받은 사람이었습니다.

그 어떤 '자축'도 절대 정당화될 수 없는, 매우 엄숙한 임무지요.

재판 양형 단계에서 제 반론 순서에서는 포드 씨를 조롱하기도

했습니다. 이 사람은 계속 살아있기를 원하니까 자신의 결백을

입증할 기회를 주어도 될 것 같다고 했지요. 그러면서 그건

배심원 여러분 모두에게 분명 무례한 일이 될 거라고, 왜냐하면

이 사람은 뉘우치는 얼굴 한번 한 적 없이 그저 여러분의

유죄평결을 모욕하기만 했다며 말을 이었습니다. 제가 얼마나
틀렸었던가요.

저는 지금 다른 어느 누구도 아닌 그저 제 자신을 위해 말하는 겁니다.
글렌 포드와 그 가족에게 제가 안긴 그 모든 불행에 대해
글렌 포드의 용서를 구합니다.

로즈먼 씨[피해자]의 가족에게는 종결에 대한 가짜 희망을 안겼던
것에 대해 용서를 구합니다.

배심원 여러분에게는 전달됐어야 하는 모든 정보를 전부 전해드리지
못했던 점에 대해 용서를 구합니다.

법정에도 용서를 구합니다. 피고인의 무죄를 입증할 증거가 적절히
전달되었는지 확인함에 있어 제 소임을 더 철저히 다하지 못했음을
사과합니다.

글렌 포드는 관련 법령이 허락하는 한도 내에서 최대한 받아 마땅한
배상을 전부 받을 자격이 있는 사람입니다.

서른셋의 젊은 검사였던 저에겐 다른 한 인간을 죽음에 이르게 할
수도 있는 결정을 내릴 능력이 없었다는 사실을 저는 이제야
너무나도 뼈아프게 깨닫습니다. 그 어떤 형사사법 절차에서도
사형을 언도할 권한은 누구에게도 주어서는 안됩니다.

치우침 없이 공정하게 사형을 선고할 수 있는 시스템을 고안할
능력이 우리에게는 없기 때문입니다. 우리는 전부 실수할 수 있는
인간일 뿐입니다.

저는 글렌 포드를 향한 제 마음 이상으로 신께서 저를 긍휼히
여겨주시기를 바라는 마음으로 이 편지를 끝맺고자 합니다.

그러나 동시에 저는 그럴 자격이 결코 없다는 깨달음으로 마음이 무겁게 가라앉습니다.[30]

이 가슴 아픈 편지에는 포드의 재판 그리고 무죄방면 이후 배상 여부를 둘러싼 소송전에 영향을 미쳤던 터널시야, 인지부조화, 행정악, 비인간화가 모두 담겨 있다. 스트라우드는 이 같은 심리적 요인들을 인정하고 시스템의 저항을 다른 각도에서 바라볼 줄 알았다. 아마도 본인의 성격에서 기인한 부분도 있겠지만 포드가 무죄방면되기 몇 해 전에 이미 검찰청을 떠난 상태였던 것도 그럴 수 있던 이유일 것이다. 스트라우드는 우리 학교 학생을 대상으로 한 스카이프 강연에서 과거에 검찰청에서 자신과 함께 일했던 동료들 대부분—특히 법집행 영역을 한번도 떠나본 적 없었던 이들—은 이 서신에서 자신이 표현한 시각에 동의하지 않는다고 말했다. 검사 집단의 사고방식을 나는 이해할 수 있다. 나도 검찰청을 떠나고 시간이 흐른 뒤에야 다른 시각으로 세상—그곳에 남아 있는 동안에는 볼 수 없었던 것들—을 바라볼 수 있게 되었으니 말이다. 어느 경찰관이 이제는 후회되는 본인의 행동들 그리고 경찰관으로서 지녔던 사고방식을 돌아보며 했던 말처럼 "그 직업에서 벗어나고서야 내 정신이 진정으로 자유로워졌다."[31] 업튼 싱클레어는 이렇게 표현한 바 있다. "어떤 것을 이해하지 못하는 조건으로 봉급을 받는 사람에게는 그 어떤 것을 이해시키기 어렵다."[32]

우리는 때로 정의와 공정을 거부하고 배척하기도 한다. 우리가 인간이라서 그렇다. 인간은 책임을 분산시키고 특정한 관료주의적 태도를 형성하는 거대한 시스템에 속해 있을 경우 저마다 특이하게 그리고 덜 정의롭게 행동한다. 그런 행동은 어느 정도는 불가피하고 가끔씩은 필요할 때도 있다. 타인을 처벌하는 일을 정례적으로 하는 직업을 가진 이들에게는 특히나 그렇다. 때로는 자책의 고통으로부터 자신의 마음을 스스로 보호해야만 하는 것도 분명하다.

그러나 진정한 정의가 승리할 수 있으려면 우리는 이런 역할 바깥으로, 이런 사고방식의 바깥으로 걸어나와야만 할 때가 있음을 깨달아야 한다. 마티 스트라우드의 사례와 글이 부디 우리에게 그 길을 열어 보여주는 출발점이 되었으면 한다.

3

눈을 가리는 야심

검경은 흉악범죄를 해결하고 누군가에게
그 책임을 물으라는 엄청난 압박에 시달린다.
그 과정에서 그들은 용의자를 찾아내 유죄판결을
받게 하겠다는 단호한 의지와 투지를 보여줘야만
한다. 이 나라의 고위급 검사 대부분은 선출직이고
대중은 '범죄에 강경한' 검사를 원한다는 사실은
사건 해결, 체포, 유죄판결에 대한 압력으로 작용한다.
그 결과 텔레비전 프로그램에 종종 등장하는,
"사실만 말씀하시죠" 타입의 차분한 형사나 검사는
대개의 경우 허구에 불과하다. 내부에는 경쟁이 있고,
수사와 기소의 성공률로 판단받으며, 승진하려면
유죄판결을 받아내라는 압력을 받는다.

Blind
Injustice

나는 연방 검사로 일했다. 연방법원 판사는 미 대통령이 임명하는 종신직이다. 이들은 재선에 출마하거나 선거운동 비용 모금에 나설 필요가 없다. 다음 선거를 위해 지역 경찰 노조나 검찰청의 지지를 얻으려 노심초사할 필요도 없다. 내가 법정에서 만나게 되는 연방 판사들 중에는 간혹 '친변호' 또는 '친검찰'로 알려진 이들도 있기는 했으나, 판사들이 외부의 정치적 압력 때문에 특정한 방식으로 행동한다는 인상을 받을 일은 없었다. 그보다는 오히려 자기 나름의 잣대―옳고 그름이나 공정성과 도덕성에 관한 자기만의 독특한 신념―에 따라 움직이는 경향이 강했다.

연방 검찰을 떠나 고향인 오하이오주에서 오하이오 이노센스 프로젝트를 설립한 뒤 정례적으로 선출직인 주법원 판사 앞에 서게 되면서 나는 문화충격을 경험했다. 일부 사건에서는 누가 검사고 누가 판사인지 분간하기 어려운 경우도 있었다. 내가 활동을 시작하기 전에도 다른 주의 이노센스 단체 활동을 하는 변호사들로부터 이런 이야기를 들었었다. "아마도 숱한 사건에서 정당한 대우를 못 받으실 겁니다. 지방 검사와 같은 정당 소속은 아니어도 서로 정치적으로 밀착된 지방 판사로부터 벗어나 사건을 이관하지 않는 이상은 말이죠. 의뢰인이 결백하다는 강력한 증거가 있어도 검사의 홈그라운드인 지방법원에서는 아마 패소하실 겁니다. 그 지방 판검사로부터 멀리 벗어나 사건을 일단 연방 차원의 인신보호영장 심사로 끌고 가서 연방법원이라든가 항소법원 등으로 가져가면 나중에라도 정당한 결과를 얻어낼 **가능성**이 있긴 있습니다." 일하면서 수년간 직접 이런 현상을 반복해서 겪고 나니 이제는 안타깝게도 내가 똑같은 조언을 다른 이들에게 해야만 하는 상황이다. 그리고 그런 정치적 압력에 꿈쩍하지 않고 어떤 대가를 치르더라도 진정으로 독립성을 유지할 용기가 있어 보이는 일부 선출직 판사들도 만나본 것도 사실이지만, 대다수까지는 아니어도 상당수는 가능하면 늘 검찰 측 편을 들기로 마음을 먹은 듯 보였다. 법이나 사실관계를 교묘하게 조금씩 건드려서라도 말이다.

법정까지 가야 했던 내 초기 이노센스 사건 중 하나인 크리스 베넷 사건의 경우를 보자. 이 사건은 오하이오 이노센스 프로젝트 공동창립자인 존 크랜리와 내가 함께 소송을 진행했는데, 선출직 담당 판사는 처음부터 우리에게도 그리고 우리가 제시하는 모든 결백의 증거에 대해서도 노골적으로 적대적이었다. 베넷은 술에 취한 상태로 밴을 운전하다 사고를 내서 유일한 동승자였던 친구를 사망하게 만든 혐의로 기소가 됐었다. 시골길에서 사고가 났고, 경찰이 도착했을 때 베넷은 머리에 부상을 입어 절반쯤 의식을 잃은 상태로 운전석에 앉은 모습이었다. 베넷의 친구는 운전석과 조수석 사이에 돌출된 엔진 콘솔 위에 몸을 축 늘어뜨리고 두 다리는 조수석 바닥 쪽으로 뻗은 상태였다. 경찰은 도착 당시 두 탑승자의 위치에 관한 사항(그리고 베넷이 만취했다는 혈액검사 결과) 말고는 아무런 수사도 이뤄지지 않은 상태에서 베넷을 체포하고 가중처벌 대상인 차량에 의한 과실치사로 기소했다. 병원에서 베넷은 두부 손상으로 인한 기억 상실 상태라는 진단을 받았고, 누가 운전을 하고 있었는지는 물론이고 충돌 당시 상황에 대해 아무것도 기억하지 못했다. 스스로를 변호할 수 없는 상태였던 그는 유죄를 인정했고 교도소로 보내졌다.

베넷은 수감 중에 우리에게 편지를 보냈는데, 편지에 기억이 드문드문 돌아오기 시작했다고 적었다. 앞유리에 부딪치던 순간이 기억나니 우리 팀이 전체 차체를 찾아낼 수만 있다면 차량 조수석 쪽 깨진 앞유리 틈새에 스며들어 있을 본인의 혈액과 DNA를 검사해 운전자가 자신이 아니었다는 사실을 밝힐 수 있을지도 모른다는 내용이었다. 사고 발생 및 베넷의 편지 도착 시점으로부터 수개월이 지난 뒤였지만, 내가 가르치던 로스쿨 학생 중 한 명인 메리 맥퍼슨이 폐차장에 세워져 있던 그 차량을 찾아낼 수 있었다. 일주일 뒤 폐차가 예정된 시점이었다. 그 폐차장에서 찾아낸 차량 앞유리에는 거미줄이 쳐진 채 엉겨 붙은 핏자국이 그대로 남아 있었고 인간의 머리카락으로 보이는 다량의 뭉치가 그 틈새에 끼어 있었다. 이후 그 머리카락과 혈흔에 대한 DNA 검사에서 베넷의 이야기는 사실로 확인됐다. 조수석 앞 유리창의 혈흔이나 머리카락 뭉치를 비롯해 베넷의 DNA가 조수석 곳곳에 남아 있었던 반면, 운전석 쪽에서는 베넷의 DNA가 전혀 나오지 않았다.

우리 학생들은 이에 만족하지 않고 경찰이나 피고 측 변호인이 한 적 없는 수사까지 진행했다. 당시 사고가 난 시골길을 따라 지나가며 집집마다 문을 두들겼다. 충돌 현장에서 가장 가까이 있는 집에 사는 주민은 당시 충돌하는 소리를 들었고 경찰을 비롯한 다른 누군가가 도착하기 전에 가장 먼저 사고 난 밴을 발견했다고 했다. 그가 현장을 봤을 때 베넷은 조수석의 옆 유리창 밖으로 한쪽 팔을 걸친 채 늘어뜨린 상태로 의식을 잃고 조수석에 앉아 있었으며, 베넷의 친구는 운전석과 조수석 사이 바닥에 있었는데 이미 죽은 듯 보였다. 나중에 경찰이 발견했을 때와 같은 자세였다. 잠시 후 베넷은 절반쯤 정신이 돌아왔고 일어서려 애를 쓰다가 운전석 방향으로 친구의 시신 위로 고꾸라졌고, 이후 경찰은 그런 모습을 발견했다. 이 주민은 경찰이 도착했을 때 부상당한 베넷을 돌보고 있었는데, 경찰도 변호인도 그에게 최초 대응자로서 무엇을 보았는지 묻지도 않았다. 이 새로운 목격자는 선서 진술서sworn affidavit를 작성하여 우리에게 건넸다.

우리는 이 새로운 증거를 법정에 제출하여 크리스 베넷을 석방시키려 했다. 그러나 판사는 대단히 분개하는 눈치였다. 심리 첫 이틀 동안 내게는 냉랭하게 굴면서도 검사들은 친근하고 따뜻하게 대했다. 존과 내가 증거를 제시하면 그냥 자기 자리에 앉은 채로 다른 사건 기록을 읽는 모습을 보이곤 했다. 심지어 우리가 증거를 제시하는 중에도 판사석에서 전화를 받기까지 했다. 몸을 숙이고 통화를 해서 우리는 판사의 정수리만 볼 수 있었는데, 귀에 전화를 댄 채 속닥거리고 있는 모습이 분명히 보였다. 어쩌다 한 번, 그저 몇 분씩 그러는 게 아니라 장시간을 그랬다.

사흘의 심리 기간 동안 우리는 DNA 검사 결과 등 크리스 베넷의 결백을 입증할 확실한 증거를 제시했지만 판사는 무죄방면 신청을 최종 기각했다. 그 결정 통지에는 DNA 검사 결과에 대한 언급조차 없었다. 본인이 원한 결과에 거치적거리는 증거는 전부 무시해버린 게 분명했다. 다행히, 검찰 담당 지역의 정치적 영향에서 벗어나 상급 법원에서 비교적 객관적인 판사들을 만난 뒤 결국 우리가 승소할 수 있었고, 이로써 미국 전역의 다른 이노센스 변호사들로부터 평소 들어왔던 조언이 결론적으로 옳았음이 입증된 셈이었다.

크리스 베넷 사건에서 판사에 대해 내가 놀란 점은 우리에 대한 냉담한 태도뿐 아니라 증거를 공정하게 살펴봐달라는 요청 자체를 단칼에 거절하는 모습이었다. 가장 충격적인 부분은 그가 검사들을 대하는 태도였다. 절차 개시 당시 우리는 이미 무죄방면 심리를 신청한 상태였고 베넷의 결백을 입증하는 증거도 수백 페이지 제출했음에도 불구하고 판사는 계속되는 검찰 측 답변서 제출 연기를 허락해주었다. 사실, 검찰이 답변을 보내온 것은 여섯 차례나 연거푸 유예 신청이 받아들여진 뒤였다. 이렇게 재심이 수개월 미뤄지는 동안 베넷은 감옥에 갇힌 채 기다려야만 했다.

이처럼 검찰 측의 지연 신청이 이어지자 나는 사전심리status conference를 요청했다. 죄 없는 사람이 감옥에 갇혀 있으며 그는 제대로 된 판결을 조속히 받을 자격이 있다고 판사에게 호소하고 싶었다. 화상회의에서 그렇게 주장하자 판사는 이렇게 대꾸했다. "지금 **우리** 검사들이 부당하게 일부러 사건을 지체시키고 있다는 얘깁니까?" 그는 '우리'라는 단어를 유독 강조하며 길게 늘여 말했다. 그리고 절차가 진행되는 내내 같은 말투였다. 검찰 측이 절차를 지연시키고 있다거나 도저히 정당화될 수 없는 어떤 일에 관여하고 있다는 의견을 전달할 때마다 그는 "**우우우우리이이** 검사들"이라 부르며 이렇게 되묻곤 했다. "지금 **우우우우우리이이** 검사들이 그런 일을 하고 있다는 얘깁니까?" 나는 이렇게 대꾸하고 싶었다. "판사님, 그 사람들은 판사님과 한 편이 아닙니다. 그들이 판사님에게 소속된 사람들도 아니고, 판사님이 그쪽에 소속된 것도 아닙니다. 판사님은 재판부를 대표하시는 겁니다. 검사들은 법 집행을 하는 거고요. 서로 역할이 다르고 독립적이어야 하는 겁니다. 판사님은 검찰이랑 한 팀이 아니에요."

결국 해당 검사의 담당 지역에 있는 지방법원으로부터 사건을 다른 곳으로 이관시켜 베넷의 유죄판결을 뒤집을 수 있었다. 그 항소법원에서는 판사가 재량권을 남용했으며 베넷의 명령신청을 기각할 때 관련 증거 일체를 무시했다는 사실이 밝혀졌다. 그러나 판사의 그런 행동들 때문에 베넷은 1~2년을 더 감옥에서 보내야만 했다. 당시 나는 그 판사의 행동을 도무지 믿을 수가 없었다. 살면서 그런 광경은 처음이었다.

이 책의 마지막 장에서 더 깊게 다루겠지만, 딘 길리스피 사건에서 우리가 딘을 무죄방면으로 석방해달라는 명령신청을 했을 때 사건 담당 판사가 오하이오 데이턴 시장 출마를 고려하고 있다는 소문이 들렸다. 데이턴은 이 사건의 판결을 맡을 법원이 위치한 도시였다. 딘은 줄곧 결백을 주장했고, 우리 팀의 수사 결과 그의 결백을 입증할 강력한 증거를 찾을 수 있었다. 나와 공동 변호를 맡았던 짐 페트로는 당시 오하이오의 법무장관직을 막 떠난 상황이었다. 페트로는 시스템이 가끔은 죄 없는 사람들에게 유죄판결을 내리기도 한다는 주장을 열린 마음으로 들었던, 당시 내가 만나본 정치인 가운데 드문 사람이었고, 그가 오하이오 법무장관이던 시절에 가까이서 함께 일해본 경험도 있었다. 실제로 페트로 장관은 내 의뢰인 중 한 명이었던 클라렌스 엘킨스를 석방시키는 데도 도움을 줬었다. 오하이오 애크런의 지방검찰과 판사가 엘킨스의 결백을 입증하는 DNA 검사 결과가 나온 뒤에도 무죄방면을 거부했지만, 페트로는 오하이오 법무장관이라는 자기 자리를 십분 활용하여 지방 검사들이 옳은 일을 하도록 압박해 결국 엘킨스에 대한 무죄선고와 석방을 이끌어냈다. 법무부를 떠나 개인 활동을 시작하게 되자마자 페트로는 내게 전화를 걸어와 오하이오 이노센스 프로젝트의 일부 사건들에서 공동 변호를 맡겠다고 자원했다. 나는 딘 길리스피 사건을 도와달라고 부탁했고 그가 받아들였다.

페트로는 길리스피 사건의 담당 판사와 인연이 있었다. 법무장관 재직 전 페트로가 오하이오주 감사관auditor으로 일했고 그 판사는 판사 재직 전 데이턴의 카운티 감사관으로 일했기 때문에 둘은 가까이서 함께 일했던 사이다. 그 판사와 페트로는 둘 다 정치적 활동을 활발히 하는 사람이었기 때문에 예나 지금이나 가끔씩 대화를 나누곤 했다. 페트로에 말하길, 둘의 대화 중에 판사는 페트로가 주지사 출마를 준비하는 입장이면서도 연쇄 강간 혐의로 유죄판결을 받은 길리스피를 변호하려 한다는 것에 항상 놀라며 흥미를 보였다고 한다. 한번은 대화 말미에 페트로가 이렇게 말했다. "물론 길리스피 사건에 대해 서로 직접적으로 논한 건 아니었지만, 날더러 정말 용기 있다면서, 주지사 선거에 출마할 생각을 하면서도 그런 끔찍한 범죄 여러 건으로 유죄판결을 받은 재소자를 변호하려 한다는 게 정말 놀랍다더군요."

페트로는 그런 대화에 관한 이야기를 들려줄 때만 해도 그걸 딱히 좋은 징조라거나 나쁜 징조로는 받아들이지 않았다. 하지만 나는 그게 나쁜 징조일까 봐 내심 겁이 났다. 그 판사가 이 문제에서 오하이오 주지사—혹은 데이턴 시장—선거에 출마를 하는 동시에 유죄판결 받은 강간범의 편에 서기는 굉장히 어려운 정치적 현실에 맞춰 조율된 사람은 아닐까 하는 생각이 들었기 때문이다. 페트로는 아주 보기 드문 유형의 사람이라 그런 일 따위는 신경 쓰지 않는다는 것도 물론 나는 잘 알고 있었다. 페트로는 그저 자기 양심이 옳다고 하는 일을 하고자 했다. 그렇지만 내가 생각하기에 페트로는 소수 정치인들 가운데서도 독특한 이단아였다.

내 우려는 곧 현실로 드러났다. 그 판사는 시장 선거 출마를 위해 판사직을 떠나기에 앞서, 딘을 무죄로 석방시키려는 우리의 노력을 수포로 만들기 위해 자기 권력 한도 내에서 할 수 있는 모든 것을 다 하는 듯 보였다. 본인이 원하는 결과를 도출하기 위해서 증거도 무시하고 어떻게든 이리저리 지연시켰다. 결국에 우리는 두 군데서—한번은 주 법원에서 그리고 또 한번은 연방 법원에서—그 판사의 판결을 뒤집었고, 판사가 불합리하게 법을 적용하고 재량을 남용했었음이 항소법원 재심사에서 밝혀졌다. 그 결과 딘은 최종적으로 무죄방면될 수 있었지만, 그 판사가 일부러 늘어놓은 장애물들 때문에 3년 남짓의 자유를 대가로 더 치러야만 했다.

딘의 사건을 담당한 판사는 딘을 석방하려는 우리의 노력에 대해 처음부터 부정적인 편견을 지닌 듯 보였지만 유난히 두드러지는 일이 하나 있었다. 이쯤에서 관련 배경설명이 조금 더 필요할 듯 싶다.

앞서 언급했던 대로, 딘의 사건은 경찰 측 비위와 관련이 있었다. 연방 판사가 피고인 측에 유리한 중요 증거들—강간범이 입었던 바지는 딘에게 맞을 리 없는 사이즈라는 보고서도 포함—을 경찰이 분실 혹은 인멸했고, 딘의 재판을 앞두고 피고인 측에 전달조차 하지 않았다는 사실을 밝힌 뒤에야 딘은 석방됐다. 우리가 제기한 경찰 측의 비위 사실 가운데는 딘의 알리바이에 관련된 것도 있었다. 문제의 강간 사건들 중 두 건이 발생했던 주말에 딘은 친구들 여럿과 다른 주에서 캠핑 중이었다. 재판 당시 딘의 친구들이 이 사실에 대해 증언을 했고 그중 한 명은 일기장에 적어두기까지 했지만, 딘의 변호인단은 이를 뒷받침할 영수증을 캠핑장에서 찾아내지 못했다. 그러나 여러 해 전 수사가 처음 시작됐을 때 담당 형사 또는 같은 경찰서의 다른 누군가가 캠핑장에 먼저 가서 챙겨간 것이라고 의심할 만한 충분한 이유가 있었다. 재판에서는 그 형사가 경찰서의 어느 누구도 캠핑장에 가서 영수증을 가져온 적이 없다고 증언했지만 말이다.

오하이오 이노센스 프로젝트가 딘의 사건을 조사 중이라는 사실이 언론에 알려진 뒤 데이턴의 한 경찰관이 우리 쪽에 도움이 될 정보를 가지고 있고 기꺼이 우리를 만날 의향도 있다는 이야기를 들었다. 그는 우리를 만나자마자 딘의 사건을 맡았던 형사가 자기네 경찰서에서 누군가가 실제로 그 캠핑장에 가서 영수증들을 챙겨왔다고 재판 이후 인정했다고 했다. 그러면서도 이 경찰관은 진술서에 서명을 하는 건 망설였다. 경찰 내치부를 밖으로 드러내 다른 경찰관에게 불리하게 작용할 증언을 함으로써 개인적으로나 직무적으로 받을 여파가 두렵다고 했다. 그는 단지 자기 스스로 진실을 알고 싶어서 나선 것이라고 했다. 그러면서 우리에게 이렇게 말했다. "계속 파보세요. 맞는 길로 들어서신 겁니다."

이날의 만남 이후 나는 이 경찰관과 몇 차례 더 만나 이야기를 나눴는데 그는 계속 걱정스러워했고 경찰이라는 집단 경계를 넘어야 하는 두려움 때문에 진술서에 서명은 못 하겠다고 버텼다. 내가 계속 압박하자 형사와 나눴던 대화에 대한 기억이 갑자기 좀 흐릿해졌다고 주장하기 시작했다(바로 얼마 전까지만 해도 그 부분에 대한 기억은 틀림이 없다고, 100퍼센트 확신한다고 말해놓고는 말이다). 그래서 나는 처음의 만남 자리에 같이 참석한 학생 한 명을 시켜 이 경찰관이 우리에게 했던 이야기에 관해 진술서를 쓰게 했고, 당시 회의 중 학생이 필기했던 기록도 첨부했다. 나 역시 그 경찰관이 한 말에 관해 따로 진술서를 작성했다. 내가 법정에서 이 진술서들을 제출하자 검찰 측에서도 해당 경찰관으로부터 받은 서명진술서와 함께 답변서를 제출했는데, 그 학생의 기록이 부정확하다는 주장이었다. 뿐만 아니라 우리 측 진술서에 날조한 내용도 포함돼 있다고도 했다.

심지어 이에 그치지 않고 거짓된 내용이 포함된 진술서를 내밀며 자신에게 서명을 받으려 했다고 주장했다. 한마디로, 이제 와서 경찰이 캠핑장에서 영수증들을 챙겨왔다는 이야기를 우리에게 한 적이 없다는 소리였다.

그러나 검찰 측에서 그에게 진술서를 쓰게 했던 당시 이 경찰관은 알지 못했던 사실이 하나 있었다. 내가 일전에 그와 나눴던 마지막 두 대화를 몰래 녹음해 두었다는 것이다. 그 경찰관이 했던 이야기를 우리 쪽에서 공개하고 나면, 곧 그가 그 사실을 부인하고 우리가 거짓말을 하고 있다고 말하라는 법집행관들의 엄청난 압력에 시달리게 되리라는 것을 나는 경험상 알고 있었다. 그런 사태를 예상하고 어느 날 도청 장치를 착용한 채 그를 만났고 이어지는 전화 통화에 대비해 녹음 준비도 해뒀다. 그 덕분에 검찰 측이 제출한 경찰관의 답변서는 의도적으로 오도하는 내용이 있음이 확인됐다. 가령 심혈을 기울여 작성한 그 답변서에는 변론 진술서의 내용이 기본적으로 진실이 아니거나 부정확하기 때문에 서명을 하고 싶지 않았다고 적혀 있었다. 그러나 우리가 나눈 (녹음된) 마지막 대화에서, 그는 진술서에 서명을 하기보다는 차라리 딘을 위해 증언을 하라는 소환장을 받으면 좋겠다고 말했다. 왜냐하면 이쪽이 피고 측에 협력하라는 **압력**을 받고 있는 것처럼 비칠 테니 정치적으로 "핑계"라도 될 수 있을 거라는 얘기였다. "카운티 내부 정치"를 무릅쓰고라도 "옳은 일을 하고" 싶고 "결과가 어찌 되든 그대로 받아들이겠다"는 발언도 있었다. 물론, 다 검찰 측이 그에게 접촉을 해오기 전의 이야기였지만 말이다.

그리하여 나는 대화 내용이 녹음된 디스크를 첨부한 답변서를 판사에게 제출했다. 내가 보기에 그 경찰관은 진실을 호도하는 은폐 시도 중에 현장에서 발각된 셈이었다. 그러나 시장 선거 출마 예정이었던 담당 판사는 아무 조치도 하지 않았다. 심지어 우리에게 심리 기회조차 허락하지 않았다. 우리의 명령신청도 기각했다. 딘이 어쩌면 36년을 더 교도소에서 보내며 형기를 채워야 할지도 모른다는 의미였다.

그러나 가장 흥미로운 건 그 다음에 일어난 일이었다. 판사가 우리의 모든 명령신청을 기각하여 해당 사건이 상급 법원으로 올라간 직후 판사는 검찰 측과 피고인 측에게 전화 회의를 요청했다. 회의 일정이 잡혔다는 사실을 안 나는 혼란스러웠다. 그 자신이 자기 앞에서 사건을 종결시키지 않았었나? 그가 우리의 주장을 부정해버리는 바람에 이제 상급 법원으로 가게 된 참인데 왜 이제 와서 사건의 당사자들과 이야기를 하고 싶은 것일까? 너무나도 희한한 상황이었다. 내가 떠올린 유일한 가능성은 경찰관의 진술서가 마음에 걸렸던 판사가 검찰 측이 진술서를 어떻게 처리할 건지 알고 싶은 게 아닐까 하는 것이었다. 그러나 나는 바보가 아니었다. 딘을 무죄방면시키려는 우리의 노력에 판사가 보였던 그 적대감을 생각하면 정말 그런 이유일까 의심스럽기도 했다.

전화 회의에는 판사, 나, 짐 페트로, 검찰 측이 참석했다. 회의가 시작되자 판사는 대략 이런 요지의 말을 했다. "이번 회의를 소집한 것은 연방 범죄가 벌어졌다는 증거를 제가 집무 중에 발견했기 때문입니다. 갓시 교수가 당사자 동의도 없이 경찰관의 말을 몰래 녹음했는데, 이건 연방 범죄입니다. 그래서 이 증거—녹음본—를 제 사건 파일에서 데이턴의 연방 검찰청에 보내 갓시 교수에 대한 수사를 요청하고 기소 가능한지도 알아볼 예정이라는 점을 알리고자 회의를 소집한 겁니다." 어색한 침묵이 한 차례 흐르고 곧 짐 페트로가 입을 열었다. "판사님, 이건 연방 범죄가 아닙니다. 오하이오에서는 완전히 합법입니다." 그러자 판사는 검사에게 물었다. "이 말이 사실입니까?" 검사는 자기가 아는 한 연방 범죄도 아니고 그 어떤 범죄도 전혀 아니라고 답했다. 그러자 판사는 말을 더듬거리며 들릴 듯 말 듯한 소리로 혼자 투덜거리더니 대충 이런 말을 했다. "오, 그럴 수도 있겠군요. 뭐 제가 좀 더 알아봐야겠습니다……. 그럼 이만." 그러고는 전화를 끊어버렸다.

이후로 연방 범죄 의혹에 대해서는 이 판사로부터 아무 연락을 받은 바 없다.

한 가지 주지할 사항이 있다. 그 판사는 자기 재량권을 남용하고 불합리하게 법을 적용하여 딘을 3년 더 감옥에 있게 만들었다. 그는 또한 선서까지 마친 경찰관이 문제의 소지가 있는 증언을 선서 진술서 형태로 자기 법정에서 했다는 증거를 직접 확보하기도 했다. 내가 판단하기에 그 진술서는 해당 경찰관을 위증으로 기소할 증거가 되기에 충분했다. 그러나 독립성과 중립성을 상실한 채 검찰 측과 지나치게 같은 입장에 서 있던 이 판사는 경찰관의 비위 사실에는 관심이 없었다. 그저 감히 경찰관의 말을 몰래 녹음해 용케 그의 비위 행위를 잡아낸 변호사를 상대로 연방 검찰에서 거짓 기소를 할 수 있는지만이 관심사였다. 오늘 이 순간까지도 문제의 진술서를 제출했던 경찰관에게는 아무 일도 일어나지 않았다. 판사는 결국 시장 선거에 나가 낙선했다.

* * *

대중은 미국의 형사사법제도가 피고인에게 유리하도록 구성돼 있다고 믿는다. 피고인에게는 물론 다수의 헌법적 권리가 있다. 이를테면, 묵비권을 행사할 권리, 신속한 재판을 받을 권리, 변호인을 선임할 여력이 없어도 변호인의 조력을 받을 권리, 변호 과정에서 증인을 신청하고 검찰 측 증인들을 반대신문할 권리가 있다. 합리적 의심이 없을 정도로 피고인의 유죄가 입증되기 전까지는 무죄추정이 원칙이며, 피고인의 유죄를 입증할 책임 부담은 검찰 측에 있다. 피고인 측은 아무것도 입증할 필요가 없다.

나는 그동안 경찰과 검찰을 사건 해결에 있어서 아무런 압력도 받지 않는, 차분하고 이성적인 행위자로 상정하는 말들을 수많은 판검사들에게서 들어왔다. 범죄자를 상대로 사건을 객관적으로 공정하게 해결함으로써 피해자들을 위한 정의 실현을 원할 뿐인데 그런 노력을 하는 과정에서 터무니없이 불리한 상황이 많아 부당한 방해를 받는다는 것이었다.

그러나 현실은 전혀 딴판이었다. 검경은 흉악범죄를 해결하고 누군가에게 그 책임을 물으라는 엄청난 압박에 시달린다. 그 과정에서 그들은 용의자를 찾아내 유죄판결을 받게 하겠다는 단호한 의지와 투지를 보여줘야만 한다. 이 나라의 고위급 검사 대부분은 선출직이고 대중은 '범죄에 강경한' 검사를 원한다는 사실은 사건 해결, 체포, 유죄판결에 대한 압력으로 작용한다. 그 결과 텔레비전 프로그램에 종종 등장하는, "사실만 말씀하시죠" 타입의 차분한 형사나 검사는 대개의 경우 허구에 불과하다. 내부에는 경쟁이 있고, 수사와 기소의 성공률로 판단받으며, 승진하려면 유죄판결을 받아내라는 압력을 받는다.

선출직 판사들도 정치적 압력에 시달리기는 마찬가지다. 미국 내에서 살인이나 강간 등 중범죄로 기소된 피고인 대다수는 훗날 재선을 치러야 할 판사들에게 재판을 받는다. 선거가 판사에게 어떤 영향을 미치는지 측정하기는 어려운 일이고, 선거가 일부 판사들을 '범죄에 강경'해

보이는 방향으로 기울게 만든다는 사실을—공공연히 혹은 스스로도—인정할 판사는 거의 없겠지만, 선출직 판사들 앞에 서는 변호인들, 특히 형사 피고 측 변호인들은 그런 일이 자주 벌어짐을 알고 있다. 그리고 통계가 이를 뒷받침한다. 특히 검찰과 판사 모두 선출직인 경우 정부의 두 부문, 즉 행정부와 사법부가 서로 앞서거니 뒷서거니 하며 경쟁적으로 '범죄에 강경'한 모습을 전시하는 동시에 유죄판결을 이끌어내는 데만 초점을 맞춘 채 스스로 만족하며 함께 발맞춰 나가는 듯 보일 때가 많다. 정치는 이를 게임으로 만드는 듯하다. 그리고 성공하려면 반드시 이 게임을 잘 수행해내야만 한다.

반면, 피고인과 변호인은 굉장히 불리한 입장에서 움직인다. 피고인은 대부분 검찰이 동원할 수 있는 범위에 상응하게 적절한 팀을 고용할 여력이 없다. 이를테면 탐문수사를 벌이며 증인을 전부 찾아 면담할 수사관이라든가 사건에 관한 자기네 가설을 뒷받침하는 그럴싸한 CSI 타입의 이론들을 내놓을 주州 범죄연구소 '전문가' 말이다. 보통의 피고인이 구할 수 있는 최선은 수사관이나 전문가 등을 추가로 동원할 여력이 거의 없는 변호인—대개는 법원에서 배정한 국선변호인—정도다. 재판에서 피고인 측 변호인은 검찰 측 가설을 반박할 수 있는 나름의 증거를 모으지 못한 채 대개 검찰 측이 제시하는 증거를 곧이곧대로 받아들일 수밖에 없는 처지인 것이다. 사건에 따라서는 전문가들을 고용할 보조금을 법원에서 피고인 측에 주기도 하지만 관할마다 예산은 한정돼 있고 수사관을 고용하기 위한 비용은 지원받기가 훨씬 더 어렵다. 그러므로 피고인들은 부유층이 아닌 이상 상대적으로 불리한 위치에 놓인 경우가 많다. 그리고 언제나 피고인들이 **실제로** 만나게 되는 변호인은 너무 많은 사건을 들고 있어서 개개의 의뢰인에게 제대로 신경을 쓰기 힘든, 과로와 저임금에 시달리는 국선변호인이다.

그리고 그 결과는 유죄판결 쪽으로 구조적으로 기울어 있는 시스템이다.

판사

법을 집행하는 쪽과 너무 밀착된 탓에 공정성과 중립성을 잃은 판사들에 관한 일화를 앞에서 여럿 언급하긴 했지만, 사실 내 얘기가 아니더라도 선출직 판사들이 객관성을 잃고 검찰 측과 한통속이 되는 일이 흔하다는 건 쉽게 알 수 있다. 여기서 나는 판사들이 재판 중에 검사들에게 문자 메시지로 유용한 조언을 보내다 걸렸다든가 하는 세간의 이목이 집중됐던 사건들만을 말하는 게 아니다.[1] 사실, 증거는 사방에 있다. 판사를 선거로 선출하는 39개 주에 사는 독자라면 선거가 있는 해마다 텔레비전 화면에서 그 증거를 찾을 수 있을 것이다.[2] 내가 사는 신시내티에서 법관 선거철 광고방송으로만 판단한다면 우리 헌법이 사법부와 행정부가 서로 견제와 균형을 유지하도록 분리해두고 있다는 사실을 인식하기 힘들 정도다. 내가 사는 카운티의 검사장은 판사 그리고 판사 후보 들이 즐겨 찾는 인물로, 자신이 선호하는 판사 후보의 홍보 방송이나 전단에 등장해 "범죄에 강경"한 후보라고 칭찬하며 감정적 호소를 아끼지 않는다. 예를 들어, 이 검사장은 2015년 선거기간에 어떤 판사 후보의 라디오 광고에 나와서는 진지한 분위기의 배경음악이 흐르는 가운데 "검사 시절 신시내티 최악의 흉악범죄자들에 맞서 싸웠던" 이 후보는 판사가 되면 또 다시 그렇게 용감한 활약을 할 거라며 대중 앞에서 장담했다.

많은 판사 후보들이 지방 검사장의 환심을 사려 하고 그의 공개적 지지를 받고 싶어하는 이유는 그게 먹히기 때문이다. 판사 후보들에게는 정치적으로 중요한 부분이다. 만일 어느 판사가 다음 선거에서 검사장의 공개 지지를 받지 못하게 될 만한 판결을 내린다면, 이는 정치적 자살이나 다름없을 수 있다. 미시시피의 전직 판사 올리버 디아즈가 인정했듯, "재선 출마 예정인 판사들은 다음 30초 광고가 어떤 내용이 될지를 늘 염두에 두고 사는 게 사실이다".[3] 미 대법관들조차도 선거와 검찰 쪽에 치우친 재판 결과 사이의 상관관계를 보여주는 통계를 지적하며 선출직 판사들이 직면한 정치적 현실을 인정해왔다.[4] 범죄에 강경한 인물이라는 인상을 주려면 해당 지방 검사장 편에 서게 된다는 것이다. 어느 대법관의 의견서에서도 이 문제를 인정하며 한 선출직 판사의 말을 인용하기도 한다. "솔직해집시다. 우리 다 인간이잖아요."[5] 그리고 앨라배마 대법원의 전직 수석판사chief judge 수 벨 코브도 동의하며 이렇게 말했다. "판사들이 정치적 현실을 무시하려면 다 성인聖人이어야 할 겁니다. 그렇지만 판사들이 성인은 아니지요."[6]

최근 아칸소 대법원의 선거전이 그 대표적인 예다. 한 선거광고는 항소법원 판사 로빈 와인을 "절차적 문제를 이유로 유죄판결이 뒤집히는 일을 좌시하지 않았다"며 추켜세웠다. 또 다른 광고는 와인에게 맞섰던 피고 측 변호인 팀 컬런이 아동포르노를 "피해자 없는 범죄"라고 부른 적이 있다며 공격하기도 했다. 사실 이는 컬런이 맡은 사건의 변론적요서 defense briefs 하나를 왜곡한 것이었다. 어딘가 불길한 느낌으로 텅 빈 운동장을 보여주는 장면에 한 엄마의 목소리가 등장했다. "어린 시절을 빼앗긴 수많은 피해자들에게 그런 말을 해보십시오." 컬런은 선거에서 졌다.

훗날 컬런은 이렇게 말했다. "제가 만약 형사피고인이었다면 자신의 인기를 위한 그런 선거 광고들을 보고 와인 판사가 과연 공정한 사람일지 불안을 느꼈을 겁니다."[7]

2015년 어느 날 HBO의 〈라스트위크 투나잇Last Week Tonight with John Oliver〉 방송에서 진행자 존 올리버는 그해 선거기간 중 제작된 영상 몇 개를 보여줬다. 여러 판사 후보자가 자신의 친검찰 성향을 맘껏 과시하는 내용이 담겨 있었다.[8] 이를테면, 노스캐롤라이나 대법관 폴 뉴비의 선거 광고에서는 검정색 옷을 입은 도둑 같은 차림새의 배우들이 등장해 뉴비의 선거 표지판을 훔쳐 달아나는 장면에 한 남자가 기타를 치며 노래를 불렀다. "폴 뉴비라는 판사가 있어, 범인들은 그를 보면 걸음아 날 살려라 도망치지. 그놈들은 폴의 강인한 눈빛에 겁을 먹고, 폴 뉴비는 그놈들을 하나둘씩 잡아넣지…… 폴 뉴비 (딩가 딩가 딩가)…… 터프하지만 공정해…… (딩가 딩가 딩가)…… 폴 뉴비 (딩가 딩가 딩가)…… 범인들은 조심해야 될 걸."

그 다음으로 올리버는 전직 앨러배마 판사 케네스 인그램의 선거 광고를 틀었는데, 이 광고에서는 그의 범죄에 대한 강경한 입장을 부각시키고 특정 살인범을 엄벌에 처했던 사례를 강조하며 이런 해설을 덧붙였다. "케네스 인그램 판사는 눈 하나 깜짝하지 않고 그 살인자를 사형에 처했습니다." 다음은 미시건 판사 파울라 맨더필드의 재선 출마 광고였다. 여기서는 이 판사가 법정을 재현해놓은 세트의 판사석에 앉아 카메라를 강렬한 눈빛으로 바라보며 "당신을 가석방 없는 종신형에 처할 수 있다는 게 제 특권입니다"라고 말하더니 의사봉을 탕탕 두들겼다. 이 부분에서 진행자 존 올리버가 "잠깐만요. 특권이라고요? 의무면 또 몰라도! 업무에서 저런 식의 즐거움을 느끼는 게 부적절한 직업이 몇 개 있잖아요"라고 꼬집은 건 정확한 지적이었다. 그리고 올리버는 이렇게 덧붙였다. "선출직 판사들의 고민은 옳은 결정이 쉽지도 않고 때론 환영도 못 받는다는 겁니다. 그런데도 선거운동 때문에 판사들은 매 판결마다 눈치를 볼 수밖에 없게 되죠. 그리고 상대 후보를 공격하는 정치판의 광고는 공격적이기 마련인데, 그 상대가 판사일 경우 광고는 정말 끔찍해질 수 있습니다."

바로 다음 방송은 일리노이의 토머스 킬브라이드 판사를 공격하는 광고를 보여줬다. 광고에는 교도소에 수감된 3명의 재소자(실제로는 연기자들)의 검은 실루엣이 나타났다. 재소자가 한 명씩 돌아가며 앞으로 나와 자기가 저지른 범죄에 대해 이야기했다. 첫 번째 사람은 "난 식칼로 피해자들을 찔러서 유죄판결을 받았어"라고 했다. 두 번째 사람은 "난 전 여자친구를 총으로 쏘고 아이 앞에서 전 여자친구의 여동생도 죽였지"라고 했다. 그리고 세 번째 사람은 "한 엄마와 그 열 살 난 딸을 성폭행했어"라고 말하더니 킬킬댄 뒤 덧붙였다. "그런 다음 둘의 목을 그어버렸지." 곧 킬브라이드 판사의 사진이 화면에 떠서 이 세 범죄자의 이미지 위에 덮어씌워지고 어딘가 불길한 느낌의 배경음악이 깔리면서 첫 번째 재소자가 말했다. "항소심에서 킬브라이드 판사가 **우리** 편을 들었지." 그러자 두 번째 재소자가 덧붙였다. "법집행부나 피해자 편이 아니라."

올리버는 이 세 재소자 가운데 실제로 킬브라이드 판사에 의해 석방된 사람은 한 명도 없었으며, 킬브라이드는 단지 항소심에서 대담하게도 이들의 재판에 사용된 절차에 관한 질문을 던졌을 뿐이라고 지적했다. 그건 마땅히 그가 할 일이었다는 것이다. 그러나 올리버가 이어서 짚어주었듯 법관 선거에서는 섬세한 뉘앙스가 끼어들 여지가 없다. 그러니 법관 선거에서 이런 홍보 문구는 볼 수가 없는 것이다. "정의는 복잡한 겁니다. 아무리 어려워도 우리의 본능을 승화시키는 것만이 무질서한 짐승들과 우리를 분리시킬 유일한 길입니다. 2015년은 킬브라이드의 해!" 전미형사전문변호사협회National Association of Criminal Defense의 노먼 라이머 회장은 "피고인의 헌법적 권리는 이 법관 선거전에서는 차에 치여 죽은 동물이나 다름없는 수준이다. 우리의 자유와 헌법적 권리는 치우침 없이 공정할 용기가 있는 판사들의 손에 달려 있다. 모든 판결이 선거전에서 먹잇감이 되기 쉽다는 사실을 판사 본인들이 알고 있다면 그게 진짜 문제다."[9]

* * *

법관 선거가 판사들로 하여금 범죄에 강경한 인물이라는 인상을 다음 선거의 유권자에게 주기 위해 평소 법정에서 검찰 측 편을 들게 만드는 요인으로 작용한다는 사실은 수많은 연구에서 확인되고 있다. 특정 관할 내 동향은 비교적 추적이 쉽다. 지난 수십 년간 법관 선거는 소규모 예산으로 조용히 치르는 행사여서 상대를 공격하는 유형의—혹은 어떤 유형이든—광고는 아주 드물었다. 그러나 대법원에서 법관 선거운동에 관한 윤리 규칙과 기부금 규제를 완화하는 결정들을 연이어 내리면서 지난 이십 년간 법관 선거는 많은 돈이 들어가고 정치적 성격이 강한 행사로 점차 바뀌었다.[10] 오늘날 흔히 보는 공격적이고 검찰친화적인 광고들에 투입되는 자금은 지난 이십 년간 꾸준히 증가해 이제 그런 광고들은 선거철마다 사방 어디서든 볼 수 있는 풍경이 되어버렸다. 그리고 법관 선거가 점점 정치화되고 판사나 판사 후보자는 본인의 강경 성향을 텔레비전 광고나 우편 홍보물에 어떻게 드러내 보일지 노심초사하게 되면서 그에 따른 실제 판결의 흐름도 파악할 수 있다.

2013년, 워싱턴의 초당파적 싱크탱크인 미국진보센터Center for American Progress에서는 4개 주—일리노이, 워싱턴, 미시시피, 조지아—의 판결 수천 건을 집중 분석했다. 연구 결과 이들 주에서는 점점 더 많은 선거 자금이 법관 선거로 흘러 들어가면서 앞서 언급한 유형의 광고들이 늘었고, 그럴수록 판결은 검찰 측으로 기우는 뚜렷한 경향이 확인되었다. 선거가 있는 해에는 그런 경향이 더 뚜렷해졌다. 이 보고서의 결론은 "선거에 더 많은 자금이 투입되고 당파성을 더 띨수록 '범죄에 관대하다'는 인상을 줄지 모른다는 우려가 형사피고인에는 불리하고 검찰에는 유리한 방향으로 판결을 이끌고 있다"였다.[11]

2015년, NYU 로스쿨 브레넌정의센터Brennan Center for Justice는 「법관 선거가 형사 사건에 미치는 영향How Judicial Elections Impact Criminal Cases」이라는 제목의 보고서를 발행했다.[12] 수십 년에 걸친 데이터를 분석하고 같은 주제에 관한 여러 기관 및 학자들의 실증적 선행연구 10건의 결과를 종합하여 작성한 보고서로, 법관 선거 절차가 형사사법제도에 미치는 영향을 다룬 현존하는 자료 가운데 가장 포괄적이다. 도입부에선 중범죄 사건 94%, 강간 사건의 99% 및 살인 사건의 94%가 연방 차원이 아닌 주 내 사법 시스템 안에서 기소된다는 사실부터 지적한다. 미국 전역의 주 판사들 가운데 87%가 39개 주에서 치뤄지는 법관 선거를 통해 선출된다. 그러므로 미국 내에서 중범죄로 기소된 이들 대다수—90%를 훌쩍 넘는 수준—가 재선을 거쳐야 판사석에 남을 수 있는 판사들에게 재판을 받는 셈이다.

브레넌 보고서는 텔레비전 광고가 법관 선거에서 "주요 상품이 되어버렸고" 이런 광고는 대부분 형사사법 쪽에 초점을 맞춘다고 지적한다. 후보자를 범죄에 강경한 입장으로 내세우거나 경쟁 후보를 범죄에 미온적인 인물로 묘사한다는 것이다. 2013~2014년 선거기간 중 모든 법관 선거광고 가운데 56%가 이 범주에 해당했다. 불과 몇 년 전만 해도 33%였던 수준에서 크게 증가한 것이다. 특히 이 광고들은 오도의 소지가 큰 경우가 많았다. 브레넌 보고서의 주요 연구결과는 다음과 같다.

- 해당 관할에서 텔레비전 광고가 증가할수록 형사피고인 쪽에
  유리한 판결은 감소한다.
- 선출직 판사들은 선거일이 가까워질수록 중대 사건에서
  더 무거운 판결을 내리는 경향이 있다.
- 최근 15년간 임명직 판사가 있는 관할권에서는 사형 선고 건 중
  26%가 항소심에서 뒤집혔으나 법관 선거 제도가 있는
  관할권에서는 같은 기간 동안 단 11%만이 뒤집혔다.

존 올리버는 HBO 프로그램에서 이와 관련하여 또 한 가지 중요한 측면을 짚었다. 판사들이 갈수록 친검찰 성향을 띠게 만들고 있는 법관 선거 자금 중 상당 부분이 검찰이나 경찰 노조나 범죄피해자 대리인 등 형사 사법 절차와 관련이 있는 사람들보다는 거대기업이나 슈퍼팩super PAC(선거에서 특정 후보를 지지하기 위해 구성하는 일종의 민간단체-옮긴이)을 통해 조달된다는 점이다. 노스캐롤라이나의 폴 뉴비 판사를 지지하며 기타 치는 사람을 등장시킨 그 광고를 후원한 곳 역시 한 슈퍼팩이었고, 여기에는 특히 담배 회사인 RJ레이놀즈가 자금을 지원하고 있다. 그리고 각자의 흉악범죄를 자랑하듯 늘어놓는 기결수 3명을 등장시켜 일리노이의 토

머스 킬브라이드 판사를 공격하던 광고를 후원한 슈퍼팩에는 코카콜라와 존 디어 같은 기업들이 자금을 댔다.

물론, 코카콜라와 RJ레이놀즈는 자기네가 지지하는 판사가 범죄에 강경한 입장인지 아닌지에는 딱히 관심이 없다. 이들은 자기네 이익에 도움이 되고, 자신들과 관련된 사건이 법정으로 갔을 때 판사 본인의 밥그릇과 향후 재선 여부가 이들 기업과 슈퍼팩에 달려 있다는 걸 인지할 사람을 판사석에 앉히고 싶어 한다. 다시 말해, 기업들은 그저 자기네 사업적 이익을 위해 판사들에게 영향력을 발휘하고 싶을 뿐이다. 그러나 그들 역시 범죄는 대중을 흔드는 요인이라는 사실을 알기 때문에 형사사법이라는 주제를 이용해 자기네가 판사석에 앉히고 싶은 판사들을 후원하거나 아니면 향후 자기네 기업 이익에 별로 도움이 되지 않을 법한 판사들은 축출하려 드는 것이다.[13]

법관 선거 출마는 당연히 매우 정치적인 행위이고 승패는 자금력에 크게 좌우되며 수많은 판사들이 스스로를 "범죄에 강경"한 이미지로 보여야 한다는 압박을 느낀다. 오하이오 대법원의 폴 파이퍼 판사는《뉴욕타임스》인터뷰에서 "법관 선거 말고는 다른 어떤 경쟁에서도 그렇게 버스 정류장에 서서 손님을 찾는 매춘부 같은 기분을 느껴본 적이 없었다"고 적나라하게 털어놓기도 했다.[14] 텍사스 대법원의 월리스 제퍼슨 대법원장은 텍사스주 사법 시스템 최고위직을 떠난 직후 애틀랜틱 인터뷰에서 이렇게 말했다. "망가진 시스템이다. 우리는 당파적 선거를 해서는 안 된다……. 내 생각에는 자금조달 문제가 공정한 사법제도에 대한 신뢰를 근간부터 흔들고 있다. 만약 내가 왕이라면 완전히 다 뜯어고칠 것이다."[15]

지역 경찰서장이나 검찰과 친분을 쌓아 그들의 전폭적인 지원 덕분에 판사석에 앉게 된 판사들은 그들의 심기를 크게 건드리는 일을 하면 재선 때 지원을 받지 못할 수도 있음을 잘 안다. 그러나 그보다 더 중요한 사실은, 훗날 선거철에 유권자들을 호도할 수 있는 "범죄에 미온적"이었다는 말이 나돌 만한 판결을 내린다면 이는 경쟁 후보에게뿐 아니라 자기네 이익을 더 잘 대변해줄 후보를 찾고 있는 거대 자본이나 슈퍼팩 같은 돈줄에게도 공격의 빌미를 주게 된다는 걸 안다는 점이다.[16] 그리고 거대 자본이나 슈퍼팩 입장에서 그다지 관심을 두지 않는 1심 법원 등 하급 법원의 판사들이라 하더라도, 만일 사다리를 올라가 거대 자본과 기업들이 늘 활동하는 바닥에 들어가려는 야심과 욕망이 있는 이라면 본인의 판결이 감시와 공격의 대상이 되리라는 것을 알 것이다.

그런데 선출직 판사라고 해서 모두가 선거에 영향을 받는 것 같지는 않다. 완전히 독립적이라는 평을 듣는 판사들도 있다. 오하이오에서도 이름을 여럿 델 수 있는데, 클리블랜드의 마이클 도넬리나 데이턴의 스티븐 댄코프 등이 대표적이다. 댄코프는 앞서 언급한, 판사직을 떠나 데이턴 시장에 출마한 전직 판사로부터 딘 길리스피 사건을 넘겨받아 지방 검사들의 압력에 과감히 맞서 딘의 사건을 처리했다. 그러나 흥미로운 점은, 결백하다고 호소하는 재소자들에게 유리한 판결을 내렸던 판사들조차도 발언들을 보면 이 문제를 신경쓰고 있다는 것이다. 다른 이노센스 프로젝트에 참여했던 한 변호사는 자기 의뢰인 쪽에 유리한 판결이 난 뒤 법원 복도에서 우연히 만난 담당 판사가 대략 이런 취지의 말을 했다는 이야길 들려줬다. "이 사건에 관해서 벌써 언론에서 연락이 왔습니다. 검찰 측에서 공세에 나섰다더라고요. 내가 직접 언론에 말하기는 곤란하니 변호사님에게도 연락이 오면 이번 판결이 왜 정당한 결과인지 좀 설명을 해주시겠어요? 저 좀 도와주실 거죠, 그죠?" 나는 의뢰인의 명령신청이 아직 계류중인 시점에 어느 사교 행사에서 담당 판사를 우연히 마주친 적이 있었다. 사건에 관한 이야기를 꺼내지 않았는데도 그는 나를 보더니 이렇게 말했다. "그거 아시죠, 제가 그쪽 의뢰인에 유리한 판결을 내리면 사람들이 저를 죽이려 들 거라는 거." 그는 결국 그런 우려를 무릅쓰고 우리 쪽 의뢰인에게 유리한 판결을 내렸고 그 과정에서 상당한 용기를 보여주었다. 그러나 검찰 편을 들어줘야 한다는 압박에 굴하지 않는 일부 판사들조차도 그런 판결로 본인이 피해를 볼 수 있다는 사실을 어느 정도는 의식한다는 걸 알 수 있는 대목이다.

판사를 선거로 선출하는 주에서 활동하는 형사전문변호사와 이야기를 나눠보면, 그 자신이 자포자기하듯 정치적 구조의 일부가 돼버린 사람이 아닌 이상 다들 판사가 검찰 편을 들었던 사건들 이야기를 들려줄 것이다. 정치적 현실 때문인지 판사가 검찰 측과 보조를 맞추며 그들이 원하는 대로 유죄판결을 내리는 듯 보였던 경우들 말이다. 나는 오하이오주 어느 동네에서 새로운 이노센스 사건을 맡으면 늘 그 지역 출신 변호사에게 내 사건에 배정된 판사에 관해 물어본다. 변호사들은 편향된 판사에 대해선 매우 잘 안다. 대부분 뻔하고 시스템 내 편향은 익숙한 문제이기 때문이다. 흔히 대략 이런 답이 돌아온다. "안타깝게도 그 판사는 여느 판사와 다를 바가 없는 사람이에요. 검찰이 명령신청에 반대하고 나서면 변호사님은 옴짝달싹도 못하실 겁니다." 내가 맡은 사건의 세부 내용을 듣기도 전에 다들 알고 있는 것이다. 그 뒤 직접 그 판사를 겪어보면 그 변호사들이 왜 그런 의견이었는지 깨달을 수밖에 없게 된다.

한편, 공정하고 중립적인 판사라고 생각되면 변호사는 애써 흥분을 가라앉힌 말투로 이렇게 말한다. "저기 정말로, 그 판사는 상당히 공정한 사람이입니다. 중립적인 태도를 유지하려 실제로 애를 쓰더군요. 변호사님이 제출하는 사건적요서를 정말로 읽어볼 겁니다. 검찰 측과도 상당히 분리돼 있고 올바른 결정을 할 때 주저하지 않아요. 그 판사가 배정됐다니 진짜 운이 좋으신 겁니다." 이런 이야기를 해주는 변호사의 목소리는 마치 내가 네 잎짜리 클로버를 발견이라도 한 것 같다! 내가 변호사로서 복권—설령 그러는 과정에서 법집행부의 심기를 거스르게 된다 하더라도 사건적요서를 실제로 검토하고 객관적으로 사건을 살펴보고 법과 사실관계에 따라 판결하는 공정한 판사—에 당첨된 거나 마찬가지라며 잔뜩 들떠서 말한다. 얼마나 드문 경우인지! 얼마나 대단한 일인지! 보통 사람들은 법정에서 공정하고 중립적인 판사를 만나리라는 예상이 당연히 기본이고, '모래밭에서 바늘 찾기' 같은 일은 아닐 거라고 믿어 의심치 않을 것이다. 그러나 불행히도 그렇지가 않다.

나는 최근 다른 주에 가서 선거 절차가 판사들에게 미칠 수 있는 영향에 대해 대규모 청중 앞에서 강연할 기회가 두 차례 있었다. 두 번 다 강연 직후 잔뜩 화가 난 얼굴로 내 말이 끝나자마자 항의하려 기다리고 있던 선출직 판사를 맞닥뜨렸다. 첫 번째 판사는 어찌나 화가 나 있던지 내 앞까지 오기도 전에 말을 시작하며 저쪽 복도 끝에서부터 나를 향해 소리를 지르며 다가왔다. "공정한 내용으로 강연을 하셔야죠, 교수님!!" 무슨 말씀이시냐고 묻자 그녀는 선거가 판사들을 검찰 쪽으로 기울게 만들 수도 있다는 말이 굉장히 불쾌했다고 했다. "오늘 제 직원들 전부 데리고 여기 왔는데, 당황스럽더군요. 그리고 말씀하신 내용은 사실이 아닙니다." 나는 15분 정도 대화를 나누며 그녀가 정말 독립성을 유지하며 그런 요인들에 휘둘리지 않고자 노력하는 판사였기에 화가 났다는 느낌을 받았다. 그녀는 자신이 검찰 측이나 대중으로부터 강한 압박을 느끼면서도 피고인 측에 유리하게 판결했던 사례 몇 가지를 들려주었다. 나는 내 강연이 모든 판사에게 적용된다는 뜻은 아니었다며, 만약 당신 주장대로 사실과 거리가 먼 내용이었다면 선출직 판사들에게 인식 문제가 있는 거라고 말했다. 대부분의 변호사들은 그게 사실이라고 생각하고 있으니 말이다. 나는 또한 선출직 주 판사들이 검찰 측의 입김에 영향을 받지 않는다는 주장에 콧방귀를 뀌던 연방 판사들과도 대화를 나눠봤다고 말했다. 선출직 주 판사들과 검사들 말고는 모두가 믿는 사실인 듯하다고 말이다.

　일주일 뒤 다른 주에서 두 번째 강연이 끝난 뒤에는 한 판사가 다가왔는데 어찌나 화가 나 있던지 말 그대로 몸을 부르르 떨고 있었다. 마치 그 판사의 머리가 곧 폭발이라도 할 것만 같았다. 나를 향해 저돌적으로 성큼성큼 걸어오더니 면전에 대고 손가락을 까딱거리며 으름장을 놓았다. "조심하는 게 좋을 거요." 일면식도 없는, 게다가 판사인지도 몰랐던 누군가가 난데없이 그런 식으로 덤벼드니 흠칫 놀라서 무슨 말씀이시냐고 되물었다. 그러자 그는 화가 난 목소리로 말했다. "선출직 판사들에 대해 당신이 한 말들은 도무지 납득이 안 간단 말이오. 청중석에 있던 다른 판사들도 마찬가지였고. 한 마디도 납득 안 가는 소리였다고." 그의 말에 나는 어리둥절했는데 강연 중에 선출직 판사에 대해 언급한 기억조차 없었기 때문이었다. 강연 개요에 없었던 것만은 확실했다. 그러다 청중석에서 한 명이 선거가 판사들에게 영향을 미치느냐는 질문을 해서 내가 "그렇습니다. 많은 경우에 영향을 미칠 수 있다고 생각합니다. 판사들은 다음 선거를 걱정해야 하고 대개는 법집행부의 지원이 필요하니까요"라고 답했던 게 기억났다. 내가 한 이야기는 그 정도였다. 나는 이 판사와도 앞선 판사와 나눴던 것과 비슷한 대화를 나눠보려고 했지만, 이 사람은 너무 화가 나 있어서 대화 자체가 불가능했다. 시간이 좀 지나고 돌이켜보니, 그가 왜 그토록 민감한 반응을 보였는지 의아했다. 아무튼 나는 일개 법학 교수일 뿐이고, 게다가 다른 주에서 온 사람인데, 그 사람은 왜 내 의견에 그토록 신경을 곤두세운 걸까? 그리고 악의가 있는 것도 아니었는데. 어쨌든 내가 이 판사의 역린을 건드린 것만은 분명했다.

이 판사들이 그토록 화를 냈던 건 아마도 자신들은 정말로 선거에 휘둘리지 않는 사람이라 편향돼 있다는 소리를 듣는 일이 짜증났기 때문일 수도 있다. 아니면 내 추측이 사실이어서 그토록 화가 났을 수도 있다. 셰익스피어의 햄릿에 나오는 대사처럼 "강한 부정은 긍정을 의미한다doth protest too much, methinks"는 것이다. 물론 재선을 앞둔 상황이 얼마나 판사들에게 영향을 미치는지 딱 잘라 말하기는 어렵다. 변호사들이 대다수 사건에서 전반적으로 검찰 쪽으로 기울어진 편향을 호소하고 있고, 나 역시 직접 그런 일을 여러 번 목도했으며 그중에는 간혹 터무니없이 극단적인 경우도 있었지만, 그런 편향은 여러 다른 원인에서 비롯될 수도 있다. 대부분의 판사들은 판사석에 앉기 전에는 검사였으므로 본래 검사로서의 사고방식을 가진 경우가 많다.[17] 판사들 역시 시스템 내 여러 다른 행위자들과 마찬가지로 확증편향과 터널시야에 빠져 있을 수 있다. 시스템 내의 이런 문제들에 대해 이들은 부정하고 있는 경우가 많고 워낙 장시간 시스템의 일부로 있다 보니 아예 문제를 인식조차 못 한다. 그러나 판사가 정치적 현실에 대해 괘념치 않거나 혹은 확고히 자리를 잡고 있어서 재선 걱정을 할 필요가 전혀 없는 상황이라 해도 시간이 흐르면 대부분 경직되고 편향되기 쉽다. 그것이 시스템이 다수의 판사들을 길들이는 방식인 듯싶다.

경찰과 검찰

미국 내 검사장과 보안관 대다수는 선거로 선출된다. 그러므로 선출직 판사들과 마찬가지로 범죄에 강경한 입장이라는 인상을 주어야 한다는 압박에 시달린다. 여러 연구결과를 보면 재선에 성공하기 위해 범죄에 강경한 모습을 보이려는 욕망은 검사장들이 매일 하게 되는 여러 결정에 영향을 미치고 있다.[18] 그들이 내리는 결정에는 다양한 '정치적 파급효과'가 있기 때문이다.[19] 그러나 검경이 받는 압박에는 판사들은 느끼지 않는 여러 층위가 더 있다. 조직 내부 정치, 그리고 승진하려는 욕구는 유죄판결로 사건을 끌고가야 한다는 압박감이 된다. 그리고 어려운 사건일수록—즉 재판에서 피고인의 결백을 밝혀줄 만한 증거가 있는 경우일수록—유죄판결은 검경의 업적이 된다. 까다로운 사건에서 형사나 검사가 이기면 동료들이 이렇게 말한다. "와, 그 사람은 심지어 그 사건도 이겼어. 정말 까다로운 사건이었는데 말야." 경찰관이든 검사든 누구나 자기 일터에서 영웅 취급을 받고 싶어 하는 건 인지상정이다.

　게다가 경찰과 검찰은 예산 면에서도 압박을 받는다. 이듬해 사무실 예산이 이전 해 체포 실적이나 유죄판결 건수에 일부분 달린 경우도 많다. 때문에 그런 수치상의 실적을 쌓아두면 이듬해 예산 증가가 보장된다.

　그리고 경찰과 검찰은 인지편향과 터널시야에도 자주 빠진다. 미 대법원의 표현대로 "범죄를 찾아내려는 경쟁"은 자연히 때때로 객관성을 잃게 만든다. 내부 및 외부의 정치적 압력 둘 다 이 같은 사고방식에 일조하며 검경 모두 "범죄에 강경"한 페르소나를 기꺼이 내세우게 만듦으로써 좀 더 차분하고 객관적인 접근이 필요할 법한 사건들에 대해서조차도 유죄판결을 저돌적으로 밀어붙이게 된다.

* * *

검찰청에서 긴 세월 일했던 사람으로서 나도 경찰과 검찰 내부에 존재하는 압력에 대해서는 너무나 잘 알고 있다. 요약하자면, 승소하라는 압력과 억세고 공격적인 인상을 주어야 한다는 압력이 공기처럼 존재한다. 다들 좋은 인상을 주고 싶어 했고, 평판에 전전긍긍했으며, 승진하고 싶어 했다. 빈둥거린다거나 자기 사건에 대해 공격적인 태세를 취하지 않는다거나 하면 능력 있는 '검사 중의 검사'라는 평판은 얻지 못할 것이다. 어떤 사건에서 패소하면 말들이 많을 것이다. 단기간에 여러 건 줄줄이 패소라도 한다면 사람들은 슬슬 그 검사의 역량이나 성실성을 두고 의문을 제기하기 시작할 것이다. 그러니 다들 그런 일이 일어나지 않게 각자 최선을 다한다.

좋은 인상을 남겨야 한다는 압박감은 우리 검찰청에서는 어느 전직 검사의 이름('슈미트'라고 해두겠다)을 딴 새로운 표현으로 남기도 했다. 그는 재판을 앞두고 매번 자기 사건의 증거가 얼마나 불충분한지 그리고 얼마나 승산이 없는지를 검찰청 내부의 모든 사람에게 말하고 다니는 것으로 유명했다. 거기서 그치지 않고 변호인 측 증인들이 얼마나 탄탄한지, 어찌해볼 여지가 얼마나 없는지 계속 이야기하고 다녔다. 실제로는 유죄판결을 이끌어낼 강력한 증거가 충분히 확보된 상황일 때도 그런 죽는 소리를 늘어놓았다. 듣기로는, 본인이 승소했을 때 기적같이 문제를 해결해냈다고 생각하도록 그랬다고 한다. 그렇게 힘든 사건을 이기다니 검사가 대단한 마법사 같은 능력이 있었던 게 틀림없다고 다들 생각할 테니 말이다.

그리하여 우리 검찰청에서는 어떤 검사가 앞으로 있을 재판의 증거가 너무 취약하다든가 아니면 피고의 결백을 주장하는 변호인 측 증거가 너무 강력하다는 이야기를 시작하면 사건을 두고 '슈미트'한다는 힐난을 듣곤 했다. 검찰청의 경쟁적인 분위기 그리고 변호인 측에서 피고인의 결백을 밝힐 증거를 많이 확보한 사건—힘든 사건—일수록 검찰 측에서는 가장 승소하고 싶어하는 사건이자 그럼으로써 동료들에게 좋은 인상을 남기게 되는 사건임을 보여주는 일면이다.

누군가가 패소—절대 일어나서는 안 될 일이지만, 피고인이 무죄선고를 받았다는 의미로 자주 있지는 않았다—하면 다들 뒤에서 목소리를 낮춰 수군거렸다. 다들 궁금한 목소리로 서로 묻곤 했다. "그 사람이 망친 거야?" "무슨 일이래?" 담당 검사에게는 당혹스러운 상황이었다. 한번은 내 상관에게 다른 검사로부터 사건을 넘겨받으라는 요청을 받은 적이 있었다. 재판 시작을 불과 몇 주 앞둔 시점이었는데 담당 검사가 최근에 다른 사건에서 배심원단에게 무죄평결을 받았으니 그 대신 내가 배심 재판을 맡으라는 것이었다. 곧 있을 재판은 무죄선고 가능성이 있어 보이는, 특히 힘든 건이었다. 상관의 요지는 그 검사가 두 사건을 연달아 지기라도 하면 자존감에 큰 상처를 입어 검찰을 떠날지도 모르니 대신 사건을 넘겨받으라는 것이었다. 그 검사가 "다시 마음을 다잡"도록 쉬운 일—유죄선고가 확실한 사건—을 주어야 한다는 것이었다. 그 사건을 대신 넘겨받는 이유에 대해서는 아무에게도 말하지 말라는 언질을 받았고, 공간 사용과 관련된 일정상의 문제 때문이라는 평계가 덧붙여졌다.

달리 말하면, 승소에 대한 압박이 너무 심한 나머지 두 사건을 연달아지는 일은 모든 의욕과 사기를 꺾어버릴 만한 일로 받아들여졌다는 것이다. 검사들이 직면하는 심리적 압박을 연구한 대표적인 학자 대니얼 메드웨드가 『검찰 콤플렉스』에서 지적하고 있듯 검사들은 "사건 승소-패소 기록을 자존감의 증표 취급"을 하거나 "자신감을 북돋워줄 결과로 의지"[20] 하게 될 수 있다. 메드웨드는 다음 같은 총체적 분석을 내놓는다.

> 검사들에게는 제도적, 정치적, 심리적 영향력이 한데 모여 어떻게든 재판에서 유죄판결을 이끌어내라는 압력으로 작용한다. 업무 성과를 달리 측정하기 어려운 직업인 만큼 검사들은 개인별 유죄판결율을 바탕으로 평가받는 경우가 많다. 이를테면 평균 타율 형태로 개인별 유죄판결 비율을 공표한다든가 게시판에 검사들 이름을 나열해두고 이긴 사건에는 초록색 스티커를, 진 사건에는 빨간색 스티커를 붙인다든가 하는 식이다.[21]

그리고 유죄판결 비율이 높으면 성과급을 지급하는 검찰청도 있고, 무죄 선고된 사건에 대해 "무엇이 잘못됐나"를 서면 보고하도록 요구하는 곳도 있다고 메드웨드는 지적한다.[22]

* * *

내가 일했던 검찰청에서는 다른 곳들처럼 전년도에서 이월된 기소 건수에 따라 당해 예산이 어느 정도 결정되기도 했다. 내가 검찰청에 들어간 게 7월 말경이었는데 회계연도 종료가 9월 30일이었다. 나는 처음부터 나 같은 신임 검사가 그 날짜까지 가장 우선해서 해야 할 일은 우리 검찰청의 집계 수치를 끌어올리기 위해 최대한 기소를 많이 하는 것이라는 이야기를 들었다. 그러나 신임 검사들은 어느 누구도 아직 자체적으로 할당받은 사건이 없었으므로, 선배 검사들이 너무 바쁜 탓에 어쩌면 기소 처리가 되지 못했을 수 있는, 경미한 사건 파일을 좀 더 넘겨받았다. 그리고 이들 사건이 우리에게 내려오는 건 대부분 추가 기소를 통해 우리 검찰청의 기소 건수를 끌어올릴 수 있다는 것 말고 다른 이유가 없었다.

가령, 어떤 선배 검사가 중대 범죄가 연루된 주요 사건을 맡았는데 피고인이 기소된 이후 관할 구역을 벗어나 도주 중이라면 우리는 '보석자의 불출석bail jumping'—법정에 출석하지 않고 도주—으로 한 번 더 기소하도록 사건 파일을 넘겨받았다. 사실 이는 불필요한 조치였다. 해당 피고인이 결국 붙잡히면 어차피 본래의 중대한 공소사실 일체에 대해 처벌을 받게 돼 있는 것에는 변함이 없기 때문이었다. '보석자의 불출석' 기소 자체는 일단 체포되면 흐지부지되거나 협상으로 빠져나갈 수 있는 아주 가벼운 사안이다. 그러나 어쨌든 그런 기소는 우리 검찰청의 실적을 끌어올리는 데는 도움이 됐다.

만일 베테랑 검사들이 더 중대한 사건들 때문에 너무 바빠서 혹은 더 강력한 사건부터 다루느라 비교적 가벼운 사건들을 계속 뒤로 미루어 당해 회계연도 안에 미처 착수하지 못한 다른 사건들을 가지고 있을 경우, 대배심(시민이 참여하여 기소 여부를 결정하는 제도−옮긴이)을 거쳐 결국 유죄판결까지 받아낼 수 있을 것 같으면 그런 사건들도 기소했다. 그래서 8월과 9월이면 우리 검찰청은 일종의 기소 기계처럼 가능한 한 많은 사건들을 선배 검사들로부터 후배 검사들에게 밀어내 대배심을 거치게 했다.

정책적인 이유에서 정말 기소가 필요해서가 아니라 기소 숫자가 필요해서였다. 간단히 말해, 그 이유만 아니었다면 이 사건들 중 상당수는 아마 아예 기소조차 되지 않았으리라 생각한다. 결백하다고 생각되는 이들까지 기소하기로 했다는 이야기는 아니다. 그러나 통상적인 업무 절차대로라면 절대 이뤄지지 않았을 만한 기소가 실적 때문에 이뤄졌다는 뜻이다. 결국 예산 문제 때문에 사람들이 기소되거나 공소사실이 추가됐다는 소리다.

그래서 나는 검찰청에 들어간 직후 첫 두 달을 사건마다 연이어 계속 대배심으로 보내고 마치 공장 조립라인에라도 선 것처럼 기소를 해대며 보냈다. 신입이었던 나는 좋은 첫인상을 얻고 싶었기에 시키는 대로 최대한 기소 처리를 많이 해냈다.

미친 듯이 기소를 하다 문득 어느 순간에 내가 사건 하나를 망쳐버렸다는 사실을 깨달았다. 지금 기억하기로는 하루 이틀 차로 공소시효를 넘겨버렸던 것 같다. 그 말인즉슨, 공소 내용에 오류가 있어도 정정이 불가능하다는 뜻이었다. 내 실수를 깨닫고 공소기각을 해야 한다는 사실을 알게 된 뒤 상관 한 명에게 이실직고했던 기억이 난다(내게는 직속상관 몇 명, 선임 역할을 하며 업무를 도와주던 형사 사법 부문 주임검사 몇 명, 다른 몇몇 특정 사건들을 담당하던 상관 몇 명이 있었다). 문제의 그 상관은 내가 한 실수에 대해 간단히 적고 공소가 기각되어야 하는 이유도 적어보라 했다. 내 메모는 층층이 올라가며 여러 상관들을 거쳐 결국 우리 수장인 미 연방검사에게까지 승인을 받게 됐다. 나는 메모에 실수에 대한 반성도 적었고 스스로 변명도 좀 할 겸 그 정신없이 바쁜 "9월의 기소 비상非常" 기간에 처리하느라 실수를 했다고 썼다. 너무 많은 사건들을 넘겨받는 바람에 평소만큼의 주의를 기울이지 못했다고 말이다.

며칠 뒤 그 상관이 나를 집무실로 호출했다. 책상 위에는 내가 쓴 메모가 놓여 있었고 누군가—아마도 공소기각을 승인해야 했던 더 윗선의 상관 중 한 명—가 내 메모 중 "9월의 기소 비상" 부분에 동그라미를 쳐놓은 게 보였다. 그리고 동그라미 표시 옆 여백에는 "???! 이 부분 설명 바람"이라고 쓰여 있었다. 상관이 내게 물었다. "이런 이야길 쓴 이유가 뭡니까?" 나는 산더미처럼 사건이 주어지는 상황에서 최대한 기소를 많이 하라는 시기에 이 사건을 기소했기 때문이라고 답했다. 그러자 그는 이렇게 말했다. "그렇지 않습니다. 여기서 기소 비상 같은 건 없어요. 당신에게 그런 소릴 한 사람은 없습니다." 하지만 그는 내게도 직접 여러 차례 그런 소릴 했고, 나처럼 여름에 일을 시작했던 모든 신임 검사들이 동일한 지시를 받았었다. 사실, "9월의 기소 비상"은 당시 누구나 다 아는 사실이었으므로 문제가 될 거란 생각을 못한 채 순진하게 쓴 표현이었다. 나는 신입이었고 누군가의 미움을 사는 일은 절대 하고 싶지 않았다.

그래서 그냥 "알겠습니다. 정말 죄송합니다. 제가 잘 몰랐습니다"라고만 말한 뒤 그 방을 나섰다. 하지만 내가 받은 메시지는 분명했다. "기소 비상" 같은 이야기나 기소 숫자를 끌어올리라는 압박에 대해 말하지 말고, 그런 얘기를 서면으로 남길 만큼 어리석게 굴지 말라는 뜻이었다.

* * *

그러나 현실에서는 실적 수치가 수많은 경찰관과 검사 들을 지속적으로 압박하고 있다. 2015년에 몇몇 NYPD 경찰관들이 소속 경찰서를 상대로 낸 소송을 보면 NYPD는 체포 통계를 경찰관 개개인의 실적 평가에 반영하지 않는다고 했지만, 실제로는 비공식적으로 계속 집계하며 휴가 승인 요청, 근무 교대, 심지어 승진마저도 이 같은 '체포 할당' 자료를 근거로 이뤄졌음을 알 수 있었다. 대표원고는 이 같은 정책으로 인한 체포 건수 증가 압박에 대해 이렇게 말했다. "월말이 다가오고 나는 숫자가 더 필요한 겁니다……. 형씨, 당신 목 아니면 내 목인 거요."[23] 여기서 '형씨'는 체포된 사람이다. 소송에는 참여하지 않았던 또 다른 NYPD 경찰관은 언론 인터뷰에서 이렇게 말했다. "저희 경찰의 우선적인 업무는 누굴 돕는 게 아니라 그 숫자들을 손에 쥐고 돌아오는 겁니다." 그러고는 이렇게 덧붙였다. "저는 죄 없는 사람들을 체포하지 않을 겁니다. 이유도 없이 사람들을 찾아다니지도 않을 겁니다. 아무 이유 없이 사람들을 계속 '기록'하는 것도 안 할 겁니다. 이런 일이 지긋지긋해요."[24]

이런 관행은 비단 뉴욕시만의 문제는 아니다. 수많은 지역 경찰청마다 사실이 아니라며 부인하지만, 이는 미국 경찰 업무 형태의 한 부분을 이루고 있다.[25] 앞서 말한 소송에서 NYPD 측은 체포 기록을 통계로 집계하지 않는다며 소속 경찰관들의 주장을 부인했다. 내가 소속돼 있던 검찰청도 아마 기소 건수를 늘리라는 압력의 존재를 부인했을 것이고, 적어도 관련 질문에는 정치적으로 잘 조율된 답변을 내놨을 것이다. 그러나 공식적인 집계 방침이 없는 경찰서나 검찰청이라 해도 엄청난 건수의 체포나 유죄판결 실적을 올리는 사람들이 당연히 더 환영받기 마련이다. 그리고 '힘든' 사건에서도 어김없이 그런 일을 해내는 이들은 가장 좋은 평가를 받는다. 월말에 집계표가 돌든 안 돌든 실제로 압력은 늘 존재한다.

그 다음으로는 사적, 공적 관계에 해가 될지 모른다는 두려움 때문에 집단의 방침에 따르라는 압력이 존재한다. 경찰관과 검사도 당연히 조직 내다른 법집행관들과 친분을 맺으며, 시간이 흐르면서 관계는 더욱 친밀해진다. 나서서 옳지 않은 일을 한다고 생각되는 누군가와 대립각을 세우는일은 개인적으로든 업무적으로든 여파가 있을 수 있다. 앞서 언급한 길리스피 사건에서 동료 경관의 비위 사실을 폭로하는 진술서에 서명하는걸 거부한 형사가 댄 이유도 바로 이거였다. 언젠가 그가 이런 취지의 말을 했던 기억이 난다. "바로 지난 주말에 바비큐파티에 갔었습니다. 거기온 사람들은 전부 법집행관들이었죠. 저랑 아주 친한 사람들이고죠. 제 아내는 다른 경관들 부인과 절친한 사이고요. 만일 제가 이런 진술서에 서명을 한다면 전부 다 옛날 이야기가 되고 말 겁니다." 무슨 말인지는 나도 이해할 수 있었다.

검사로 재직하던 시절 중요한 사안에 대해 동료 법집행관에게 반대의견을 낸 적이 두 번 있었는데, 두 번 다 괴로웠다. 첫 번째는 마약단속국에서 넘긴 사건을 불기소한 일이었다. 나는 그들이 용의자를 붙잡아 수색하는 과정에서 수정헌법 제4조(공권력에 의한 부당한 압수, 수색, 체포를 금지하는 조항─옮긴이)를 위반했다고 판단했다(수색 과정에서 결국 마약을 찾아내기는 했다). 내가 그 사건을 불기소한 것은 수정헌법 제4조를 철학적 차원에서 지지한다거나 마약상의 헌법적 권리를 걱정해서라기보다는 어떤 판사든 그 사건을 기각할 거 같아서였다. 승산 없는 일에 시간을 낭비하고싶지 않았다. 마약단속국 요원들은 내 판단에 동의하지 않았고 거의 폭발할 기세였다. 그들은 자기네 상관을 통해 우리 상관에게 항의를 했고 이후 내 결정을 무효화할 수 있는지 확인하기 위해 면담을 요청했다. 그러나 내 상관은 나와 같은 생각이었다(부분적으로는 그 역시 자기 수하의 검사들 중 한 명의 '지지를 얻어야' 한다는 압박을 느꼈기 때문일 수도 있다).

그 이후로 마약단속국의 해당 부서 소속 요원들은 내 삶을 어떻게든 지옥으로 만들어주려고 애를 썼다. 아주 사소한 것들로. 언젠가 너무 바빠서 마약단속국에서 서명하라는 소환장에 서명을 못했던 적이 있었다. 그런데 내가 재판에서 증인석에 있는 증인에게 질문을 하는 도중 한 요원이 법정 안으로 들어오더니 서명 안 된 소환장을 가리키며 성난 얼굴로 허공에다 펄럭여댔다. 판사는 시각장애가 있어서 당시 벌어지는 광경을 보지는 못했다. 그러나 아주 끔찍한 상황이었고 분위기는 엉망으로 흐트러졌다. 배심원들은 내 말을 듣다 말고 그 마약단속국 요원을 쳐다보며 무슨 일이 벌어지는 중인지 파악하려 애쓰기 시작했다. 재판을 보조하던 FBI 요원이 일어나 그를 데리고 법정 밖으로 나가야만 했다. 이건 그저 한 가지 사례에 불과하다. 이 마약단속국 요원들은 내가 검사로 재직하는 동안 내내 그런 식의 희한한 일들을 계속 벌였다.

또 한 번은, 함께 여러 어려운 사건을 다루며 개인적으로도 굉장히 가까운 친구 사이가 됐던 한 연방 요원이 가져온 사건을 불기소한 경우다. 그 친구는 사건에 장시간 굉장히 열심히 매달렸고, 면담 전 여러 달 동안 그 사건에 관해 들뜬 목소리로 말했다. 나는 그가 그 사건을 처리한 자신의 방식에 자부심을 느끼는 걸 알고 있었다. 이 친구는 어느 정도의 위험을 감수하고 첩보 활동도 벌였다. 용의자인 마피아 조직원과의 대화 녹취도 이뤄졌다. 그럼으로써 그는 마침내 마피아 조직원이 범행에 동조하는 내용을 녹음했다. 즉 우리는 용의자의 공모 및 미수 혐의사실을 확보한 상황이었다.

그러나 둘 사이에 녹음된 대화를 들어본 나는 마음이 편치 않았다. 그 조직원이 만일 체포된다면 강력한 함정 항변entrapment defense을 택할 것이 틀림없어 보였다. 함정 항변은 피고인이 함정수사요원의 압박이나 유도 때문에 범죄를 저지르게 됐음을 입증할 수 있을 때 택하는 방식이다. 녹음된 테이프를 들어보니 정확히 그런 경우였다. 그래서 나는 그 사건을 불기소했다. 마피아 조직원의 권리를 걱정해서가 아니라, 다시 말하지만 질 것이 뻔한 사건에 몇 달을 쏟아붓고 싶지는 않았기 때문이었다. 게다가 함정 항변의 경우 판사는 재판 전에 사건을 종결할 수 없다. 그 대신, 피고인이 함정에 빠졌던 것인지를 배심원단이 판단하게 된다. 다시 말해 내가 친구의 사건을 받아들인다면 나는 재판을 준비하고 대응하는 업무 전 과정을 감내해야 할 판이었다. 그저 지기 위해서.

나는 최대한 심사숙고하며 시간을 끌어보았지만 결국 나쁜 소식을 전할 수밖에 없었다. 함정 항변의 가능성 때문에 사건을 불기소하겠다고 말이다. 그러자 그는 불같이 화를 내더니 방에서 나가버렸다. 이후에도 그 친구가 속한 기관에서는 내 상관들을 통해 결정을 뒤집어보려 했지만, 나는 굴하지 않았다. 내 친구는 그 뒤로 내게 사건들을 가져오지 않았을 뿐 아니라 두 번 다시 나와 말도 섞지 않았다. 단 한 번도. 우정이 끝났다. 완전히. 내겐 얼마나 고통스러운 경험이었는지……. 그는 법집행부에서 나와 가장 친한 친구 가운데 한 명이었다.

이런 이야기를 하는 이유는 사적 관계와 동료 간 압박이 그들에게 동조하게 만든다는 걸 보여주기 위해서다. 필라델피아 경찰 소속의 25년 경력 베테랑이 이렇게 썼다. "동료 간 압박이 상식을 압도해버리게 된다. 마치 범죄조직처럼 경찰관들이 입을 꾹 다물고 자기 조직을 지키는 이유가 바로 그 때문이다. '팀'의 일원이고 싶다면, 위험한 상황에서 도움을 받을 수 있다는 걸 알고 안심하고 싶다면, 자기 직무 안에서 안정감을 느끼고 싶다면, 그리고 괴롭히는 상관이나 수장이 없기를 바란다면, 그렇다면 다른 경관들의 어떤 문제적 행동을 목격했든 혹은 들었든 그저 입을 꾹 닫아야 한다."[26] 법집행관은 사적, 공적 관계를 그르칠 위험이 있는 경우라면 어떤 중요한 사안을 두고 조직 내부의 다른 누군가와 대립하기에 앞서 깊이 고심할 수밖에 없다. 어쨌든 나는 두 사건에서 '아니'라고 반대 의견을 내긴 했지만, 분명 그런 관계들이 때때로 법집행관들을 동의해서는 안 될 것에 동의하게 만들 수 있다고 생각한다. 그게 인간 본성이니까.

* * *

이노센스 프로젝트 관련 문제로 함께 일하기에는 민주당보다는 공화당 쪽이 대체로 더 수월하다고 하면 아마 깜짝 놀라는 이들이 있을지도 모르겠다. 이건 판사, 검사, 국회의원 다 마찬가지다. 대략적으로 그렇다는 것이고 물론 예외들은 언제나 있다. 그러나 내가 담당했던 이노센스 사건들에서 가장 맹렬히 반격하고 지극히 편협한 독설을 반복해서 내뱉었던 카운티 검사 두 명은 민주당이 굉장히 우세한 카운티의 민주당 출신이었다. 함께 일하기에 가장 합리적이었던 검사는 론 오브라이언으로, 오하이오 콜럼버스 출신의 공화당원이었다. 재판에서 가장 합리적이었던 판사 몇몇도 공화당원이었다. 앞에서 언급했던 딘 길리스피 사건의 1심 판사처럼 가장 불합리하게 군 이들 다수가 민주당원이었다.

2007년부터 2010년까지 나는 오하이오의 주도인 콜럼버스에서 이노센스 개혁안을 통과시켜야 할 필요성에 대해 주 상하원 의원들 대상으로 교육하며 상당한 시간을 보냈다. 이 법안에는 결백을 주장하는 재소자들 대상의 DNA 검사 실시 확대, 목격증인의 범인식별 방식 개혁, 경찰 심문 개혁, 살인 및 강간 등 특정 사건의 범죄현장에서 수집된 DNA 정보를 저장하고 적절히 보관해야 할 경찰의 의무 등 수많은 요소들이 포함되었다. 우리 법안에 대해 가장 적극적인 지지를 보낸 이들은 대체로 공화당원이었다. 그런가 하면, 여러 단계에서 해당 법안의 처리를 지연시키고 파기시키려 애쓴 이들은 민주당원들이었다.

내가 생각한 가설은 민주당 사람들은 대중의 눈에 '범죄에 미온적'으로 비치기 때문에 범죄 문제에 대해 일종의 나폴레옹 콤플렉스(키가 작은 사람들이 키에 대한 열등감으로 인해 다른 사람을 지나치게 지배하려 하고 공격적으로 행동하는 성향—옮긴이)가 있다는 것이다. 범죄 문제에 자신들이 얼마나 강경한 입장인지 일반 대중에게 보여주기 위해 필요 이상으로 무언가를 더 해야만 한다고 느낀다. 그에 반해 공화당 사람들은 같은 문제에 대해 불안이 덜하다. 대중은 범죄와 관련된 사안들에서 공화당에 대해서는 일단 유리한 쪽으로 믿어주는 경향이 있으므로 공화당 소속의 정치인들은 입증할 것이 더 적어 좀 더 합리적으로 움직일 수 있는 것 같다. 이유야 어찌 됐든 이런 차이를 감지한 사람은 이노센스 운동 영역에서 나뿐만이 아니다. 다른 주에서 온 많은 이노센스 활동가들도 똑같은 의견을 들려주곤 했다.

변호인

살인죄 기소에 주 예산 수백만 달러가 소요되는 것은 흔한 일이다.[27] 다른 유형의 사건은 대개 기소에 드는 비용이 더 적지만, 주 당국이 재량으로 사건 기소에 투입할 수 있는 자원은 거의 무제한이며 이를 지원할 수많은 조사관들과 주립 범죄연구소들도 있다. 그러나 적절한 변론을 위한 비용의 문제로 오면 현실은 사뭇 다른 경향이 있다. 대중이 주로 보는 건 유명인 재판인데 마이클 잭슨이나 OJ 심슨 같은 피고인은 검찰 측과 어느 정도 대등한 대결을 해볼 법한 비싼 변호팀을 고용할 수 있다. 그러나 이런 종류의 변호가 현실에서 이뤄지는 경우는 거의 없다. 대다수의 형사 피고인에게 있는 건 해당 지역 국선전담변호사 사무실과 계약을 맺어 일하는, 법정에서 배정한 국선변호인뿐이다. 국선변호인은 지독한 저임금과 과중한 업무에 시달리다 보니 사건에 헌신적으로 몰입할 시간이 거의 없다.

넷플릭스 다큐멘터리 시리즈 〈살인자 만들기〉는 이 문제를 잘 보여준다. 테레사 할바흐 살인 사건의 두 피고인 중 한 명인 스티븐 애버리는 일류 변호사 두 명을 고용할 여력이 있었다. 이들 변호팀은 처음부터 끝까지 이 사건에 헌신적으로 임했고 각계 전문가와 수사관으로 팀을 구성했다. 애버리는 당시 페티 번스타인을 강간했다는 잘못된 유죄판결에 40만 달러의 민사소송을 제기한 상태였기에, 테레사 할바흐 살인사건의 변론에 그만큼의 돈을 쏟아부을 수 있었다. 그러나 할바흐 사건의 나머지 한 명 피고인이었던 브렌던 대시는 돈이 전혀 없었기에 법원에서 배정한 변호사 렌 카친스키에게 맡겨졌다. 렌 카친스키는 아무런 조사도 해보지 않고, 심지어 자신에게 배정된 의뢰인을 만나보지도 않은 채 자기 의뢰인을 유죄로 추정하고는 그대로 언론에 인정을 해버림으로써 대시의 믿음을 저버렸다. 대시는 당시 열여섯 살 나이에 인지장애를 겪고 있었는데, 카친스키는 대시가 수사실에서 취조를 받을 때도 동행하지 않고 홀로 있게 방치했다. 두 피고인에 대한 변론의 질은 엄청나게 차이 났다. 형사 피고인으로서는 보기 드물게 대단한 재력이 있는 사람은 대중이 기본적일 거라 믿는 양질의 변론을 받을 수 있지만, 나머지 다수는 렌 카친스키 같은 변호인을 만나게 된다.

검찰 측과 변호인 측 사이의 구조적 불균형은 공공연한 사실이다. 미국 내에서 기소된 범죄의 80%를 국선변호인들[28]이 담당하는데, 그들이 자금난과 과중한 업무 일정 때문에 직무 수행 자체가 불가능하다고 토로하는 언론 보도가 매년 미국 전역에서 나온다.[29] 사실, 일부 관할 구역에서는 미국시민자유연맹ACLU이 국선변호인 사무실들을 상대로 소송을 제기한 적도 있었다. 국선변호인들이 효과적으로 대처하지 못해 의뢰인들이 적절한 변론을 받을 헌법적 권리를 박탈당하고 있다는 이유에서였다. 이런 소송 혹은 소송 경고는 새삼스러운 일이 아닌데도[30] 지금껏 무엇 하나 바뀐 적이 없다. 미주리주에서는 주지사가 국선변호팀에 적절한 자금 지원을 거부했는데, 이에 국선변호 총괄국장이 격분해 모호한 법 규정을 이용해 변호사 자격을 소지한 그 주지사를 사정이 딱한 피고인의 변호인으로 지명했다.[31] 물론, 주지사는 지명을 거부했다. 이는 미국 전역에서 활동 중인 국선변호인들이 느끼는 무력감을 반영하는 사례다.

수많은 국선변호인들은 미국변호사협회에서 최대치로 간주하는 사건 수의 2~3배 분량에 달하는 소송사건을 들고 있다.[32] 예를 들면, 뉴올리언스에서는 국선변호인들이 과중한 업무 탓에 경범죄 사건 1건당 평균적으로 단 7분만을 할애할 수 있다.[33] 7분이라니! 2016년 뉴올리언스의 국선변호인 사무실은 이미 중대범죄 사건들을 많이 들고 있다며 신규 중대범죄 사건은 더 이상 받지 않겠다는 과감한 결정을 내렸다. 소속 변호사들의 업무가 과중한 상황이라 각 사건을 적절히 변호하는 데 들일 시간이 더 이상 없었기 때문이다.[34] 2017년에는 뉴올리언스에서 활동하던 국선변호인 5명이 〈60분〉 프로그램에 출연하여 자신들이 변호를 맡았던 의뢰인들 가운데 결백한 이들마저 결국 감옥에 간 건 적절히 변호할 시간과 자원이 부족했기 때문이라고 단언했다.[35]

그러나 이는 비단 뉴올리언스에 국한되지 않으며, 미국 전역에서 매일 일어나고 있는 문제다.[36] 디트로이트에서 법원이 선임한 국선변호인이었던 밥 슬라미카는 자기 의뢰인들을 맡아 주 당국이 비용을 지불하는 만큼만 일을 해줬다고 거리낌없이 인정했다. 교도소에 수감된 의뢰인으로부터 걸려오는 수신자부담전화를 받는 비용은 변제받는 것이 아니므로 자신은 그냥 전화를 받지 않는다는 것이다. "세상에, [수신자부담전화] 돈이 얼마나 많이 나오는데요, 게다가 그 돈은 받아내지도 못한다고요. 한 푼도요." 최소한의 의무를 이행하지 않았다는 이유로 미시건 법원으로부터 16회나 견책을 받았지만, 법원은 그에게 계속 사건을 배정하고 있다. 그의 의뢰인 중 한 명인 에디 조 로이드는 본인이 저지르지 않은 범죄 때문에 17년을 복역한 뒤 나중에 결백이 입증되어 무죄방면되었다. 슬라미카는 로이드를 직접 접견한 적이 한 번도 없었고 전화도 받지 않았다고 인정했다. 그러면서 이렇게 해명했다. "주어진 상황에서 최선을 다했습니다. 제가 할 수 있는 게 그 정도였어요."[37]

미국 내 다수의 국선변호인들이 프리랜서로 활동하고 있다. 지방 국선변호인 사무실이나 법원에서 지명을 받는 독립된 개인사업자다. 그러나 사건당 받는 돈이 너무 적어서 다들 현상 유지라도 하려면 엄청나게 많은 사건을 맡거나 훨씬 보수를 많이 주는, 개인적으로 의뢰받은 사건들에 더 많은 시간을 할애해야만 한다. 그러나 엄청난 수의 사건들을 수임해서는 전문성 있게 일처리를 할 수가 없고 보수가 낮은 국선변호 사건들에 지나치게 많은 시간을 쓸 수는 없기 때문에, 이들은 최대한 많은 사건을 해치워버리기 위해 돈 없는 의뢰인들에게는 처음부터 유죄를 인정하도록 설득하며 나머지 부분에 관해서는 거의 아무런 일도 하지 않는다. 양으로 승부하는 업무여서 돈 없는 피고인들은 변호사의 관심 밖인 경우가 많다.[38]

나는 직접 겪어봐서 이 문제를 안다. 내 아내는 신시내티에서 계약제로 일하는 국선변호인으로, 중범죄 사건의 경우 시간당 45달러를 받는다. 의뢰인이 유죄인정을 하는 중범죄 사건의 경우 보수 상한선은 최대 10시간, 즉 450달러다. 만일 증거 배제를 위한 증거심리 등 소송절차 시작 이후 피고인 답변이 이뤄지면 이 상한선은 15시간, 즉 675달러가 된다. 사건을 재판까지 가져가면 보수 상한선은 약 1,200달러가 된다. 중심가에 있는 사무실을 운영하는 데 드는 기본 영업비 및 간접비는 익히들 아는 수준이다. 이 간접비를 충당하고 생활이 될 만한 수준으로 수익—가령 연 6만 달러—을 내려면 사건을 많이 받아야만 하는데, 이 경우 그 어떤 사건에도 충분한 시간을 들여 일하는 것이 불가능하다. 재판까지 간다고 가정할 때 복잡한 중범죄 사건은 변호사가 적절한 수준의 준비를 충분히 하려면 풀타임 업무 기준으로 여러 달이 필요하다. 그리고 사업이익을 생각하면 수임 건들이 밀려 있는 상황에서 변호사는 우선순위대로 사건을 분류해 보수가 적은, 법원에서 할당한 사건들은 후순위로 미룰 수밖에 없게 된다.

그러나 내가 버는 돈으로도 우리 둘이 생활하기에는 충분하고 아내는 빈곤층의 변론 문제에 열의가 있었기 때문에 옳은 방식으로 일하겠다는—각 의뢰인에게 최선의 변론을 제공하겠다는—결심을 할 수 있었다. 그리하여 아내는 중심가에서 몇 년간 사무실을 임대하여 쓰다가 좀 더 저렴한 공간으로 옮겼고 매년 소수의 사건만 받기 시작했다. 법정에 들어서기 전에 각 사건에 대해 충분한 법적 검토를 철저히 마치고 완전히 이해할 수 있을 만큼만 일을 받기로 한 것이다. 물론, 일부 사건을 제외하면, 양질의 변호를 위해 필수적인 여러 전문가나 수사관을 고용할 만큼의 예산은 여전히 없는 상태지만 그래도 모든 의뢰인에게 온전히 관심을 기울이고 자신이 할 수 있는 최선의 변론을 준비해 임하고 있다.

그 결과 아내는 책임보험, 사무용품, 법원청사 주차 비용 등 자신의 간접비 지출만 간신히 메꾸는 형편이다. 그러다 보니 생활이 불가능한 수준의 돈을 벌 수밖에 없는데도 대의에 대한 열정이 있고 시스템 내 불평등에 질려버린 상태라 아내는 그 길을 고수하고 있다. 이렇게 일하는 변호사가 또 있는지는 모르겠다. 그러나 아내가 일하는 모습을 보면 변호사가 각 사건마다 적절한 관심을 쏟고자 하고 변론의 질을 유지하려 한다면 현 제도에서는 생계를 유지하기가 어려우리라는 생각이 든다. 부유층 고객을 상대로 수익이 좋은 일을 맡고 있거나 생활 가능한 수준의 임금을 버는 배우자가 있는 운 좋은 극소수가 아니라면 말이다. 그래서 아내 같은 입장에 놓인 많은 변호사들이 디트로이트의 밥 슬레미카처럼 일하게 되는—생계 유지에 필요한 만큼 많은 사건들을 받아놓고는 의뢰인 개개인에게 적절한 변호를 제공하지 못하는—것이다.

이게 바로 법원에서 선임하는 국선변호사들 대부분이 처한 보통의 현실이다.[39] 그리고 일정액의 고정된 연봉을 받고 국선변호인 사무실에서 정규직으로 전일 근무하는 변호사들도 사정이 크게 다르지 않다. 워낙 많은 사건들을 받다 보니 적절한 일처리가 불가능한 것이다. 어느 국선변호사는 최근《워싱턴포스트》에 다음과 같은 글을 기고했다.

> 내가 의뢰인들에게 양질의 변호를 하는 건 불가능하다. …… 근무 중인 변호사 수가 충분하지 않은 탓에 2013년 변호사 시험에 합격했던 그 주부터 나는 중범죄로 기소되어 최소 종신형 이상을 받을 위기에 처한 이들의 변호를 맡기 시작했다. …… 가히 위헌적일 정도로 과다한 수의 사건을 맡다 보니 의뢰인들을 [한 번씩만] 보는 경우가 허다하다. 중요한 명령신청을 놓치거나 각 재판별로 적절한 준비를 할 수 없거나 수감 상태인 의뢰인을 비공개 접견할 시간이 없다시피 하기 때문에 의뢰인들과 양형거래plea bargain에 관한 진지한 대화를 공개된 법정에서 나누게 된다는 뜻이다. 의뢰인을 처음 만난 당일 중범죄 유죄판결에 대한 변론을 하게 되는 경우도 종종 있다.[40]

배심원단

배심원단이 별로 대단한 평형추는 못 된다. 피고인이 결백한 경우에도 배심원들은 일방적인 재판을 보게 되는 경우가 많다. 검찰 측이 모든 자원을 들고 있고, 모든 증거에 접근 가능하며, 모든 패를 쥐고 있기 때문이다. 게다가 배심원들은 각자 나름의 편향을 지닌 채로 법정에 들어선다. 이론적으로는 무죄로 추정해야 한다는 걸 알고 있음에도 대부분 이렇게 생각한다. "경찰, 검찰, 그리고 저 모든 대단한 전문가들이 나보다는 많을 걸 알고 있잖아. 저들은 저걸로 먹고 사는 전문가들이고. 저 사람이 하지도 않은 짓을 가지고 다들 왜 이렇게 시간을 낭비하겠어? 그리고 검찰은 이 사람이 한 짓이라고 굳게 믿고 있잖아. 나는 그냥 길 가던 사람에 불과하지. 열심히 일하는 이 훌륭한 전문가들에게 내가 대체 뭐라고 질문을 한담?"
형사사법 전공인 키이스 핀들리 교수는 이렇게 주장했다.

[무죄] 추정은 범죄로 구속 기소된 누군가는 무언가 나쁜 짓을 한 게 틀림없다는 배심원들의 자연스런 추측에 끊임없이 공격을 받는다. 널리 알려진 사건의 경우 언론 매체의 과열된 보도나 범죄에 대한 공포를 이용한 정치, 우리 문화의 징벌적 특성 그리고 터널시야나 확증편향을 야기하는 본연의 인지 과정에도 취약하다.
실제로, 연구결과를 보면 무죄 추정은 현실보다는 이론에서나 존재함을 알 수 있다. 여러 연구에서 모의 배심원들은 일체의 증거를 듣기 전에는 유죄평결 가능성을 50%로 예측하는 것으로 나타난다. 또 다른 연구를 보면 모의 배심원들은 처음에는 유죄일 가능성을 낮게 잡지만 검찰 측 증거가 공개되자마자 무죄 추정을 포기한다.[41]

그리고 특히 흉악범죄를 다룰 때면 사람들은 자연스럽게 속으로 이렇게 반응한다. '만약 이 사람이 이 강간 사건을 **저지른 게 맞다면** 설령 의심의 여지가 있다 하더라도 어떻게 또 그런 짓을 저지르게 이 남자를 다시 거리로 돌려보낼 수가 있겠어? 다음 피해자에 대해서는 내게도 책임이 생기는 거야. 그럼 나 스스로 견딜 수 없을 테지. 내가 아는 누군가가 다음 피해자가 될 수도 있어, 그럼 어쩌지? 검찰이 이 사람이 그랬다고 확신하고 있고 검사들은 나보다 아는 게 많아. 게다가, 무죄선고가 되면 불쌍한 피해자와 그 가족이 감당하기 힘들 테고. 피해 여성은 진술 중에도 그토록 괴로워했고 그 가족들 전부 재판 과정 내내 너무나도 힘들어 보였는데 그들을 위한 정의는 어쩌지? 이 남자가 그런 짓을 했을 **수도 있어** 보이는데 내가 어떻게 무죄평결을 내릴 생각을 하겠어? 나중에 후회하느니 안전한 쪽을 택하는 게 낫지.'

레이건 대통령이 임명했던 연방항소법원의 베테랑 판사 알렉스 코진스키는 무죄 추정은 허구에 불과하다고 인정한다. "배심원단은 피고인에 대해 결백하다고 추정해야 하고 합리적 의심이 없을 정도로 검찰 측에서 유죄를 입증해야만 한다는 통상적 지침을 전달받지만 이런 두 지침이 과연 보통의 배심원에게 정말 영향을 미치는지는 사실 알지 못한다. 무죄추정의 개념을 배심원들이 이해할까? 그렇다면, 그 추정이 어떤 식으로 작용해야 하는지도 이해하는가? 설득력 있는 증거로 무효화되기 전까지 그 추정은 유효하게 그대로 남아 있어야 한다고 보는가, 아니면 어떤 실제 증거가 제시되면 그 즉시 추정은 사라진다고 보는 것인가? 우리는 사실 알 수 없다."[42] 코진스키 판사는 그간 오랜 세월 판사로 재직했던 경험에 미루어볼 때 배심원들이 정말로 무죄 추정 개념을 받아들이는 것 같지는 않다고 말한다. 그는 이것이 심리적인 문제에서 기인한다고 본다. 심리학에서는 "무언가에 대해 가장 먼저 주장하는 사람은 그 뒤에 그 주장을 부정하는 모든 사람보다 무조건 훨씬 유리하다"는 사실이 정설로 받아들여진다. 피고인 측은 검찰 다음에 사건에 대한 의견을 개진하게 되므로 "배심원들은 검찰 측 증인들의 증언을 먼저 듣고 그 즉시 문제의 상황들에 대해 머릿속에 그려 나가기 시작"하기 쉽다는 게 코진스키의 설명이다. 그 순간부터 시작된 확증편향 때문에 "나중에 듣게 되는 증거가 정반대 방향을 가리킨다 해도 처음 그려진 그림을 근본적으로 바꾸기는 쉽지 않으며, 실제로는 오히려 강화할 수도 있다."

그리고 코진스키가 지적하듯, 많은 사건에서 피고인 측은 꼭 필요하지 않은 이상 자기 사건에 대해 떠들지 않는다. 그럴 필요가 없으니까. 그러나 "고발이나 주장에 침묵이 돌아오면 마치 그 내용이 진실인 것처럼 느껴질 가능성이 높아진다". 코진스키의 결론은 다음과 같다. "배심원들에게 주어지는 지침들과 그들 나름의 최선의 선의와는 별개로 배심원들은 사건에 대해 처음 제시되는 버전의 설명에 설득되기 쉽고 아주 강력한 반론이 제시되지 않는 이상 마음을 바꾸기가 쉽지 않다."

내가 맨해튼에서 검사로 재직하던 시절, 배심원 후보군은 뉴욕 남부지구로 불리는 연방지구 관할 내 모든 카운티 주민을 대상으로 했다. 이들 지역 가운데는 맨해튼과 브롱크스 등 도시 지역도 있고 웨스트체스터, 로클랜드, 퍼트넘 카운티 등 교외 또는 농촌 지역도 있다. 그러나 사건마다 매번 배심원 전원은 한 카운티 출신으로 구성됐다. 따라서 재판이 시작되면, 가령 브롱크스 출신의 배심원단 혹은 로클랜드 출신의 배심원단이 왔다는 걸 알게 되는 식이었다. 그리고 배심원단의 출신 카운티는 사건에 대한 시각에 전적으로 영향을 미쳤다. 농촌이나 교외 지역 카운티에서 온 배심원단은 법집행부 쪽으로 기울어지는 경향이 있는 반면, 맨해튼이나 브롱크스에서 온 배심원단은 좀 더 형사피고인 쪽에 동조하거나 때로는 경찰 측을 믿지 못하는 경향이 있는 것으로 알려져 있었다. 검사들은 브롱크스 배심원단을 뽑으면 탄식을 하지만 퍼트넘 카운티의 배심원단을 뽑으면 안도의 한숨을 내쉬곤 했다. 그렇다 보니 브롱크스나 맨해튼 출신 배심원단이 선정된 힘든 사건에서 검사는 농촌이나 교외 지역 출신 배심원단이 추첨됐을 경우보다 더 공들인 공판 전 협상안을 피고인 측에 제시하는 경향이 있었다. 그다지 새삼스러운 일은 아닐지 몰라도, 배심원단 구성에 따라 대응이 임의로 달라짐을 알 수 있는 대목이다.

그리고 안타까운 사실이지만 배심원들이 늘 자기 일을 진지하게 받아들이거나 "합리적 의심이 없을 정도"라는 문구의 의미를 제대로 이해하는 것은 아니다. 예를 들어, 딘 길리스피 사건에서 배심원단은 금요일 오후 투표 결과 8대 4로 무죄평결 의견이 우세했고 이후 교착 상태라고 판사에게 알려왔다. 이후 합의된 결론에 도달하지 못할 경우 주말 내내 토의를 계속 해야 할 것이라는 말을 듣더니 배심원단은 금세 유죄평결 의견을 들고 왔다. 절대 있어서는 안 되는 일이겠지만, 배심원들은 각자 토요일 오전의 골프 약속이나 축구장 나들이를 놓칠 수 없었는지도 모른다. 유죄판결은 훗날 파기되어 길리스피는 석방되었지만 20년을 교도소에서 보낸 뒤였다.

그렇긴 해도, 클라렌스 엘킨스나 딘 길리스피의 사건처럼 새로운 증거가 나타나 유죄판결 이후에 결백이 밝혀지는 사건의 경우 나는 의뢰인의 운명을 선출직 판사보다는 차라리 배심원의 손에 맡기고 싶다. 배심원들은 인간적인 감정을 가지고 불공정함을 마음 깊이 느낀다. 그들은 정치 때문에 넌더리가 난 상태도 아니고 판사석에서 여러 해를 보내느라 경직된 입장도 아니다. 앞서도 말했지만, 나는 재판정에서 배심원들의 편견이 검찰 측에 호의적인 방향으로 작동하는 편이라고 생각한다. 가까운 시점에 일어난 참혹한 사건에 대해 배심원들은 이렇게 생각한다. "검찰과 경찰이 죄도 없는 사람 데리고 왜 시간 낭비를 하겠어?" 그러나 유죄판결 이후의 맥락에서는, 이미 수년을 복역했고 현재는 강력한 결백의 증거가 있는 누군가에 대한 공감 요소가 아무래도 피고인 측에 유리한 방향으로 작동하는 것 같다. 그 즈음에는 해당 범죄와 그 범죄가 불러오는 모든 감정이 대개는 수십 년 지난 뒤이며, 일반 대중은 지난 수십 년간 무죄방면되어 감옥에서 걸어 나오는 이들의 모습을 언론 보도를 통해 접하고 환호를 보내왔다. 안타깝게도 우리에게는 배심원단에 판단을 맡길 수 있는 선택지가 없다. 법에 따르면 이 같은 무죄방면 명령신청에 대한 판단은 수년 전 유죄판결을 내렸던 바로 그 선출직 판사의 손에 맡겨져야 하기 때문이다. 선출직 판사에게 자기 재판정에서 끔찍한 실수가 벌어졌다는 사실을 인정하라고 설득하는 일은 대개 가파른 언덕을 오르는 것만큼 힘겨운 일이다.

4

눈을 가리는 편향

과학수사관들의 검사로 나온 증거는 인간의
해석이 배제된, 엄정하고 확실한 데이터가 아니다.
차라리 로르샤흐 잉크 반점 검사에 가깝다.
사람들은 저마다 다양한 방식으로 증거를 바라보기
마련이며 어떤 이미지 속에서 사람들이 보는 것은
각자가 기대하는 바에 따라 얼마든지 달라질 수 있다.

Blind
Injustice

다들 겉으로는 기존에 가지고 있는 편향이 우리의 세계관에 영향을 미친다는 사실을 알고 있는 것 같다. 2000년의 일이 기억난다. 어쩌다 보니 나와는 정치적 스펙트럼상으로 정반대 극단인 친구와 함께 앨 고어와 조지 W. 부시의 대선 토론 중계를 보게 됐다. 내 눈에는 당연히 내가 지지하는 후보가 더 대통령답고 지적이며 정직해 보였고, 내 친구가 지지하는 후보는 얼버무리기 바쁜 기색이 역력했다. 토론이 끝날 즈음에는 친구도 자신이 지지하는 후보가 그 어떤 질문에도 제대로 답하지 못했으며 그나마 답을 했다 하면 자기 고정 지지층을 겨냥한 표현이 범벅된 선전 문구나 동원했다는 사실을 인정할 수밖에 없다고 생각했다. 알맹이라고는 하나도 없었으니까.

하지만 토론이 끝나고 이야기를 나눠보니 친구는 정반대 입장이었다. 그의 말로는 내가 지지하는 후보야말로 토론 내내 그 어떤 질문에도 제대로 답하지 못했던 반면, 자기가 지지하는 후보는 그 문제들에 대해 정면 돌파해서 구체적이고 자세한 내용을 제시했으며 더 대통령다운 모습이었다는 것이었다. 정반대였던 우리 둘의 반응은 전국 여론조사 결과를 반영하는 것이기도 했다. 민주당원들은 앨 고어가 더 대통령답고 정직한 모습을 보였고 더 자세하고 구체적인 답변을 내놨다고 느꼈던 반면, 공화당원들은 부시가 그렇다고 느꼈다. 나와 내 친구를 비롯한 미국 유권자들은 저마다 보고 싶은 것을 보았던 것이다. 우리는 전부 사전 편향을 지니고 있었고 그런 편향이 맞다고 확인시켜주는 증거에만 집중했으며 각자의 편향과 상충하는 증거는 탈락시켰다.

이런 현상이 바로 '확증편향'이다. 확증편향의 심리학적 정의는 "현재 가지고 있던 기존 신념, 기대, 가설에 들어맞는 편파적인 방식으로 증거를 찾거나 해석하는 것"이다.[1] 확증편향에 빠지기 쉬운 인간의 성향은 우리 일상 및 사회 곳곳에서 찾아볼 수 있으며 50여 년 전 심리학계에 이 개념이 처음 소개된 이래 각종 연구를 통해 끊임없이 입증됐다. 가령 한 연구에서는 피험자들에게 한 아동이 시험을 치르는 모습과 작성한 답안이 담긴 영상을 보여줬는데, 해당 아동의 사회경제적 배경이 높은 수준이라는 사전정보를 제공한 경우 피험자들은 답안을 '평균 이상'으로 평가했지만 아동의 사회경제적 배경이 낮은 수준이라는 사전정보를 제공한 경우에는 답안을 '평균 이하'로 평가하는 경향을 보였다.[2]

또 다른 연구에서는 질문에 답하는 사람의 모습이 담긴 영상을 치료사들에게 보여주고 영상 속 인물이 구직자라고 알려줄 경우 치료사들은 그 인물에 대해 "안정돼 있다"고 평가한 반면, 영상 속 인물을 환자라고 알려준 경우(즉 심리적 도움을 요하는 사람이라는 암시를 준 경우) "불안정하다"고 평가하는 경향을 보였다. 동일한 영상이지만 영상 속 인물이 구직자라고 믿은 치료사들은 "책임감이 강한" "성격이 밝은" "쾌활한" "매력적인" 같은 표현을 사용하여 묘사했고, 반면 같은 인물을 환자라고 믿은 이들은 "방어적인" "수동공격을 하는" "억눌린" "실제 자신보다 밝아 보이려 애쓰는" 같은 표현을 썼다.[3]

여러 연구를 통해 알 수 있는 것은 사람들은 자신이 지지하는 이론에 상충하는 증거를 만날 때도 기존 신념을 고수하려는 경향을 보인다는 점이다.[4] 흥미로운 사실은, 나중에 모순되는 증거에 관해 질문을 받으면 이들은 해당 사실을 기억을 못하거나 기존 신념을 단순히 재확인하는 수준의 왜곡된 방식으로 기억을 한다는 점이다.[5] 또 다른 연구에서는 배심원들이 재판에서 상당히 초기부터 사건에 관한 입장을 정해놓은 뒤 그런 초반의 직감을 확증해준 증거들만을 기억하는 경향이 있다는 사실이 밝혀졌다. 그들은 상충하는 증거들은 기술하지 못하거나 초반의 믿음을 단순히 확증시켜주는 증거를 부정확하게 기억한다.[6]

요약하자면, 인간의 정신은 처음의 느낌을 반증反證하기보다는 확증確證하도록 되어 있다. 확증편향을 탐색하도록 설계된 초기 임상 연구 가운데는 고안자인 피터 왓슨 박사의 이름을 따서 '왓슨의 규칙발견 테스트 Watson Rule Discovery Test'라 부르는 것이 있는데, 이 테스트는 피험자들에게 일련의 숫자 3개에 적용되는 규칙을 찾아내라고 요청한다.[7] 맨 처음에는 피험자들에게 2-4-6의 세 숫자를 제시했다. 그리고 피험자들이 규칙을 알아내고 각자의 가설을 검증하기 위해 다른 숫자 세트를 직접 제시해볼 수 있게 했다. 그러면 제시한 숫자 세트가 규칙에 부합하는지 혹은 어긋나는지 '예' 또는 '아니오'로 알려주었다. 자신이 규칙을 찾아냈다는 확신이 들면 피험자는 진행을 중단하고 자신이 찾은 규칙을 말했다.

숫자 2-4-6을 받았을 때 피험자들이 처음에 떠올리는 가설은 대부분 똑같은데, 점차 커지는 일련의 짝수라는 것이다. 따라서 대다수 피험자들은 이 규칙에 따르는 숫자 3개, 이를테면 4-8-10 혹은 2-6-8 등을 제시해보고 그렇게 제시한 숫자들이 해당 규칙에 부합하는지 답을 들었다. 각자의 초기 가설을 확증하기 위한 몇 차례 시도 후에 긍정적인 답변을 듣고 나면 대부분의 피험자들은 규칙—커지는 일련의 짝수들—을 찾아냈다고 확신했다. 그러나 오답이었다. 정답은 그냥 '커지는 일련의 숫자들'이었다. 그러므로 일련의 홀수들, 이를테면 3-5-7이라든가 커지는 홀수와 짝수가 뒤섞인 숫자들도 규칙에 부합했을 것이다. 그러나 자신의 최초 가설을 반증해보려는 시도를 한 사람은 거의 없었다. 처음에 세운 가설 때문에 홀수는 아예 떠오르지 않았던 것이다. 다들 자기 가설을 확증하는 데만 골몰한 나머지 가설을 반증해볼 수 있는 3-5-7 같은 간단명료한 숫자들은 후보군에조차 넣지 않았다.

다양한 맥락에서 확인된 왓슨의 규칙발견 테스트는 오늘날 인간의 사고가 최초 추측을 확증하는 방향으로만 작동한다는, 이제는 정설이 되다시피 한 심리 현상을 잘 보여준다. 사람은 자신의 가설을 바꾸려 하지 않으며, 때문에 그와 상충하는 다른 대안들까지 탐색하지는 않는다. 나중에 보면 정답이 뻔한 경우에도 말이다.

확증편향에 대한 인간 사고의 취약성은 워낙 다양한 맥락에서 광범위하게 연구가 이뤄져온 주제라 위키피디아에 해당 용어의 정의 항목에는 무수한 맥락에서 확증편향이 존재함을 확증해주는 150여 개의 연구가 참고문헌으로 수록돼 있을 정도다. 터프츠대학의 저명한 심리학자로《실험심리학저널Journal of Experimental Psychology》을 창간한 레이먼드 니커슨은 확증편향은 "워낙 강력하고 보편적인 현상이라 확증편향 자체만으로도 개인, 집단, 국가 간에 나타나는 각종 논쟁, 언쟁, 오해의 상당 부분이 설명가능하다"[8]며 다음과 같이 적고 있다.

자기도 모르게 언쟁을 하게 될 때마다 실제로 [확증편향이] 너무 강해지는 게 아닌지 의심해보는 것이 가능할까? 논쟁이 격화되면 해당 사안과 관련된 어떤 증거가 제시된다 해도 사람들은 객관적으로 생각해볼 마음이 없어진다. 다들 이기는 것이 목표가 되고 이기기 위해서는 자기 입장을 가장 확실히 뒷받침할 주장을 내세우는 동시에 그에 불리하게 작용할 모든 증거는 반박하고 깎아내리거나 아예 무시해야 하는 상황이 된다. 그리고 어느 한쪽에 적용되는 것은 대개 상대방에게도 마찬가지로 적용되므로 논쟁이 어느 한쪽의 명명백백한 승리 혹은 패배인 경우는 드물다. 서로 자기네가 이겼다고 주장하고 저쪽이 고집불통이라고 비난하는 결말이 되기 쉽다.[9]

더 나아가 니커슨은 확증편향이 우리의 일상뿐 아니라 의료, 과학, 법 등 다양한 분야에도 파고든다고 설명한다. 설득력 있는 새로운 사상(갈릴레오의 이론이나 대륙이동설 같은 획기적인 발상 등)에 대한 전면적인 거부에서부터 엄청난 비극(세일럼의 마녀재판이나 홀로코스트 등)에 이르기까지 여러 사회적 문제에도 확증편향은 일조해왔다.

* * *

확증편향이 부지불식간에 우리의 일상에 영향을 미치는 온갖 방식을 이 책에서 전부 다루지는 못한다. 그러나 확증편향이 일반 대중은 잘 알지 못하는 여러 방식으로 형사사법제도를 어떻게 오염시키는지—그리고 이런 편향들이 어떻게 엄청난 불의를 야기하는지—살펴봄으로써 이 현상이 우리 삶의 다른 부분에서도 많은 문제를 일으킨다는 것을 이해할 수 있을 것이다.

실제로, 형사사법제도는 하나부터 열까지 확증편향으로 가득 차 있다. 예를 들면, 형사들은 어떤 사건에 대해 각자 자신의 기존 신념을 확증시켜주는 이야기를 들려주는 증인들을 믿는 경향이 있다. 기존 신념에 모순되는 정보를 전달하는 증인들에 대해서는 거짓말을 하고 있거나 무언가 착각한 것이라 간주하고 한편으로 밀쳐두는 경우가 많다.

그러나 형사사법제도에서 확증편향이 각종 결과에 미치는 영향을 가장 잘 이해하는 방법은 과학수사forensic sciences에서 확증편향이 작동하는 방식을 연구하는 것이다. 우리 사회에서는 CSI의 흰 가운 입은 전문가들을 중립성의 대표적 보루처럼 여긴다. 적어도 이론상으로는 형사피고인이 유죄판결을 받든 무죄선고를 받든 이들은 아무런 이해관계가 걸려 있지 않기 때문이다. 대개 대단한 학위가 있고 냉정하고 객관적인 엄연한 과학의 세계 안에서 움직인다. 그러나 과학수사관들조차도 얼마나 쉽게 확증편향에 굴복하는지 이해하고 나면 경찰관, 검사, 변호사, 판사, 심지어 증인도 마찬가지로 확증편향에 굴복해 사실을 왜곡하고 심각한 불의를 야기한다는 걸 깨닫게 될 것이다.

지난 20여 년간 이노센스 운동을 통해 밝혀진 수백 건의 오판 사례는 우리 과학수사의 고질적인 문제들을 폭로해왔다. 사실, 미국에서 DNA 검사 결과에 기인한 최초의 무죄방면 325건 가운데 154건이 부정확한 포렌식 증거 때문으로, 목격자 오인 바로 다음으로 많이 발생한 요인이었다. 해당 유죄판결 사례 중 49%, 즉 거의 절반이 잘못된 포렌식 문제가 있었다는 이야기다.[10]

이런 사실을 알고 나면 사회과학자들은 이런 질문들을 던지기 시작한다. 우리는 왜 부정확한 과학적 증거를 근거로 이 모든 잘못된 유죄판결을 하게 되는 것인가? 이 사건에서 포렌식 전문가는 왜 피고인의 음모陰毛와 강간범이 범죄현장에 남기고 간 음모를 현미경으로 비교분석해 둘이 일치한다는 결론을 내렸다고 증언을 했는가? 그리고 어째서 이제 와서 두 음모의 DNA 검사 결과가 일치하지 않는다는 사실이 밝혀졌는가? 우리는 왜 매 사건마다 연이어 과학적 증거에서 오류를 발견하고 있는가?

죄 없는 사람이 포렌식 증거의 오류 때문에 잘못된 유죄판결을 받았을 경우, 두 가지 현상 중 하나 혹은 둘 다가 작용하고 있을 수 있다. 첫째, 오늘날 밝혀진 바로는 우리의 포렌식 중 일부는 실질적 과학 혹은 과학적 방법에 충분한 근거를 두지 않은 가설 혹은 추측에 불과하다. 다시 말해, 증거를 분석해 결론에 도달하는 방법이 정확도가 알려진 바 없는, 아직 검증되지 않은 상태라는 뜻이다. 이런 문제가 사건을 오염시킨다면, 그런 증언을 한 전문가만의 문제는 아니다. 오히려, 그 전문가가 사용하도록 훈련받은 방법이 애초에 취약했다고 할 수 있다. 오류가 있는 과학적 증거로 이어질 수 있는 두 번째 현상은 그 증거를 분석한 전문가의 확증편향이다.

결론의 근거가 되는 과학적 원리가 전반적으로는 탄탄한 것이라 해도 전문가의 이런 편향은 사건의 여러 결과를 왜곡시킬 수 있다.

통념과는 달리, 전문가들이 법정에서 'CSI 과학수사'라고 설명하는 많은 것들은 조작이나 오해의 가능성이 전혀 없는 객관적인 엄연한 사실들에 기반하고 있지 않다. 그 대신, 전문가들은 대개 패턴들을 분석하거나 이미지들을 비교함으로써 해당 패턴이나 이미지가 일치하는지 혹은 다른 무언가와 '일관'되는지 여부를 판단한다. 범인이 강도 현장을 서둘러 떠나 달아날 때 진흙 바닥에 남긴 타이어 자국이 피고인의 타이어 접지면과 일치하는가? 범죄현장에서 발견된 탄환의 강선을 현미경으로 살펴본 모습이 용의자의 총열에 남은 긁힌 자국과 일치하는가? 용의자의 옷에서 발견된 혈흔이 고속으로 흩뿌린 핏방울의 예시와 일치하는가? 은행강도 사건에서 돈 내놓으라는 쪽지에 쓰인 손글씨가 피고인의 필적 견본과 일치하는가? 용의자의 지문 중 피 묻은 칼에서 나온 지문과 일치하는 것이 있는가? 피해자의 몸에 남은 교흔이 석고로 본뜬 용의자의 치아와 일치하는가?

다시 말해, 수많은 포렌식이 순전히 객관적이기만 한 과정이라기보다는 비교와 대조라는 주관적인 작업 과정이라는 뜻이다. 이런 작업에는 인간의 오류나 실수가 들어설 여지가 다분하다. 이노센스 운동 이후로, 수많은 사건에서 전문가들이 부정확한 증거를 법정에 제시하여 잘못된 유죄판결로 이어졌음이 밝혀지자 사회과학자들은 전문가의 확증편향이 결과를 어떻게 왜곡시키고 이 같은 불의로까지 이어질 수 있는지 밝히기 위해 다양한 실험을 수행해오고 있다.

런던대학의 아이티엘 드로어 박사는 이 분야 연구의 선구자다. 2005년, 드로어와 동료들은 경험이 풍부한 지문분석 전문가 5명과 함께 실험을 했다.[11] 이 전문가들에게 지문 두 개를 비교해달라고 부탁했는데, 두 지문 중 하나는 용의자의 것이었고 다른 하나는 범죄현장에서 발견된 것이었다. 그리고 지문분석 전문가들이 실수로 두 지문이 일치한다는 잘못된 결론을 내렸고 그로 인해 잘못된 유죄판결이 나왔다는 게 현재 다수의 판단이라는 정보를 주었다. 그러므로 드로어 박사는 두 지문이 일치하지 않을 가능성이 있다는 편향을 심어줄 배경과 맥락을 제시한 셈이었다. 그러면서도 이런 맥락 정보는 무시하고 독자적인 실험을 통해 두 지문의 일치 여부를 직접 판단해달라고 요청했다.

지문감식관들은 모르는 사실이었지만, 드로어 박사와 동료들이 제공한 일련의 지문들은 실은 오류가 발생했을 가능성이 있는 사건에서 나온 것이 아니라 바로 그 지문감식관 본인들이 일치하는 지문이라고 이미 결론을 내린 바 있는 것들이었다(지문감식관들은 매년 수천 개의 지문을 살펴보기 때문에 불과 일주일 전에 감식했던 지문들도 기억하지 못할 가능성이 높다). 그러니까 이들은 상황을 모른 채 이전 사건에서 일치한다고 판단했던 지문들을 다시 감식하게 된 것이었는데, 다섯 명 중 네 명은 본인의 이전 결론을 뒤집고 다른 답을 내놓았다. 다섯 중 셋은 해당 지문들이 일치하지 않는다고 판단했으며, 한 명은 확실한 결론은 보류하겠다고 했다. 오직 한 명의 전문가만이 일치한다고 봤던 본인의 애초 결론을 고수했다. 즉 정답이 어떠해야 할지를 넌지시 알려주며 미리 선입견을 형성하는 맥락을 제시한 결과, 지문감식관 중 80%가 본인의 답을 변경했다.

어느 후속 연구에서는 48가지 샘플을 포함시켰다.[12] 지문감식관은 어떤 맥락(예를 들면, "이 사람이 죄를 자백했다"인지 아니면 "이 사람은 확실한 알리바이가 있다"인지)을 제공받는가에 따라 지문의 일치 혹은 불일치 여부에 대한 판단이 굉장히 민감하게 영향을 받는다는 사실을 재차 확인할 수 있었다. 그리고 지문 간에 상당한 유사성이나 차이가 있는, 꽤나 명백한 사건에서도 확증편향은 결과에 영향을 미쳤다.

스스로 '무오류'한 존재로 자처하며 오류는 "사실상 있을 수 없다"[13]고 자부해왔던 포렌식 수사의 관점에서 이는 충격적인 결과다.[14] 이들 연구를 통해 알 수 있는 것은 이런 과정이 실은 굉장히 주관적이며, 마땅한 '정답'에 관한 기존 신념 때문에 왜곡이 일어나 지문감식관들이 틀린 결론에 도달하기가 굉장히 쉽다는 사실이다. 뿐만 아니라 드로어 박사 연구팀은 지문감식 분야를 넘어 인류학(이를테면 유골의 젠더 판별)[15], 필적 감정[16], DNA 검사 결과 분석[17] 등 여러 분야에 존재하는 확증편향에 대해서도 밝혀왔다.

* * *

세간에 알려진 브랜든 메이필드 사건은 이 같은 확증편향이 형사사법제도에서 어떻게 작동하는지 보여주는 완벽한 사례다.[18] 2004년, 스페인 마드리드에서 통근 열차 4대에서 연쇄 폭발이 있었다. 당국은 즉각 알카에다 등에 의한 테러 공격 가능성을 염두에 두고 FBI가 적극 협조하는 등 국제 수사에 박차를 가했다. 테러 공격 당시 사용된 폭발물이 담겨 있던 비닐봉투에서 지문 하나가 나왔다. FBI는 지문자동검색시스템AFIS 데이터베이스(미국 내에서 체포된 적 있는 이들로부터 채취한 지문들도 들어 있음)에 해당 지문을 넣었더니 컴퓨터에서 일치 가능성이 있는 미국인 몇 명의 지문이 나왔다. 이후 FBI는 지문의 완전 일치 여부를 확인하기 위해 정밀 조사에 들어갔다. 그러는 중 해당 목록에 있는 이들 중 한 명에 대한 의혹이 매우 짙어졌다. 그는 오리건 출신의 변호사 브랜든 메이필드로, 이집트 국적의 무슬림과 결혼했고 얼마 전 본인도 이슬람교로 개종을 했다는 이유로 FBI 테러 감시 대상에 포함되었다. 메이필드가 가장 유력한 용의자라고 믿고 있던 FBI 지문감식관들은 각자 메이필드의 지문과 폭발 현장에서 나온 지문을 비교대조한 뒤 완벽하게 일치한다는 결론을 내렸다. 메이필드의 지문은 폭탄 포장재에 있었다. 의심의 여지가 없었다. 그리하여 메이필드는 체포됐다.

체포된 뒤 메이필드는 결백을 주장했고 변호인 측에서 고용한 전문가 역시 해당 지문들을 감식했다. 메이필드 측 전문가마저 FBI가 이미 알고 있던 사실—폭탄 포장재에 찍혀 있는 건 의문의 여지 없이 메이필드의 지문이다—을 확증시켜주었다.

2주 뒤, 스페인 당국이 문제의 지문은 우나네 다우드라는 알제리 국적자의 것임을 밝혀냈다. 결국 FBI도 해당 지문이 메이필드의 지문과는 일치하지 않는다는 사실을 인정했다. 메이필드는 정부로부터 200만 달러 보상금을 받고 석방되었으며 서면으로 정식 사과도 받았다.

이후 FBI는 확증편향이 작용하여 착오가 발생했음을 인정했다. 실제로, FBI의 지문감식관 3명은—그리고 **메이필드 측에서 직접 고용한** 전문가도—편향에 기울어진 나머지 일치한다는 잘못된 결과를 발표했을 것이다. 메이필드의 지문과 폭탄테러범의 지문은 스페인 당국 전문가들이 보기에는 명백할 정도로 확실히 불일치했음에도 이런 일이 발생했다.[19] 편향이 이 같은 불일치를 보지 못하게 만들었다. 전문가들은 각자 기대했던 것만을 보았고 이들의 머릿속에 그 외 다른 어떤 것도 입력되지 못했다.

다음 테스트를 (연이어 나오는 정답은 보지 말고) 10초 안에 풀어보자.

다음 글 전체에는 F가 몇 개나 나오나?
FINISHED FILES ARE THE RE
SULT OF YEARS OF SCIENTI
FIC STUDY COMBINED WITH
THE EXPERIENCE OF YEARS…

만일 '6개'라고 답했다면 당신은 정답을 맞춘 몇 안 되는 사람에 속한다.[20] 통상적으로 이 질문에 75%가량의 사람들이 '3개'라고 답한다. 단어 'OF'에 사용된 'F'는 빼놓은 것이다. 대부분의 사람들이 '3개'라고 답하는 이유는 뭘까? 글을 읽는 데 익숙한 이들에게 'OF'라는 단어는 따로 분석하거나 입력할 필요가 없는 요소이기 때문이다. 머릿속에서 이 단어에 대해서는 시간낭비로 여기고 지름길을 만들어 대부분의 독자들은 그 3개의 'F'를 놓치게 되는 것이다.

유추해보건대, 전문가들—혹은 이 문제에 관한 누구든—은 특정 결과를 예상하는 순간 머릿속에 자연스레 지름길이 생겨, 볼 필요가 있는 것만을 보게 된다. 메이필드의 지문과 폭파범의 지문 사이에 상이점이 많았는데도 전문가들은 확증편향 때문에 그 차이를 보지도, 인식하지도 못했다. 마찬가지로, 드로어의 실험은 확증편향이 머릿속에서 상이점들을 분별하지 못하게 할 경우 전문가라 할지라도 확연히 다른 점들을 못 보거나 서로 다른 두 지문을 일치한다고 판단하기가 얼마나 쉬운지 보여준다.

그러나 지문 대조가 아무리 비과학적이라 해도 다른 여러 포렌식 수사에 비하면 훨씬 덜 주관적이고 해석의 여지도 적은 방식이다. 교흔 대조(범인이 피해자의 피부에 남긴 치아 자국과 용의자의 석고 치본dental impression 비교), 음모 대조, 타이어 자국 대조, 탄도 지문, 비산 혈흔blood spatter 분석 등 여러 다른 포렌식 분과들은 확증편향으로 인한 왜곡에 하나같이 취약하다.

게다가 전문가들이 그런 판단을 할 때는 대부분 판독하기 쉬운 명료한 이미지로 작업하는 게 아니기 때문에 이 문제는 더 복잡해진다. 경찰이 구내 압류차고지에서 확보한, 용의자의 타이어 접지면 석고 모형은 상당히 또렷하다 하더라도, 범인의 차가 서둘러 빠져나가면서 범죄현장에 남긴 자국이 파악하기 쉬울 만큼 또렷한 경우는 드물다. 장소가 자갈밭일 수도 있고 급회전시 가장자리 부분에 변형이 일어났을 수도 있고 혹은 질퍽한 진흙에 남은 경우 중력과 습기 때문에 변형이 시작됐을 수도 있다. 경찰서 취조실에서는 경찰관이 용의자의 손가락을 잡고 잉크를 묻힌 다음 책상처럼 단단히 고정된 표면 위에 놓여 있는 지문날인 카드 위에 조심스레 굴려 가며 찍기 때문에 지문이 또렷하지만, 살인범이 손가락에 피를 골고루 묻힌 뒤 방금 사람을 죽인 칼 곳곳에 손가락을 하나씩 조심스레 굴려 가며 지문을 남기지는 않는다.

법치의학자가 용의자의 치아로 뜬 석고 치본은 대체로 용의자 치아 형태를 정확히 재현한다. 그러나 피해자의 몸에 남은 교흔은 대개 몇 겹의 옷 위에서 깨물어서 남은 경우가 많고, 몸싸움 중에 심하게 움직이거나 미끄러져 내리면서 생긴 경우가 많다. 또한 표면—피부—은 사람마다 탄성의 정도가 다르고 정확한 형태를 기록해 보존할 만한 바탕으로는 대체로 부적절하다.

이런 주장을 확인하기 위해 바로 해볼 수 있는 실험이 하나 있다. 각자 한쪽 팔을 안쪽이 보이도록(손목에 푸른 정맥을 볼 수 있게) 돌려서 팔을 쭉 뻗자. 그리고 다른 편 손으로 엄지와 검지를 꼬집는 모양으로 만들어서 팔꿈치 아래쪽(손으로 내려가는 방향 쪽)에 올려둔다. 이제 그 두 손가락으로 팔의 중앙 부위 방향으로 피부를 꼬집듯이 잡아 얼마만큼의 살갗을 집어 올릴 수 있는지 본다. 이제 방향을 바꿔서 잡아보자. 검지는 손 방향으로 두고 엄지는 팔꿈치 방향으로 둔 뒤 꼬집어 올려본다. 아마도 이 방향으로는 살갗을 많이 잡아 올리는 게 거의 불가능하다는 걸 알 수 있을 것이다. 우리의 피부는 몸의 부위에 따라서는 어떤 방향으로는 탄성이 있지만 다른 방향으로는 탄성이 별로 없기 때문이다.

따라서 구부러진 형태의 교흔인 경우 탄력 있는 부위를 깨물어 찍힌 자국이 변형될 수도 있으며, 부위에 따라 자국이 선명하게 오래 남을 수도 있다. 그 결과 깨문 사람의 치아 배열을 정확히 반영하지 못하는 왜곡된 이미지가 나오게 된다. 이는 그저 한 가지 요인에 불과하고, 여러 이유로 사람 몸에 찍힌 교흔은 깨문 사람의 실제 치아 형태와는 큰 차이가 생길 수 있다.

요약하자면, 전문가들의 비교대조 작업은 대개 명료한 이미지 한 장—경찰서에서 여러 조건이 통제된 상황에서 확보한 용의자의 이미지—을 범죄현장에 남은 왜곡되고 더럽혀진 이미지에 맞춰보는 식으로 이뤄진다. 여기엔 인간의 해석, 확증편향, 오류 등의 여지가 훨씬 많아질 수밖에 없다. 과학수사관들의 검사로 나온 증거는 인간의 해석이 배제된, 엄정하고 확실한 데이터가 아니다. 차라리 로르샤흐 잉크 반점 검사에 가깝다. 사람들은 저마다 다양한 방식으로 증거를 바라보기 마련이며 어떤 이미지 속에서 사람들이 보는 것은 각자가 기대하는 바에 따라 얼마든지 달라질 수 있다.

* * *

검찰에서 일하던 시절 우리는 증거를 검사하는 전문가들에게 우리 쪽에서 필요한 결과를 늘 말해주곤 했다. 충격을 받는 독자들도 있겠지만 흔한 일이었다. 가령 탄도 검사라 치면, 이렇게 말하는 식이었다. "그 총알들이 피고인의 총에서 나온 게 맞는지 확인해주세요"라든가 "우리가 보기엔 이 총알들은 피고인의 총에서 나온 거 같은데, 확인차 검사 좀 돌려주세요" 하는 식이다. 우리가 '피고인'이라는 단어를 쓴 건 이 사람은 이미 체포된 사람이고 우리는 사건을 확실히 굳힐 생각이라는 의미였다. 이제 와 생각해보면, 설령 '용의자'라는 표현을 썼다 한들 그 역시 우리가 이제 수사를 진척시킬 만큼 충분한 증거를 모았으며 일치한다는 결과가 나올 수밖에 없을 거라고 그 전문가에게 알려주는 의미심장한 용어였다.

심지어 예상되는 재판일이라든가 공판 전 전문가의 서면 보고서가 필요한 회신 기일까지 알려주는 일도 예사였다. 이는 사실상 그 피고인이 범행을 했다고 우리는 생각하지만(그리고 구속하고 기소해서 대배심까지 가져가기에 충분한 증거를 확보했지만) 유죄라고 못 박으려면 좀 더 증거가 필요하다는 메시지를 전하는 셈이었다.

검찰청 내에서 '훌륭하다'는 평판을 쌓은 전문가들도 몇몇 있었는데, 이는 그들이 검찰 측에서 원하는 결과를 준다는 의미였다. 나는 화이트칼라 범죄 사건을 많이 기소했는데 이런 사건들은 대개 다량의 문서를 다뤄야 하므로 필적 감정 전문가의 도움이 자주 필요했다. 처음으로 필적 감정 전문가가 필요해졌을 때 나는 여느 검사가 하듯 검찰청을 돌아다니며 추천을 받았다. 예닐곱 명을 추천받았다. 한 검사는 어떤 전문가의 이름과 연락처를 주면서 이렇게 말했다. "이 사람은 항상 회신이 빠르고 겁이 없어요. 주저없이 일치하는 걸 일치한다고 말하는 사람이죠."

나는 검사로 있으면서 그 필적 감정 전문가에게 여러 차례 일을 의뢰했다. 한번은 피고인이 과거에 서명을 한 것으로 생각되는 서류 뭉치를 아주 짧은 시간 내에 분석해야 할 상황이 있었다. 재판이 시작되기 전날 저녁에야 이 서류들이 손에 들어왔는데, 바로 그 전문가에게 보내서 최대한 빨리 그 서류에 대한 답변을 줄 수 있는지 물었다. 적절한 대조 작업이 가능하도록 피고인 측의 필적 사본(논란의 여지가 없는 서명 견본)도 함께 보냈다.

이틀 뒤 나는 그로부터 우편으로 회신을 받았다. 그는 모든 서명이 피고인이 한 것이라고 확인해주었다. 그 서류 일체를 다시 보내는 데 하룻밤은 걸렸을 것을 감안하면 그는 그 모든 서명—아마도 수백 개—을 단 하루 만에 전부 분석했다는 소리다.

검찰청에서는 분석 결과에서 찾고자 하는 답이 무엇인지 그리고 그런 답은 언제까지 필요한지를 늘 포렌식 전문가에게 알려줬을 뿐 아니라 유죄판결을 내릴 수 있으려면 '일치' 여부가 필수적이기 때문에 그 답이 중요하다는 언질을 주기도 했다. 포렌식 전문가들에게 이는 당연히 사건에 대한 우리 측 가설을 확증하라는 엄청난 압력으로 작용했고 강력한 확증 편향을 만들어냈다. 앞서 말한 사례에서도 내가 필적 감정 전문가에게 모든 서류상의 서명들이 피고의 필적과 일치한다는 사실을 확인해줘야 하며, 재판이 임박했으니 답변이 최대한 빨리 필요한 상황이라고 분명히 말하지 않았나.

지나치게 기술적으로 정밀하거나 큰 그림(물론 여기서 큰 그림이라 함은 피고인과 범죄현장 증거 간의 일치)보다는 미묘한 차이에 지나치게 신경쓰는 전문가들은 너무 학구적이며 숲은 못 보고 나무만 보는 짜증 나는 사람 취급을 받았다.

당시에 나는 이런 관행에 잘못된 것이 전혀 없다고 느꼈고, 다른 검사들도 마찬가지였을 거라고 생각한다. 오늘날에도 대다수 검사와 경찰관들은 여전히 그렇지만, 당시의 나는 확증편향 효과에 완전히 무지했다. 그리고 우리는 다들 피고인은 100% 유죄라고 믿었다. 전문가에게 검사를 맡기기 **전부터** 그 서명들은 피고가 한 것임을 그냥 **알았다**. 총기 관련 사건에서는 당연히 그 총알이 피고인의 총에서 나왔다고 믿었다. 아마도 우리가 실제로 옳았기 때문에 이렇게 믿었던 사건이 많았을 것이다. 그러나 또한 우리에겐 각자 뿌리 깊은 확증편향이 있었을 것이고 터널시야도 겪었을 것이다. 필적 감정 전문가가 대체 어떻게 단 하루만에 수백 건의 서명을 주의 깊게 분석할 수 있는지 묻지 않았던 건 내 편향 때문이었다. 그저 형식적인 절차로 여겼다. 전문가는 단지 우리가 이미 아는 것을 확인해주고 배심원단을 설득할 만한 형태의 증거를 제공하기 위해 존재했다.

전문가 증인들에게 확증편향을 야기하는 건 비단 검찰청만이 아니다. [자료2]는 2008년에 한 형사가 전문가 증인에게 포렌식 분석을 요청할 때 제출한 실제 서류 양식이다.[21]

서류 중앙 부분 "사건 개요Summary of Case"란에 형사는 친절하게도 용의자의 지문이 나올 것으로 예상한다는 설명을 써두었다. 이 용의자가 총격 전에 차량을 "몰았다고 알려져 있고" 해당 차량 안의 다른 지문들은 이미 제거돼 있었다는 게 이유였다. 하단부 "비고Remarks"란에서 형사는 용의자가 살인범(그가 "방아쇠를 당겼다")이라고 알려준 뒤, 동료 공무원인 그 전문가에게 자신 "[용의자가] 트럭에 있었다는 걸 밝히기 위해 노력하고 있으"며 "그 트럭에 타고 있던 유일한 목격자가 너무 취해 있어서 식별은 하지 못하는 상태"이기 때문에 전문가의 지문 대조 결과가 결정적인 역할을 할 것이라고 말함으로써 엄청난 압박감을 준다. 다시 말해, 형사는 일치한 다는 결과를 기대하고 있고 살인범을 잡는 데 그것이 굉장히 중요한 부분 임을 전문가에게 강조했다. 이런 식의 서류작성은 이상한 일이 아니었으 며, 검찰에서도 전문가들과 소통하던 전형적인 방식이었다. 현재 미국 전 역에서도 다를 바 없으리라 생각한다.[22] 2012년에 《뉴사이언티스트》에서 실시한 설문조사에 응답한 영국의 포렌식 전문가 중 3분의 1이 담당 사건 에서 검찰 측에 도움이 되는 결과를 도출해야 한다는 법집행부의 압박을 느낀 적 있다고 인정했다.[23] 내 생각에 3분의 1이 법집행부의 압력을 인정 했다면 정말 압박을 받았던 비율은 아마도 더 높을 것 같다. 대부분 인정 하고 싶지 않을 부분이니까. 물론, 노골적인 압박을 받진 않는다 하더라도 포렌식 전문가 입장에서는 분석을 시작하기도 전에 예상되는 '정답'을 들 을 때마다 확증편향은 생길 수밖에 없다.

넷플릭스 다큐 〈살인자 만들기〉에 이 같은 현상의 몇몇 사례가 잘 설 명되어 있다. 여기서 스티븐 애버리는 테레사 할바흐를 살해한 죄로 기소 되었다. 경찰은 애버리가 자기 집 차고에서 할바흐를 죽였다고 판단했고, 차고 바닥에서 총알 하나를 발견했다. DNA 검사를 위해 총알을 주립 연 구소로 보낼 때 경찰이 연구소 측에 이렇게 말했다는 사실이 교차신문 과 정에서 폭로됐다. "테레사 할바흐를 스티븐 애버리의 차고에 넣어주셔야 합니다." 연구원들은 테레사 할바흐의 DNA가 총알에 남아 있었다는 의 견을 '정답'으로 달라는 언질을 받았던 것이다. 결국 연구소 자체 프로토 콜에 의하면 답을 알 수 없다는 결과가 나왔는데도, 연구원들은 이 프로 토콜을 어기고 할바흐의 DNA가 총알 위에 남아 있다는 의견을 내놓았 다는 것이 밝혀졌다.

또 한 가지 쟁점은 애버리의 자택 인근에서 발견된 할바흐의 유골이 먼저 불태워진 뒤 그 장소로 옮겨졌는가 하는 부분이었다. 만일 그렇다면, 이는 누군가가 자신에게 누명을 씌운 것이라는 애버리의 주장을 뒷받침 하는 셈이었다. 검찰 측은 법의인류학자를 법정에 세웠는데, 이 법의인류 학자는 미리 어떤 답―유골은 옮겨진 적 없다는 답―을 내놓아야 하는지 검찰 측으로부터 언질을 받은 상태였다. 그리고 증언에서도 그런 결론을 내놓았다. 그러나 피고 측은 그의 의견이 피고인 측 전문가 증인의 의견 과도 다른 데다 아무런 과학적 근거도 없으며 심지어 상식에도 어긋난다 는 사실까지 반대신문에서 입증할 수 있었다. 이 법의인류학자는 교차신 문 막판에는 완전히 본래 의견에서 물러난 듯 보였다. 자기 의견의 오류 가 드러난 뒤로는 유골의 이동 여부에 관해 실은 어느 한쪽으로 단정하 기 어렵다고 인정했다.

〈살인자 만들기〉에는 검찰 측이 사건에 대한 자기네 주장을 확증해줄 수 있는 답을 달라고 포렌식 전문가들에게 은연중에 미리 방향을 정해주 는 방식이 나온다. 이는 이노센스 운동에 참여해온 우리로서는 수년 전부 터 인지했던 내용들로, 확증편향은 당연히 중립적일 것이라 생각했던 과 학자들에게까지 영향을 미친다.

일부 관할 구역에서는 훨씬 더 상황이 심각한데, 실험을 시작하기도 전 에 실험실 연구원들에게 '정답'을 알려줄 뿐만 아니라 그런 답변의 대가로 법집행관들이 금전적 보상을 하기도 한다. 실제로, 피고인 측이 유죄판결 을 받을 경우에만 해당 실험실에 지급되는―피고인 측 소송 비용에서 나 오는!―추가요금이 있는 관할도 있다.[24] 그런가 하면, 휴스턴의 과학수사 연구소 회의 장면에서 볼 수 있듯[25] 검경의 유죄판결을 이끌어내는 데 일조한 공로로 포렌식 전문가들이 '공로패'를 받는 곳들도 있다.

오하이오의 어느 실험실 연구원은 어찌나 검찰 측에 호의적이었는지 개인 인사 파일에 상관이 그런 평가 내용을 적어놨을 정도였다. 이 연구원이 내놓은 결과가 몇몇 잘못된 유죄판결로 이어졌을 수 있다. 실험실의 상관이 지나치게 검찰 측을 돕는다는 평가를 실제로 써놓을 정도라면 그건 잘못된 일이 아닌가? 실제로, 이 연구원이 경찰 측에 "증거가 어떻게 나오면 좋겠어요?"라고 묻는 걸 누군가가 들은 적도 있었다.[26] 그렇지만 경찰과 검사 들은 다 이 연구원을 엄청 좋아했다. 그의 인사 파일에는 하나같이 열렬한 감사의 메모들이 담겨 있는데, 그중 한 장에는 이렇게 적혀 있었다. "지금 바로 앞에 당신이 있다면 발렌타인데이를 맞아 제가 진심을 담아 꼭 안아드리고 입 맞춰 드릴 겁니다……. 당신이 상상할 수 있는 것 이상으로 당신은 제게 도움을 주었어요."[27]

* * *

2009년, 미국과학한림원National Academy of Sciences(NSA)에서는 「미국의 과학수사 강화를 위한 제언」이라는 제목의 보고서를 발간했다. 2005년 의회는 미국과학한림원이 미국 과학수사의 상태를 진단하고 개선을 위한 의견을 제시하도록 하는 법을 제정했는데, 그에 따라 이 보고서가 나온 것이다.

2008년에 미국과학한림원은 여러 차례 청문회를 개최하여 연방 공무원과 학계 연구자, 민간 자문위원, 연방/주/지역 법집행관, 과학자, 법의학자 및 검시관, 공공 및 민간 과학수사관, 개인 조사관, 변호사, 각종 포렌식 전문가, 관련 주요 전문기관 및 표준화 기구로부터 증언을 수집했다.

그리고 다음 청문회가 재개되기 전에는 도움이 될 만한 과학수사 관련 자료—각종 보고서 및 연구결과 등—를 검토했다.

또한 미국과학한림원은 이노센스 운동이 미국 내 과학수사의 상태에 대해 알려준 바에 관해서도 심도 있게 다뤘다. (맨해튼의 카르도조 로스쿨 중심의) 이노센스 프로젝트의 공동 창립자인 피터 뉴펠드를 증언자로 초청하기도 했다. 이노센스 운동의 노력은 미국과학한림원 보고서에도 기록되었다.

「과학수사 강화를 위한 제언」 보고서는 2009년 2월 18일에 발간되었다. 서론에서는 증언자들의 진술에 근거하여 다음과 같이 선언했다. "과학수사 시스템 전반에는 연구와 실행 전반에 걸친 심각한 문제들이 있고 이를 해결하기 위해서는 미국 내 과학수사 분야를 지탱하는 현 구조를 대대적으로 점검하려는 전국가적 노력이 반드시 필요하다. 이는 연방정부 및 주정부 모두의 최고위급 간부들이 직접 나서서 솔선하고 상당 규모의 연방 자금이 투입되어야만 가능하다."[28] 이 보고서는 미국 내 포렌식 수사의 문제적 상태를 여실히 드러내고 있다. 얄궂게도, 일반 대중은 〈CSI〉 시리즈를 시청하며 과학수사관들이 기적 같은 과학을 동원해 나쁜 놈들을 잡고 있다고 믿던 바로 그 시점에 나온 이 보고서는 헐리우드식 신화와는 거리가 먼 현실을 보여주고 있다.

이 보고서는 과학수사에서 확증편향이 오류를 일으키는 데 일조함을 명시적으로 인정한다. 드로어 박사가 위원회 앞에 증언자로 나섰고, 그의 획기적인 연구도 보고서 전반에 인용되었다. 미국과학한림원은 과학수사 분야에 확증편향이 만연한 것은 과학수사관들과 법집행관들 간의 친밀한 관계에도 일정한 원인이 있음을 인정했으며, 두 가지 중요한 제안을 했다. 첫째로 "모든 과학수사연구소 및 관련 시설을 법집행기관이나 검찰청의 관리감독 구조로부터 벗어나게" 하기 위해서 국립과학수사연구소National Institute of Forensic Science를 의회가 설립할 것을 제안했다. 둘째로, 국립과학수사연구소가 "표준운영절차를 마련하여 실제 포렌식 과정에서 인간 실수의 원인이나 잠재적인 편향 가능성을 최대한 확실하게 줄이도록 하며, 이 같은 표준운영절차는 모든 포렌식 분석에 적용되어야 한다"고 조언했다.[29]

이노센스 운동 진영에서는 「과학수사 강화를 위한 제언」 보고서를 크게 환영했다. 수년간 이노센스 운동의 리더들은 확증편향이 전문가의 결론과 증언을 왜곡하는 문제를 지적해왔지만, 실질적 변화 차원에서 이렇다 할 성과를 거두지 못한 상황이었다. 그런데 의회 자문을 담당하는 권위 있는 독립 기관이 나서서 이 문제의 고질성을 인정하고 대대적인 변화를 통해 제도를 개선하라 촉구한 것이다.

그러나 8년도 더 지난 지금까지 바뀐 것은 거의 없다. 오하이오주 그리고 미국 전역에서 검사와 판사도 다수 포함된 청중들에게 강연을 하고 또 질문에 답하면서 내가 느낀 것은 아직까지도 「과학수사 강화를 위한 제언」 보고서에 관해 아는 사람이 거의 없다는 점이다. 들어본 적조차 없는 사람이 대다수다.

그 결과, 보고서에서 문제로 지적했던 과학수사 방법 다수가 여전히 미국 법정 곳곳에서 별다른 수정이나 개선도 없이 활용되고 있다. 실제로 2016년에 대통령 과학기술자문위원회가 「과학수사 강화를 위한 제언」 보고서와 유사한 보고서를 발간했는데, "과학적 근거가 희박한" 수많은 포렌식 방법들이 여전히 활용되고 있으며 유효성과 신뢰성 확보를 위해서는 추가적인 지원이 필요하다는 결론을 내리고 있다. 이에 대해 로레타 린치 법무장관은 법무부에서는 "과학수사 증거의 증거능력에 관한 현행 법적 기준이 견실한 과학과 견실한 법적 추론에 근거하고 있다고 믿는다"는 성명서를 발표했다. 그리고 결론 부분에서 이렇게 덧붙였다. "우리 법무부는 포렌식 증거의 증거능력에 관한 제안은 수용할 계획이 없다."[30]

「과학수사 강화를 위한 제언」 보고서 내용 중 유일하게 수용된 부분은 제안 중 일부를 시행할 국립과학수사위원회National Commission on Forensic Science를 법무부에서 설립한 것이었다. 그러나 위원회가 업무를 시작하자마자 도널드 트럼프가 대통령에 당선됐고, 트럼프 행정부는 위원회를 바로 없애버렸다.[31]

그래도 변화는 현재진행형이다.

* * *

과학수사관의 확증편향이 잘못된 판결에 일조한 경우는 무수히 많다. 애리조나에서 있었던 레이 크론 사건은 대표적인 끔찍한 사례다.[32] 1991년 12월 29일 아침, 36세 여성 바텐더의 시신이 그녀가 일하던 술집 남자 화장실에서 발견됐다. 단골손님이었던 크론이 용의선상에 올랐는데 전날 밤 피해자가 가게 문 닫는 것을 도와줬었다는 게 이유였다. 피해자의 몸에 가해자에게 물린 교흔이 있었으므로, 경찰은 크론에게 치아의 '자국'을 봐야 한다며 스티로폼 컵을 깨물어보게 시켰다. 그러고는 주 당국의 전문가 몇 명이 그 자국과 피해자의 몸에 남은 교흔을 비교한 뒤 정확히 일치한다는 의견을 내놓았다.

크론의 치아는 유독 비뚤비뚤했고, 언론에서 크론은 "뻐드렁니 살인자"로 알려졌다. 재판에서 포렌식 전문가들은 배심원단에게 크론의 특이한 치아가―오직 크론의 치아만이―피해자의 몸에 그런 교흔을 남길 수 있었을 거라고 말했다. 검찰 측은 최후변론에서 이 CSI 타입 증거의 위력을 특별히 강조했다. 그리고 당연하게도 그렇게 확실해 보이는 증거가 나오자 배심원단은 유죄평결을 내렸다. 크론은 사형 선고를 받고 사형수로 수감되었다.[33]

10년 뒤 크론은 미국에서 사형수로서 무죄방면된 100번째 사례가 되었다. 범인이 남긴 교흔의 타액과 혈흔으로 DNA 검사를 한 결과 레이 크론은 살인범이 아님이 입증되었다. 그 대신 과거에 성범죄로 유죄판결을 받은 적이 있었고 술집 근처에 거주하던 케네스 필립스라는 남자가 진범으로 밝혀졌다. 이후 크론은 애리조나주 당국으로부터 440만 달러 배상을 받았고 〈궁극의 변신Extreme Makeover〉이라는 텔레비전쇼에서 치아재건을 받은 뒤에야 더 이상 '뻐드렁니'라는 별명으로 불리지 않게 됐다.

크론의 사례는 이런 질문을 하지 않을 수 없게 만든다. 대체 어떻게 여러 명의 법치의학자들이 증인석에 나와 배심원들을 똑바로 쳐다보며 레이 크론의 독특한 치아가―오직 레이 크론의 치아만이―피해자의 몸에 그런 교흔을 남길 수 있었다고 말할 수 있었나? 죄 없는 한 남자에게 누명을 씌우기 위해 일부러 거짓말을 한 걸까? 당연히 그건 아니다. 주 당국의 과학자들에게는 임무―크론의 치아와 피해자 몸에 남은 교흔을 일치시키는 일―가 주어졌던 것이다. 이들은 분석을 시작하기도 전에 이미 크론의 치아가 일치할 거라 믿었다. 경찰이 '그런 짓을 한 놈'이라고 말해준 대상이었으니까. 부드러운 피부에 찍힌 교흔을 스티로폼 컵을 깨문 자국과 비교하는 것처럼 주관적인 작업에서 전문가는 자신이 기대한 결과를 보게 되기 쉽다. 간단히 말하자면, 크론은 배심원단의 믿음과는 달리 확실하고 분명한, 중립적인 과학의 토대 위에서 유죄판결을 받은 것이 아니라 확증편향의 결과로 유죄판결을 받은 것이었다.

미시건에서 있었던 래리 패트 수터 사건은 범죄사건을 해결하고 유력한 용의자를 유죄로 못박도록 도와달라는 검경의 압박 때문에 과학수사관들이 어떻게 왜곡된 시선으로 증거를 바라보게 되는지 잘 보여주는 수많은 사례 중 하나다.[34] 1979년 크리스티 링글러가 미시건주 화이트클라우드 고속도로에서 의식불명 상태로 발견돼 그 직후 사망했다. 부검 결과 두부에 가해진 두 차례의 충격이 사망 원인이었고, 살인 또는 차량 충돌 가능성이 제기됐다.

링글러가 발견됐던 현장에 경찰이 도착했을 당시 많은 사람들이 이미 모여 있는 상태였다. 현장에 있던 이들은 경찰에게 링글러가 그날 밤 얼마 전까지 인근에서 있었던 파티에 자기네와 함께 있었고, 무슨 일이 일어난 건지 보려고 도로로 내려왔다고 말했다. 래리 패트 수터도 현장에 있었는데 그는 그날 밤 술집에서 링글러를 만났고 같이 파티에도 갔다고 경찰에 진술했다. 수터는 파티 도중 어느 순간 자신과 링글러가 함께 밖으로 나간 적 있었다고 인정했고, 링글러가 집에 가겠다고 하더니 고속도로를 따라 걷기 시작했다고 말했다. 수터는 잠시 따라 걸으면서 걷지 말고 차로 이동하라며 링글러를 설득해 보았지만 몇 분만에 포기하고 그냥 혼자 파티로 돌아왔다고 주장했다.

다음날 경찰은 링글러가 발견됐던 지점 근처에서 위스키병 하나를 발견했다. 병 라벨에서 혈흔이 발견됐다. 분석 결과 링글러와 수터의 혈액형과 일치한다는 결론이 나왔다. 수터는 그 위스키병이 자신의 것은 맞다고 인정했고 그 지점까지 가던 도중에 버렸던 거라고 해명했다. 그러나 링글러의 죽음과 자신은 아무 연관이 없다고 주장했다. 그러면서 병에 남은 혈흔은 그날 밤 사건이 있기 전 본인이 손가락을 베였기 때문이라고 말했다.

경찰은 링글러의 옷에서 유리 파편들도 찾아냈는데 분석실에서는 차량 전조등 파편은 아니라는 결론을 내렸다. 그런데도 경찰 측에서 자문을 구해오자 어느 법의병리학자는 자기 생각에는 링글러가 입은 상해가 차량 충돌로 생긴 것 같다고 말했다. 이때까지 해당 카운티의 지방 검사는 수터 혹은 다른 누군가를 기소할 만한 충분한 증거가 없다고 판단했다.

그러나 사건 수사를 담당하던 경찰관은 링글러가 살해당했다는 의심을 계속 품고 있었다. 그는 링글러가 도로 한가운데서 발견됐고 옷에서는 아무런 핏자국이나 파편도 발견되지 않았으므로 차에 치인 것일 리 없다고 생각했다. 몇 년 뒤 이 경찰관은 카운티의 법의관에게 사건을 가져갔고 법의관은 수터가 가지고 있던 그 위스키병이 링글러에게 상해를 입힌 흉기일 **가능성**도 있다고 판단했다. 그러나 지방 검사는 수터를 기소하기에는 증거가 충분치 않다고 또 다시 결론내렸다.

링글러가 사망한 뒤 10여 년이 지났을 무렵, 링글러 사건 등 미결 상태인 살인 사건들을 해결하겠다는 공약으로 출마하여 당선된 신임 보안관이 이 사건의 수사를 넘겨받았다. 새로 의욕을 품은 수하의 보안관보들이 링글러 사건 수사를 어떻게든 재개해보려고 오래전 증인들 여럿을 다시 면담했지만 새로운 단서는 전혀 발견하지 못했다. 이처럼 전방위적 압박이 있는 분위기 속에서 보안관은 검시관에게 관련 증거를 다시 살펴보라고 요청했고, 이 검시관은 이번에는—기적처럼—링글러가 입은 상해가 수터의 위스키병에 의한 타격으로 생긴 것이라는 결론을 내렸다. 링글러가 사망한 지 12년 이상 지난 1991년에 수터는 링글러를 살해한 혐의로 체포됐다.

1992년 수터의 재판에서 주 당국 소속으로 근무하는 법의병리학자 몇 명이 링글러가 입은 상해는 위스키병에 가격당한 것과 일치한다고 증언했다. 결백을 주장하던 수터는 그날 파티가 열렸던 집주인의 증언까지 제시하며 위스키병에 있던 자신의 혈흔은 부서져 있던 그 집 문 손잡이에 손가락을 베어 탓에 묻은 거라고 해명했다. 실제로 집주인은 그날 저녁 수터가 반창고를 달라고 부탁했다는 사실까지 배심원단에게 증언했다. 또 다른 목격자는 수터가 파티 장소로 돌아왔을 때 땀을 흘리거나 숨을 몰아쉬거나 하는 등의 이상한 행동은 전혀 없었고 옷에 핏자국 같은 것도 없었다고 증언했다. 그렇지만 수터는 유죄판결을 받고 20년 이상 60년 이하 징역형을 선고받았다.

수터는 수감된 뒤로도 계속 결백을 주장했다. 결국 수터와 그를 응원하는 이들은 결백을 입증할 새로운 증거를 상당수 확보했다. 수터의 유죄판결이 잘못된 것일 수도 있다는 뉴스를 접한 한 여성으로부터 가장 설득력 있는 진술이 나왔다. 링글러가 사망한 그날 밤 고속도로에서 있었던 뺑소니 사고에 자기 아버지가 연관돼 있다는 사실도 이 여성이 나서서 경찰 측에 제공했다. 결국 연방 항소법원은 수터가 제시한 결백의 증거가 설득력이 있다고 판단했고, 해당 증거를 검토한 연방 지방법원에서는 수터에 대한 유죄판결을 파기했다. 수터는 자신이 저지르지도 않은 범죄 때문에 13년을 복역한 뒤 2005년 12월에 풀려났다.

수터의 사건에서 눈여겨 볼 부분은 수터가 링글러를 죽인 것이라는 주

당국의 확신 그리고 유죄판결을 끌어내라는 당국에 쏟아진 압력에 주 당국 포렌식 전문가의 의견이 번복됐다는 사실이다. 수터가 범인이라고 주 당국이 믿고 있다는—그리고 수터의 유죄판결을 원한다는—메시지를 검시관이 받은 순간, 10년도 더 지난 뒤에 수터의 혈흔이 남아 있던 위스키병은 갑자기 링글러의 두부 상처를 설명해주는 것이 되고 "살해 무기"가 되어버렸던 것이다.

어떤 이들은 이 사건에 무언가 조작이 있었다거나 포렌식 전문가들이 위스키병과 피해자의 상처 부위 사이에 아무런 일치점이 없음을 알고 있었으면서도 그저 보안관의 요구에 따라 무책임하게 도장을 찍은 거라고 할지도 모르겠다. 그러나 사건마다 이런 현상을 보았던 나로서는 좀 더 미묘한 문제라는 생각이 든다. 과학자들이 검찰 측에 유리한 편파적인 보고서를 제공한 사건들의 경우, 대개 그들은 오류가 있는 그런 결론을 실제로 굳게 믿는 듯하다. 과학자도 사람이고, 사람은 압박을 받으면 보고 싶은 것을 보는 경향이 있기 때문에 대부분 오답을 정답이라고 자기 자신을 그냥 설득해버리는 것이다. 다시 말해, 과녁을 향해 화살을 쏘아 명중시키려 애쓰는 대신 일단 화살부터 쏜 다음 그 화살이 꽂힌 곳 주변에 과녁을 그려넣는 식이다. 그들이 바라는 결론을 '정답'이라고 믿게 만드는 경향이 그들로 하여금 헛것을 보게 만든다. 이전까지 본 적 없었던 그 헛것을 정말로 보게 되는 것이다.

위스콘신주의 로버트 리 스틴슨 사건을 예로 들어보겠다. 확증편향 때문에 법치의학자 두 명이 스틴슨의 치아의 흔적이 피해자 몸에 남은 교흔과 "정확히" 일치하며 "일말의 오차도 없다"고 말했다. 스틴슨은 치아가 하나 빠져 있고 범인의 교흔에는 그 치아가 분명히 있었는데도 말이다.[35]

이후 결정적인 DNA 증거 덕분에 스틴슨의 결백이 입증됐고, 이 사건을 재검토한 법치의학 자문단은 주 당국 소속 전문가들이 재판 당시 놓쳤던 이 같은 명백한 불일치 부분을 쉽게 찾아냈다. 스틴슨은 자신이 저지르지 않은 살인 때문에 교도소에서 20여 년을 복역한 뒤 2009년에야 석방됐다.

미시시피주의 또 다른 사건에서는 어느 법치의학자가 여러 용의자들의 교흔이 범인의 것과 일치한다고 주 당국에 유리한 증언을 해서 여러 건의 오판으로 이어질 뻔한 사례가 있었다. 이 중 최소 두 건 이상의 사건에서는 이미 수년간 복역한 수형자들의 결백이 이후 DNA 검사로 밝혀졌는데, 피해자의 몸에 남은 자국은 교흔도 아니었고 실은 사망 후 실외에 방치된 상태에서 곤충이나 다른 짐승에게 물린 자국이었다는 결론이 났다.[36]

미주리주의 조지 앨런 사건은 확증편향이 결과를 왜곡시킨 특별히 극단적인 사례—너무나 극단적이어서 노골적인 포렌식 사기나 다름없을 정도—다. 앨런은 1983년에 어느 여성을 그녀의 아파트에서 강간 살해한 혐의로 유죄판결을 받았다. DNA 검사가 생기기 전에 발생한 범죄였고, 한 법의혈청학자는 피해자의 몸에서 검출된 정액을 가지고 판별한 혈액형으로 볼 때 앨런이 범인일 가능성을 배제할 수 없다고 증언했다.[37] 재판 중 최후변론에서 검찰 측은 이 증거를 특별히 강조하면서 만일 앨런이 정액의 주인일 가능성이 없다면 "우리는 여기까지 안 왔을 것이다. 그가 [그일을] 저질렀을 가능성이 없었다면 우리도 알았을 것이다. 하지만 일관된 증거가 있었다"고 말했다.

앨런이 유죄판결을 받아 수감된 지 몇 년 뒤 앨런의 변호인단은 그 법의혈청학자가 적은, 공개된 적 없었던 메모들을 발견했다. 그 내용을 보면 그는 애초에 범죄현장에서 확보한 정액에는 항원이 있어서 앨런의 것이 아니라는 결론에 도달했던 것으로 나온다. 그러나 앨런의 혈액형을 알게 된 이후 그는 결론 부분에 줄을 그어 지운 뒤 앨런이 범인일 가능성에 부합하는 결과를 찾은 것으로 고쳐놓았다. 이후 그는 재판을 위한 자신의 공식 보고서를 타이핑하여 정리하면서 정액이 앨런의 것과 일치한다고만 밝혀두었다. 몇 년 뒤 앨런의 무죄방면으로 이 모든 사실이 드러나자 그 법의혈청학자는 진술 녹취록에서 앨런이 범인이라는 이야기를 당국으로부터 들은 뒤 앨런을 배제한 자신의 처음 결론은 분명 실험 오류일 거라고 생각했다고 고백했다. 그래서 그냥 고쳤다는 것이다.

앨런은 자신이 저지르지도 않은 범죄 때문에 13년을 복역한 후 2012년에 석방됐다. 다시 말하지만, 객관적인 과학 대신 '정답'—사건에 대해 당국이 세운 가설을 고려할 때 진실**이어야만** 한다고 과학자들이 생각한 답—이 결과를 좌우했다. 앨런 사건을 담당했던 과학자는 앨런에게 불리한 당국의 증거를 굳게 믿었던 탓에 앨런을 무죄방면시켰던 자신의 이전 결론이 실수였던 게 **틀림없다는** 결론에 도달했다.

전문가 의견마저 왜곡시킬 수 있는 확증편향이 미국 내에서 소수의 사건에서만 우연히 일어났을 뿐이라고 생각할지도 모르겠다. 그러나 단도직입적으로 말하자면, 절대 그렇지 않다. 나를 비롯해 미국 어떤 주에서든 이노센스 활동을 하고 있는 변호사라면 누구나 포렌식 전문가들이 친분 있는 검경이 품은 기존의 믿음을 단순히 확증만 하는 수준의 허술한 결론을 내놓았던 사건들 이야기를 얼마든지 들려줄 수 있다. 그건 너무나 흔한 일이다. 다양한 사례를 찾기 위해 이 파일 저 파일을 파고들 것도 없다. 그야말로 도처에 널려 있으니까.

오하이오 이노센스 프로젝트에서 소송을 대리한 월터 짐머는 공동피고인이었던 토머스 실러와 함께 무죄방면되어 클리블랜드시 당국으로부터 10만 달러 단위의 배상을 받았다. 본인이 저지르지 않은 살인 때문에 13년을 복역한 뒤였다.[38] 진범인 제이슨 스미스는 피해자의 자택 곳곳에 지문을 남긴 탓에 사실상 현행범으로 체포됐다. 피해자인 여성 노인은 의자에 결박된 채 거실에서 구타를 당해 숨졌다. 그러나 스미스는 검찰 측과 거래를 통해 짐머와 실러에게 불리한 증언을 하는 조건으로 이후 법정에서 나왔던 표현대로 "엄청나게 유리한 합의"를 했다. 짐머와 실러는 이런저런 수리를 해주는 도급업자들이었기 때문에 둘의 지문도 피해자의 자택에서 발견되었다.

재판에서 스미스는 자신이 짐머와 실러가 피해자를 구타해서 죽일 때 현장에 있긴 했지만 집 안에서 벌어진 범죄를 먼발치에서 목격한 것이라고 증언했다. 짐머와 실러는 결백을 주장했다. 둘은 스미스가 혼자 범죄를 저질러놓고 그저 빠져나가려고 자신들을 연루시키고 있는 거라고 주장했다. 살인이 일어났던 밤 스미스가 입었던 바지를 분석한 주 당국의 과학 수사관은 처음에는 혈흔이 전혀 발견되지 않았으므로, 범인이 아니라는 스미스의 주장을 입증한다고 증언했다. 그랬다가 나중에는 말을 바꿔 스미스의 바지에서 피해자의 혈흔이 한 방울 나오기는 했다고 인정했다. 스미스의 바지에 갈색 반점들이 여러 개 있었는데도 그는 그 자국들이 피해자의 혈흔인지 확인하기 위한 검사는 하지 않았다고 말했다. 육안으로 봐도 핏자국이 아닌 게 확실하다는 이유였다. 검찰 측은 최후변론에서 스미스의 바지에서 나온 피해자의 혈흔 한 방울은 그가 짐머나 실러—살인을 저질렀다면 피해자의 피를 잔뜩 뒤집어썼을—와 접촉하면서 묻었을 가능성이 높고 스미스의 바지에 다량의 혈흔이 없다는 사실이 스미스의 주장을 뒷받침하는 거라고 주장했다.

그러나 짐머와 실러가 교도소에서 수년이나 복역한 뒤 실시된 DNA 검사로 실은 스미스의 바지가 피해자의 피로 범벅된 상태였음이 드러났다. 처음에 담당 과학자가 혈흔일 리 없다고 단정한 그 갈색 점들은 실제로 혈흔이었으며, 그것도 피해자의 핏방울이었다. 짐머와 실러는 무죄로 풀려났고, 스미스는 책임 면피를 위해 둘에게 불리한 방향으로 위증한 죄로 5년형을 선고받았다. 어쨌거나 짐머와 실러는 도합 26년을 교도소에서 보낸 뒤였다.

오하이오주에서 일어난 밥 곤도르와 랜디 레시의 살인 사건에서 주 당국은 이 두 남성이 여성 피해자를 살해한 뒤 곤도르의 픽업트럭 뒷칸에 시신을 싣고서 인근 연못에 유기했다고 주장했다.[39] 주 당국 소속 전문가들은 피해자의 얼굴과 몸에 난 상처와 흔적들이 분석했는데, 그들은 시신이 트럭 뒷칸에 실려 있던 목재들에 부딪히고 피고인들이 연못에 시신을 유기하는 과정에서 연못 주변의 자갈들에 긁혀서 생긴 것이라고 결론 지었다. 몇 년 뒤, 둘의 결백을 입증하는 증거가 상당량 확보되고 나서 미네소타주의 한 전문가가 이 상처들을 다시 분석했다. 그는 연못과 호수가 많은 주 출신이라 물에 빠진 사체에서 거북들이 문 자국을 본 적이 많았고, 피해자의 얼굴과 몸에 남은 상처는 거북에게 물린 전형적인 자국이라고 증언했다. 곤도르와 레시는 자신들이 저지르지도 않은 범죄 때문에 교도소에서 16년을 복역한 뒤에야 오하이오주 당국의 무죄 선고로 석방되었다. 주 당국의 전문가는 곤도르와 레시가 목재가 가득 실린 뒷칸에 시신을 싣고 옮긴 다음 자갈밭에서 끌었다고 확신하는 상태에서 시신을 분석했고—짜잔—시신에서 목재와 자갈에 의한 흔적을 발견한 것이다. 첨단

기술을 갖춘 CSI가 발견해냈다며 제시한 이 같은 결론은 실은 그저 기존의 믿음을 확증한 것에 불과했다.

오하이오 이노센스 프로젝트가 맡았던 제임스 파슨스 사건에서 수사 당국은 파슨스가 큰 도구를 써서 아내를 살해했고 그 도구의 측면에는 '크래프츠먼Craftsman'이라는 브랜드 이름이 돋을새김으로 양각되어 있었다고 믿었다.[40] 주 당국에게 유리한 증언을 한 이른바 전문가는 공격 당시 피해자 위에 덮여 있던 천을 분석한 뒤 본인의 폭넓은 경험에 비추어 볼 때 그 천에 남은 혈흔에서 '크래프츠먼'이라는 단어의 글자 일부를 볼 수 있었다고 주장했다. 그리고 그 글자들은 본인 실험실의 특수한 조건에서만 보이는 것이라서 법정에서 재현은 불가능하다고 말했다. 그는 자기 실험실에서는 나타났다는, 유죄임을 알리는 그 이미지를 사진으로도 제시하지 못했다. 나중에 오하이오 이노센스 프로젝트가 파슨스의 무죄방면을 위해 이 사건을 다시 재판에 회부한 뒤 당시 과정에 개입된 쓰레기 과학을 폭로했을 때, 이 실험실 연구원의 인사 파일을 입수할 수 있었다. 거기에는 이 사람이 검찰 측에 유리한 방향으로 실험 결과를 왜곡시킨 적이 많았다는 기록이 있었다.[41] 이런 사실이 밝혀지며 파슨스에 대한 유죄판결은 뒤집혔다. 그러나 파슨스는 이미 23년이나 복역한 뒤였다.

또 다른 오하이오 이노센스 프로젝트 의뢰 건도 이 못지않게 기막히다. 이 사건에서는 피해자 두 명이 술집에서 살해당했는데, 범인은 쇠지렛대를 사용해 담배자판기를 뜯고 안에 있던 동전을 훔쳤다.[42] 에드 에머릭이라는 인물이 용의선상에 올랐는데 주 당국의 포렌식 전문가가 에머릭의 쇠지렛대를 분석한 뒤—세상의 그 어떤 쇠지렛대도 아니고—이 쇠지렛대가 담배자판기 측면을 긁어 흔적을 남긴 것이라고 증언했다. 용케도 에머릭의 변호사는 재판 중에 확증편향이 영향을 미쳤을 가능성에 대해 질문을 던졌고, 증인석에 있던 전문가는 분석을 시작하기 전에 이미 '정답'을 알고 있었다고 인정했다. 이 전문가는 자신이 나름의 결론에 도달한 뒤에 상관이 별도로 쇠지렛대 실험을 보았을 때도 여전히 동일한 결론이 나왔다고 대꾸했지만, 이후 피고인 측 변호인의 추궁에 상관에게 최초 분석 결과가 맞는지 "확증confirm"해달라는 부탁만 했었다고 시인했다. 즉 상관 역시 동일한 편향을 가진 채 분석을 한 것이다. 에머릭은 지금도 감옥에 갇혀 있다.

아직도 이 모든 게 그다지 끔찍하게 느껴지지 않는다면, 내가 소송에 참여한 오하이오주의 라이언 위드머 사건 이야기도 들어보라. 주 당국은 위드머가 집 욕조에서 아내를 익사시켰다고 혐의를 제시한 반면, 위드머는 아내가 앓고 있던 질환 때문에 욕조에서 의식을 잃어 익사한 것이라고 주장했다.[43] 경찰은 욕조 측면에 커다랗게 남은 신체 자국을 발견했다. 지문이 찍히듯 팔이나 다리 같은 사람의 신체 일부가 욕조에 닿아 생긴 자국이었다. 주 당국의 전문가는 욕조에 남은 특정 자국들을 "남성의 팔뚝"과 "여성의 손"으로 식별할 수 있다고 주장했다. 게다가 각각의 자국마다 성별과 특정 신체 부위를 구분하여 식별함으로써 위드머가 자기 아내를 욕조에 밀어 넣어 익사시켰다는 주 당국의 가설에 정확히 부합하는 의견을 제시했다.

파슨스와 에머릭 그리고 위드머의 사건들에서 주 당국의 전문가 진술은 어떤 종류의 실제 과학에도 근거를 두지 않았다. 피 묻은 천에 찍힌 도구 표면의 글자들을 전문가라고 해서 단정적으로 식별할 수 있게 해주는 (다른 어느 누구도 알아볼 수 없지만), 정설에 기반한 과학적 원리 같은 것은 없다. 세상의 다른 모든 쇠지렛대는 제쳐두고 에머릭의 쇠지렛대가 담배 자판기에 남긴 자국이라고 전문가가 단정지을 수 있는 그런 과학적 원리도 없다. 욕조 측면에 남은 바디오일 자국을 남성의 팔뚝이라든가 여성의 다리가 찍힌 것이라고 전문가가 알 수 있는 그런 과학적 원리 같은 것도 없다. 그보다는, 이들 세 사건 각각에서 포렌식 전문가가 확증편향의 결과로 그저 자신이 기대했던 것을 본 뒤 과학적 확실성이라는 가면을 쓴 채 배심원단에게 그 결론을 제시한 것에 불과하다.

지금까지 이야기한 사건들은 내가 직접 맡았던 사건 파일에서 추린 것들이다. 내 파일만 해도 유사한 다른 사건들이 너무 많아서 일일이 언급하기가 힘들 정도다. 다시 말하지만, 이노센스 활동을 하는 변호사라면 누구나 전문가들의 비과학적 추측을 근거로 유죄판결을 받게 된 이야기를 그야말로 끝도 없이 할 수 있을 것이다. 그리고 이런 일은 매일 반복되고 있다.

5

눈을 가리는 기억

Blind Memory

레이먼드는 그 강간범처럼 아프리카계 미국인이라는
이유였을 것이다. 경비원은 레이먼드의 사진을 찍고
신상정보를 확인한 뒤 보내주었다. 이후 강간피해자,
피해자의 친오빠. 그 외 성인 목격자 2명이 전부 일렬로
제시된 사진에서 레이먼드를 강간범이라고 지목했다.
재판정에서도 이 네 목격증인들은 레이먼드가 강간범이
맞다고 재차 확인했다. 레이먼드는 유죄판결을 받았고
교도소에서 29년을 복역한 뒤 2010년 DNA 검사를 통해
무죄방면되었다. 4명의 목격자 전원의 증언이 완전히
틀렸던 것이다.

Blind
Injustice

1979년 조지아에서 한 여성이 자택에서 어떤 침입자에게 강간을 당했다. 이 여성은 얼굴이 둥글고 체격이 다부진 남자가 자신을 공격했다고 경찰에 진술했다.[1] 강간 사건 이후 몇 주가 지난 뒤 경찰은 피해자에게 용의자들을 실제로 줄지어 세워두고 직접 보게 했다.[자료3]

일렬로 선 용의자 다섯 명 중 맨 오른쪽 남성을 빼고는 전부 홀쭉한 얼굴에다 호리호리한 체격이다. 맨 오른쪽 남자는 피해자가 진술한 강간범의 신체적 특징에 유일하게 부합하는 사람으로 보인다. 그런데도 피해자는 정중앙에 서 있던 존 제롬 화이트를 범인으로 지목했다. 재판에서도 피해 여성은 이 남자가 맞다고 확인했고, 화이트는 유죄판결을 받아 22년 남짓 복역한 뒤에야 DNA 검사를 통해 무죄방면되었다.[2] 그런데 이 DNA 검사로 입증된 사실이 더 있었으니, 바로 맨 오른쪽에 있던 제임스 파럼이 진범이라는 것이었다.

피해자는 대체 왜 코앞에 진범을 두고도 엉뚱하게 화이트를 지목했던 것일까? 사실 용의자들을 세워두기 며칠 전 경찰은 피해자 앞에 사진들을 먼저 보여줬는데, 그중에 화이트의 사진은 있었으나 파럼의 사진은

없었다. 피해자가 화이트의 사진을 지목했던 것은 그날 자신에게 제시된 선택지들 가운데 그가 가장 강간범과 닮아 보였기 때문이다. 그러나 그렇게 화이트의 사진을 고름으로써 피해자의 기억 속에는 화이트의 얼굴이 강간범의 얼굴로 자리 잡게 되었고, 강간범에 관한 원래의 기억을 압도해버렸다. 그리고 그로부터 며칠 뒤 용의자들을 실제로 봤을 때 또 다시 화이트를 지목하게 됐던 것이다. 코앞에 실제 강간범이 있었는데도 말이다! 다시 설명하겠지만, 오늘날 기억 연구 전문가들은 강간 피해자가 한 번 죄 없는 사람의 사진을 지목할 경우, 그 사진 속 얼굴이 진범의 얼굴을 덮어 씌어버려 피해자는 더 이상 진범을 알아보지도 못한다고 이야기한다.

* * *

나는 두 가지 사건을 통해 일찌감치 기억의 수정altered memory 현상에 대해 알았다. 두 사건은 수수께끼 혹은 좀 더 정확히는 호기심의 영역으로 남아 있다가 결국 기억에 관한 공부를 하고서야 도대체 무슨 일이 일어났던 것인지 조금이나마 이해할 수 있게 됐다. 첫 번째 사건은 어렸을 때—아마도 대여섯 살 때—개에게 물린 일이었다. 이웃의 키이스라는 친구네엔 열심히 집을 지키는 사나운 개가 한 마리 있었다. 그 친구 집에 놀러갈 때마다 개는 지하실에 갇혀 있어야만 했고, 내가 지하실 문 옆으로 지나갈 때면 지하실에서 사납게 짖어댔다. 한번은 지하실 문에서 멀리 떨어진 방에서 키이스와 내가 텔레비전을 보고 있었는데 풀려나온 그 개가 우리 방으로 뛰어 들어오더니 소파 위로 경중 뛰어올라 내 엄지손가락을 세게 물었다. 손톱이 뚫리고 뼈까지 관통할 정도였으며 피도 많이 났다. 병원에 가야 했고 엄지손톱은 결국 검게 변한 뒤 나중에 빠져버렸다. 당연히 그 일은 내게 트라우마로 남았다.

이후로도 십여 년간 나는 그 집에 자주 드나들었고 내가 있을 때 이웃의 다른 아이들도 놀러 오는 경우가 여러 번 있었다. 키이스의 엄마는 그 아이들에게 왜 개가 짖어대는지 그리고 지하실에 왜 가둬둘 수밖에 없는지 설명해야 했을 것이다. 그런 상황이 될 때마다 키이스네 엄마는 내가 듣는 앞에서 아이들에게 이런 식으로 이야기를 하곤 했다. "걱정 말렴, 저 개가 지하실에서 나와 달려드는 일은 없을 거야. 마크가 정말 꼬맹이였을 때 문틈으로 개를 놀리는 바람에 그런 적이 한 번 있긴 했지. 그러지 말라고 했는데 꼬맹이 마크가 내 말을 안 듣고 그냥 문을 열었어. 그러니 당연히 물렸지. 마크는 그날 어른 말을 들어야 한다는 교훈을 얻었단다." 그러고는 웃으면서 내 머리를 쓰다듬으며 "괜찮아, 그땐 네가 꼬맹이여서 잘 몰랐던 거지"라고 말했다. 그런 다음 처음 놀러 온 애들을 안심시키려고 이렇게 말했다. "지하실 문에서 멀찌감치 떨어져만 있으면 개는 너 안 물어."

아이였던 나는 그때 벌어졌던 일에 대한 아줌마의 설명에 이의를 제기할 만한 용기는 없었다. 그래도 그 이야기를 할 때마다 아줌마가 정말 그렇게 믿고 있다는 인상만큼은 분명히 받았다.

두 번째 사건은 내가 열한 살인가 열두 살 때였다. 어린 시절에 딱 한 번 있던 싸움에 얽힌 일이었는데 대체 왜 싸움이 벌어졌는지는 모르겠고 어렸을 적 친구와 그 애 집 뒤뜰에서 그랬었다는 것만 기억이 난다. 그 친구 이름은 댄이라고 해두자. 댄과 내가 같이 알고 지내던 이웃의 친구들 몇 명과 댄의 형제자매도 그 자리에 있었다. 그날 학교에서 있었던 어떤 일 때문에 댄이 굉장히 화가 났고 내게 소리를 질러대기 시작했던 기억이 난다. 어느 순간 댄이 내게 돌진했다. 나는 댄보다 덩치가 훨씬 컸기 때문에 재빨리 그 애를 땅에 쓰러뜨린 뒤 두 팔을 제압했고 댄은 주먹 한번 날려보지 못했다. 나는 이야기를 잘 나눠서 댄의 화를 풀어보려 애를 썼다. 댄은 그래도 계속 덤벼들었고, 내가 그 애를 붙잡아 진정시키려는 실랑이가 반복됐다. 이 몸싸움은 댄의 엄마가 저녁 먹으러 들어오라고 창밖으로 아이들을 부르고서야 일단락됐다.

그렇게 싸움은 끝이 났고 서로 주먹 한번 제대로 날리지 않았다. 집에 가려고 일어난 내 뒤로 댄과 그 형제자매들 그리고 목을 쭉 빼고 구경하고 있던 이웃 아이들이 따라 나왔다. 내가 자전거에 올라타자 댄이 말했다. "오늘은 네가 이겼어, 하지만 이게 끝은 아니야. 내일 우리 마무리하는 거다." 댄의 여동생도 똑같은 이야길 했다. 내가 "1라운드"는 이겼어도 다음날 "2라운드"가 이어지면 댄이 이길 거라고 말했다. 물론, 다음날 아무 일도 일어나지 않았고 모든 게 흐지부지됐다. 우리는 금세 다시 친한 친구로 돌아갔다.

그런데 희한하게도 이 '싸움'은 서로에게 사뭇 다른 식으로 기억되었다. 그로부터 몇 년 뒤 고등학생 시절 댄과 그 여동생이 집에서 이야기를 나누다가, 그때의 싸움이 화제에 올랐다. 고등학생 시절 운동을 아주 잘했던 나는 교내 레슬링대회에서 우승을 하기도 했다. 댄이 내 우승 이야기를 꺼내며 이런 식으로 말했다. "우리 어렸을 때 내가 뒤뜰에서 너를 완전 묵사발 만들었던 거 기억나? 지금 생각하면 엄청 웃기지." 나는 웃음을 터뜨리며 말도 안 된다고, 그 당시에 댄과 여동생도 내가 1라운드는 이겼다고 인정했으며 2라운드는 없었다고 말했다. 그러자 댄의 여동생이 댄과 똑같은 버전으로 그 일을 "기억"한다며, 댄이 내 눈을 멍들게 했고 입술도 터뜨렸다는 등 여러 디테일을 잔뜩 덧입혔다. 이야기하는 걸 듣고 있자니 둘은 댄이 나를 "이겼다"는 이야기를 이전에도 여러 차례 나눴었던 게 분명해 보였다.

이 자리에는 다른 친구도 한 명 같이 있었는데, 그 친구는 여러 해 전 댄과 내가 다툰 모습을 본 애였다. 그날 댄의 집을 나서면서 그 친구에게 왜 내 이야기에 맞장구치지 않았냐고 물었더니 이렇게 답했다. "그거 싸움도 아니었어. 네가 일방적으로 메다꽂은 걸로 끝났지. 말다툼할 가치도 없잖아."

댄과 여동생은 이후로도 고등학생 시절 내내 그 싸움 이야기를 몇 번 더 꺼냈지만 나는 그냥 웃어넘겼다. 내 친구랑 같은 생각이었기 때문이다. 말다툼할 만한 일이 아니었으니까.

이런 일들에 대한 내 기억은 더없이 생생하고 또렷하다. 내 인생의 다른 어떤 기억만큼이나 확실한 기억이다. 텔레비전을 보고 있는데 갑자기 방 안으로 달려들어 소파 위로 뛰어오르더니 다짜고짜 나를 물어버리던 그 개의 모습이 너무도 뚜렷이 기억난다. 너무 순식간에 일어났던 일이라 나는 무방비 상태였다. 집 반대편에 있던 지하실 문 근처에서 나는 그 개를 약올리지도 않았고, 그만 약올리라는 키이스네 엄마 말을 무시한 적도 없었다. 나는 그 개가 너무나도 무서웠기 때문에 그 개를 약올리거나 지하실 문을 절대 열었을 리가 없었다. 마찬가지로, 내 어린 시절의 '싸움'에서 제대로 날아간 주먹 따위는 없었다. 댄의 주먹에 눈이 멍든 적도 없었고 입술이 터져서 피가 난 적도 없었다. 사실, 나는 어렸을 때는 물론이고 평생 단 한 번도 눈에 멍이 든 적이 없었다.

이제 와 그 일들을 돌이켜보면 키이스의 엄마, 댄, 그 여동생은 확증편향과 인지부조화—긍정적인 자아상에 어울리는 방식으로 인생의 사건들을 기억하고 싶은 욕망—때문에 각자의 기억을 수정했던 거라는 생각이 든다. 키이스의 엄마는 자기 부주의 때문에 내가 개한테 물렸다는 책임을 감당하고 싶지 않았던 것이다. 집에 놀러온 아이가 기르던 개한테 심하게 물리게 놔둔 사람으로 스스로를 생각하고 싶지 않았다. 그래서 시간이 흐르며 손님과 아이들을 지킬 줄 아는 자기 자신의 모습에 맞게 기억을 수정한 것이 아닌가 싶다. 앞으로 집에 오게 될 손님들에게 다들 안전하며 자기네 개는 본인이 말하는 대로 잘 따르는 사람은 **절대로** 해치지 않는다고 말하고 싶었던 것이다. 마찬가지로, 댄과 그 여동생도 시간이 흐른 뒤에 댄 스스로 생각하고 있던 자신의 신체적 기량에 맞게 그 '싸움'에 대한 기억을 왜곡했던 것이다. 그리고 둘 다 정말 진심으로 자기 기억을 믿는 듯 보였다.

그러나 인간의 기억에 관한 이해가 깊어진 지금은, 반대로 내가 기억을 변경한 쪽일 수도 있음을 잘 안다. 여전히 이 두 사건에 관한 내 기억은 생생하며 대체로 정확하다고 믿지만, 내가 틀렸을 가능성도 열어두고 있다. 나 역시 무의식중에 내 나름의 이유들로 머릿속에서 이 기억들을 고쳐놓은 걸지도 모르니 말이다. 어쩌면 그 '싸움'에 관한 내 기억들은 그 자리에 같이 있었고 내 자존감을 북돋워 주려 애쓰던 다른 애들과의 대화를 통해 빚어진 것인지도 모른다(그렇다면 그 대화들을 나는 오래전에 잊은 것일 수도 있겠다). 진실은 댄의 가족이 들려준 버전이거나 혹은 내 버전과 그들 버전의 중간쯤일 수도 있다.

최근에도 기억의 수정 현상은 수없이 겪었다. 요즘은 이 현상에 좀 더 관심을 가지다보니 예민하게 감지해낼 수 있다. 업무차 동료 몇 명과 상사와 함께 종종 회의를 하는데 회의가 끝나고 나면 저마다 상사가 한 말을 약간씩 다르게 기억했다. 회의를 마친 각자의 소감에는 회의 시작 전에 상사가 말했으면 하고 각자 **기대**했던 내용이 반영돼 있었다. 만일 회의에 들어가기 전에 상사가 내 의견에 찬성할 리 없다고 굳게 믿었던 동료라면, 그 방향에 맞춰 상사가 한 말을 가끔 왜곡해 기억하면서 내 계획이 마음에 든다고 넌지시 내비쳤던 상사의 말은 잊어버리는 것 같았다. 그는 자기 뜻을 관철시키기 위해 일부러 사실을 왜곡하거나 거짓말을 한다기보다는, 사건들에 대한 기억을 자신이 굳게 믿던 버전으로 만들어버린 듯했다.

또 이런 경우도 있었다. 시한부 선고를 받은 식구 문제로 의사와의 가족 면담에 몇 차례 참석한 적이 있다. 면담이 시작되기 전부터 식구들은 환자가 다음에 어떤 치료를 받아야 할지를 두고 각자 생각이 달랐다. 의사에게 상황을 전달할 때도 저마다 나름대로 지난 면담 이후로 환자가 보였던 증상들을 '기억'해냈는데, 각자가 바라는 치료법으로 결론이 날 가능성을 높이는 방향이었다. 그리고 면담이 끝나고 나올 때면 면담에 들어가기 전에 각자가 듣기 원했던 의사의 말을 '듣고' 나왔고, 면담 종료 직후부터는 각자 나름의 버전으로 기억이 굳어버렸다. 그리고 의사의 말을 다시 전하는 걸 들어보면 과연 내가 같은 면담 자리에 다녀온 건지 의아할 정도였다. 확증편향이 각각 본인이 간절히 듣기 원했던 바를 듣게 만들었는지도 모르고, 이후 그로 인해 사건에 대한 각자 변형된 버전이 기억으로 자리 잡은 것일 수도 있다.

다시 말하지만, 나 역시도 다른 이들과 마찬가지로 기억을 잘못 수정했을 수도 있다는 걸 안다. 그러니 최대한 객관적이고자 무진 애를 쓴다. 그런 노력이 얼마나 성공적인지는 사실 잘 모른다. 확증편향 그리고 이리저리 구부러지기 쉬운 기억들 때문에 자신이 바라보는 현실―그리고 '사실'―은 타인들이 본 것과 다를 때가 많다. "남자는 그렇게 말했고 여자는 이렇게 말했다"가 반드시 어느 한쪽이 거짓말을 하고 다른 한쪽이 진실을 말하고 있다는 뜻은 아니다. 둘 다 각자의 기억에 대해 진실할 수 있고 동시에 상대의 입을 통해 들은 이야기에 당황할 수 있다.

다큐멘터리 영화 〈우리가 들려줄 이야기Stories We Tell〉(2012)는 이런 현상을 파고든 수작이다. 감독이자 배우인 새러 폴리는 여러 형제자매 중 막내로 자랐다. 새러의 엄마는 새러가 어렸을 때 세상을 떠났다. 엄마가 죽은 뒤 새러는 엄마의 혼외정사로 태어난 자식이라는 생각이 언니오빠들과 아빠에게는 일종의 가족 괴담처럼 굳어져 버렸고, 집에서는 늘 '가족들만 아는' 가벼운 '농담'으로 취급됐다. 이 괴담을 파고들어보기로 결심한 새러는 그 과정을 영화에 담았다. 괴담을 비롯해 혼외정사를 암시한 듯한 엄마의 행동이나 말 같은 과거의 굵직한 사건들에 관한 각자의 기억을 주제로 가족 구성원과 엄마의 친구 전부를 폭넓게 인터뷰했다. 그리고 엄마가 바람을 피웠을 법한 상대에 대한 단서가 될 과거 사건들도 파고들었다. 영화의 클라이맥스는 새러가 여러 명의 아버지 후보자들에 대한 DNA 검사를 실시하는 장면인데, 실제로 새러가 혼외정사로 생긴 아이라는 게 이 과정에서 밝혀진다.

그러나 촬영이 마무리 단계에 접어들 무렵, 영화는 이미 새러가 애초에 전혀 예상치 못했던 것이 되어 있었다. 영화의 가장 강렬한 서사는 '누가 했나'가 아니라 인터뷰한 모든 이들의 기억이 놀라우리만치 서로 다르다는 것이었다. 다들 엄마가 바람을 피웠는지, 그랬다면 상대는 누구였는지에 관한 나름의 가설에 맞춰 주요 사건들을 각자 편한 대로 '기억'했다. 영화는 "진실과 기억의 모호성"과 "우리의 서사가 우리를 개인으로서 그리고 가족으로서 빚어가는 방식"을 탐색하는 작품으로 홍보됐다. 새러 폴리는 이렇게 설명한다.

이 이야기로 인해 벌어지게 된 상황에서 내가 매료된 부분은 우리 모두가 그 이야기를 들려주고 있는 방식, 그리고 그 이야기들이 전부 제각각이었다는 것이었다. 우리가 풀어놓는 그 이야기들 사이에는 엄청난 차이가 있었다. 사실 여부에 관한 판단은 물론, 사실을 바라보는 관점과 가장 중요한 요소가 무엇인가에 관한 판단도 달랐다. 삶에서 느끼는 가장 기본적인 종류의 혼란을 이해하기 위해서 우리는 이런 이야기를 하는 게 반드시 필요하다는 깨달음을 얻고 전율했다. 스토리텔

링이야말로 정말 기본적인 인간의 욕구라는 생각이 들었다.[3]

새러 폴리의 경험이 독특한 것이라고는 생각하지 않는다. 이 문제를 인지하고서 일에서든 가족 문제에 있어서든 기억의 불일치에 주의를 기울이기 시작한다면 아마 누구나 비슷한 일을 털어놓을 수도 있다. 대개 처음에는 다르게 기억하는 사람들이 '편향'돼 있고 '속셈'이 있어서 '거짓말'을 하고 있다거나 '사실을 왜곡'하는 거라고 이야기하기 쉽지만 기억의 심리학에 따르면 늘 그런 것은 아니다. 확증편향과 인지부조화는 우리의 기억에 엄청난 힘을 발휘한다.

* * *

인간의 기억은 어느 정도는 오류가 있을 수 있다고 많은 이들이 인정한다. 우리는 다들 친구의 생일을 까먹거나 차 키가 갑자기 사라져서 당황스러워하며 찾았던 경험이 있다. 이런 유형의 기억 착오memory lapse는 누구나 하는 흔한 경험으로 다들 이해한다.

그러나 대부분 자신의 기억은 대체로 꽤나 신뢰할 만한 것으로 여긴다. 때때로 이런저런 일들을 잊기도 하지만 우리가 **확실히** 기억하는 것만큼은 정확한 기억이라는 것이다. 우리는 기억이 마치 비디오레코더처럼 삶에서 일어나는 일을 머릿속에서 정확히 보고 기록해두었다가 나중에 기억할 필요가 생기면 다시 그 일들을 재생할 수 있는 것처럼 생각한다. 혹은 비디오레코더는 아니라 하더라도 두툼한 백과사전이나 우리 삶의 사건들을 일어나는 그대로 암호화해서 저장해두는 컴퓨터 하드드라이브처럼 여긴다. 시간이 지나면서 가끔 우리 내면의 비디오테이프나 하드드라이브의 일부분이 지워지기도 하고, 간혹 우리가 너무 바쁘거나 다른 데 정신이 팔려서 녹화 버튼을 누르지 못하기도 한다. 그러나 어떤 사건을 돌이켜 생각해봤을 때 우리가 기억하는 부분들만큼은 정확하다는 것이다.

그러나 인간의 기억은 대부분의 사람들이 알고 있는 것보다 훨씬 더 취약하고 가변적이다. 하드드라이브나 비디오테이프처럼 작동한다기보다는 위키피디아에 더 가깝다. 이 비유는 저명한 심리학자이자 기억 분야 전문가인 엘리자베스 로프터스가 처음 사용했다. 우리는 자신의 기억을 무의식적으로 끊임없이 편집한다. 그리고 위키피디아의 게시물은 누구든지 편집할 수 있듯 우리의 기억도 다른 이들이 얼마든지 편집할 수 있다. 무언가를 넌지시 암시하는 것만으로도 가능하다. 게다가 그렇게 외부의 암시로 기억이 수정됐다는 사실을 정작 본인은 깨닫지도 못할 수 있다. 그리고 몇 시간, 며칠, 몇 주, 몇 년이 지난 뒤 어떤 사건을 다시 떠올릴 때쯤에는 자기 자신이나 타인에 의해 이미 기억이 수정된 경우가 많다. 우리는 자신의 기억을 확신하며 정말 틀림없다고 느낄 수도 있지만 완전히 틀린 기억일 수도 있다. 비디오테이프가 편집된 상태일 수도 있고, 하드드라이브의 암호가 변경됐을 수도 있다. 인간의 기억은 흐르는 모래 위에 놓인 이미지, 소리, 냄새, 생각 같은 것이어서 우리 내면의 심연에서 끊임없이 변하고 이동한다.

가장 무시무시한 점은 이런 일이 언제 일어났는지 우리 스스로 알 수가 없기 때문에 누군가가 "그건 틀렸어. 그런 일은 없었다고"라든가 "아니 네 말이 틀렸다고"라며 자기 버전의 사실관계를 반박했을 때 우리 모두는 반발까지는 하지 않더라도 확신을 품은 채 수정된 혹은 틀린 기억에 자꾸만 매달린다는 것이다. 과거에 벌어진 일을 두고 언쟁을 하는 두 사람 모두 자기가 옳다고 확신할 수 있지만 진실은 둘 중 누가 옳은지 혹은 둘 다 틀린지 알 길이 없는 경우가 허다하다. 실제로, 제3자가 논쟁에 끼어든다 해도 그 사람의 기억 역시 또 다를 수 있다. 그런데도 사람들은 저마다 자신의 기억에 지나치게 자신만만해하곤 한다.

몇 가지 인지적 문제들 때문에 기억이 수정되기도 한다. 우리 머릿속에서 과거 기억 몇 가지를 뒤섞거나 기억의 공백을 자기도 모르게 출처가 다른 정보로 메꿀 때 오귀인誤歸因, misattribution이 일어난다. 오귀인의 흔한 예로는 친구에게 들은 사실이나 텔레비전 광고에서 접한 사실을 시간이 흐른 뒤 좀 더 신뢰할 만한 정보원, 이를테면 신문 같은 곳에서 습득한 정보로 착각하는 경우를 들 수 있겠다. 각종 연구를 보면 이런 유형의 오귀인은 꽤나 흔해서 거의 매일 일어나는 경험임을 알 수 있다.[4] 형사사법제도에서 오귀인이 일어나는 경우는 가령 범죄 사건의 목격자가 텔레비전에서 공개된 머그샷(범인을 식별하기 위해 구금 과정에서 촬영하는 얼굴 사진─옮긴이)을 보고 그가 콧수염이 있다는 걸 인지한 뒤 나중에 범인에게 콧수염이 있었다고 '기억'하게 되는 식이다. 실제로 범인은 말끔히 면도를 한 상태였는데도 말이다. 이 경우 죄 없는 사람을 범인으로 지목하게 될 수 있다.

확증편향 역시 우리의 기억을 자주 왜곡한다. 우리가 만나려는 어떤 사람이 잘 나가는 의사라는 말을 들으면 그 사람이 서빙 노동자라는 말을 미리 들었을 경우보다 더 옷도 잘 입고 똑똑한 사람으로 기억할 가능성이 높다.[5] 인지부조화 역시 강력한 기억의 조각가다. 잘 알려진 레온 페스팅거의 인지부조화 이론에 따르면 인간은 본인의 긍정적 자아상이나 기존 신념 및 행동에 부합하지 않는 기억이나 사실을 불편하게 느낀다.[6] 그 결과, 우리 내면에는 여러 기억과 태도를 조화시키려는 동기가 생긴다. 이 때문에 이른바 '수정주의 역사'에 동참하게 되고 우리는 각자의 기억을 자신의 여러 가설과 자아상에 더 잘 맞는 쪽으로 수정한다.

과학 연구로 증명된 기억의 취약성

인간 기억의 취약성과 가변성에 대한 대중의 인식은 아직 미미한 상태지만, 지난 수십 년간 유수 심리학자들의 연구로 이 현상은 상당 부분 입증되어왔다. 엘리자베스 로프터스 박사는 아마도 인간 기억에 대한 연구에서 가장 영향력 있는 심리학자일 것이다. 로프터스 박사의 몇몇 연구는 인간 기억의 결함을 입증하는 데 가장 중요한 기준이 되어왔다. 1974년의 논문 「차량 파손에 관한 재구성: 언어와 기억의 상호작용 예시Reconstruction of Automobile Destruction: An Example of the Interaction between Language and Memory」에서 피험자들은 자동차 사고를 본 뒤 각자가 본 것을 기억에 따라 재구성하게 됐다.[7] 로프터스는 이전의 비슷한 실험들은 물론이고 심지어 법정에서 사고 사건을 다룰 때조차도 자동차들이 충돌 전에 얼마나 빠른 속도로 달리고 있었는지 혹은 첫 번째 차량 경적 소리와 충돌하는 소리 사이에 얼마만큼의 시간이 흘렀는지 등에 관해 목격자들의 기억이 서로 전혀 다른 경우가 얼마나 흔한지에 주목했다. 예를 들어, 한 연구에서는 피험자들에게 특정 차량이 얼마나 빨리 달리고 있었는지 질문을 받을 거라는 언질을 미리 주었는데, 나중에 이들이 기억해낸 속도는 시속 10마일(약 16킬로미터)에서 시속 50마일(약 80킬로미터) 사이로 다양했다. 해당 차량의 실제 주행속도는 시속 12마일(약 19킬로미터)였다.[8] 로프터스의 연구는 사건에 관해 물을 때 어떤 단어를 선택하느냐에 따라서도 피험자들의 기억이 쉽게 바뀔 수 있음을 보여주었다.

로프터스는 피험자 45명에게 자동차 사고에 관한 5~30초 길이의 영상 7편을 보여주었다. 피험자들은 각 영상을 본 뒤 각자 목격한 대로 이야기해달라는 질문지를 받았다. 45명의 피험자들을 두 집단으로 나누어 실험을 진행했는데 양쪽 집단이 받은 질문지에서 단 하나의 질문만 달랐다. 한쪽 질문지는 영상 속 차량들이 '접촉' 순간에 얼마나 빨리 달리고 있었느냐는 질문으로 시작된 반면, 다른 쪽 질문지는 '접촉' 대신 '부딪침', '충격', '충돌', '박살' 등 점차 한쪽으로 유도하며 암시하는 단어들을 사용했다. [표1]에서 볼 수 있듯, 사용된 단어의 암시적 성격이 강해질수록 피험자들이 기억해내는 속도도 높아졌다.

질문지에 '박살'이라는 단어가 나오는 것만으로도 '접촉'이라는 단어가 사용됐을 때에 비해 피험자들이 차량의 속도를 거의 시속 9마일, 즉

사용된 단어	추정 속도(시속마일)
접촉	31.8
부딪침	34.0
충격	38.1
충돌	39.3
박살	40.5

표1_ 단어의 선택이 차량 주행속도 기억에 미치는 영향

27%만큼 더 빠르다고 기억했다. 단어 몇 개 바꾸는 것으로 피험자들이 차량의 속도를 더 빠르게 기억하게 만들 수 있다는 것은 별로 새삼스러운 일이 아닐지 모른다. 체감 속도는 매우 주관적인 변수이기 때문이다. 그러나 로프터스의 후속 연구에서 나온 결과들은 더욱 놀랍다. 로프터스는 다시 피험자들에게 녹화된 자동차 사고를 보여준 뒤 질문지를 주고 몇 가지 질문들에 답하게 했다.[9] 피험자 50명에게는 이렇게 물었다. "이 차량들은 서로 부딪칠 때 얼마나 빨리 달리고 있었습니까?" 그리고 다른 50명에게는 이렇게 물었다. "차량들이 박살나던 순간 얼마나 빨리 달리고 있었습니까?" 이번에도 질문에 '박살'이라는 단어가 사용된 경우 피험자들은 '부딪친다'는 표현이 사용된 경우에 비해 30%가량 더 빠른 속도로 기억했다.

놀라운 부분은 다음이다. 로프터스는 피험자들에게 일주일 뒤에 다시 와서 해당 영상은 재시청하지 않은 채로 또 다른 질문지를 작성하게 했다. 두 번째 나눠준 이 질문지에서 결정적인 질문은 다음과 같았다. "이전에 본 자동차 사고에서 깨진 유리창을 보았습니까?" 정답은 '아니오'였다. 영상에서 가벼운 사고가 난 그 어떤 자동차도 앞유리, 헤드라이트, 미등이 전혀 깨지지 않았다. 그러나 일주일 전 "차량들이 박살나던 순간 얼마나 빨리 달리고 있었습니까?"라는 질문을 받았던 피험자들은 '접촉'이라는 단어가 들어간 문장으로 질문을 받았던 집단에 비해 깨진 유리를 본 기억이 난다고 잘못 대답한 비율이 두 배 이상 높았다.[10] 차량 속도를 크게 부풀려 기억하지는 않았던 피험자들도 '박살'이라는 단어가 포함된 질문에 영향을 받은 것이다. 즉 '부딪침' 대신 '박살'이라는 단어를 사용하면 속도도 더 빠르다고 기억할 뿐 아니라, 존재하지도 않는 깨진 유리를 봤다고 잘못 기억하기도 했다. 그러나 이 두 종속변수들은 어느 정도는 서로 독립적이었다—한쪽 효과는 나타나지 않고 다른 효과만 나타날 수도 있었다. 어쨌든 주관적이어서 기억 속에서 조작되기 쉬운 속도는 물론, 영상 속에 깨진 유리가 나왔는지와 같은 구체적 사실까지 질문에 따라 기억에 영향을 받았다.

만일 질문지에 '박살'이라는 단어를 사용하는 것만으로도 목격한 사람이 있을 리 없는 깨진 유리를 '기억'하게 만들 수 있다고 한다면, 끔찍한 범죄 사건을 해결하는 데 도움을 주어야 한다는 심한 압박감을 느끼고 있는 증인에게 스트레스를 잔뜩 받은 경찰관이 자꾸만 "그 사람이 그날 밤 술집으로 돌아왔을 때 숨이 가쁘거나 초조해하거나 허둥거리지 않은 거 확실해요?"라든가 "밤 11시쯤 그 남자가 돌아온 거 확실해요? 11시 반은 아니었나요? 파티 중에 게임을 보고 있었을 텐데 시계를 얼마나 주의 깊게 봤겠어요? 그날 밤 술집에 있던 다른 목격자들은 11시 반은 됐었다고 하던데" 같은 식으로 질문할 경우 증인의 기억이 어떻게 바뀔지 생각해보라.

엘리자베스 로프터스의 또 다른 논문 「거짓 기억의 형성The Formation of False Memories」은 어떤 사건 발생 이후 목격자에게 제공된 정보에 의해 잘못된 기억이 형성되는 현상을 좀 더 깊이 파고든다. 논문 일부를 보자.

지난 한 세기 동안, 실험심리학자들은 기억이 어떻게 그리고 왜 실패하는지에 계속 관심을 가져왔다. 그린의 적절한 지적처럼, 기억들은 진공 상태 안에 존재하는 것이 아니며, 이른바 '간섭interference'이라는 매커니즘을 통해 끊임없이 서로를 방해한다. 이전의 경험들(순행 간섭proactive interference)이나 이후의 경험들(후행 간섭retroactive interference)에 의해 우리의 기억들이 어떻게 영향을 받을 수 있는지 보여준 연구는 지금까지 수천 건에 달한다.

간섭 이론에 관한 최근의 연구는 후행 간섭 효과에 초점을 맞추는 추세다. 사람들은 오도의 소지가 있는 신규 정보를 수용한 뒤에 각자가 본 것을 전달하는 과정에서 오류가 생긴다. **사후事後의 새로운 정보는 기억해낸 내용에 병합되어 그 기억을 보완하거나 변경하는 경우가 많은데 때로는 그 보완이나 변경이 극적인 수준으로 이뤄지기도 한다. 새로운 정보는 마치 트로이 목마 같은 방식으로 우리에게 침투한다. 그 영향 자체를 우리가 감지하지 못하기 때문이다.** 목격한 사건에 관한 편집된 데이터에 우리가 농락당한다는 사실을 이해하는 것이 이 연구의 주요 목표다.[11]

로프터스는 더 나아가 끔찍한 범죄 같은 특정 사건의 목격자들에게 사건에 대한 부정확한 정보가 제공되어 그들 각자의 기억 속에 그 부정확한 정보가 병합되었던 기존 연구들에 대해서도 기술하고 있다. 예를 들어, 현장에서 최초에는 도주 차량의 색을 파란색으로 진술한 목격자가 해당 차량이 흰색으로 기술된 사건 보고서를 읽으면 그중 상당수—흔히 최대 30~40%까지도—가 차량을 흰색으로 기억하게 될 수 있다. 유사한 다른 연구결과들을 봐도 말끔히 면도한 남자를 콧수염이 있는 것으로, 직모를 곱슬머리로, '일단 멈춤' 표시를 '양보' 표시로, 망치를 드라이버로, "목가적인 들판의 헛간 같은 널찍한 공간"을 건물 하나 없는 장소로 목격자의 기억이 수정되는 비율이 높음을 알 수 있다.[12] 이 모든 기억의 수정은 스트레스나 압박감을 주는 경찰관이나 제3자 없이도 그저 목격자가 보고서를 읽어본 것만으로 일어났다.

로프터스는 이 연구들을 수행하며 실제로 일어난 사건들에서 목격자의 기억이 바뀐다는 것에 주목했다. 그리고 더 나아가 후속 연구에서는 **일어난 적 없는** 사건에 관해서도 거짓 기억이 얼마나 쉽게 생성될 수 있는지 확인하고자 했다. 로프터스는 피험자들에게 "여러분이 기억해낼 수 있는 아동기 때의 일들"에 관해 연구 중이라고 말했다. 피험자의 아동기에 실제 있었던 세 가지 사건을 제시하기 위해 해당 피험자보다 나이가 많은 친척을 미리 면담했다. 이후 각 피험자에게 아동기에 있던 여러 다양한 사건들에 관한 네 가지 일화가 담긴 자료를 제공하면서 가족으로부터 전달받은 내용이라고 알려줬다. 그 일화 중 세 가지는 실제로 피험자의 가족들에게 들었던 내용인 반면, 어린애였던 피험자를 쇼핑몰에서 잃어버린 적 있다는 네 번째 이야기는 로프터스 연구팀이 통째로 지어낸 내용이었다(당사자가 어렸을 때 쇼핑몰에서 길을 잃어버린 적은 단 한 번도 없었다는 건 각 피험자의 가족을 통해 확인했다). 가령, 워싱턴주에서 성장기를 보낸 베트남계 미국인 여성에게는 이런 가짜 사연을 들려줬다. "당신과 당신 어머니 그리고 티엔과 투안이 다같이 브레머튼 K-마트에 갔었다고 합니다. 그때 당신은 다섯 살이었을 거고요. 당신 어머니가 아이들에게 블루베리 아이시(슬러시 형태의 청량음료―옮긴이)를 사라고 돈을 조금씩 주셨어요. 그런데 당신이 제일 먼저 달려나가 줄을 섰고 어쩌다 쇼핑몰 안에서 길을 잃었다네요. 그러다 티엔이 어떤 나이 지긋한 중국인 여성에게 매달려 울고 있는 당신을 발견했고요. 그런 뒤에 셋이 같이 아이시를 먹으러 갔답니다."[13] 피험자들에게는 먼저 네 사건 각각에 대한 각자의 기억을 글로 써달라고 요청한 뒤 그 기억에 대한 내용으로 인터뷰를 두 차례 진행했다. 글을 쓴 뒤 2주 후에 첫 인터뷰를 했고, 그로부터 2주 뒤에 다시

한 번 인터뷰했다. 요청에 따라 쓴 글에서 피험자의 29%가 어렸을 적에 쇼핑몰에서 길을 잃었다는 가짜 사건에 대해 '기억'해냈을 뿐 아니라, 그 사건을 자세히 기술했다(이후 이어진 두 차례의 인터뷰에서 피험자 중 한 명이 쇼핑몰에서 길을 잃었던 일을 기억한다고 했던 입장을 취소해 거짓 기억을 고수한 사람의 비율은 25%로 줄었다). 예를 들면, 한 피험자는 해당 사건을 서술하는 글을 무려 90단어로 꽉 채워 썼다. 그 베트남계 미국인 여성의 경우 "어렴풋이, 아주 어렴풋이, 그러니까 진짜 대충만 기억이 나요. 그 여자분이 저를 도와주려 했던 거랑 티엔과 엄마가 무언가 다른 걸 하고 있던 거요……. 근데 그날 제가 운 기억이 안 나요. 제 말은 제가 울었던 기억은 수도 없이 많은데……. 근데 그날은 부분부분만 기억이 나거든요. 그 여자분과 있었던 기억은 나고요. 쇼핑몰에 간 거 기억나고요……. 선글라스 부분은 기억이 안 나요." 그러고는 자기를 도와줬던 그 여성에 대해서는 "친절"하고 "덩치가 크고 나이가 지긋"했다고도 기억했다.[14]

인터뷰를 마칠 때마다 피험자들은 쇼핑몰에서 길을 잃었던 기억을 어느 정도로 확신하느냐는 질문을 받았다. 흥미롭게도 첫 번째 인터뷰가 끝나고 두 번째 인터뷰를 하기까지의 사이에 확신의 정도가 크게 증가했다. 거짓 기억에 대해 자꾸 이야기하면 할수록 그 틀린 기억이 그 사람의 정신 속에 더 깊숙이 심어진다는 걸 알 수 있는 대목이다.[15]

로프터스가 제시한 유사한 연구결과를 보면 어느 피험자는 두 번째 인터뷰에서 추가적인 '사실'을 기억해냈다. 길을 잃었을 때 반려동물 가게에서 강아지들을 보고 있었다든가 자기를 구해준 여성이 긴 치마를 입고 있었다든가 하는 식으로 말이다. 피험자는 이렇게 말했다. "저에게 길을 잃었냐고 그 여자분이 묻던 게 분명 기억나요……. 제 이름을 물어보더니 저를 경비실로 데려다 주겠다던가 그랬죠." 길을 잃은 상황에서는 울지 않았지만, 겨우 부모를 다시 만나고는 울었다고 기억하기도 했다. 그 피험자는 "엄마아빠가 없어졌다는 걸 깨닫고 처음에는 공포"를 느꼈다고 말했다. 두 번째 인터뷰를 마치고 그런 사건은 사실 일어난 적이 없었다고 알려주자 피험자는 그럴 리가 없다며 부모에게 전화를 걸었고, 부모는 그런 일은 정말 없었으며 가짜 이야기를 꾸며내기 위해 연구팀과 협력했다는 사실을 확인해주었다.

심리학자들의 보고에 따르면 결혼식에서 펀치볼을 엎질렀었다는 가짜 기억을 신부 측 부모에게 심거나 천장의 스프링클러 시스템이 오작동해서 갑자기 사람들에게 물을 뿌려대는 바람에 식료품점에서 대피를 해야 했다든가 주차장에서 주차 브레이크를 풀어둔 채 차 안에 앉아 있다가 차가 굴러가 무언가에 부딪혔었다든가 수영장에서 안전요원에게 구조됐었다든가 개에게 물린 적이 있다든가 귓병 때문에 고열로 한밤중에 병원에 입원을 했었다든가 하는 가짜 기억을 심는 데 성공한 비율이 무려 20~25%에 달한다.[16]

인간 기억의 가변성에 관해 더 알고 싶은 독자는 2013년 6월에 녹화된 엘리자베스 로프터스의 17분짜리 훌륭한 TED 토크가 온라인으로 공개되어 있으니 찾아보기 바란다.[17]

목격자의 기억은 얼마나 믿을 만한가

인간의 인식 및 기억 오류로 인한 목격자의 잘못된 범인식별 증언은 단연코 잘못된 유죄판결의 가장 중요한 원인이다. 미국에서 처음 이뤄진 325건의 무죄방면 가운데 235건, 즉 72%가 목격자의 범인식별 증언에 오류

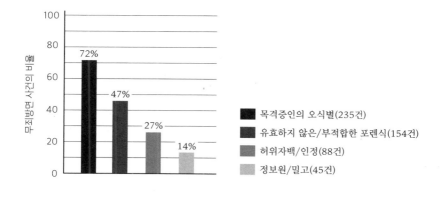

자료4_ (최초 DNA 무죄방면 사례 325건에서) 오판의 주요 원인. 오판 원인은 2가지 이상일 수 있기 때문에 합계 수치가 100%를 넘는다.

가 있었다.[18] 그래프를 보면 두 번째 주요 원인인 잘못된 포렌식은 154건, 즉 47%로 첫 번째 원인에 비하면 한참 낮다.[자료4]

미국 내에서 1989년부터 현재까지 DNA 및 비非DNA 방식으로 무죄방면된 사례 2,000건 이상이 등록된 무죄방면등록부National Registry of Exonerations에 따르면 잘못된 유죄판결의 30%는 목격증인의 오식별이 원인이었다.[19] 이 통계에는 무고한 사람에게 누명을 씌우기 위해 증인이 의도적으로 거짓말을 한 경우는 제외하고,[20] 목격자가 옳은 일이라는 믿음에서—배심원들에게 진실을 알려주는 것이라 믿고—증언했지만 단순히 틀렸던 사건들만 포함시켰다. 그들의 기억이 그들을 배신했고, 그 결과 죄 없는 사람들이 유죄판결을 받았다.

누군가가 어떤 범죄를 목격했을 때 나중에 법정에서 부정확한 기억을 떠올리게 만들 수 있는 수많은 요인들이 있다. 사실, 목격증인의 범인식별에 관한 심리학 연구결과는 워낙 많아서 이 주제에 책 한 권 분량을 할애할 수도 있을 정도다.[21] 여기서는 간단히 훑어본 뒤 매우 흔하지만 충분히 예방 가능한 이 문제의 몇 가지 구체적 측면에 초점을 맞춰보려 한다.

부호화, 저장, 인출

일반적으로 기억은 3단계—부호화encoding, 저장storage, 인출retrieval—로 구성된다. 부호화는 목격자가 사건을 경험하는 순간에 일어난다. 그러나 인간 인지능력의 한계를 감안할 때 그 사건이 얼마나 중요한 것이든 사건 발생 중에 우리가 받아들이는 모든 것을 부호화하는 건 불가능하다. 그러므로 어느 전문가의 지적대로 "우리는 기존에 알고 있던 것 혹은 어떤 상황 속에서 예상되는 것과 새로운 경험을 결합시킴으로써 새로운 경험의 파편들을 한데 뭉쳐 기억으로 만든다".[22] 다시 말해, 우리의 정신은 신규 정보의 일부는 부호화하지만 나머지 부분에 대해서는 과거 기억들로부터 정보를 공급하거나 기억의 공백을 추정으로 메우는 방식으로 지름길을 만드는 것이다. 예를 들면, 어떤 아이의 생일파티에 갈 경우 그 생일케이크의 생김새가 당신에게 특별히 중요한 상황이 아니라면 그 케이크가 어떻게 생겼는지는 대개 부호화하지 않는다. 그 대신 아이들의 생일케이크에 관한 예전 기억들과 그 케이크의 이미지를 결합시킴으로써 뇌 속의 가장 쌩쌩한 부분은 당신에게 가장 중요한 무언가를 부호화시킬 수 있게 아껴둘 수도 있다. 케이크가 특별히 맛있었다면 그 케이크 구매처의 정보라든가 파티에 갑자기 당신의 헤어진 전 애인이 나타난 사실 같은 것 말이다. 그 외에 행사에 관련된 덜 중요한 세세한 사항들, 이를테면 그날 파티에 온 다른 누군가라든가 풍선 색깔 같은 것들은 부호화되지 않고 과거의 어떤 기억 혹은 파티에 올 사람이나 어린아이의 생일파티에 흔히 볼 법한 풍선들에 대한 **예상**이나 **추측** 같은 편향과 결합되기도 한다.

그러므로 어떤 의미에서 보면 인간의 뇌는 우리가 마주치는 모든 것들을 억지로 다 부호화하지 않고 과거의 기억이나 예상으로부터 일부분을 빌려다가 지름길을 만드는 방식으로 우리를 돕는다. 달리 말하자면 인간의 뇌는 일상에서 경험하는 수많은 세부사항들에 관해서는 부정확한 기억을 생성시킴으로써 우리를 속이기도 한다는 것이다. 실제 일상생활에서는 그런 세부사항이 미미하거나 소소해 보일 수도 있다. 가령 이름만 겨우 아는 사이인 데이브라는 사람이 그 생일파티에 왔었는지 같은 정보는 뚜렷하게 부호화해두지 않는다. 그러나 데이브가 그 파티에 왔었는지 아닌지에 관한 자신의 진술이 동시간대에 데이브 아내가 살해된 사건과 관련하여 데이브가 유죄판결을 받을지 아니면 무죄로 풀려날지를 판가름할 수도 있다면 그 사실은 굉장히 중요해진다. 데이브가 그 자리에 있었는지 여부에 관한 자신의 기억이 확실하다고 느낄지 몰라도, 실제로 그날 그 정보를 우리 뇌가 정확히 부호화하지 않은 이상 우리의 기억이 정확한지는 알 길이 없다.

술 취한 상태였거나 안경을 쓰고 있지 않았다든가 하는 상황은 인식 능력에 방해가 되는 다른 요인들처럼 우리의 부호화 능력에 영향을 미친다. 흔히들 알고 있는 것과는 달리, 스트레스 역시 부호화 과정에 부정적인 영향을 미친다. 목격증인이 "범죄가 발생하던 순간 저는 아드레날린이 솟구쳤습니다……. 저는 굉장히 각성된 상태에서 상황을 인지하고 있었고 집중하고 있었습니다" 같은 말을 하면 수많은 배심원들이 그를 믿겠지만, 실제로 이런 성격의 스트레스는 오히려 부호화 과정을 방해하고 그렇게 생성된 기억들의 신뢰성을 크게 떨어뜨린다.[23]

총기를 사용한 범죄 사건이 발생하면 피해자나 목격자는 '무기에 주목하는' 경향이 나타나 총기에 시선을 고정하게 된다. 범인이 총기를 자신에게 겨눌 경우에 대비하려는 반응이다. 이런 상황에서 목격자들은 설령 범인의 머리색이나 콧수염 같은 다른 인상착의를 '본다' 해도 이런 정보까지 정확히 부호화하지는 않는다. 그런 정보 대신 모든 인지 능력을 총기 자체에만 집중하는 것이다. 나중에 범인의 이목구비에 대한 기억을 떠올려보라는 요청을 받을 경우 그들의 '기억'은 과거의 여러 다른 기억이나 예측이 겹쳐져 오염된 것일 수 있다. 두뇌는 상황 파악을 위해 좀 더 중요한 것—이를테면 총기가 겨누는 방향 등—에 집중하는 쪽으로 정보를 이용하기 때문이다.[24] 그러나 당사자는 자신의 기억이 정확하지 않다는 사실을 알 수 없다.

이러한 선택적 부호화 과정에서 확증편향과 인지부조화가 우리의 기억을 오염시킨다.《워싱턴포스트》에 실린, 망치를 휘두르던 남자를 경찰관이 총으로 쏘는 장면을 본 목격자 진술에 관한 이야기는 이 현상을 잘 보여준다.[25] 사건 발생 직후, 한 목격증인은《뉴욕타임스》와의 인터뷰에서 경찰관의 총격으로 죽은 사람은 경찰관이 총을 쐈을 당시 도주 중이었다며 이렇게 말했다. "그 남자는 경찰을 피해 달아나려는 것 같았어요." 자전거를 타고 지나가던 중에 총격 순간을 본 또 다른 목격증인은《뉴욕타임스》에 먼저 연락을 취해 이미 수갑까지 채워진 남자가 경찰에게 무참히 총격당한 장면을 봤다고 떨리는 목소리로 말했다. "수갑이 채워진 채로 총에 맞은 남자를 봤어요. 정말 마음이 안 좋네요. 제가 미친 걸 수도 있지만 정말 그 장면을 봤습니다." 나중에 감시카메라에 녹화된 영상이 발견되어 경찰의 총격은 완전히 정당한 상황에서 이뤄진 것이었고, 두 목격증인의 진술은 틀렸다는 것이 밝혀졌다. 해당 영상이 공개된 뒤 《뉴욕타임스》가 다시 연락을 하자 두 번째 목격증인은 "너무나도 당황스럽네요"라고 답했다. 《워싱턴포스트》의 래들리 밸코는 이렇게 썼다.

> 현재 이 여성은 당시 자전거를 타고 지나던 중 갑자기 시작된 총격을 본 후 눈길을 돌렸던 거라고 판단하고 있다. 눈길을 돌린 그 순간에 그 남자가 공격을 시작해 3초간 계속하다 총에 맞았던 것이다. "그 사람이 달려가거나 망치를 휘두르는 모습은 보지 못했어요. 제 생각엔 그 남자는 거기 그냥 가만히 서 있기만 했었는데 다음 순간 수갑을 찬 채 바닥에 엎드린 것 같았어요." 그러고는 이렇게 덧붙였다. "뉴스에 나오는 경찰 총격에 관한 온갖 일화들을 생각하니 차별당하기 쉬운 누군가를 경찰이 함부로 대하고 있는 거겠다 싶었습니다. 예전에 봤던 이야기들 때문에 최악을 상상했던 거죠. 제가 잠시 눈길을 돌리긴 했지만." [뉴욕타임스] 기사에서도 지적하고 있는 부분이지만, [이 목격자가] 거짓말을 한다고 볼 근거는 전혀 없다. 거짓 기억은 실제 기억만큼이나 생생하게 느껴질 수 있다.

기억에서 부호화 다음의 단계는 저장과 인출이다. 이 두 단계는 서로 영향을 주고받는다. 저장 및 인출 단계에서 몇몇 요인들은 대개 기억의 신뢰성에 영향을 미친다. 두 가지 변화가 일어난다. 첫 번째 변화는 부호화된 사건에 관한 기억이 시간이 흐르면서 약화되는 것이다. 시간이 갈수록 개선되는 기억은 없다.[26] 예를 들어, 한 연구결과에 따르면 목격자가 범죄 발생 당일에는 수많은 세부사항을 정확히 부호화했다 하더라도 범죄 발생일로부터 7개월이 지난 시점에는 쭉 늘어놓은 용의자 사진에서 범인을 정확히 식별해낼 수 있는 능력은 무작위 뽑기나 다름없는 수준이 된다.[27] 이는 시간이 경과하면서 부호화된 정보가 크게 손상된 탓이다. 동시에 두 번째 변화도 일어난다. 바로, 그렇게 희미해진 기억들이 해당 사건에 관한 뉴스를 통해 접한 잘못된 정보(가령 체포된 용의자의 사진 등)로 대체되거나 그 사건에 대해 경찰이나 다른 사람들이 말한 내용에 의해 오염되는 것이다. 혹은 그 사건에 관한 본인의 각종 편향, 추정, 기대, 사적인 욕망 등에 기억이 오염될 수도 있다. 11개월 뒤 목격증인이 사진을 보고 누군가를 지목할 경우, 당사자가 아무리 자기 기억을 대단히 확신할지라도 그런 식별작업은 굉장히 조심스럽게 이뤄져야 함을 여러 연구결과는 보여주고 있다.

우리 오하이오 이노센스 프로젝트의 오하이오 대 더글러스 프레이드 Ohio v. Douglas Prade 사건에서 전문가 증인이었던 찰스 굿셀 박사는 관련 없는 외부 정보나 각종 편향에 의한 기억 오염에 대해 아래와 같이 설명한 바 있다. 당시 이 사건은 사건 발생 이후 상당한 시간이 흐른 뒤 목격증인들이 이미 텔레비전 뉴스에서 우리 의뢰인의 머그샷을 봐버린 상황에서 범인식별의 신뢰성이 굉장히 떨어진 경우였다.

제3자(이를테면, 또 다른 목격자나 경찰이나 언론매체)에 의한 암시 나 목격자의 추론은 기억을 수정하거나 영향을 미칠 수 있다. …… 이 현상을 입증하는 연구는 수없이 많다. ……

기억이란 우리가 어떤 사건에서 기억해낸 특정 요소들을 우리가 어떤 일이 일어났어야 한다고 추정 혹은 기대하는 바 그리고 보편 지식에 결합시켜 쌓아올린 과정의 결과물이라는 사실을 사람들은 대부분 알지 못한다. 기억은 **떠올릴(관련된 생각을 할) 때마다 수정된다.** 그 기억을 새로 저장할 때마다 기억의 구성 요소들을 추가, 변경, 삭제할 기회가 있는 것이다. 수용된 새로운 정보 또는 일어났을지 모를 일에 관한 믿음을 추가하거나 지금 시점에 일관성이나 정확성이 떨어져 보이는 정보는 삭제 또는 변경할 수 있다.

간단히 말해, 약간의 시간이 지난 시점에(이를테면 법정에서 증언할 때) 목격자가 지닌 기억은 사건 발생 순간에 형성된 기억과는 사뭇 다를 수 있다. 파지 간격(사건 목격 시점과 회상 시점 사이의 간격)이 길수록 망각이나 부정확한 정보의 결합 가능성이 커진다. 이처럼 새롭지만 부정확한 정보는 본래의 사건에 관한 기억에 결합되어 기억 왜곡을 심화시킬 수 있다.[28]

굿셀 박사의 주장에 따르면 목격증인들이 사진들 중에서 지목을 하기에 앞서 내 의뢰인의 사진을 뉴스에서 이미 본 상태였기 때문에 그 선택이 정확한 기억에서 비롯된 것인지 혹은 오염의 결과인지는 알 길이 없었다는 것이다. 차후에 실시된 DNA 검사로 의뢰인은 무죄임이 밝혀졌다.

오염 및 오귀인

무수히 많은 잘못된 유죄판결 사건들은 찰스 굿셀 박사가 자세히 다뤘던 현상을 입증하고 있다. 범행으로 방금 체포된 사람이라고 보도하는 텔레비전 뉴스에서 실제론 죄가 없는 용의자의 사진을 본 뒤 목격증인은 범죄 발생 순간에 자신이 실제로 봤던 얼굴 대신 화면에서 본 용의자의 얼굴을 범인의 얼굴로 '기억'한다. 혹은 경찰이 범인의 콧수염이 텁수룩했는지 아니면 잘 다듬은 상태였는지 목격자에게 넌지시 물을 수 있는데, 이 경우 목격자는 지난주에 본인이 봤던, 말끔히 면도한 범인의 얼굴에서 갑자기 콧수염을 '기억'해내게 된다. 이것이 바로 기억 오염memory contamination 혹은 오귀인이다.[29] 사고를 언급하며 '박살'이라는 단어를 끼워 넣었더니 피험자들이 자동차 사고 영상 속에서 깨진 유리를 보았던 것으로 잘못 기억했던 로프터스의 연구는 임상 환경에서 나타난 기억 오염의 완벽한 예를 보여준다.

이 같은 오귀인 사례에서 피험자들은 자신의 기억을 변경할 아무런 내적 동기가 없었는데도 외부 영향으로 기억이 오염되었다. 그러나 이번 장의 도입부에서 예로 들었던 내 어린 시절 일화의 경우, 목격자들에게는 기억을 바꿀 동기가 있었다. 예컨대 나를 문 개의 주인인 그 친구 엄마는 손님들에게 자기 집은 안전하며 자기 안내에 따르는 사람은 개가 절대 문적이 없다고 안심을 시키고 싶은 마음이 있었다.

이것만큼은 분명하다. 범죄 수사에서 동기는 인식과 행동에 엄청난 영향을 미친다. 어떤 범죄가 발생하면, 피해자·목격자·경찰·검찰 그리고 보통 사람들 모두가 사건 해결을, 그것도 빨리 해결되기를 원한다. 다들 응보를 원하며, 그 나쁜 놈을 거리에서 몰아내기를 원한다. 그래서 목격자와 형사사법제도의 일원들은 그 사건을 옳은 방향으로 해결하는 데 도움만 된다면 각자의 기억 속에 외부 정보나 여러 암시를 무의식적으로 통합시킬 가능성이 높다. 나처럼 오심으로 인한 유죄판결 사건들을 전문으로 다루는 변호사라면 누구나 목격증인들이 유죄판결로 이끌기 위해 각자의 이야기―기억―를 점점 바꿨던 사례들을 수십 건은 댈 수 있을 것이다. 검사 재직 시절에도 이런 상황은 자주 봤다. 우리는 기억 가변성의 위험을 집단 차원에서 인식하고 있진 않으며, 때문에 바뀐 기억들은 시스템 안으로 깊이 파고든다.

이런 현상은 목격증인의 범인식별에 관한 수많은 연구결과를 통해 확인되고 있다. 연구의 기본 틀은 다음과 같다. 편의점 강도 사건을 보여주는 감시카메라 영상을 피험자들에게 보여준 뒤 진범이 포함되지 않은 사진들을 제시한다. 그리고 그 사진들 중 범인이 있는지 묻는다. 사진 한 장을 지목하는 이들 가운데 몇 명에게는 제대로 골랐다고 말해주고 몇 명에게는 아무런 반응을 보이지 않는다. 사진 선택을 마친 피험자들에게는 본인이 진범을 찾아냈다는 확신이 어느 정도인지, 그 영상을 얼마나 집중해서 봤는지, 법정에서 증인으로 출석할 의향은 얼마나 있는지 등을 묻는 질문지를 주며 작성을 부탁한다.

피험자의 연령대나 기타 요인과 상관없이 이런 류의 연구들은 결과가 다 비슷했다.[30] 목격자에게 범인식별에 관한 긍정적인 반응을 보여주면 확신의 정도가 크게 증가한다. 해당 범죄를 더 집중해서 봤다고 답하고 재판에서 증언할 의향도 더 높게 나타난다. 외부 영향으로 이들의 기억이 오염된 것이다. 자신의 선택을 확증해주는 반응을 받는 목격자들은 법정에 가서 피고인이 그 범인과 "비슷해 보인다"고 증언하거나 "이 사람이 맞다고 75%는 확신한다"고 하지 않고, 피고인이 그 범죄를 저지르는 걸 봤다고 100% 확신한다고 증언하는 경우가 많다. 그리고 범인의 신체적 특징을 아주 주의 깊게 봤다고도 증언할 것이다. 그러나―잘못된 유죄판결로 이어지기가 너무 쉬운—이 목격자들의 확신은 본인도 모르는 사이에 그저 확증적 피드백confirmatory feedback에 의해 생겨난 것이다.

확증적 피드백은 다양한 형태를 띤다. 경찰관이 "용의자를 잘 골라내셨네요"라고 한다면 그건 당연히 명백한 확증적 피드백의 사례다. 한편 목격자가 경찰서에 가서 사진 한 장을 고른 뒤 본인이 지목했던 그 남자가 경찰에 체포됐다는 텔레비전 뉴스를 접한다면, 이 역시 또 다른 형태의 확증적 피드백이다. '다수의' 목격자가 그 용의자를 범죄자로 지목했다는 뉴스를 듣게 되는 경우도 마찬가지다. 또 하나 흔한 사례로는 사진들을 보고 지목을 하자 경찰관이 안도의 한숨을 내쉬는 걸 듣고, 그 경찰관이 들뜬 모습으로 사진들을 치우며 "감사합니다. 곧 연락드릴게요" 같은 소릴 하는 경우도 들 수 있겠다.

넷플릭스 다큐멘터리 〈살인자 만들기〉에도 확증적 피드백의 사례가 나온다. 피해자인 페니 비어스턴이 자신을 강간한 범인으로 애버리를 잘못 지목했을 때 경찰은 곧바로 이 여성에게 잘 골라냈다고 말해줬다. 나중에 비언스턴은 〈데이트라인 NBC〉 인터뷰에서 이런 확증적 피드백이 확신을 크게 부추겼다고 말했다.[31] 그 시점부터 비언스턴은 자기 기억을 확신했으며 자신이 당한 피해를 상기할 때 "사진과 닮은" 스티븐 애버리의 얼굴을 떠올렸다.[32]

검사 시절 FBI 요원과 장기간에 걸쳐 공조한 사건이 있었는데 특정 용의자에게 불리한 증거를 마침내 모을 수 있었다. 이제 그 용의자에 대한 기소 여부는 범죄 피해자가 사진을 보고 범인을 식별해낼 수 있느냐에 달린 상황이었다. 피해자가 우리 집무실에 도착하자 FBI 요원과 나는 굉장히 긴장했다. 우리는 이 사건에 굉장히 공을 들였고 그 용의자가 유죄라고 굳게 믿었다. 피해자가 그 용의자의 사진을 지목해주기를 간절히 바라던 상황이었다. 마침내 피해자가 그 용의자의 사진을 골랐을 때 FBI 요원과 나는 곧바로 자리에서 일어나 복도로 나가서는 한껏 들뜬 분위기로 다음 할 일을 논의하기 시작했다. 코너만 돌면 바로 피해자가 앉아 있는 곳이었다. 사실, 사무실 밖으로 나가자마자 우리는 가벼운 '골 세리머니'를 하고 하이파이브도 했다. 해당 범죄의 유일한 목격자였던 피해자는 우리 반응을 보고 본인이 정답을 제대로 골랐다는 인상을 틀림없이 받았으리라. 또 그로서는 자신이 혹시 자신 없어 하기라도 한다면 우리에게 엄청난 실망을 안기게 될 거라는 걸 분명히 알았을 것이다. 오늘날 수많은 검사와 경찰관이 그렇듯이 나 역시 그런 행동이 목격증인의 진술을 바꿔놓을 수도 있다는 사실을 당시에는 전혀 알지 못했다.

잘못된 목격자 증언의 사례들

목격 오류는 매우 흔한 일이고 인간의 기억도 워낙 가변적이라, 많은 사건에서 다수의 목격증인—한 사건에서 심지어 10명까지도—이 전부 완전히 틀리는 것도 사실 전혀 놀랄 일이 아니다.[33]

레이먼드 타울러

나는 1982년 클리블랜드의 공원 숲에서 어린 소녀를 강간한 혐의로 유죄판결을 받은 레이먼드 타울러를 변호했다. 강간 사건 발생 후 몇 주가 지났을 무렵 군복무를 무사히 마치고 갓 전역한 상태였던 레이먼드는 휴식과 명상을 하러 공원에 갔다. 그런데 공원 경비원이 그의 차를 갓길로 멈춰 세웠다. 아마도 공원 주변은 전부 부유층 백인들이 사는 동네였고 레이먼드는 그 강간범처럼 아프리카계 미국인이라는 이유였을 것이다. 경비원은 레이먼드의 사진을 찍고 신상정보를 확인한 뒤 보내주었다. 이후 강간피해자, 피해자의 친오빠, 그 외 성인 목격자 2명이 전부 일렬로 제시된 사진에서 레이먼드를 강간범으로 지목했다. 재판정에서도 이 네 목격증인들은 레이먼드가 강간범이 맞다고 재차 확인했다. 레이먼드는 유죄판결을 받았고 교도소에서 29년을 복역한 뒤 2010년 DNA 검사를 통해 무죄방면되었다. 4명의 목격자 전원의 증언이 완전히 틀렸던 것이다.

딘 길리스피

딘 길리스피 사건에 관해서는 앞에서도 상세히 언급했다. 1988년에 일어난 다수의 강간 사건의 범인으로 3명의 목격자가 딘 길리스피를 지목했던 이 사건에서 경찰관이 제시한 용의자 사진 라인업은 암묵적으로 유도하는 성격이 매우 강했다.[34] 다른 사진들은 전부 유광 코팅에 푸른색 바탕이었는데, 딘의 사진만 무광 코팅에 노란색 바탕이었다. 게다가 강간범은 얼굴이 넓적하다고 묘사되었는데 딘의 사진은 카메라가 얼굴을 가깝게 찍은 모습이었던 반면 다른 이들의 사진은 훨씬 더 멀리서 찍은 상반신 사진에 가까웠다. 몇 년 뒤, 《데이턴데일리뉴스》가 딘의 사진을 두고 "사실상 동그라미와 별표가 쳐진 것이나 다름없었다"고 한 표현은 과장이 아니었다.[35]

딘의 사건에는 경찰관의 심각한 확증적 피드백 사례들이 포함되어 있었다. 목격자들이 사진 라인업을 본 것은 범죄 발생 후 22개월이나 지난 시점이었다. 앞에서도 살펴보았듯이, 이렇게 긴 시간이 지나면 목격증인의 범인식별 신뢰성은 거의 0에 가까워지고 암시를 통해 기억이 쉽게 변형될 수 있다. 실제로, 재판 중 증인석에 선 목격증인들은 사진 라인업에서 딘을 지목했을 때 경찰관이 제대로 짚었다고 알려줬다고 인정했다. 그런 식의 언급은 당연히 목격자의 확신을 엄청나게 부풀리고 기억까지 바꿔놓을 수 있다.

게다가 딘의 머리는 회색빛이 군데군데 도는 갈색이었고 붉은빛은 없었는데, 목격자들은 애초에 강간범의 머리는 붉은빛이 도는 갈색이었고 회색빛은 전혀 없었다고 진술했다. 딘의 변호인이 반대신문에서 목격증인 한 명에게 딘의 머리색과 증인이 이전에 진술한 강간범의 머리색이 불일치한다고 지적하자 증인은 이런 식으로 답변했다. "그 사람은 염색을 한 거예요."

뜻밖의 답변에 놀란 변호인은 증인에게 추가 질문을 했고 증인은 문제의 경찰관이 재판 전에 딘이 강간범과 달라 보일 수도 있는데 그건 재판에서 외모가 달라 보이게 머리를 염색했기 때문이라고 미리 말해줬다고 답했다. 변호인은 딘이 다니던 미용실에 전화해 딘은 수년 전부터 줄곧 회색빛이 도는 머리였으며 염색은 한 번도 한 적이 없다는 증언을 들었다. 그 외에도 여러 증인이 딘의 알리바이를 증명해 주었음에도 불구하고 배심원단은 딘에게 유죄평결을 내렸다. 사실 놀라운 일은 아니다. 이 같은 여러 불일치점과 알리바이가 있다 해도 3명의 목격증인이 눈물로 증언하고 격앙된 감정으로 이 남자는 강간범이 맞다고 '확신'하는 상황에서 유죄평결을 내리지 않을 배심원단은 드물다. 인간의 기억에는 여러 한계가 있음에도 불구하고 배심원들은 순진하게 목격증인의 증언을 복음처럼 받아들이는 경향이 있다.[36]

오늘날까지도 그 세 목격증인들은 여전히 딘이 강간범이라고 믿고 있다. 잘못된 유죄판결 사건에서 이 역시 흔한 일이다. 일단 거짓 기억이 형성되고 이를 바탕으로 유죄판결이 나면 확증편향, 인지부조화, 그리고 자기 실수로 죄 없는 사람이 20년 복역하게 됐을 가능성을 직면하기를 회피하려는 마음이 거짓 기억을 강화하는 경향이 있다. 강간 피해자였던 페니 비언스턴은 스티븐 애버리를 강간범으로 잘못 지목했는데 나중에 DNA 검사에서 진범은 그레고리 앨런임이 밝혀졌다. 그러자 비언스턴이 했던 말은 바로 이런 현상을 잘 보여준다. "그레고리 앨런의 사진을 봤는데 저는 믿을 수가 없어요. 맹세컨대 평생 한 번도 본 적 없는 사람이었습니다. 그 사람 사진을 보면 분노가 일지 않아요. 방 안으로 이 사람이 걸어들어온다고 상상해봐도 혈압도 오르지 않고요. 지금도 저를 공격한 범인을 떠올릴 땐 스티븐 애버리의 얼굴이 나타나요."[37]

로널드 코튼

제니퍼 톰슨은 노스캐롤라이나에서 대학을 다니던 22세의 학생이었는데, 1984년 7월 28일 집안으로 침입한 남자에게 강간을 당했다.[38] 이 강간범과 함께 있었던 30분 동안 여자는 범인의 얼굴을 들여다보며 기억하려 애를 썼다. 사건을 담당한 형사는 이후 제니퍼가 경찰서에 들어서며 했던 첫 마디를 이렇게 기억했다. "저한테 이런 짓을 한 남자를 저는 꼭 잡을 거예요. 한동안 똑바로 봤으니 기회만 주면 저는 이 남자를 알아볼 수 있어요."

제니퍼 톰슨은 사진 라인업에서 로널드 코튼이라는 젊은 남자의 사진을 지목했다. 그리고 며칠 뒤 실제 인물들을 세운 라인업에서도 코튼을 지목했다. 담당 형사는 코튼이 바로 제니퍼가 사진 라인업에서 지목했던 동일 인물이 맞다고 알려줬다. 나중에 제니퍼는 그 말을 들었을 때 안도감을 느끼며 속으로 말했다고 한다. "맞췄어……. 내가 제대로 해냈어……. 제대로 해냈다고." 이후 분명한 확신을 가지고 재판에서 증언했다. 당연히 코튼은 유죄판결을 받았다.[39]

수감된 코튼은 제니퍼가 강간 사건 이후 범인을 그린 몽타주와 흡사한 외모의 수감자를 교도소에서 발견했다. 강간죄로 들어온 자였다. 나중에 알게 된 이 남자의 이름은 바비 풀이었는데, 코튼은 풀에게 접근해 어디 출신이냐고 물었다. 풀은 노스캐롤라이나 출신이라고 했고 제니퍼와 코튼과 같은 동네였다. 이후 코튼의 변호인단은 해당 지역에서 악명 높은 강간범이었던 바비 풀이 진범임을 밝힐 재심 기회를 얻어냈다. 재심에서는 제니퍼가 볼 수 있도록 풀을 법정에 출석시켰다. 제니퍼는 지금까지 풀을 한 번도 본 적이 없다고 말했다. 그리고 변호인 측에 강렬한 분노를 느꼈다고 훗날 털어놓기도 했다. "어떻게 그런 질문을 감히 할 수가 있어요. 사람이면 자신을 강간한 범인은 절대 잊을 리가 없어요. 그런데 어떻게 범인의 생김새를 잊어먹은 사람 취급을 할 수가 있냐고요." 로널드 코튼은 또다시 유죄판결을 받았고 이번에는 두 번의 종신형을 선고받았다.

재수감된 코튼은 7년 뒤 라디오에서 OJ 심슨의 재판 소식을 듣다가 DNA 검사에 대해 알게 됐다. 그는 담당 변호사에게 자기 사건에 대한 DNA 검사를 원한다고 편지를 써서 보냈다. 코튼의 한결같은 주장은 DNA 검사를 통해 사실로 입증됐다. 코튼은 결백했을 뿐 아니라 제니퍼 톰슨을 강간한 범인은 바비 풀이 맞았다. 코튼은 본인이 저지르지 않은 강간 때문에 교도소에서 10년을 복역한 뒤에야 석방됐다.

이 소식을 접한 톰슨은 처음에는 믿을 수 없어 했다. 그러나 결국 진실을 받아들였고 "숨이 막히고 무너져내릴 듯한 부끄러움"을 느꼈다고 말했다. 그러나 페니 비언스턴이 그랬듯, 그 당시 강간당하던 일을 생각하거나 그에 관한 꿈을 꿀 때면 아직도 엉뚱하게 유죄판결을 받은 남자의 얼굴을 본다고 했다. 코튼에 대한 톰슨의 거짓 기억은 이미 오염돼버린 상태였고 너무나 긴 세월에 걸쳐 확증되는 바람에 진실을 알고도 쉽게 깨뜨릴 수 없게 된 것이다. 기억 연구 전문가 엘리자베스 로프터스 박사는 이후 〈60분〉에 출연해 코튼 사건에 관해 설명했다. 제니퍼 톰슨이나 페니 비어스턴 같은 목격증인이 한번 결백한 용의자를 지목하고 나면 목격자의 기억 속에서 범인의 얼굴은 그 용의자의 얼굴로 대체돼버린다는 것이다.[40] 한번 형성된 거짓 기억은 다시 뒤흔들기가 굉장히 어렵다.

톰슨은 마침내 코튼에게 만나자고 요청했으며 그에게 사과했다. 결국 둘 사이에는 우정이 싹텄다. 둘이 공저한 책 『피킹 코튼Picking Cotton』('pick cotton'은 원래 '목화솜을 채취'한다는 의미로 여기서는 '코튼을 지목'한다는 의미도 되는 중의적 표현 – 옮긴이)은 《뉴욕타임스》 베스트셀러가 됐다.

그러나 제니퍼 톰슨과 페니 비어스턴처럼 본인의 실수를 공개적으로 인정하는 경우는 흔치 않은 예외에 해당한다. 내 경험상 목격증인들—그리고 경찰과 검찰—은 자신의 실수 때문에 죄 없는 사람이 감옥에 갔을지도 모른다는 진실을 온전히 받아들이지 못하는 경우가 태반이다. 시간이 흘러 굳어져 버린 목격자의 잘못된 기억, 확증편향, 반복되는 확증적 피드백, 자신의 오류를 인정하고 싶지 않은 욕망 같은 것들 때문에 목격자는 점점 더 완고해지기 쉽다. 물론 이는 인간의 자연스러운 반응이다. 사실, 톰슨은 나중에 말하기를 코튼에 대한 거짓 기억이 너무나도 굳어진 탓에 재심 법정에서 바비 풀을 보고도 "솜털만큼도" 떠오르는 게 없다고 했다. 그녀는 기억이 비프 스튜라면 감자, 당근, 소고기 조각을 하나하나 넣어 골라낼 수 있게 끓인 게 아니라 블렌더에 넣고 한데 갈아버린 다음 끓인 것에 더 가깝다고 표현한 적이 있다. 기억이 한번 오염되고 나면 떠올린 기억들 가운데 어떤 것이 진짜인지, 그리고 어떤 것이 외부 영향과 위력에 의한 결과인지 분간할 수 없게 된다. 그런 기억은 블렌더로 곱게 갈아서 만든 비프 스튜처럼 원래 상태로는 결코 돌아갈 수 없다.

인간의 기억에 관해 내가 지금 알고 있는 것들에 비추어볼 때, 로널드 코튼의 변호인들이 재심에서 바비 풀을 제니퍼 톰슨 앞에 세우기만 하면 제니퍼가 곧바로 "아, 이 사람이네요. 제가 착각했었어요"라고 할지 모른다고 생각했던 건 순진한 처사였다. 그런 일은 절대 일어나지 않는다고 봐도 무방하다. 코튼 사건에서 그런 일이 일어난 건, 나중에 DNA 검사에서 바비 풀과 확실히 일치하는 결과가 나왔고, 제니퍼 톰슨이 놀라우리만치 용기 있으며 편협하지 않고 겸손한 사람이었기 때문이었다.

데이먼 시보도

1997년, 데이먼 시보도는 열네 살 사촌 크리스털 샴페인을 강간 살해했다고 허위자백을 했다.[41] 샴페인은 1996년 7월 19일에 실종됐고 다음 날 저녁 루이지애나 브리지시티의 강둑 근방에서 시신으로 발견됐다. 시신에는 목이 졸리고 심하게 구타를 당한 흔적이 있었으며 옷이 일부 벗겨져 있었기에 수사관들은 성폭행을 당했다고 판단했다.[42]

데이먼은 살인 사건 다음날 크리스털의 죽음에 관해 질문을 받은 여러 사람 중 한 명이었다. 처음에 데이먼은 관련이 없다고 부인했고 거짓말탐지기 조사를 받았는데 조사를 통과하지 못했다는 통보를 받았다. 이후 8시간 반에 걸쳐 신문을 받았지만 신문 당시 녹화가 이뤄진 시간은 1시간도 채 되지 않았다.[43] 결국 그는 신문을 받는 동안 경찰 측을 통해 알게 된 범죄사실들을 조합하여 상세한 허위자백을 하고 말았다.[44] 그는 구속 기소됐다.

데이먼이 구속된 뒤 두 명의 목격증인이 크리스탈이 살해되던 날 강둑 근처에서 한 남자가 서성거리는 것을 봤다고 진술했다. 그리고 일련의 사진들 속에서 데이먼을 지목했고 재판정에서도 재차 데이먼을 범인이라고 확인해주었다.[45] 데이먼은 목격증인의 범인식별과 본인의 자백을 토대로 가중 일급살인 및 강간으로 유죄판결을 받았다. 그리고 사형선고가 내려졌다.[46]

십여 년 뒤, 이노센스 프로젝트와 제퍼슨 패리시 지방 검사장이 데이먼 사건을 재수사하기 위해 함께 나섰다.[47] 5년에 걸친 재수사 끝에 이들은 데이먼의 자백이 거짓이었으며 재판정에서 증언했던 목격자들의 범인식별에도 오류가 있었다는 공통된 결론에 도달했다.[48]

그들은 왜 데이먼을 범인으로 잘못 지목했을까? 두 목격증인은 모두 사진들을 보고 데이먼을 지목하기에 앞서 이미 데이먼을 유력한 용의자로 보도하는 TV 뉴스에서 데이먼의 사진을 본 상태였다.[49] 엘리자베스 로프터스가 코튼 사건을 다룬 회차의 〈60분〉에서 설명했듯, 목격증인의 범인식별은 뉴스 보도에서 용의자 사진을 사전에 접할 때 쉽게 오염된다. 텔레비전에서 데이먼의 사진을 본 이후로 목격자의 기억들이 수정되었고, 이들은 자기도 모르는 사이에 본인이 실제로 봤던 남자의 얼굴을 데이먼의 얼굴로 덮어쓰게 됐다.

데이먼의 자백은 완전히 허위일 가능성이 농후해졌고 이 결론은 상식,

논리, DNA 증거로도 뒷받침됐다. 데이먼의 진술에서 거의 모든 것이 사건의 나머지 부분들과 맞지 않았다.[50] 범죄에 대한 데이먼의 설명은 실제 범죄현장과 맞지 않았고 다른 증거들과도 상충했다.[51] 게다가 현장에서 발견된 DNA 가운데 그 어떤 것도 데이먼의 것이 아니었던 반면, 피해자를 교살하는 데 사용된 끈에서 미상의 남성 DNA가 발견됐다.[52] DNA 검사 결과 역시 피해자가 성폭행을 당했다는 가설이 틀렸음을 입증했다.[53]

2012년 9월, 루이지애나주의 판사가 데이먼 시보도의 유죄판결을 취소했고, 그는 15년을 사형수로 있으면서 총 16년을 복역하고 나서야 석방됐다. 그는 미국에서 DNA 검사를 통해 결백이 입증된 13번째 사례였다.[54]

거짓 기억과 허위자백

허위자백은 잘못된 유죄판결의 또 하나의 주요 원인이며, 언뜻 생각하기에 아마도 가장 직관에 어긋나는 원인일 것 같다. 미국 내에서 최초로 무죄방면된 325건 가운데 88건, 즉 27%에 죄 없는 피고인의 허위자백이 있었다.[55] 미국 무죄방면등록부에서 확인한 2,000건이 넘는 잘못된 유죄판결 가운데 12%의 사건이 허위자백과 연관이 있었다.[56]

심리학자들은 허위자백을 3가지 형태로 구분한다. 자발적 허위자백은 경찰의 유도 없이도 죄 없는 사람이 자신이 저지르지도 않은 범죄에 대해 허위로 자백을 하는 것이다. 이는 대개 정신질환자들의 경우다. 미 대법원의 '콜로라도 대 코넬리 사건'이 바로 그 전형적인 시나리오에 해당된다.[57] 이 사건에서 정신질환을 앓던 한 남성이 덴버의 경찰관에게 다가와 뜬금없이 살인을 자백했다. 또 다른 사례는 2006년 존 마크 카가 예쁜어린이선발대회 우승자였던 존베넷 램지를 살해했다며 자발적 허위자백을

해서 미 전역 언론의 관심이 집중됐던 사건이다.[58]

강요에 따른 허위자백은 용의자가 본인의 결백을 알고 수사 중에 거짓 기억이 형성된 것도 아닌데 경찰의 압력에 못 이겨 범죄를 허위로 자백하는 경우다. 이런 형태의 자백은 대개 경찰이 극단적인 수사 방법—예를 들면, 범죄현장에서 용의자의 DNA나 지문이 발견되었다고 날조—을 동원해 용의자는 궁극적으로 희망이 없는 상황이고 유죄판결을 받을 것이며 처벌을 최소화하고 수사를 종결시킬 유일한 길은 오직 수사관들이 듣고 싶어 하는 답변을 해주는 방법뿐이라고 용의자를 설득할 때 일어난다. 자백만이 자신의 유일한 선택지, 즉 차악이라고 이성적으로 판단하게 되면 이런 유형의 자백을 하게 된다. 수많은 사람들이 자신이 저지르지 않은 범죄에 대해서는 절대 자백을 할 리 없다고 생각하지만, 이 형태의 허위자백은 놀라우리만치 자주 일어난다. 강요에 따른 허위자백에 대한 훌륭한 논의는 리처드 레오 박사의 저서『경찰 신문과 미국의 사법제도 Police Interrogation and American Justice』에서도 찾아볼 수 있고 리처드 레오의『잘못 지목된 사람들The Wrong Guys』와 존 그리섐의『이노센트맨The Innocent Man』에도 인상적인 사례들이 나온다.[59] 다큐멘터리 영화〈센트럴파크의 다섯 명The Central Park Five〉에서는 '센트럴파크 조깅 사건'에서 달리기하던 여성을 잔혹하게 강간 살해한 혐의로 잘못된 유죄판결을 받은 소년 5명의 허위자백을 다루는데, 이 역시 강요에 따른 허위자백의 대표적인 사례다.[60]

허위자백의 세 번째 범주는 강요에 의해 내면화된 허위자백으로, 경찰의 압박 때문에 용의자가 자신이 저지르지 않은 범죄를 저질렀다고 실제로 믿게 되는 경우다.[61] 경찰의 압박으로 용의자는 본인의 기억을 의심하고 결국은 해당 범죄를 '기억'하기 시작하여 경찰 측에서 제공한 정보를 토대로 사실들을 구성하게 된다. 허위자백을 연구해온 전문가인 사울 카신 박사는 이렇게 설명한다. "강요에 의해 **내면화된** 허위자백은 결백하지만 취약한 사람이 하기 쉽다. 이들은 고도로 암시적이고 오도하는 수사 전략에 노출된 탓에 자신이 정말 그 범죄를 저질렀을지도 모른다고 믿게 되는데, 이는 대체로 거짓 기억이 만든 믿음이다."[62]

내 의뢰인 중에도 이 세 번째 유형의 허위자백을 한 사람이 둘 있었는데, 둘 다 예외적인 특수 상황이었다. 앞서 언급했던 크리스 베넷은 음주운전 사고로 절친한 친구를 죽게 만든 혐의로 경찰이 고소하여 차량에 의한 과실치사로 유죄판결을 받았다. 그러나 베넷은 충돌 당시 두부에 손상을 입어 기억상실 진단을 받았고, 사고 당시나 그 이전의 일들에 관해 아무 기억도 할 수가 없었다. 심지어 본인이 운전을 하고 있었는지도 기억하지 못했다. 그러나 그는 자신이 운전자였다고, 운전자였음이 틀림없다고 알려준 경찰관들과 다른 사람들의 말을 믿게 됐고 유죄 인정에 동의했다. 이후 교도소에서 기억이 부분적으로 돌아오기 시작한 크리스는 사망한 친구가 차를 운전했고 본인은 조수석에 앉아 있었다는 사실을 마침내 떠올렸다. 충돌 당시 앞 유리에 남은 탑승자들의 혈흔에 대한 DNA 검사 결과와 크리스가 조수석에 있었다고 진술한 새로운 증인의 등장으로 유죄판결을 뒤집을 수 있었고 크리스는 4년 만에 석방되었다.

오하이오 이노센스 프로젝트의 의뢰인 글렌 티니는 본인의 상점에서 물침대 판매원을 살해했다는 허위자백으로 유죄판결을 받았다가 무죄방면되었다. 심각한 정신질환을 앓고 있던 티니는 경찰 신문에 휘둘려 그들이 하는 말을 쉽게 믿어버렸던 것이다.

저지르지도 않은 범죄를 인정한 70%의 대학생들

"나는 내가 저지르지도 않은 중대 범죄를 허위자백하는 일은 절대 없을 거야"라고 장담하기 전에 일단 이 이야기부터 들어보시라. 2015년, 캐나다의 심리학 교수들이 재학생들을 대상으로 전형적인 경찰 신문 방법을 본떠서 실험했더니 피험자의 70%가 완전히 허구로 지어낸 폭행, 흉기 사용 폭행, 절도 등을 본인이 저질렀다는 거짓 기억을 형성하는 결과가 나왔다.[63]

연구자들은 이 70% 피험자들의 부모나 여타 양육자들을 만나 이들 가운데 어느 누구도 그런 종류의 범죄 전과나 체포된 경험이 전혀 없었음을 확인했다. 또한 11세부터 14세 사이에 각 피험자가 겪은 실제 사건에 관한 세부 내용도 입수해두었다. 이들과의 첫 면담에서 연구자들은 피험자들에게 기억 인출 방식을 연구 중이라며 11세부터 14세 사이에 피험자에게 일어났던 두 가지 사건에 관해 회상해보라고 요청했다. 피험자들에게는 연구팀이 양육자들을 면담하는 과정에서 이 두 사건을 알게 되었다고 일러두었다. 그중 하나는 해당 피험자가 범죄를 저지른 적이 있었다는 것이었는데, 이는 연구진이 지어낸 가짜 사건이었지만 피험자들에게는 그 사실을 알리지 않았다.

첫 면담에서 피험자들은 대부분 실제 있었던 일화는 기억해낼 수 있었지만 범죄를 저질렀었다는 가짜 이야기는 기억해내지 못했다. 면담 장소를 나서기 전에 각 피험자에게는 기억을 떠올리려 노력한다면 범행에 관한 세세한 사항들을 기억해낼 수 있을 것이고 2차 면담에 오기 전에 매일 밤 그 범죄를 머릿속에 그려 보라고 부탁했다.

2차와 3차 면담에서 연구진은 경찰이 신문할 때 흔히 사용하는 전략을 채택했다. 피험자들에게는 양육자로부터 받은 상세한 진술서 형식으로 그들이 범행을 저질렀다는 논박 불가능한 증거가 있으며 "대부분의 사람들은 열심히 노력하기만 하면 망각했던 기억도 인출할 수 있다"고 알려주었다. 연구진은 피험자들에게 그들의 범죄에 관한 굉장히 내밀한 세부사항, 이를테면 공모했다는 친구의 이름이나 해당 범죄가 발생했다는 동네의 구체적인 친숙한 장소 등 연구팀이 그 범죄를 분명히 알고 있다고 믿게 만들 법한 '사실들'을 언급했다.

3차 면담에서 피험자 대다수는 본인이 범죄를 저지른 적이 있다고 인정했으며 어떤 식으로 범죄를 저질렀는지 상세한 이야기까지 들려줄 수 있었다. 그러나 이들이 하는 이야기들은 전부 수사관들이 제공한 사실들로 구성된 거짓 기억을 토대로 하고 있었다. 과정 말미에 피험자들에게 본인이 그 범죄를 저질렀다는 사실을 정말 믿었는지, 혹은 정말로 믿지는 않고 수사관이 말해준 내용에 단순히 동조만 했던 것인지 물었다. 70%가 연구진이 채택한 기억 인출 방법을 이용해 실제 기억을 인출했으며, 현재는 자신이 그 범죄를 정말 저질렀다고 믿는다고 답했다.

이 실험을 진행했던 심리학자들은 다음과 같이 결론을 내렸다. "이 연구는 사람들이 범죄행위에 가담했다는 거짓 기억마저도 상세히 시각화하고 회상할 수 있게 된다는 증거다. 우리 표본에 포함된 청년들은 그런 기억을 생성해낼 수 있었을 뿐 아니라 거짓 회상 비율도 높았고, 기억 자체도 굉장히 상세했다. 게다가 범행에 대한 거짓 기억들은 범죄와 무관한 정서적 추억에 관련된 기억들과 비슷한 방식으로 형성될 수 있음을 보여준다. 범행에 대한 거짓 기억들은 실제 기억과도 비슷한 특징이 많았다."[64] 사울 카신 박사는 경찰 수사관들은 "용의자가 유죄라는 확고하고도 분명한 확신을 내비치고, 용의자를 익숙한 모든 사회적 교류와 외부 정보원으로부터 차단시키며, 극도로 감정을 자극하는 긴 세션을 반복하면서 실은 거짓이지만 논박불가능한 증거라며 용의자가 유죄인 증거를 제시하고, 용의자가 해당 범죄를 기억하지 못하는 이유에 대해서는 그럴싸한 물리적 혹은 심리적 이유를 설명해주며, 온갖 약속과 협박을 동원해 용의자에게 자백 요구에 응하라는 암묵적 그리고 명시적 압박을 가함"으로써 거짓 기억 형성에 유리한 환경—이 연구에서 조성했던 환경보다 훨씬 더 혹독한 환경—을 조성한다고 지적한다.[65] 이처럼 혹독한 방식으로 장기간에 걸쳐 수사가 이뤄지면 "고도의 암시적 성격을 띤 최면에라도 걸린 듯한 상태"를 만들 수 있고 "용의자의 머릿속에서는 진실과 거짓이 무기력하게 뒤섞여 혼란스러운 상태가 된다".[66]

피터 라일리

십대였던 피터 라일리 역시 경찰의 그런 압박에 자신이 저지르지 않은 범죄를 저질렀다고 믿게 됐다. 1973년 9월의 어느 날 밤 피터의 엄마 바버라 라일리는 자택에서 참혹하게 구타를 당하고 칼에 찔려 사망했다.[67] 시신이 발견되고 3시간이 지난 뒤 당시 18세이던 피터는 경찰서로 연행되어 심문을 받았다. 8시간여의 신문 중 4시간에 걸쳐 경찰관들이 순번대로 돌아가며 들어와 그를 부정에서 혼란으로, 그리고 다시 자기의심으로 옮겨가게 만들었으며, 라일리는 마침내 경찰 측 주장대로 본인에게 잘못이 있다고 받아들였다. 그는 결국 자기 엄마를 살해했다고 자백했다. 그는 본인의 유죄를 확신하게 된 상태였다.

몇 년 뒤 어느 컨퍼런스에서 라일리는 본인이 어쩌다 허위자백을 하게 됐는지 약간은 혼란스러운 듯한 말투로 이렇게 설명했다.

유일한 가족이 죽었다는 사실에 충격을 받아 혼란스럽고 피곤한 상태로, 그것도 낯설고 위압적인 장소에서 긴 시간 동안 계속 잠을 못 자고 깨어있는 데다 주위에 둘러선 경찰들이 이 끔찍한 짓을 틀림없이 내가 저질렀다고 계속 이야기하고 아무도 나를 걱정해주거나 내 생각을 묻는 사람은 없는 상황인 겁니다. …… 제가 기억을 못하는 거라고 경찰 당국이 장담을 하면 제 자신의 기억을 의심하게 되죠. 암시하며 유도했던 내용이 얼마 후에는 대화 중에 결국 내 입에서 튀어나오게 됩니다. …… 이런 상황에선 그 사람들이 원하는 대로 말하고 서명하게 되지요.[68]

라일리가 2년을 교도소에서 보내고 나서야 유죄판결이 파기됐다. 라일리 어머니 살해 사건은 여전히 미결 상태다.

마이클 크로우

열정이 지나친 형사들이 마이클 크로우에게 여동생을 살해했다고 설득을 하던 때에 그는 고작 열네 살이었다.[69] 1998년 1월 21일, 열두 살이던 스테파니 크로우는 샌디에이고의 자택 침실에서 살해된 채 발견됐다. 일련의 가혹한 신문 절차 이후 결국 마이클은 자신이 동생을 죽였다고 자백했다. 처음에는 본인의 결백─훗날 DNA 검사로 입증됨─을 단호하게 주장했지만, 최후 신문이 끝날 즈음에는 본인이 유죄임을 설득당했다. 마이클이 재판을 기다리며 소년원에 머물던 2주 동안 그런 그의 믿음은 지속됐다. 그러나 2주가 지날 무렵 그는 자신이 저지르지 않은 범죄를 허위 자백했던 것임을 깨닫게 됐다.

마이클 역시 거짓말탐지기 검사를 통과하지 못했으며 해당 범죄에 연루되었다는 증거가 존재한다는 말을 들었던 터였다. 경찰이 그린 그림과 마이클 본인의 기억을 어떻게든 조화시키려던 수사관들은 그에게 이중인격이 있다고 넌지시 말했다. 이를테면 나쁜 마이클이 여동생을 죽였지만 좋은 마이클은 나쁜 마이클의 행동들을 기억하지 못한다는 설명이었다. 그런 다음 경찰관들은 마이클이 범죄를 저지른 게 아니라면 가족 중 다른 누군가가 범인이라는 주장으로 마이클을 궁지에 몰아넣었다. 자신이 유죄임을 받아들이거나 아니면 가족 구성원에게 죄를 떠넘기는 것 말고는 다른 선택지가 없는 상황에 처한 마이클은 자백을 하고 말았다. 어느 순간 그는 이렇게 말했다. "제가 답할 수 없는 질문들을 계속 하시네요. 제가 어떻게 그랬는지는 잘 모르겠어요. 제가 아는 건 그냥 제가 그랬다는 거예요……. 세세한 내용은 기억이 안 납니다."

체포 및 기소된 후 마이클은 소년원에서 부모에게 전화를 걸어 본인이 그런 범죄를 저지른 게 틀림없다고 시인했다. 그러나 부모는 마이클의 말을 절대 믿지 않았다.

사건이 재판에 회부되기 전 마이클에 대한 기소는 취하되었다. DNA 검사 결과 범인은 정신질환을 앓고 있던 리처드 투이트라는 부랑자라는 사실이 입증됐기 때문이다. 투이트는 2006년 재판을 받고 과실치사로 유죄판결을 받았다.

빌 웨인 코프

2001년, 빌리 웨인 코프 역시 경찰의 설득 끝에 자신의 12세 딸 어맨다를 성폭행 및 살해했다고 허위자백했다. 그전까지 그는 650회 이상 살해 혐의를 부인했었다.[70] 그러나 경찰이 가차없이 몰아붙이며 거짓말탐지기 조사를 통과하지 못했다고 알려준 이후 그는 자백을 했다. 코프는 경찰 측 주장이 옳다고 믿게 된 상태였다.

재판정에서 자백을 공식 철회한 이후 코프는 거짓말탐지기 조사 결과에 대한 언급 때문에 자신의 기억을 의심하게 됐다고 주장했다.[71]

저는 제 자신을 의심하기 시작했습니다……. 저는 제가 바보가 아니라고 생각했죠. 제가 아는 진실은 그렇지 않으며, 어맨다에게 아무 짓도 하지 않았다는 걸 스스로 안다고 생각했습니다. 그런데 경찰관이 계속 그렇게 말하더군요……. 코프 씨, 당신이 한 짓이고 심지어 결과도 거짓말을 하지 않는다고…….

[저는] 머릿속으로 이 모든 이미지들을 만들어내기 시작했어요……. 제 자신을 의심하기 시작했습니다. 지쳤어요. 어쩌면 내가 그랬을지도 모른다는 생각이 들었죠……. 나는 정말로 모르겠다고…… 그러고는 제가 말하던 모든 내용을 의심하기 시작했습니다. 저는 아무 힘이 없다고 느꼈어요. 그 사람이 하는 말을 들었습니다. 그 기계를 믿었고요. 탐지기가 제가 거짓말을 하고 있다고 말했으니까요…….

코프는 자신이 범죄를 저질렀던 거라는 확신이 든 나머지, 자백을 하자마자 안도감을 느꼈다. "정말 그랬습니다. 제가 그랬었던 것 같아요……. 털어놓고 나니 이제 제 딸의 죽음에 대한 응보가 이뤄지겠다 싶어 마음이 놓였습니다……. 그 이미지들을 제 머릿속에서 이제 꺼내버릴 수 있어서 다행이었습니다." 범죄현장에서 수집된 정액과 타액은 제임스 샌더스라는 지역 내 성범죄자의 DNA 정보와 일치했지만 2017년에도 코프는 여전히 교도소에 있고 현재 자신의 유죄판결을 뒤집기 위해 계속 싸우고 있다.[72]

합성된 증언

범죄수사 및 기소의 성공 여부는 대개 검경이 미묘하게 수정해놓은 목격 증인의 기억들에 좌우된다. 이렇게 심각한 문제가 아직도 제대로 조명받지 못하고 있다.

검사가 되고 나서 알게 된 사실은 무슨 일이 벌어졌는지를 두고 범죄 사건의 여러 목격증인 간 진술이 상충하는 경우가 흔하다는 것이었다. 검찰 측에 유리한 진술을 하는 목격자도 있을 수 있고, 피고인 측에 유리한 진술을 하는 목격자도 있을 수 있다. 피고인 측에 유리한 목격증인의 진술은 유도 신문을 통해 우리 쪽 가설에 좀 더 부합하도록 종종 '바로잡곤' 했다. 예를 들면, 밤 11시에 범죄가 발생했는데 용의자가 밤 10시 반에 그 술집을 떠났다가 11시 반에 다시 들어왔다고 어떤 목격자가 말한다면, 우리는 밤 11시에 그 술집에 용의자가 있었다고 주장하는(그럼으로써 용의자에게 알리바이를 주는) 또 다른 목격자에게 우리가 보기에 '명백히 틀린' 그 기억에 대해 질문을 퍼부어 들들 볶아서 기억을 '시험'해보는 식이었다. 신문을 하며 때로는 다른 목격증인들이나 기타 증거가 그의 진술과는 배치된다는 암묵적 힌트까지 주면 목격증인의 진술이 바뀌는 경우가 많았다. 실제로, 반복되는 신문과 화가 난 듯한 반응으로 특정 시점에 관한 목격자 본인의 기억이 틀린 게 분명하니 더 깊이 파고들어 신중하게 재고해야 한다는 메시지를 전달하는 일은 별로 어렵지 않다. 그리고 우리의 신문을 통해 볼 때 무엇이 '정답'인지는 늘 명백했다.

결국 목격자는 이렇게 말하게 된다. "그런데, 제가 생각을 하면 할수록 검사님 말씀이 맞는 것 같네요. 아마 그 남자는 좀 더 일찍 자리를 떴을 거예요." 그러고 나면 술집의 텔레비전에서 나오고 있던 축구경기가 11시경에 끝났다거나 그 용의자는 그 경기가 끝나기 한참 전에 자리를 뜬 게 분명하다고 갑자기 '기억'해낼 수도 있다. 이 목격증인이 재판에서 증언을 할 즈음에는 그 용의자가 축구경기가 끝나기 전인 10시 반에 술집에서 나갔다가 한참 뒤까지 돌아오지 않았다고 확신하게 될 수도 있다. 애초에 용의자가 술집에 돌아왔을 때 아무런 특이점도 눈치챌 수 없었다고 말했던 목격증인은 날 선 질문을 잔뜩 받고 난 뒤에는 결국 술집으로 다시 돌아온 용의자가 어딘가 부스스하고 정신이 딴 데 팔려 있었으며 불안해 보였다는 데 동의할 수도 있다. 이는 용의자가 술집으로 되돌아오기 전에 살인을 저질렀다고 믿는 검찰 측에 아주 유리한 진술이 된다.

심리학자 댄 사이먼은 이를 '합성된 증언synthesized testimony'이라 지칭한다.[73] 여기에는 두 요인이 작용한다. 첫째, 목격자들은 법집행관들을 만족시키고 경찰이 '나쁜 놈'을 잡도록 돕고 싶은 경우가 많다. 경찰이 신문 과정에서 원하는 말 그리고 '정답'이 무엇인지 눈치를 챈 목격자들 가운데 일부는 본인이 틀렸다고 추정한 뒤 발생한 상황에 대해 경찰 측 추론에 동조하기가 쉽다. 검사 재직 시절 나는 목격자 집으로 가 면담을 마치고 돌아오던 FBI 요원을 소환한 적이 있었다. 그에게 물었다. "어떻게 됐습니까? 우리가 예상한 대로 말하던가요?" 그 FBI 요원은 이렇게 답했다. "완전 광팬이더군요." 그게 무슨 소리냐고 물었더니 그가 말했다. "우리가 보니까 이 사람들 완전 FBI 팬이더라고요. 그것도 광팬. FBI 요원이 자기네 집 문을 두들겼다고 어쩌나 들떠 있던지 엄청 협조적인 데다 우리가 원하는 건 뭐든지 다 해줬습니다." 정도의 차이는 있을지 몰라도 법집행관에 호의적인 사람의 집 대문을 형사나 수사관이 두드리면 이런 똑같은 일이 실제로 일어나리라고 생각한다.

둘째, 앞에서도 설명했지만, 기억은 상당히 가변적이다. 때문에 목격증인들은 자기 기억에 의문을 품고, 결국은 처음 진술한 내용과는 사뭇 다른 진술을 수용하거나 심지어 그걸 믿도록 유도당할 수 있다. 검사 시절의 경험과 이노센스 활동 변호사로서 지켜봤던 것들을 바탕으로 돌이켜보면 우리의 형사사법제도에서 합성된 증언은 흔한 일이라는 사실을 이제는 안다. 그리고 이는 부적절할 뿐 아니라 잘못된 유죄판결로 이어질 수도 있다.

검찰청에서 이런 관행에 따르던 시절에는 우리가 목격자의 증언을 비윤리적인 방식으로 수정하고 있다는 생각을 하지 못했다. 터널시야, 인지부조화, 그리고 그 밖의 인간적인 요인들로 말미암아 우리는 실제로 일어난 일이 무엇인지 **안다**고 늘 확신했다. 당연히 그 범죄가 발생한 순간에 우리는 그 자리에 있지 않았는데도 말이다. 우리 마음속에 진범을 잡았다는 것에 일말의 의심이 있었던 적은 단 한 번도 없었다. 그래서 어떤 목격증인이 용의자가 밤 11시에도 여전히 그 술집에 있었다며 우리가 알고 있는 사실에 부합하지 않는 내용을 갑자기 말한다면, 그 증인이 틀린 **것이어야만** 했다. 그리고 그가 정확히 기억하도록 도와주는 것은 우리가 마땅히 해야 할 일이었다. 어쨌거나, 주의 깊게 살펴보지 않은 게 분명하거나 제대로 기억해내려 충분히 노력하지 않았던, 그리고 차분히 생각해보지도 않은 채 우리 질문에 답을 쏟아낸 유일한 목격자의 허술한 회상 탓에 어떤 용의자가 처벌을 모면하고 빠져나간다면 분한 일이 될 테니까. 목격자가 '명백히' 틀린 지점을 우리가 짚어줌으로써 그가 좀 더 정확하고 진실된 증언을 할 수 있게 돕고 있는 거라고 믿었다. 혹은 그렇게 스스로를 다독였다.

사실, 내가 검사로 부임한 뒤 처음 들었던 조언 중 하나는 목격자가 '불현듯 깨닫기' 전이나 '진실'을 말하기 전까지는 목격자 진술 가운데 틀렸다고 생각되는 부분들은 적지 말라는 것이었다. 목격자가 아직 '혼란'스러운 상태일 수 있는데 그런 초기 버전의 기억을 받아 적어놓으면, 나중에 피고인 측에 유리하게 사용될 수 있고 목격증인은 자기 이야기를 번복했다는 이유로 교차신문에서 시달리게 된다는 이유였다. 피고인 측 변호인이 배심원단에게 우리가 목격증인에게 무슨 말을 할지 알려주고 이야기를 변경하라고 회유했다는 뉘앙스를 은근히 풍길 수도 있다. 현실에서 우리가 했던 일들은 분명히 문제의 소지가 있었지만, 우리는 그런 식으로 인식하지는 못했었다.

그래서 우리는 목격증인의 초기 답변이 정확하지 않을 경우 그 내용들을 정식 답변 이전의 큰 의미 없는 생각이나 즉흥적인 언급처럼 취급했다. 목격자가 자기 생각들을 추스르고 우리 질문과 지적을 듣고 초점을 맞추고 자기 기억을 정돈할 만큼 충분한 시간을 가지기 전의 진술은 받아 적어야 할 공식적인 '진술'이 아니었다. 목격자가 일단 '불현듯 깨닫고' 우리에게 우리가 듣고 싶어 하는 내용을 주고 나면 진술은 그제서야 공식적인 것이 되어 기록했다. 그 이후 목격증인이 재판 중에 동요하거나 처음 했던 이야기로 돌아가버릴까 봐 걱정이 되는 경우에는 그를 대배심에서 증언하게 함으로써 우리에게 유리한 진술을 '잠가두곤' 했다. 실제로, 대배심에서 선서 후 증언을 한 뒤에는 돌이킬 방법이 없다. 만일 목격증인이 차후에 이야기를 바꾸려 한다면 우리는 그가 이미 선서를 하고 증언을 했으므로 말을 바꾸면 위증죄로 기소될 수 있다고 상기시킬 수 있다. 목격증인의 진술을 '잠가두는' 것은 굉장히 흔한 방법이어서 "나는 이 목격증인을 대배심에 포함시켜서 잠가둘 겁니다"라고 하면 누구나 그 말의 의도를 알았다.

나는 미국 전역의 검찰청에서 이런 일이 매우 흔하다고 배웠다. 미 연방 검사들을 대상으로 한 설문조사를 보면 "진실을 충분히 확보하기 전에는 기록"하지 말라는 건 일종의 '검찰 내 구전 관습'이다.[74] 검찰이 이런 관행을 절대 공식 지침으로 실행하거나 서면으로 남길 수는 없기 때문에 여전히 '구전 관습' 상태로 남아 있다. 헌법상의 브래디 규칙Brady doctrine (검사는 피고인에게 유리한 정보를 자발적으로 공유해야 한다는 공개 의무─옮긴이)을 위반하니까!

댄 사이먼은 다음과 같이 표현했다.

> 대개 범죄 발생 시점으로부터 법정 증언까지는 몇 달 혹은 몇 년이 걸리기도 한다. 게다가 수사 자체가 증언의 오류를 유발할 수도 있다. 수사 및 공방 준비 과정에서 증거는 편집, 과장, 수정되는 경우가 많다. 따라서 재판정에서 기억에 기반해 진술이 이뤄질 즈음 그 증언은 이미 부식되었을 뿐 아니라 이미 오염에도 취약한 상태다. 게다가 증거의 변형으로 증언에 종종 남아 있던 정확성의 흔적들마저 손상된다. 이 같은 합성된 증거를 바탕으로 사실관계를 정확히 판단하기란 녹록지 않은 일이다. 이는 형사사법 과정에서 정확한 사실관계 규명에 가장 심각한 장애물 중 하나다.[75]

그리고 검사 생활을 시작할 당시 나는 여러 목격증인의 진술 역시 **너무** 일일이 맞추지는 말라는 말을 들었다. 너무 맞춰놓으면, 우리가 증인들에게 재판정에서 할 말을 알려주고 있다는 공격의 빌미를 피고인 측에 제공하는 셈이 될 터였다. 그래서 우리는 코칭을 하고 있지 않다는 걸 보여주기 위해 사소한 지점들—사건에는 중요하지 않은 사항들—에서는 목격증인들이 건넨 부정확한 정보를 일부러 메모에 포함시키곤 했다. 코칭을 하고 있다는 비난이 재판 중에 나오면 이런 불일치점들을 가리키며 말할 수 있었다. "보세요, 이들이 다 똑같이 이야기를 한 게 아닙니다. 서로 다른 이 내용들을 보세요! 무슨 말을 할지 우리가 알려줬다면 이들의 이야기가 다 똑같았을 겁니다."

아마도 우리는 대부분의 경우 실제로 유죄인 용의자들에 대응하고 목격증인들의 잘못된 기억이나 진실을 감추는 시도를 애초에 '바로잡도록' **도운** 것이었겠지만, 이런 관행은 증거를 날조하거나 용의자가 실제로 결백한 경우마저 잘못된 유죄판결을 내리게 할 수 있다. 그리고 그런 신문 과정이 정말로 어떤 목격증인이 좀 더 정확하게 기억해내도록 도움을 주었다면 이야기 중에 바뀐 부분은 변호인 측에도 알려줌으로써 교차신문 시 목격증인에게 다시 질문할 수 있게 해야 한다. 만일 그런 변경 내용에 거리낄 것이 없다면 목격증인은 배심원단에게도 동일한 설명을 해야 한다.

검찰에서 '우리'가 이렇게 했다고 할 때 모든 검사를 대표해서 하는 말일 수는 없다. 이런 문제들에 검찰청 차원의 교육지침 같은 것은 없었고 공식 방침도 없었다. 단지 신임 검사 개개인은 자신을 감독하고, 처음으로 맡는 배심 재판 3건에서 멘토 또는 '보조' 역할을 해주는 선배 검사들로부터 관습과 관례들을 터득했다. 그야말로 '검찰 내 구전 관습'이었다. 그리고 가끔은 나 스스로 알아서 그렇게 하기도 했다. 목격증인들이 각자의 기억을 적절히 환기할 수 있게 돕는 역할을 함으로써 나는 옳은 일을 한다고 확신했었다. 그러나 다시 강조하건대, 이런 관행이 상당히 만연했다고는 생각하지만 검찰 내 모든 검사에게 해당된다고 말하지는 못하겠다.

오하이오 이노센스 프로젝트가 무죄방면으로 석방시킨 이들의 사건을 돌이켜보면, 교도소에서—그들의 결백을 입증하는 증거를 확보하기도 전—의뢰인들과 처음 만나던 순간들이 생생하게 기억나 잊히지가 않는다. 첫 만남 때마다 그들로부터 자주 이런 말을 들었다. "대체 검찰은 어떻게 그 증인들에게 사실도 아닌 진술을 하게 한 거죠?" 의뢰인 클라렌스 엘킨스는 장모를 강간 살해하고 질녀를 폭행 및 강간한 죄로 잘못된 유죄판결을 받았다. 교도소에서 복역 중이던 그를 처음 만났을 때 그는 이렇게 말했다. "장모님이 살해되기 전에 저와 나눴던 아무 악의 없는 이야기들을 가지고 전부 악의적으로 보이게 만들었더군요. 목격자들이 증언한 내용을 보니 몇 차례 파티나 모임에서 제가 장모님에게 화를 내는 것처럼 보였고 장모님에게 못된 말들을 내뱉었다고 돼 있었어요. 그런데 저는 그런 파티에서 기분이 좋은 상태였어요. 장모님에게 전혀 화를 내지도 않았죠. 그런 일은 아예 없었습니다." 다른 결백한 의뢰인들도 비슷한 사연을 이야기했다. 어떤 의뢰인은 목격증인들이 재판에서 자신이 어떤 아이의 생일파티에서 살해당하기 전의 피해자에게 화를 냈고 씩씩대며 그 자리를 떠났다고 증언했다고 말했다. 그러나 실제로 당시 그는 기분이 좋은 상태였고 그런 일은 전혀 없었다. 씩씩대며 도중에 나가버리기는커녕 오히려 생일파티가 끝난 뒤에도 남아서 정리정돈을 도왔다.

이제 우리는 이 의뢰인들이 결백했고 거짓 증거 때문에 잘못 유죄판결을 받은 것임을 알기에 그런 증언이 합성됐을 수 있다는 사실을 쉽게 알 수 있다. 살인 사건이 벌어지고 분노에 휩싸인 공동체의 증오가 경찰이 의심하는 사람에게 향한 뒤 목격자들이 갑자기 검찰에 유리한 방향으로 서로 간에 있던 일들을 '기억해내는' 것은 충분히 있을 법한 일이다. 경찰이 '정답'을 암시하며 특정한 사항을 겨냥한 질문들을 한다면 특히 그렇다. 새러 폴리의 영화 〈우리가 들려줄 이야기〉에서 가족 구성원들 모두가 자기 엄마가 바람을 피웠었는지 아닌지에 대해 각자의 믿음을 확증하는 방식으로 사람들 사이의 상호작용을 기억해냈던 것처럼, 범행의 목격자들은 경찰이 "그 남자는 그 여자에게 화가 나 있었나요? 아니면 살인 사건이 나기 전 몇 주 동안 남자가 여자에게 이상하게 굴었던 적이 있나요? 확실해요? 잘 생각해보세요" 같은 식의 질문을 들으면 자기 기억을 수정할 가능성이 높다.

우리 팀은 듀이 존스의 변호를 맡았는데 그는 자신이 저지르지도 않은 살인으로 19년을 복역한 뒤에 결국 DNA 증거로 무죄방면되어 석방됐다. 재판에서 여러 명의 목격증인이 존스를 범인으로 지목했지만, 이들의 진술은 경찰에 의해 이미 합성 혹은 날조된 상황이었다.

예를 들어, 로버트 스트릿매터는 재판에서 피해자가 살해된 날 낮에 피해자의 자택 바깥에 존스가 서 있던 모습을 봤다고 증언했다. 그러나 배심원들은 스트릿매터가 최종적으로 존스를 지목하기 전 여러 진술을 했는데 그 내용들이 상충했다는 사실은 듣지 못했다. 실제로, 경찰이 처음 면담했을 당시 스트릿매터는 존스를 피해자의 자택에 자주 드나들던 사람으로 알고 있었다면서도 사건 당일 피해자의 자택 외부에서 본 남자는 존스가 아니었다고 말했다. 사진 라인업에서도 스트릿매터는 다른 사람을 지목했다. 1차 면담 직후 경찰은 스트릿매터의 집에 다시 찾아가 이번에는 30장의 사진을 보여줬는데, 그중에는 듀이 존스의 사진도 포함돼 있었다. 스트릿매터는 이번에도 다른 사람의 사진을 지목하며 사건 당일 피해자의 자택 외부에서 본 남자라고 말했다. 게다가 듀이 존스의 사진을 짚으며 피해자의 자택에 자주 드나들던 사람이라는 건 알고 있지만 사건 당일에 보진 못했다고 말했다.

몇 주가 지난 뒤 경찰은 스트릿매터의 집으로 다시 찾아가 살인 사건에 관해 이야기를 나누었고 또다시 듀이 존스가 용의자라고 이야기했다. 그러나 스트릿매터는 피해자 자택 밖에서 봤던 사람은 다른 남자이며 듀이 존스는 아니었다고 재차 말했다. 몇 달 뒤 경찰은 또 다시 스트릿매터의 집으로 찾아왔고 존스가 포함된 사진 다섯 장을 내밀었다. 이번에도 스트릿매터는 듀이 존스가 피해자의 집에 자주 들렀던 남자라고 했지만, 사건 당일에 봤던 사람은 존스가 아니라고 말했다. 그러자 경찰은 스트릿매터에게 존스의 사진 한 장만 단독으로 보여주었고 스트릿매터는 결국 그들이 찾고 있었던 대답—존스가 바로 사건 당일에 피해자 자택 밖에 서 있던 남자라는 말—을 해주었다. 이후 경찰은 존스의 사진이 포함된 새로운 사진들을 챙겨서 스트릿매터의 집으로 다시 찾아왔고, 스트릿매터는 공식적으로 존스를 지목하며 본인의 선택에 서명까지 했다.

또 다른 목격자였던 찰스 휼리도 경찰 측으로부터 비슷한 '정정'을 당했다. 휼리는 사진 라인업에서 처음에 다른 남자를 지목했지만, 존스를 지목하게 만들려는 경찰의 반복된 시도를 겪은 뒤 결국 체념하고 존스를 지목했다.

이런 식의 모순점들은 재판에서는 드러나지 않았다. 왜일까? 목격증인들의 이전 진술이 포함된 경찰 보고서는 존스의 변호인 측이 보지 못하도록 부적절한 방식으로 숨겨졌기 때문이다. 세월이 흐른 뒤에야 우리가 그 내용들을 찾아냈지만, 이미 듀이는 교도소에서 20년 가까이 복역한 뒤였다.

검찰 측에 도움이 되지 않는 내용이면 초기 진술들은 아예 적어두지 않는 경우가 많으므로 경찰 측이 스스로 불편하게 여겼을 스트릿매터와 휼리의 초창기 진술을 적어두기까지 했다는 점이 오히려 흥미롭다. 다행히 몇 년 뒤 우리가 그 기록들을 찾아내고 범죄현장에서 발견된 증거로 DNA 검사를 하여 무죄방면을 끌어낼 수 있었다.

* * *

2016년의 한 연구[76]에서는 경찰의 통상적 신문 과정을 거치는 동안 목격 증인들이 누군가를 무고誣告하게 될 수도 있는지 알아보았다. 서른 명의 대학생들에게 논리 검사라며 테스트를 실시했다. 이들 피험자 각각은 도착하는 대로 다른 사람이 한 명 있는 방에 들어가게 했고, 먼저 와 있던 그 다른 사람과 피험자는 모르는 사이이며 둘 다 같은 테스트를 받게 돼 있었다. 감독관은 시험지를 나눠준 뒤 기본적인 안내를 해주고 나갔다. 몇 분이 지난 후 감독관이 다시 들어와 방 안에 휴대전화를 두고 나갔었다며, 혹시 보지 못했느냐고 둘에게 물었다. 사실 감독관은 휴대전화를 가지고 들어온 적이 없었다.

나중에 피험자들에게 휴대전화 분실에 대해 30분간 신문을 했다. 조사관은 피험자들에게 같이 있던 다른 피험자가 휴대전화를 훔쳤으니 당신이 본 바를 말해주고 조사에 협조해줘야겠다고 말했다. 경찰 수사에서 통상적으로 작용하는 압박을 행사하기도 했다. 이를테면 피험자가 휴대

전화를 본 적 없다고 말하면 믿을 수 없다는 반응을 보인다거나 신문 과정에 협조하지 않을 경우 대학 당국의 징계 처분이 있을 거라고 경고하기도 했다. 그런 이야기가 고작 30분 오간 끝에 30명의 학생 중 5명은 다른 한 명이 휴대전화를 훔치는 것을 봤다고 말했다. 그 다섯 명은 심지어 각자가 목격했던 내용을 구체적인 스토리까지 덧붙여 이야기했다.[77]

만일 실험 환경에서 이뤄진 그 정도의 재촉만으로도 대학생 30명 가운데 5명이 단 30분 만에 죄 없는 사람을 범죄에 연루시키기 위해 거짓으로 이야기를 꾸며낸다면, 위험한 범죄자로 추정되는 인물을 경찰이 잡을 수 있게 돕는 상황이라면 훨씬 더 많은 사람들이 애매한 부분쯤은 기꺼이 뭉개버리기도 한다는 걸 이해할 수 있을 것이다. 그리고 좀 더 주관적이고 모호한 세부사항, 이를테면 그 술집에 용의자가 몇 시쯤 돌아왔는지 혹은 그 용의자가 돌아왔을 때 충격을 받거나 불안한 상태로 보였는지 등을 다룰 때면, 가변적인 기억들은 좀 더 많은 역할을 하기 시작한다. 경찰관이 "그 사람이 불안하거나 화가 나 보이지 않았다는 건 확실합니까?" 같은 질문을 여러 차례 반복할 때 목격자는 그 경찰관이 원하는 바를 알아차리고 그 의견을 받아들이며, 법정에서 증언을 하는 시점에는 정말 그렇게 믿게 되는 경우가 많다.

최근에 또 다른 연구 역시 정보 제공을 통해 합성된 증언이 유도될 수 있음을 보여준다.[78] 이 연구에서 피험자들은 다른 사람 한 명과 단둘이 방에 들어갔는데, 그 다른 사람은 피험자와 함께 과제를 수행하도록 연구진과 사전에 약속한 연구보조자였다. 실험 목적은 혼자 할 때와 둘이 할 때 인간의 문제해결 능력을 비교해 살펴보는 것이라 알려주었다. 두 명이 협력하고 있는 동안 방 안 책상 위에 있던 열린 저금통 안에 20달러짜리 지폐를 여러 장 보이게 놓아둔 상태였다. 짝을 지어 한동안 함께 과제를 진행한 뒤 둘은 칸막이 너머 방의 반대편으로 자리를 옮기게 한 뒤 개별적으로 과제를 수행하게 했다. 그 시점 이후로는 둘 다 그 돈은 보지 못했다.

피험자들이 자리를 옮긴 직후 아까 칸막이 너머로 자리를 옮겼을 때 지폐가 도난당했다고 알려줬다. 칸막이 너머에서 피험자들은 내내 함께 있었고, 어떤 식으로든 계속 서로를 보거나 소리로 들을 수 있었기 때문에(연구보조자들에게는 피험자의 시야를 벗어나 있을 때는 종이를 넘기는 등 소리를 내라는 지시를 해둔 상태였음), 피험자들은 상대의 알리바이를 입증해 줄 수도 있었고 그 반대도 가능했다.

연구진과의 면담에서는 예상대로 피험자의 90% 이상이 처음에는 짝을 이뤘던 상대를 내내 보고 있었다든가 기척을 듣고 있었다든가, 그리고 그 사람은 방의 반대편으로 다시 가서 돈을 훔쳐 올 수는 없었다든가 하는 말로 상대방에게 알리바이를 제공했다. 그러나 해당 연구보조자가 돈을 훔쳤다고 자백했다가 다시 자백을 철회하고 결백을 주장했다는 내용이 적힌 '사건 보고서'를 보여주자마자 처음에 알리바이를 제공했던 피험자들 가운데 55%가 (그 알리바이가 사실임에도 불구하고) 애초의 알리바이에서 물러선 태도를 보였고, 그 사람이 내내 칸막이 너머에 계속 있었다는 주장을 철회했다. 연구진이 한 걸음 더 나아가 그 사람을 위해 계속 '감춰준다'면 해당 도난 건에 본인도 연루될 수 있다고 넌지시 말함으로써 피험자들에게 약간의 압박을 가하자 80%의 피험자가 알리바이에서 손을 뗐다.

피험자들 중 알리바이 진술을 포기했던 이들은 파트너가 자백한 사실을 알고 나서 그가 유죄라고 믿게 됐으며 본인의 기억에 의문이 생겼다고 답했다.

다시 말하지만, 이 연구결과를 통해 알 수 있는 것은 목격자들이 받는 질문과 수사 중 제공받는 정보가 목격자 진술 그리고 종종 그들의 기억에까지 영향을 미친다는 사실이다. 이 실험 결과는 법집행관들로부터 특정 방향을 가리키는 질문을 받을 때마다 목격자들이 증언 내용을 자주 바꾸는 것을 보았던 검사 시절의 경험에도 부합한다. 그리고 이런 경우 대개 목격증인들은 새로운 진술을 하게 되자마자, 혹은 적어도 재판에서 증언을 하게 되는 시점에 이르러서는 결국 자기 스스로 그 진술을 사실이라고 믿게 되는 듯하다.

합성된 증언의 문제는 테레사 할바흐 살인 사건에서 유죄판결을 받은 스티븐 애버리의 사례를 다룬 다큐멘터리 시리즈 〈살인자 만들기〉에도 잘 나타나 있다. 경찰 보고서에는 수사 초기에 마이클 오스먼슨이라는 청년이 경찰에 진술했던 내용이 나오는데, 할바흐의 실종 사실이 일반에 공개된 후 오스먼슨은 애버리와 애버리의 조카 바비 대시(공범으로 몰린 브렌던 대시의 형제)와 이런 농담을 주고 받았다고 했다. 벽장 어디에 할바흐를 가둬둔 거 아니냐는 대시의 말에 애버리가 시신을 숨기려면 도움이 필요하다고 농담으로 맞받았었다는 것이다. 이런 대화가 실제로 있었다면 무신경하고도 한심한 일이라 할 순 있어도 그 시점에 할바흐는 실종 상태였고 납치 및 살해당했을 가능성이 이미 공개적으로 제기된 상태였으므로 이것이 유죄를 단정지을 만한 단서가 될 수는 없었다.

그러나 애버리의 재판에서 켄 크라츠 검사는 오스먼슨을 증인으로 소환하지 않고 바비 대시를 소환했다. 크라츠 검사의 유도신문을 받은 대시는 애버리가 대시와 오스먼슨에게 시신 은닉을 도와줄 수 있냐고 물어보면서 할바흐의 실종에 관한 이야기를 먼저 꺼냈다는 크라츠의 말에 동의했다. 그리고 이 대화가 오스먼슨의 경찰 진술 시점으로부터 일주일 전이었다고도 증언하며 사실상 크라츠 검사의 유도신문에 동의를 하게 됐다. 대화 시점에 대한 증언은 결정적이었다. 대시의 진술대로라면 대화가 이뤄진 시점이 할바흐의 실종 사실이 일반 대중에게는 아직 알려지지 않은 때였다는 의미이기 때문이다. 만일 대시의 진술이 사실이라면, 이는 애버리가 범인이라는 증거가 될 수도 있었다. 그 시점에는 살인범만이 할바흐의 실종 및 사망 사실을 알았을 것이기 때문이다.

대시의 증언 이후 있었던 기자회견에서 기자들은 해당 사안에 관한 유일한 경찰 보고서와 대시의 증언이 모순됐다는 사실에 충격을 금치 못했다. 크라츠 검사가 대시를 심문하는 과정에서 자기 생각대로 답변을 하게 두지 않고 유도신문을 통해 대화가 이뤄진 날짜를 암시했다는 비판이 쏟아졌다. 또한 대시의 증언을 뒷받침하는 경찰 측 보고서가 없는 이유와 재판 전날 저녁에 유죄를 뒷받침하는 그런 증언을 받아낼 수 있었던 경위에 대해서도 크라츠 검사에게 질문을 던졌다. 크라츠는 재판을 불과 며칠 앞둔 시점에 있었던 재판 전 준비 세션 중에 대시가 그런 자세한 내용을 진술했다고 답했다. 그러자 기자들이 크라츠가 재판 중에 '올바른' 날짜를 가르쳐주며 유도했던 방식을 보면, 대시에게 할 말을 일일이 가르쳐줬던 것은 아닌가—즉 이 지점에 관한 대시의 증언을 크라츠가 합성했던 건 아닌가—하는 심각한 의문이 든다며 우려를 표했다. 검사 시절 내가 자주 봤던 일들과 크라츠가 재판정에서 대시를 유도 신문했던 방식을 감안하면, 기자들의 우려는 충분히 일리가 있다.

기억에 관한 대중의 오해

사람들은 보통 기억은 믿을 만하다고 생각한다. 법정에 출두한 남자가 강간범이 확실하다고 목격자가 증언하면, 배심원들은 대체로 이렇게 생각한다. "저 여자가 왜 거짓말을 하겠어? 거짓말로 자기가 얻을 게 뭐가 있어서? 현장에 있었던 사람이야. 저 여자가 잘 알겠지." 그리고 검찰 측이 피고인이 살인을 자백했고 그 자백 내용에 서명도 했다는 증거를 제시하면 배심원들은 이렇게 생각한다. "자기가 안 그랬으면 왜 살인을 자백하겠어? 나라면 사실이 아니면 절대 자백 같은 건 안 할 거야. 말도 안 되지."

워싱턴 DC에서 예비 배심원들 대상으로 이뤄진 조사에서 4분의 3가량이 본인의 기억력이 '뛰어나다'고 답했다.[79] 기억력이 완벽하지 못하다고 인정한 4분의 1도 실제로 기억하는 사건들에 대한 기억이 틀리거나 부정확하다고 생각하는 게 **아니라** 가끔씩은 잘 잊는다는 사실을 인식하고 있기 때문에 그렇게 대답했을 듯싶다. 조사에 응한 사람들 가운데 절반 가까이가 기억은 테이프레코더 같아서 "뇌에 새겨넣거나 저장해둔" 것처럼 다시 불러낼 수 있다는 문장에 동의했다. 인간의 기억에 관한 경찰관들의 답변도 거의 비슷했다. 영국 경찰관들을 대상으로 이뤄진 조사에서도 4분의 3이 목격증인들이 틀리는 경우는 거의 없다고 믿었다.[80]

이 문제에 관해서는 판사들조차도 무지한 경우가 태반이다. 허위자백이 있었던 담당 사건들 가운데 여러 건에서 판사들은 이런 식의 언급을 하기도 했다. "그 사람이 안 그랬다면 대체 왜 본인이 자백을 하겠어요?" 이런 말들은 기억 분야의 최근 연구 성과를 형사 시스템이 이해하려면 당장 무엇이 필요한지 새삼 되짚어보게 한다.

대중에게 주목받던 인물이 무언가 잘못 기억한 게 밝혀지기라도 하면 그런 오류가 틀림없이 고의적이기라도 하다는 듯 사방에서 거센 비난이 쏟아진다. NBC 뉴스 앵커였던 브라이언 윌리엄스가 이라크 전쟁 취재 당시 피격된 헬리콥터에 있었다고 잘못 기억한 적이 있었다. 시청자들은 분노했고, 그는 6개월간 정직 처분을 받았다.[81] 2012년 미국 대선 후보였던 미트 롬니는 너댓 살 때 약 75만 명이 포드 자동차의 50주년을 축하하기 위해 모였던 '글로벌 주빌리' 행사에 참석했던 기억이 생생하게 난다고 선거 유세에서 주장했다가 곤경에 처했다.[82] 이는 헨리 포드가 마지막으로 대중에게 모습을 드러냈던 행사로 유명했는데, 당시는 미트 롬니가 태어나기도 전이었다는 게 문제였다. 롬니의 러닝 메이트였던 폴 라이언 역시 3시간 안쪽 기록으로 마라톤을 완주한 적 있다고 말했다가 난처해졌다.[83] 나중에 단순 기억 실수라고 해명했다. 그러나 둘 다 잘못 기억한 죄로 호된 비난을 받았다.

조지 W. 부시 대통령은 9/11 테러 소식을 접했던 경로를 두고 세 가지 모순되는 이야기를 했다. 심지어 어느 날 어느 때에 여객기가 세계무역센터의 첫 번째 타워에 충돌하는 모습을 텔레비전 보도로 봤다는 주장을 했는데, 당시 해당 장면의 영상은 아직 존재하지도 않아서 대통령이라도 볼 수 없었던 시점이었다.[84]

널리 알려진 사건, 이를테면 진주만 공격, 케네디 암살, 챌린저 우주왕복선 폭발 등의 소식을 접했던 순간에 본인이 어디에 있었는지 혹은 무엇을 하고 있었는지에 관한 오귀인은 실제로 상당히 흔히 일어나는 일로, 거짓 '섬광기억flashbulb memory'이라 부른다. 얼마 전 우리 누나는 1990년대에 몇 년간 살았던 집에서의 생생한 기억을 이야기했다. 어느 날 아침 잠에서 깨어 목욕가운을 걸치고 현관에서 신문을 집어 들면서 간밤에 차 사고로 다이애나비가 사망했다는 사실을 알았다는 것이다. 다이애나비가 사망한 것이 몇 년도였는지를 두고 우리는 옥신각신하다가 시비를 가리기 위해 검색을 해보고 나서야 누나는 자신이 틀렸고 다이애나비가 사망했던 날 자신은 그 집에 살지도 않았다는 사실을 깨달았다. 본인이 거짓 섬광기억을 경험했다는 사실을 깨닫고 난 뒤로도 누나는 다이애나비의 사망 소식을 접한 순간을 생각하면 그 당시 살고 있지도 않았던 그 집에 있었던 장면만 떠오른다고 했다.

인간의 기억이란 정말이지 끔찍이도 믿을 수 없는 것이다.

6

눈을 가리는 직관

심리학자 크라우트와 프리에의 각각의 연구에 따르면
거짓말 탐지 정확도는 57% 정도였다. 무작위 추측이나
동전던지기로도 50%는 맞춘다는 걸 생각하면
놀라우리만치 낮은 수치다. 피험자만 2만4,000명이 넘는,
이 주제에 관한 연구 200여 건에 대한 메타분석 결과를 보면
보통 사람의 거짓말 탐지 정확도는 54% 정도임을 알 수 있다

Blind
Injustice

우리의 형사사법제도는 목격자는 진실을 말하고 있으며 혹은 거짓말을 하더라도 직관적으로 이를 알아차릴 수 있다는 통념에 근거한다. 1998년까지만 해도 미 대법원에서는 "배심원은 거짓말탐지자"이며 "목격증인의 증언의 신빙성을 판별하는 것"을 배심원단이 할 일로 규정했다. "사람 그리고 사람의 행동방식에 관한 실질적 지식"이 있으므로 "그 직분에 적합"하다는 이유였다.[1] 따라서 배심원들은 미국의 거의 모든 법정에서 목격증인들의 진실성을 판별하는 것이 배심원단이 여기 있는—유일한 이유까지는 아니어도—주된 이유라는 공식 안내를 받는다. 통상적으로 누가 거짓말을 하고 있는지 그리고 누가 진실을 말하고 있는지 판단하고 그에 따른 평결을 내리기 위해 증인석에서 목격자가 보이는 "태도"와 "증언하는 품행"을 분석하라는 지침을 전달받는다.[2]

인간은 거짓말을 탐지할 줄 안다는 이런 믿음은 형사사법제도에만 국한된 것은 아니다. 대중문화 분야 역시 스캔들이 터진 유명인이나 정치인의 품행을 분석하고 이들 유명인의 공적 발언이 진실성을 보이는지 아니면 기만적인지를 두고 자신 있게 의견을 밝히는 자칭 전문가들로 넘쳐난다. 예를 들면, 미국인 어맨다 녹스는 이탈리아에서 룸메이트를 살해한 혐의로 잘못된 유죄판결을 받고 수년간 복역하여 전세계적인 주목을 받았는데, 결국엔 이탈리아 대법원에서 무죄방면되었다. 무죄방면을 앞두고 미국 내 텔레비전 방송에서 처음으로 인터뷰가 성사된 이후 녹스의 표정 변화와 목소리를 분석하여 결백한지 유죄인지 의견을 내놓는 '전문가'들이 말도 안 되게 많았다.[3] 이 전문가라는 사람들이 인터넷에 여기저기 의견을 공개적으로 올리면, 녹스가 진실을 말하고 있는지를 두고 저마다 목청을 높이는 일반 대중의 의견들이 댓글란을 뒤덮었다. 이 '전문가'들은 녹스의 눈의 움직임이라든가 질문을 들을 때 입을 다물고 있는 모습 같은 것에서 진실을 가려낼 줄 아는 본인의 능력을 맹신하는 눈치였다. 웃지 못할 촌극이었다.

넷플릭스 다큐멘터리 시리즈 〈살인자 만들기〉에서 다룬 스티븐 애버리 사건의 경우, 위스콘신 지역의 한 정치인이 이 다큐멘터리가 방영된 뒤 애버리가 결백할 수 있다는 주장을 맹비난하면서 이런 글을 올렸다. "나는 스티븐 애버리가 법정에 들어설 때의 그 눈빛을 절대 못 잊을 겁니다……. 그런 근거로 유죄판결을 할 수 없다는 건 나도 압니다만, 저는 그날 마음을 정했어요. 애버리는 유죄였습니다."[4] 세상에나.

일반 대중과 우리의 사법제도는 아직도 인정하고 있지 않지만, 인간의 거짓말 탐지에 대한 이 같은 확신은 황당무계하다는 걸 우리는 이제 안다. 현실에서 타인의 태도를 관찰하거나 그들이 이야기하는 목소리를 듣고 진실성을 판단하는 일에 우리는 형편없는 수준이다. 흔들림 없이 똑바로 눈을 맞춘다든가 자신감 있는 태도를 보인다든가 하는, 흔히 진실성을 보여주는 지표처럼 여기는 것들은 사실 제대로 된 지표가 전혀 못 된다. 그리고 우리가 정직하지 않다는 증거처럼 여기는 것들—불안해 보이는 표정, 안절부절못함, 눈을 마주치지 않음, 갈라지는 목소리—이 거짓말임을 나타내는 분명한 지표도 아니다. 이런 것들은 그저 수 세기에 걸쳐 일종의 민간전승처럼 전해져 내려와 우리가 익히고 받아들인 개념에 불과하며, 인간 심리에 관한 새로운 이해는 물론이고 이노센스 운동을 통해 드러난 인간의 실수에 관한 단순한 사실들로도 이미 논박이 끝난 내용이다. 인간의 직관은 완전히 무시해서도 안 되지만, 맹신할 것도 못 된다. '직감'이나 직관에만 의존하여 결론을 내리거나 직관을 너무 믿은 나머지 객관적인 사실들마저 보지 못하게 되는 것을 최대한 경계하고 맞서 싸워야 한다.

나는 이런 깨달음을 힘겹게 얻었다. 검사 재직 초반에 맡았던 사건 중에 은행강도 사건이 있었는데 해당 사건을 수사하던 FBI 요원들은 특정 창구직원이 연루됐다고 믿었다. 이 여성 직원은 강도 사건이 발생하기 직전 금고에서 1만 달러를 추가로 꺼내 자기 자리의 현금 서랍에 넣어두었다. 강도들이 총을 꺼내 들고 자리로 다가오자 이 직원은 그 1만 달러를 포함하여 서랍에 있던 돈을 전부 그들에게 건넸다. 강도 발생 이후 신문 과정에서 그녀는 어느 남성 고객이 몇 분 전에 1만 달러 수표를 현금으로 바꾸러 왔었는데 신분증을 놓고 오는 바람에 수 분 이내로 다시 들러 거래를 마치겠다고 했기 때문에 돈을 자기 자리에 둔 것이라고 주장했다. FBI 요원들은 이 답변에 의구심을 품었고 단순히 이 사실 하나만으로 창구직원이 강도 계획에 연루된 '내부 범행'이라는 결론을 내렸다.

내가 이 사건을 맡게 됐고 여러 달이 지나도록 FBI와 나는 사건 해결에 진전이 없었다. 당시 강도들은 복면을 쓴 상태라 창구직원이 유일한 단서였으므로 몇 달간 FBI 요원들이 그녀를 계속 미행했다. 그리고 여러 차례 FBI 본부로 소환해 몇 시간씩 공격적으로 몰아붙였지만 그녀는 본래 했던 이야기를 반복하며 주장을 절대 굽히지 않았다. 그리고 그 이야기는 설득력이 있었다. 면담 자리에 나도 동석해 인턴도 두 명 데려간 적이 있었는데 그때 그 직원은 눈물을 흘리며 FBI 요원들에게 자기를 좀 내버려 두라고, 계속 자기 삶을 짓밟으며 괴롭히는 걸 중단해달라고 애원하기 시작했다. FBI에게 시달리느라 받는 스트레스가 가족에게까지 영향을 미치고 있으며, 엄마인 자신의 스트레스와 우울증 때문에 어린 아들까지 학교생활이 힘들어지고 있다고 했다. 그런 그녀의 눈빛은 흔들림이 없었으며, 목소리는 진실되고 호소력이 있었고, 단호하고 확신에 찬 태도였다. 내가 보기에 이 직원은 잘못된 혐의 때문에 엄청난 고통을 받고 있는 여성임이 틀림없었다. 나는 마음이 불편해졌고 두 인턴도 곧 '이 죄 없는 불쌍한 여자를 좀 내버려두면 좋겠다'는 듯한 눈빛을 내게 보내기 시작했다. 결국 나는 이 여성은 강도 사건과는 아무런 관련이 없는 사람이라고 굳게 믿게 됐다.

수사는 지지부진한 채로 몇 달이 더 흐르던 어느 날 또 다른 여성이 전혀 상관없는 혐의로 체포됐다. 이 여성은 자신을 체포한 경찰관들에게 협상을 시도하며 내가 맡고 있던 그 은행강도 미결 사건에 관한 정보를 가지고 있다고 말했다. FBI 요원들과 나와의 면담에서 이 여성은 자기 친한 친구—그 창구직원—가 그 강도 사건에 연루돼 있다고 밝혔다. 게다가 그 직원이 잡지에서 오려낸 글자들을 종이 위에 붙여 강도들이 돈 내놓으라며 내밀 쪽지를 만들 때 본인이 옆에 있었다고 했다. 그러면서 창구직원과 은행강도들과 다같이 아는 사이라고 주장했고 강도들의 이름도 전부 말했다. 아닌 게 아니라, 이 여성이 강도범들이라며 건넨 명단에 적힌 그 남자들과 창구직원의 통화기록을 입수해보니 그녀가 강도 사건 당일 아침에 그들 중 몇 명에게 연이어 전화를 걸었던 사실이 확인됐다. 이후 우리는 그들을 체포했고 그들이 각자 우리에게 한 이야기도 동일했다. 전원이 사건에 연루된 사실을 시인하며 창구직원이 주도한 '내부 범행'이었다고 털어놓았다. 창구직원이 미리 금고에서 거액의 현금을 꺼내두겠다고 약속했다는 것이었다. 심지어 은행강도를 벌이기에 가장 좋은 시간대와 경비원들이 서 있는 위치까지 알려줬다고 했다. 결국, 그 창구직원은 은행강도 공모에 대한 혐의를 인정하고 자신이 범죄에 적극 가담했음을 시인했다.

그 직원의 결백을 굳게 믿었던 나로서는 충격에 빠질 수밖에 없었다. 그녀의 연기는 오스카상 감이었다.

이노센스 변호사로 활동하면서 내가 거듭 얻은 교훈도 동일했다. 오하이오 이노센스 프로젝트에 도움을 청해온 재소자들 가운데는 교도소에서 진행한 면담 자리에서는 굉장히 설득력이 있어 보였으나 나중에 DNA 검사에서 결국 유죄로 확증된 이들도 여럿 있었다. 어떤 사건에서는 잘못된 유죄판결을 받은 데 대한 자신의 감정 그리고 본인이 저지르지도 않은 범죄 때문에 감옥에 있게 된 상황을 받아들이느라 심리적으로 거쳐올 수밖에 없던 단계들을 토로했지만 나중에 유죄가 확증된 재소자들도 있었다. 그들의 이야기는 내가 지금껏 변호해왔던, 정말로 결백한 이들의 심리적 반응과 흡사하거나 믿지 않을 수 없을 정도로 설득력 있는 경우도 있었다. 그러나 DNA 검사 결과는 그들이 유죄임을 확증해주었다.

반대의 경우들도 있다. 면담 내내 초조하고 불안해 보였고, 본인의 결백을 주장할 때 나와 눈을 마주치기도 힘들어하던 의뢰인들도 있었다. 죄가 있는 사람처럼 행동하거나 때로는 교도소 접견에 나와 동행했던 학생들이 "오싹하다"고까지 느끼게 만든 사람도 있었다. 그런 이들은 정말이지 마치 거짓말을 하고 있는 듯했다. 목소리는 갈라지고 떨렸다. 그러나 DNA 검사 결과로 결백이 입증됐다.

요즘 나는 오하이오 이노센스 프로젝트 활동에 참여하는 학생들에게 목격자가 거짓말을 하고 있는지 아니면 진실을 말하고 있는지 각자의 직감을 완전히 무시하지는 말되 본능적인 반응을 수사 전반에서 아주 중요한 요인으로 여겨서는 절대 안 된다고 가르친다. 판단은 확실한 구체적 증거를 근거로 해야지, 태도로 해서는 안 된다고 강조한다. 거짓말을 판별할 수 있다는 우리의 사회적 믿음은 너무나도 뿌리가 깊다 보니 결백을 주장하는 재소자의 태도에 마음이 움직이지 않은 사건에는 학생들이 느슨한 태도로 임하는가 하면, 접견한 재소자의 '분위기'를 보니 결백하다는 걸 알겠다며 가망 없어 보이는 사건에 계속 열심히 매달리겠다고 말하는 경우를 지금도 종종 본다. 나는 그들에게 본인의 직감을 너무 믿어서는 안 된다고 늘 강조한다. 사람은 본래 거짓말을 잘 분간 못한다.

검찰과 경찰에게서 나는 거짓말 탐지 능력에 대한 고집스럽고 오만한 자신감을 늘 본다. 오하이오 이노센스 프로젝트가 과거 유죄판결 난 사건을 조사중이라는 사실을 알면 검찰이나 경찰이 엄청나게 분노하는 경우가 많다. 검사나 경찰관에게 과거 사건의 증거나 자료를 전화로 요청하면 이런 식의 대답만 돌아오는 경우가 허다하다. "장난합니까. 그 증인들을 직접 만나본 건 나밖에 없어요. 나는 그 사람들 눈을 똑바로 들여다보며 그 이야기를 다 들은 사람입니다. 그 사람들은 진실을 말하고 있었다는 거 확실해요. 의심의 여지는 전혀 없습니다. 이 사건을 문제삼다니, 완전히 잘못 짚으신 겁니다, 변호사님."

언젠가 뉴올리언스에서 열린 이노센스 활동에 관한 컨퍼런스에 참석하여 다른 주의 이노센스 조직의 임원을 만났던 기억이 난다. 평생 검사로 재직했던 이 여성은 최근 퇴임 이후 이 단체에서 자원봉사를 하기로 결심한 터였다. 같이 점심식사를 하며 대화를 좀 나누게 됐는데, 나는 그녀가 '편을 바꾸기'로 결심한 이유가 궁금했다. 그래서 혹시 검사 시절 유죄로 선고한 누군가의 결백이 나중에 밝혀진 적 있어서 이노센스 활동을 하게 된 것이냐 물었다. 그러자 그녀는 아니라고, 정반대라고 답했다. 미국 내에서 간혹 잘못된 유죄판결을 받는 사람들이 있다는 사실을 인정하기 때문에 이노센스 활동의 가치를 믿지만, 현재 본인이 자원봉사하는 이노센스 단체가 자신이 있던 검찰청을 상대로 무죄방면시킨 한 재소자는 너무나도 확실히 유죄였다고 말했다. 무죄방면으로 석방이 됐다면서도 말이다!

호기심이 발동한 나는 무죄방면된 그 사람이 실은 유죄라고 그토록 굳게 믿는 이유가 무엇이냐고 물었더니 이렇게 답했다. "그 여자가 풀려난 뒤 그 사건을 기소했던 동료 검사들은 물론이고 판사도 나중에 제게 말했죠. 그 여자가 변론으로 증언할 때 거짓말을 하고 있다는 걸 알았다고요." 그러더니 자기 동료들과 판사의 거짓말 탐지 능력에 대한 절대적인 확신을 내비치며 나중에 드러난 다른 모든 결백의 증거보다 이런 확신을 더 중요하게 강조했다. 물론 나는 그저 듣기만 하고 그런 생각이 잘못되었음을 입증하는 연구결과나 사실관계를 들먹이지는 않았다. 재판이 시작될 때부터 피고인이 유죄라는 믿음에서 비롯된 확증편향이 수년 전 법정에서 증언을 지켜보는 동료 검사들과 판사의 인식을 흐려놓았을 가능성이 얼마나 높은지도 굳이 언급하지 않았다.

오하이오 이노센스 프로젝트 의뢰인이었던 데이비드 아이어스는 본인이 저지르지 않은 살인 때문에 교도소에서 12년을 복역한 뒤 2011년에야 무죄방면으로 석방되었다. 이후 그를 체포했던 클리블랜드의 형사들을 상대로 제기한 금전적 손실에 대한 손해배상 민사소송에서, 한 형사는 증인석에서 애초에 왜 아이어스를 용의자로 특정해 결국 기소까지 하게 됐는지 설명했다. 2013년에 있었던 그의 증언은 놀라우면서 동시에 많은 것을 시사했다. 증언 내용 전반에 걸쳐 그는 아이어스를 추적해 기소하기로 한 판단을 정당화하는 주된 근거로 다년간의 경험에 근거한 본인의 확고한 믿음을 꼽았으며, 어떤 용의자가 거짓말을 하는지 그리고 누가 진실을 말하고 있는지 한눈에 알아볼 수 있다고 장담했다. 그리고 아이어스가 거짓말을 했으며 면담 중에 말한 거의 모든 것에 대해 얼버무리며 궁지에서 벗어나려 했다고 확신했다. 이런 확신의 근거는 다름 아닌 본인의 직감이었다. 그리고 본인은 형사로서 자신이 거리에서 수년간 갈고 닦아온 이런 직감을 바탕으로 죄 없는 사람을 체포한 적이 단 한 번도 없었다고 주장했다. 그의 주장에 따르면, 자신은 어떤 사람이 결백하다는 걸 직감적으로 당장 알아볼 수 있으므로 죄 없는 사람을 상대로 시간을 낭비할 일이 없다는 것이었다. 자신을 오류율이 0인 인간 거짓말탐지기라고 믿었다.[5] 본인에게는 너무 간단한 문제였다. 실제로, 아이어스를 유죄라고 생각하는 이유를 물었더니 이렇게도 이야기했다. "나는 목숨도 걸고 말할 수 있습니다. 제 말을 믿으시죠. 제 동료도 아마 저랑 마찬가지일 겁니다. 우리가 살인 사건을 다뤄온 세월이 13년입니다, 13년. 저는 5분 안에 살인범을 골라낼 수 있어요. 상대방이 제게 거짓말을 하고 있는지 2분 내로 알아맞힐 수 있다고요. 13년간 살인 사건 수만 건을 다루고 나면 그런 것쯤은 다 알 수 있습니다." DNA 검사 결과와 경찰의 비위 사실에 대한 광범위한 증거를 비롯해 아이어스의 결백을 입증할 확실한 증거로 무장한 아이어스의 변호인단은 이 형사와 동료를 상대로 손해배상금 1,300만 달러가 넘는 배심원 유죄평결을 이끌어냈다. 이 형사는 즉각 파산신청을 했고 동료는 사망했으며, 2017년 현재까지 아이어스는 어느 쪽으로부터도 전혀 보상금을 받지 못한 상태다.

* * *

미국 내에서 이뤄진 DNA 무죄방면 최초 330건의 경우, 대략 절반가량의 피고인들이 원심에서 직접 변론으로 증언했고 자신의 결백을 주장했지만 배심원단은 그 말을 전혀 믿지 않았다. 대신, 그들은 나중에 거짓말을 한 것으로 밝혀진 교도소 내 밀고자 등의 목격증인, 과장되거나 허위인 증언을 제공한 포렌식 전문가, 범죄에 대한 본인의 연루 사실을 감추기 위해 거짓말을 한 목격자들의 말을 믿었다. 클라렌스 엘킨스, 로버트 맥클렌던, 레이먼드 타울러, 리키 잭슨 등 내 담당 의뢰인들은 모두 원심 당시 직접 변론으로 증언했고 배심원단을 향해 자신은 범죄와 무관하다고 말했다. 배심원들은 이들이 거짓말을 하고 있다고 생각했다. 그러나 나중에 이 넷은 전부 결백이 입증됐다. 엘킨스는 교도소에서 7년 반, 맥클렌던은 18년, 타울러는 29년을 갇혀 있었고, 심지어 잭슨은 미 역사상 가장 긴 기간인 39년을 복역한 뒤 무죄선고를 받아 풀려난 사례가 되었다.

페니 비언스턴 강간에 대한 스티븐 애버리의 재판에서는 그가 범죄현장 근처에는 간 적조차 없다는 애버리의 알리바이 주장을 목격자 20명이 증언으로 뒷받침해주었다. 그러나 경찰과 배심원단은 그들의 증언 하나

하나를 전부 믿지 않았다. 훗날 애버리는 DNA 검사에서 결백이 입증되어 무죄방면으로 석방되었다.[6]

　일부 사건에서 경찰관과 배심원단은 이중으로 기만당한다. 결백한 쪽을 못 믿는 데 그치지 않고 죄 없는 사람에게 죄를 뒤집어씌우려는 진범의 허위 진술을 믿기까지 하니 말이다. 캔자스에서 일어난 플로이드 블레드소의 사건에서 경찰은 플로이드의 형인 톰의 말을 믿었다. 톰은 플로이드가 피해자를 살해한 뒤 부모님 댁 땅에 시신을 유기했다고 말했다. 플로이드는 일관되게 결백을 주장했지만 경찰과 배심원단 모두 그의 말을 믿지 않았고, 톰의 증언을 근거로 플로이드는 유죄판결을 받아 교도소에 수감되었다. 몇 년 뒤 DNA 검사 결과 톰이 진범이었으며 플로이드는 완전히 결백함이 입증되었다. 플로이드가 줄곧 주장한 그대로였다.[7]

　앞서 언급한 월터 짐머와 토머스 실러의 사건 역시 결과가 비슷했다. 한 노년 여성이 클리블랜드 자택에서 살해된 뒤 경찰은 제이슨 스미스를 체포했다. 그러나 곧 스미스는 짐머와 실러가 진범이라며 그들이 피해자를 구타하기 시작할 당시 자신은 밖에서 차에 탄 채 대기 중이었고, 집 안으로 들어서다가 멀리서 몇 초간 공격 장면을 목격했으며 바로 그곳을 떠났다고 진술해 경찰을 믿게 만들었다. 나중에 실시된 DNA 검사에서 진범은 스미스였던 것으로 밝혀졌으며, 짐머와 실러는 교도소에서 각각 10년 이상 복역한 뒤에야 무죄방면되었다. 결국 이들은 잘못된 유죄판결에 대해 클리블랜드 시 당국을 상대로 소송해 상당한 배상금을 받았다. 경찰과 배심원단은 스미스—법망을 빠져나가려고 거짓말을 하던 상습범—를 믿었고 결백했던 짐머와 실러의 말을 믿지 않았다.[8]

인간의 거짓말 탐지 능력에 관한 연구

심리학자 폴 에크먼은 수십 년간 독창적인 연구를 통해 통념과 달리 인간은 타인의 진실성을 잘 판별해내지 못한다는 사실을 입증해왔다. 사실, 에크먼의 연구결과를 보면 우리가 거짓말을 정확히 탐지해내는 확률은 동전던지기보다 아주 약간 나은 수준이다. 영향력 있는 저서 『텔링라이즈 Telling Lies』에 언급된 한 연구에서 에크먼은 간호학과 학생들을 두 그룹으로 나누었다.[9] 한쪽은 상쾌한 바닷가 장면이 담긴 영상을 시청한 뒤 에크먼이 영상으로 녹화하는 동안 방금 본인들이 봤던 내용을 정확하고 솔직하게 묘사해달라는 요청을 받았다. 다른 그룹에게는 유혈이 낭자한 의료처치 장면을 보여준 뒤 꽃에 관련된 즐거운 영상을 본 것으로 이야기를 꾸며내서 해달라고 요청했다. 이 그룹의 거짓말 역시 영상으로 녹화되었다. 이어서 에크먼 박사는 과감한 시도를 했다. 이 간호학과 학생들에게 거짓말은 간호사 일을 하는 데 필수적인 부분이라고 말해주었다. 환자에게 나쁜 소식을 전할 적절한 시점이라고 의사가 판단하기 전까지는 편안하고 즐거워 보여야 하고 나쁜 상황을 환자에게 감춰야만 할 때가 있기 때문이라고 설명했다. 그리고 얼마나 거짓말을 잘하는지, 거짓말을 할 때 감정을 얼마나 잘 조절하고 숨기는지도 평가한다고도 말해두었다. 즉 '거짓말 그룹'의 학생들에겐 최대한 효과적으로 거짓말을 함으로써 해당 직무를 잘 수행해낼 수 있음을 보여줄 경우 개인별 가산점을 주기로 했다.

그런 다음 에크먼 박사는 한 무리의 피험자들에게 두 그룹의 녹화 영상을 모두를 보여준 뒤 어느 쪽 간호학과 학생들이 거짓말을 하고 있으며, 어느 쪽 학생들이 진실을 말하고 있는지 평결을 하게 했다. 이 피험자들도 두 그룹으로 나누었다. 에크먼은 첫 번째 그룹은 일부러 의심을 하게 만들었다—해당 비디오테이프 속에서 절반은 거짓말을 하고 있을 테니 거짓말하는 사람들을 잘 찾아보라고 말해주었다. 두 번째 그룹에게는 아무말도 하지 않았다. 그러나 어느 쪽 간호학과 학생들이 거짓말을 하고 있는지 그리고 어느 쪽이 진실을 말하고 있는지 감지해낸 성과는 두 그룹 모두 무작위 선택보다 아주 조금 나은 수준에 불과했다. '의심 그룹'도 나을 게 없었다.

이와 비슷한 여러 상황의 연구마다 유사한 결과가 나왔다. 심리학자 크라우트와 프리에의 각각의 연구에 따르면 거짓말 탐지 정확도는 57% 정도였다. 무작위 추측이나 동전던지기로도 50%는 맞춘다는 걸 생각하면 놀라우리만치 낮은 수치다.[10] 피험자만 2만4,000명이 넘는, 이 주제에 관한 연구 200여 건에 대한 메타분석meta-analysis 결과를 보면 보통 사람의 거짓말 탐지 정확도는 54% 정도임을 알 수 있다.[11] 이들 연구결과 중 상당수에서는 이른바 '진실편향truth bias'도 나타났다. 즉 피험자가 진실된 진술을 정확히 짚어낼 확률은 약 67%의 확률이지만 거짓말을 짚어내는 비율은 44%에 불과하다는 것이다. 무작위 선택보다도 낮은 수준이다. 이는 우리가 일반적으로 타인을 **믿고** 싶어 한다는 사회적 편향을 반영하는 결과다. 즉 반대의 증거가 없을 경우 우리가 상대방을 대하는 태도의 기본값은 믿는 쪽이라는 이야기다.

뿐만 아니라, 몇몇 연구결과를 보면 경찰관들도 진실을 가려내는 일에서 보통 사람들보다 별반 낫지 않음을 알 수 있다. 여러 연구에서 경찰관의 정확도는 50~57%였다. 첩보요원들의 성적도 약간 나은 수준(정확도 67%)이고 CIA 요원들도 마찬가지였다(정확도 73%). 별로 놀라운 사실은 아니지만, 법집행관들의 경우 거짓말 탐지 성적은 딱히 나을 것이 없었던 반면, 일반 대중 같은 '진실편향'은 나타나지 않았다. 경찰관들이야 본업이 거짓말을 찾아내고 거짓말을 예상하는 사람들이니만큼 보통 사람들에 비해 아무래도 일단 믿고 보는 경향은 덜할 수밖에 없다.

2004년에는 유수 심리학자들이 특별히 실제 상황에서의 경찰관들의 거짓말 탐지 능력을 측정했다.[12] 용의자가 처음에는 거짓말(추후에 거짓으로 밝혀진 이야기)을 했다가 유죄 증거가 추가적으로 나오자 진실을 털어놓았던 실제 사건 14건에서의 신문訊問 녹화 영상을 이용했다. 그리고 DNA 검사 결과나 자백 내용을 뒷받침하는 사실관계(가령 살해 도구를 은닉한 장소)가 포함된 용의자의 최종 자백 등 유죄라는 최종적 증거가 확실한 사건들만 신중하게 선별했다.

심리학자들은 이 사건들로부터 입수한 두 버전의 영상 모두를 연령대와 경력이 다양한 경찰관 99명에게 보여주었다. 해당 영상들을 시청할 때 경찰관들은 용의자들의 목소리도 잘 들을 수 있었고 눈의 깜빡임 등 표정 변화도 충분히 포착할 수 있었다. 이들 가운데 참인 진술을 알아본 비율은 64%였고 거짓 진술을 알아본 비율은 66%였다. 당연한 일일지 모르지만, 경험이 많은 경찰관일수록 신참에 비해 약간은 더 성적이 좋았다. 이 같은 적중률은 앞서 언급한 연구결과보다 더 높은 것이긴 하지만, 경찰관들이 믿을 만한 직관이 있는 정확한 거짓말 탐지자라는 결론과는 거리가 멀었다. 보다시피 경찰관들도 이 실제 상황에서 약 3분의 1이 오답이었다.

이 연구에는 또 한 가지 중요한 결과가 있다. 통념상 정직하지 않음을 보여주는 객관적 요인들, 즉 안절부절못하는 동작이나 눈길을 피하는 것 등의 행위는 용의자가 하는 말이 진실인지 여부와는 아무 상관이 없었다. 안절부절못하거나 시선을 피하는 사람이 거짓말을 하고 있을 가능성이 높다거나 차분히 자신감 있게 상대의 눈을 쳐다보는 사람은 진실을 말하고 있을 가능성이 높다는 통념을 흔드는 여러 다른 연구결과들도 여기서 재확인된다. 해당 연구만 이를 뒷받침하는 것은 아니다. 실제로, 눈맞춤이나 초조한 몸짓을 근거로 판단한 경찰관들은 그런 유혹을 떨쳐내고 좀 더 객관적인 요인들, 이를테면 용의자가 한 이야기들이 그 자체로 말이 되는지 혹은 다른 증거와 상충하는지 등을 근거로 판단한 경찰관들보다 정확도가 낮았다.

경찰 교육 매뉴얼은 대개 경찰관들은 거짓말 탐지 능력이 뛰어나다고 주장하며 눈맞춤이나 안절부절못하는 몸짓 같은 요소를 적극 고려하라고 안내하고 있다. 리드 기법Reid technique(법집행관 훈련시 세계에서 가장 많이 채택하는 프로그램으로, 용의자를 취조하는 기법-옮긴이) 등 흔히 알려진 훈련 기법 지침들을 따랐던 경찰관일수록 그런 훈련을 무시한 이들보다 정확도가 크게 떨어졌다.[13] 엄청난 아이러니가 아닌가. 이런 훈련이 경찰관에게 본인의 거짓말 탐지 능력에 오류가 없다는 잘못된 확신을 심어주는 것으로 보인다.

그러나 본인의 거짓말 탐지 능력을 과신하기 쉬운 건 비단 경찰관과 배심원만이 아니다. 최근 연방정부 교통안전청Transporation Security Administration (TSA)에서는 테러 위험을 사전에 막으려는 목적으로, 거짓말을 한다고 추정되는 승객을 심사 인터뷰에서 찾아내게 하는 공항 요원 교육에 10억 달러 가까운 돈을 써왔다. 그런데 이제는 정확한 지표가 못 된다고 밝혀진 안절부절 못하는 행동, 시선 회피 같은 요소들을 부정직함을 나타내는 지표로 활용하고 있다.[14] 미 정부 회계감사원Government Accountability Office(GAO)은 2013년 이 같은 관행에 대해 다음과 같은 신랄한 보고서를 내놓았다.

교통안전청의 관찰기법에 의한 승객 심사Screening of Passengers by Observation Techniques(SPOT) 프로그램에서 사용되는 행동지표들이 항공 보안에 위험을 야기할 만한 사람들을 식별하는 데 활용할 수 있다고 볼 증거는 없다. 지난 60년간의 400건이 넘는 연구결과를 종합한 4건의 메타분석(다른 연구내용들을 분석하고 그 연구결과들을 종합 검토)을 GAO가 검토한 결과 **행동지표를 근거로 기만적 행동을 정확히 판별할 수 있는 인간의 능력은 무작위 선택과 비슷하거나 아주 약간 나은 수준에 불과하다는 사실을 확인할 수 있었다.**[15]

텍사스주 공화당 의원인 미 하원 국토안보위원회의 마이크 맥컬 위원장은 이 GAO 보고서의 내용은 "해당 프로그램에 TSA가 거의 10억 달러를 쏟아부었다는 사실에 비추어 볼 때 특히나 더 우려스럽다"고 말했다. 그리고 이렇게 덧붙였다. "항공 환경에서도 행동 탐지 및 분석을 활용할 가치가 있다고 믿지만, 우리는 효과가 입증된 프로그램만을 지원할 수 있다. 항공 시스템에 대한 테러 위협을 생각할 때 우리는 끊임없이 보안 절차를 재평가하고 발전시켜야 한다. 만일 이 프로그램이 제대로 작동하지 않는다면, 우리는 대책을 찾아야 한다."[16]

이처럼 실용성 없는 훈련 프로그램에 돈을 낭비한 것에 대해 TSA는 대대적인 비판을 받았고 의회는 여러 대안들을 평가하기 시작했다. 그러나 똑같은 유형의 잘못된 추론을 근거로 우리 사회 구성원들의 유죄 혹은 무죄를 판단하는—그리고 어쩌면 그들을 종신형에 처하게 하거나 혹은 더 나쁜 경우는 사형수로 만들거나 할 수 있는—문제에서는 아무 변화가 없다.

태도 증거

이노센스 활동에 얼마간이라도 몸담아 본 변호사라면 누구나 경찰이 다음과 같은 주장을 했던 사건을 떠올릴 수 있을 것이다. 경찰이 범죄현장에 출동했을 때 귀가 직후 아내가 흉부에 자상을 입고 죽어 있는 광경을 목격했다는 사람치고는 피고인이 너무 '평온하고 차분'해 보였다는 식의 주장 말이다. 혹은 반대로 '지나치게 흥분하고 과잉인' 모습이었다는 경우도 많다. 두 상황 모두 경찰은 피고인의 태도가 무언가를 보여준다고 인식했다. 범죄가 발생한 것으로 추정되는 현장에 도착한 경찰은 자연히 거기 있던 사람을 어느 정도는 의심의 눈초리로 바라보기 쉽고 확증편향이 작동하기 시작할 수 있다. 만일 그 사람이 차분하다면 이를 의심스럽게 볼 수 있고, 걷잡을 수 없이 감정적인 모습을 보이면 이 또한 역시 미리 계획된 것으로 볼 수 있다. 그렇게 주관적인 기준으로는 뭘 가려낼 수가 없다. 혹은 인간 기억의 가변성을 고려할 때, 유죄로 보이는 모종의 증거가 차후에 발견되고 나면 경찰관들은 이렇게 기억을 떠올릴 수 있다. "이제 와서 돌이켜보니, 그 남자는 그 상황에서 너무 차분하긴 했었어." 이런 생각은 나중에 재판에서 피고인이 부자연스러울 정도로 차분하게 행동했다는 증언이 되고 배심원들의 눈에 이는 강력한 유죄 증거가 될 수 있다. 다음에 언급하는 사건들은 이를 보여주는 수많은 사례 가운데 일부에 불과하다.

캐머런 토드 윌링엄 (텍사스)

1991년, 캐머런 토드 윌링엄의 집에 불이 나 전부 타버리고 세 딸이 사망했다.[17] 처음에는 사람과 상관없는 원인으로 발생한 화재로 추정했으나 이후 방화로 결론이 나자 윌링엄은 살인 혐의로 기소되었다. 방화라는 결론이 나기 전에 친구들과 이웃들은 비탄에 빠진 윌링엄의 모습을 진실된 것으로 보았지만, 방화 혐의로 기소된 후에는 윌링엄이 무너져내리는 모습을 죄책감의 표시로 받아들였다.

실제로, 방화 판단 이후 슬퍼하는 아버지에 대한 일반 대중의 인식은 극적으로 달라졌다. 윌링엄이 다니던 성당 신부는 처음에는 윌링엄을 충격 속에 무너져내린 사람으로 묘사했지만, 갑자기 그를 의심스럽게 바라보며 "보이는 게 다는 아니었습니다. [윌링엄은] 철저히 자신을 조절하는 사람이었다는 생각이 들었어요"라고 말했다. 불이 번져나가자 윌링엄은 자기 아이들을 목놓아 부르며 미친 듯이 찾았지만 한 이웃은 그가 "흥분하거나 걱정을 하는 것 같아 보이지는 않았다"며 감정도 다 꾸며낸 것이었다는 뉘앙스로 말하기도 했다. 또 다른 이웃은 경찰 진술에서 윌링엄이 자기 아이들이 처한 운명보다 자기 차의 운명에 더 신경이 쏠린 듯 보였다며, 소방관들이 도착하기 전에 불이 번지는 방향 밖으로 차를 옮겨 놓았지만 집 안으로 들어가 딸들을 구해내려는 시도는 전혀 하지 않았다고 말했다.

윌링엄이 자기 딸들을 살해하려 했을 이유로 마땅히 설명할 동기가 없었던 상황에서 검찰 측은 윌링엄이 소시오패스라는—그가 바라던 자유롭고 방종한 라이프스타일에 딸들이 방해가 됐다는—가설을 얼기설기 짜맞춰 만들어냈다. 그러나 윌링엄이 언론에서 소시오패스로 묘사되는 동안에도 그를 잘 알고 지내던 이들 대다수는 그가 불을 지를 만한 인물이라는 사실을 믿지 않았다.

이틀에 걸친 재판에서 윌링엄은 가중 일급살인으로 유죄판결을 받고 사형선고를 받았다. 화재 도중과 이후에 그가 보인 태도 그리고 그런 태도에 관한 여러 목격증인들의 해석은 검찰 측이 유죄를 주장하는 데 결정적으로 작용했다. 결백을 입증하려던 그의 몇 차례 시도가 모두 수포로 돌아간 뒤 윌링엄은 2004년 2월 17일 독극물 주사 방식으로 처형되었다.[18]

윌링엄 사망 이후, 방화 분야의 미국 내 유수 전문가들로 구성된 전문위원회에서는 당시 화재 조사에 동원됐던 '과학'이 근거가 불충분했다고 판단했다.[19] 소방학 분야의 최근 연구결과들은 당시 화재는 방화로 인한 것일 수 **없음**을 확증했고, 사람과 무관한 원인으로 난 불이었다는 초반의 판단을 뒷받침했다. 현재는 윌링엄은 결백했다는 것이 전반적인 판단이며, 몇몇 독자적 수사의 결론도 동일했다.[20] 그리하여 윌링엄에 대한 유죄판결은 텍사스주가 엉터리 과학 때문에 유죄판결을 받은 이들에게 재심청구 및 무죄방면 가능성을 허용하는 새로운 법안을 통과시키는 중요한 계기가 되었다. 그리고 윌링엄을 유죄판결했던 검사는 최근 윌링엄의 결백을 시사하는 증거를 은닉한 혐의로 징계 조사를 받고 있다. 이 책을 집필하는 현재까지도 징계 조사와 관련해서는 아직 결론이 나지 않은 상태다.

다른 많은 경우가 그렇듯, 이 사건 역시 확증편향이 '태도 증거demeanor evidence'와 어떻게 한데 맞물려 작용하는지를 보여준다. 윌링엄의 태도는 화재 조사관이 (나중에야 엉터리로 판명난) 특정 방식을 사용해 화재를 방화로 판단하기 전까지만 해도 의심을 사지 않았다. 그 뒤에야 목격증인들이 나서서 윌링엄이 유죄라는 뜻이라며 그가 가식적인 행동을 했던 '기억들'을 꺼내놓기 시작했다. 한때 살인사건 담당 형사였다가 현재는 이노센스 활동가가 된 진 트레이넘은 유명 팟캐스트 〈시리얼Serial〉에 출연해 애드난 시예드(전 여자친구를 살해한 혐의로 유죄판결을 받아 22년을 복역한 뒤 2022년 9월 DNA 검사 결과로 석방되었다. 이 책의 원서 출간 및 해당 팟캐스트 방송 당시에는 아직 감옥에 있었다-옮긴이) 사건에서 피고인의 태도에 대한 사람들의 해석을 어느 정도의 무게로 받아들여야 하느냐는 질문을 받고 이렇게 답했다. "전부 내다버려야 합니다. 주관적이고, 뒤늦게 든 생각인 데다, 경찰이 듣고 싶어 한다고 여기는 방향으로 각자 기억을 변형시키는 경향이 있으니까요."[21] 정말로 이 말에 동의하지 않을 수 없다.

마이클 모턴(텍사스)

마이클 모턴은 아내를 살해한 혐의로 25년을 교도소에서 복역한 뒤 2011년 DNA 증거에 의해 석방되었다. 아내가 죽기 전후에 모턴이 보인 태도와 행동은 재판 당시 면밀한 관찰의 대상이 됐고 유죄판결을 받는 데 크나큰 영향을 줬다.[22] 경찰은 마이클의 아내가 죽은 당일에 마이클이 아내에게 남겼던 쪽지 한 장을 근거로 살해 동기를 구성해나갔다. 바로 전 날 밤 아내가 섹스를 거부한 것에 대해 불만을 토로한 쪽지였다. 검찰 측은 재판에서 뒷받침할 증거도 없이 마이클이 성도착자라는 거짓 주장을 하며 그의 살해 동기에 살을 붙였다. 무참하게 아내를 살해한 뒤 아내의 시신에 대고 자위를 했다고 말이다(때로는 현실이 허구보다도 훨씬 기이하다).

검찰은 자기 아내가 살해된 이후 마이클이 보인 무심한 태도는 아내에 대한 냉담함을 보여주는 증거라고 주장하며 마이클은 아내를 충분히 죽일 수 있는 정신병적인 인간이라고 배심원단을 설득했다. 마이클에게 불리하게 작용한 가장 결정적인 증언은 이웃이자 친구였던 엘리자베스 지에게서 나왔다. 그는 모턴 부부의 결혼생활이 불행했으며, 마이클이 예전에 크리스틴에게 잔인한 소리를 했던 일들도 기억난다고 진술했다. 그리고 살인 사건 이후 마이클의 아무렇지 않은 태도를 보고 충격을 받았다고도 했다. 게다가 마이클이 아내의 장례식이 있기 이틀 전 아내가 생전에 키우던 메리골드를 베어버렸다는 사실도 그 시점을 고려할 때 지의 눈에는 냉정하고 의심스러워 보였다.

마이클이 아내의 죽음에 관해 이야기할 때 감정의 동요가 거의 없었고 살인 사건 이후에 다소 이상한 선택들을 했던 것—이를테면 호텔에 머물지 않고 살인 사건이 벌어진 집으로 돌아갔다든가 메리골드를 잘라버린 것—은 사실이지만 이런 행동들이 그가 유죄임을 드러내는 증거라는 인식은 완전히 틀린 것이었다. DNA 검사 결과는 마이클의 결백을 입증했을 뿐 아니라 해당 범죄의 진범도 밝혀주었다. 마이클이 석방되고 2년이 지나 마크 노우드가 크리스틴 모턴을 살해한 죄로 유죄판결을 받았고 종신형에 처해졌다.[23]

러스 파리아 (미주리)

2011년 12월 27일, 러스 파리아는 피로 흥건하게 뒤덮인 아내의 시신을 발견한 뒤 911에 이성을 잃은 듯한 목소리로 전화를 걸었다.[24] 그는 전화를 받은 상담원에게 시한부 선고를 받은 아내가 자살한 것 같다고 말했다. 파리아는 알리바이가 있었고 범죄에 연루되었다는 증거가 없는 상황이었는데도 1주일 뒤 아내 살해 혐의로 체포 및 기소되었다.

재판에서 검찰 측은 911 통화 당시 이성을 잃은 파리아의 반응이 많은 것을 말해준다고 주장했다. 검찰은 911 녹음테이프를 배심원단에게 틀어준 뒤 당시 전화를 받았던 상담원의 상사에 전화를 연결하여 파리아의 태도를 어떻게 해석하는지 증언하게 했다. 파리아는 당시 통화에서 극도의 흥분 상태에서도 비교적 평정심을 유지하는 침착한 모습을 보였다. 그 상사는 자신의 경험상 극단을 오가며 동요하는 파리아의 상태는 흔치 않은 경우며 의심스럽다고 증언했다. 파리아는 유죄판결을 받았다.

그러나 당시 직접 파리아의 전화를 받았던 해당 상담원은 이후 인터뷰에서 통화 당시 파리아의 태도는 진실되게 느껴졌다고 말했다. 그러면서 그가 감정 기복을 보인 것은 이성을 잃은 상태의 발신자를 진정시키기 위해 모든 911 상담원들이 사용하는 통상적인 기법들이 효과를 발휘했을 뿐이라고 설명했다. 이를 비롯한 파리아의 결백을 보여주는 다른 새로운 증거들을 토대로 재심 청구가 받아들여졌다. 그는 2015년 11월에 모든 혐의를 벗고 무죄방면되었다.

이 경우에서도 알 수 있듯 태도 증거에 매달리고, 흔치 않으며 경험해본 적도 없는 특정 순간의 반응을 토대로 유죄 혹은 무죄를 구분할 수 있다는 믿음은 문제를 일으킬 수밖에 없다. 파리아의 반응을 두고 911 신고 전화를 받았던 해당 상담원과 그 상사의 의견이 그토록 확연히 갈렸다는 사실은 이런 태도 증거에는 지극히 주관적이고도 신뢰하기 힘든 측면이 있음을 보여준다. 월링엄과 모턴은 충격적인 소식에 지나치게 차분하게 반응했다는 이유로 기소되었던 반면, 파리아는 과도하게 반응했다는 이유로 문제가 되었다.

반응을 보여도 문제, 안 보여도 문제인 것이다.

이한탁(펜실베이니아)

월링엄의 경우와 마찬가지로, 이한탁은 방화로 딸을 죽게 한 혐의로 유죄판결을 받았다.[25] 24년간 교도소에서 복역한 뒤에야 무죄방면될 수 있었다. 화재 원인을 판단하는 데 사용됐던 방화 분석이 근거 없다는 점이 밝혀졌기 때문이다.

원심 당시, 비극이 발생한 이후에 이한탁이 보인 태도는 정밀 조사의 대상이 되었다. 당시 현장에 첫 번째로 도착했던 경찰관은 이한탁이 '태평'했다고 묘사했다. 다른 목격증인들은 그를 '차분'하며 '침착'했다고 진술했다.[26] 한 소방관은 이한탁에 대해 '굉장히 침울'해 보였고 마치 '자기 자신에게 굉장히 화가 나기'라도 한 것 같았다고 언급했다.[27] 반면, 이한탁의 아내는 딸이 죽었다는 사실을 알고는 거의 쓰러지다시피 했다. 목격증인들은 슬퍼하는 아내를 이한탁이 전혀 달래려 들지 않았다고 말했다. 심지어 "아무 일도 없었던 것처럼 [아내] 옆으로 지나가버렸다"고 했다.[28] 생존자였던 다른 딸의 반응 역시 이한탁의 아내와 비슷하게 실신하다시피 하여 다른 장소로 옮겨야 했다.

피고인 측은 이한탁의 태도는 전통적인 한국의 문화적 기준에 비추어 볼 때 평범한 것이며 그런 맥락에서 본다면 특이할 것 없는 수준이었다고 주장했다. 그러나 배심원단은 이 주장을 받아들이지 않았다.

무죄선고 및 석방 당시 이한탁은 80세가 다 된 노인이었다. 주 당국은 무죄방면에 항소하며 원심 당시 그의 태도를 놓고 제기했던 동일한 주장을 또 다시 들고 나왔다.

피항소인의 태도에 대한 진술은 그토록 끔찍하게 자식을 잃는 명백하고도 직접적인 비극을 대다수의 사람들은 어떻게 받아들이는지에 비춰볼 때 매우 중요한 부분이다. 피항소인의 태도가 문화 규범에 부합한다는 증언이 있기도 했으나, 그의 아내나 딸은 그의 무덤덤한 태도와는 달랐다는 것에 주목해야 한다. …… 이지연의 죽음과 그의 연관성을 고려할 때 배심원단은 그의 그런 태도를 딸의 죽음에 냉담

하고 무심했다는 증거로 해석했을 수 있다.[29]

검찰 측 항소는 기각되어 이한탁의 무죄방면은 그대로 유지되었다.

데벨보트 부부(조지아)

애슐리와 앨버트 데벨보트는 갓 태어난 딸을 병원에서 집으로 데려온 직후 살해한 혐의로 공동으로 재판에 회부되어 유죄판결을 받았다.[30] 아기의 사인은 고의적 둔력에 의한 외상으로 알려졌다. 아이의 죽음에 대한 다른 설명은 없는 상황에서 경찰은 이들 부부의 범행이 틀림없다고 판단했다.

검찰 측은 애슐리가 아기의 사망에 책임이 있는 반면 앨버트는 보조적 역할을 했다는 가설을 전개하기 위해 태도의 정황 증거에 무게를 두었다. 애슐리는 차분하고도 침착해 보였지만 앨버트는 한눈에도 심란해 보였다고 기술됐다.[31] 검찰 측은 이들 부부의 태도 차이를 전략적으로 이용하며 애슐리를 유난히 냉정한 모습으로 묘사했다.

데일리 검사: 앨버트 데벨보트와 애슐리 데벨보트 두 명 모두의
　　　　　　태도를 관찰할 기회가 있으셨죠?
타이너 경관: 네.
데일리 검사: 앨버트 데벨보트의 태도를 자세히 묘사해주실 수
　　　　　　있습니까?
타이너 경관: 앨버트는 굉장히 심란해 보였습니다……. 그리고
　　　　　　벌어진 일에 굉장히 충격을 받은 상태였고, 겁에

질린 듯 보였어요.

데일리 검사: 알겠습니다. 그럼 애슐리 데벨보트의 태도에 대해서도
       말씀해주시지요?

타이너 경관: 애슐리는 좀 경계하는 눈치였어요, 적어도 그렇게
       보였습니다. 좀 더 이성적으로 생각을 하고 좀 더
       민감하게 구는 느낌이었습니다.

데일리 검사: 좋습니다. 애슐리는 심란해 보이던가요?

타이너 경관: 남편만큼 심란해하는 것 같지는 않았어요.

데일리 검사: 울던가요?

타이너 경관: 제 기억에 그 여자는 울지 않았습니다, 안 울었어요.

데일리 검사: 앨버트 데벨보트는 울었나요?

타이너 경관: 네. 데벨보트 씨는 여러 차례 울었어요.[32]

검찰 측은 애슐리를 "비정하다"고 표현하면서 그가 목격자 진술서를 작성하면서도 울지 않았던 것과 아기 이름을 언급하지 않았다는 사실 역시 애슐리가 아이에 대한 애정이 없었다는 증거라고 주장했다. 그러나 또 다른 증언을 통해서 밝혀졌듯이 애슐리는 딸의 죽음에 아무 감정이 없는 게 아니었다.

가드너 경관: 다들 예상하실 테지만 [애슐리는] 여러 감정 변화를
       겪었습니다. 병원에서는 꽤 스트레스를 받은
       상태였고요……. 방금 아이를 잃은 사람으로서
       충분히 자연스러운 반응이지요. 우리가 집으로

돌아왔을 당시에는 좀 더 이야기를 많이 했고
기분이 한결 나아진 듯 보였습니다……. 우리는
아기의 죽음에 의문점이 있다고 보고 수사 중이었죠…….

데일리 검사: 병원에서 그리고 자택에서 애슐리를 보셨을 당시
울고 있던가요?

가드너 경관: 자택에서는 눈물을 조금 흘렸습니다. 드러내놓고
우는 정도는 아니었지만 눈물을 글썽거렸어요.
집에 있을 때 그 어머니인지 할머니인지가 전화를
걸어왔었던 것 같고 통화를 하면서 좀 울었던 것으로
기억합니다. 하지만 전화를 끊고 나서는 다시
냉정을 되찾았어요.[33]

애슐리와 앨버트 데벨보트는 둘 다 살해 혐의로 기소되어 종신형을 선고받았다. 2015년 위스콘신 이노센스 프로젝트와 조지아주 국선변호협회가 앨버트 데벨보트를 대리하여 재심을 청구하는 신청서를 제출했다. 아기의 사인은 자궁 내에 있을 때부터 형성된 두뇌 및 두개골 기형이라는 새로운 증거를 근거로 했다.[34] 이 소송은 현재 진행 중이며 애슐리도 비슷한 절차를 곧 밟을 것으로 예상된다.[35]

제프리 데스코비치(뉴욕)

제프리 데스코비치는 16세에 같은 반 15세 학생을 강간 살해한 혐의로 유죄판결을 받았다.[36] 급우의 죽음에 대한 수사에 데스코비치가 보였던 호기심과 흥분이 경찰에게는 유죄의 증표로 오인되었던 것이다. 수사 협

조에 열심이던 데스코비치는 자진해서 몇 차례 경찰을 만나 사건에 대한 자기 나름의 가설을 제시하기도 했다. 그는 수사관들에게 본인의 가치를 입증해 보이기만 하면 수사 과정에도 참여할 수 있으리라 착각했다. 형사들은 경찰 눈에 들려던 데스코비치의 열의를 이용해 6시간 조사 끝에 이 소년을 조종하여 허위자백까지 하게 만들었다.[37]

데스코비치는 DNA 증거로 16년 만에 무죄방면되었다. 지방 검사장은 데스코비치에 대한 잘못된 유죄판결로 이어졌던 당시 수사 내역을 내사한 뒤 다음과 같은 내용이 담긴 보고서를 발행했다. "경찰 측 가설처럼 데스코비치의 행동은 수사에 끼어들어서 자백할 용기를 북돋워보려는 살인범의 행동이었을 수도 있다. 마찬가지로 데스코비치의 행동을 어딘가 불안한 열여섯 살짜리의 행동으로 볼 수도 있었다—그리고 실제로 그랬던 게 틀림없어 보인다. 난생 처음 겪는 친구의 죽음에 온통 신경이 집중됐던 열여섯 살 학생은 자신에게 피자를 사주며 사건 의논을 같이 해주고 스스로 가치를 입증해 보이면 수사 과정에 끼어주겠던 형사들의 말을 순진하게 믿어버렸다."[38]

* * *

몇 년 전 화장실에서 큰 소음이 들려 달려가 보니 아내가 욕조 바닥에서 발작을 일으키는 중이었고 샤워기에서는 물이 계속 쏟아지고 있었다. 아내는 눈을 뜬 채 부자연스럽게 경직돼 있었고 입가로는 거품이 흘러내렸으며, 뻣뻣하게 굳은 몸은 움찔거렸다. 내가 하는 말에 아무런 반응이 없었다. 발작 증세 때문에 그저 멍하니 허공을 응시하며 이따금씩 몸을 움찔거렸다. 나는 911에 전화를 걸어 본 대로 알린 뒤 아내의 나이, 평소 건강상태, 발작 이력은 없었다는 사실 등에 관해 답했다. 당연히 한 번도 본 적 없었던 아내의 모습에 충격받았고 근심에 잠겼다. 어쩌면 아내가 죽을지도 모르는 상황이었다.

그러나 무슨 이유에서인지 내 실제 반응은 굉장히 차분했다. 911에 전화를 걸어 천천히 또박또박 신중하게 말을 했다. 목소리에도 특별한 감정은 전혀 실리지 않았다.

다행히도 아내는 별문제가 없었고 수사를 받을 일도 없었다. 범죄 사건이 아니라 의료 상황인 게 분명했기 때문이다. 그러나 그 뒤에 나는 당시 내가 왜인지는 몰라도 굉장히 차분하게 집중한 상태였다는 생각을 하지 않을 수 없었다. 그리고 직업병일 테지만, 만일 어떤 이유에서든 경찰이나 검찰이 당시 내 태도에 의구심을 품고 분석을 했더라면 내가 지나치게 차분하고 침착했다는 이유로 기소가 됐을지도 모른다는 생각이 들었다. 그들은 내가 이상하리만치 감정이 없었다고 말했으리라. 그리고 그건 곧 내가 유죄라는 의미가 됐을 것이다.

내 의뢰인 라이언 위드머는 그다지 운이 좋지 못했다. 자기 아내가 욕조에서 숨을 거둔 것을 발견하고 911에 신고전화를 했을 때 통화 당시의 목소리와, 구급대와 경찰 도착 당시 현장에서 그가 보인 반응은 재판에서 그를 거세게 공격하는 데 이용됐다. 경찰은 그가 자기 아내를 익사시켰다고 보았지만 피고인은 아내가 앓던 질환 때문에 의식을 잃고 익사했던 거라고 주장했다. 나도 당시의 911 통화내역 녹음본을 들어봤는데 위드머가 결백한지 혹은 유죄인지 판별할 수 있는 요소는 전혀 없었다. 그저 전형적인 911 신고전화였고, 거기엔 아무런 실마리도 없었다. 그러나 법집행관들은 어찌된 일인지 그의 목소리가 사고인 양 위장하고 있는 살인범의 목소리라는 걸 **알 수 있다**며 배심원들에게 이를 거듭 강조했다. 이런 주장에 설득당한 배심원단은 그 밖의 여러 불확실한 증거를 근거로 유죄평결을 내렸다.

위드머가 유죄판결을 받은 뒤, 훗날 이 사건을 담당하게 되면서 나는 선출직 검사장과 면담을 했다. 당시 고인이 QT연장 증후군Long QT syndrome(심전도를 측정할 때 Q파의 시작과 T파의 끝까지의 시간을 QT시간이라 하는데, 이 간격이 길어지면 실신 발작을 일으켜 돌연사를 불러올 수 있다-옮긴이) 등 익사를 유발할 법한 질환을 앓고 있던 건 아닌지 유전자 검사를 해볼 수 있도록 사망자의 신체조직 검체 공개에 동의해달라고 요청하기 위해서였다. 고인은 생전에 구개파열, 유난히 작은 키, 심장 잡음, 수면발작 유사 증상 등 평소 QT연장 증후군의 여러 증상이 있었다. 사실, 고인은 '잠꾸러기Sleepy'라는 별명이 있었는데, 예를 들어 가족들이 모여 크리스마스 선물을 주고 받으며 풀어보고 있는 와중에 앉은 채로 갑자기 잠들어버리는 이상한 습관이 있어서 붙여진 것이었다.

검사장은 신체조직 검체에 대한 접근 신청을 반려하면서 911 신고전화 녹음본에 담긴 위드머의 목소리와 경찰 도착 당시 현장에서 그가 보였던 행동을 이유로 들었다. 너무 차분했다는 것이었다. 그리고 검사장과의 면담 바로 전에 해당 사건이 〈데이트라인 NBC〉에서 보도되었는데, 위드머는 교도소 내에서 이 프로그램을 위한 인터뷰 녹화를 했다. 검사장은 이를 두고 "그 〈데이트라인〉 인터뷰 이후 이제 여기서는 아무도 그가 결백하다고 생각하지 않아요. 방송에 나온 모습을 보면 그 사람이 한 짓이라는 거 알 수 있었을 겁니다"라고 말했다. 누군가의 태도에서 진실을 꿰뚫어볼 수 있는 그런 신통력이 내게도 있다면 참 좋겠다.

아직도 그 검사상은 유전자 검사용 조직 반출을 막고 있고 법원은 오하이오 법에는 반드시 반출을 허가해야 한다는 명시적 조항이 없으므로 허가하지 않아도 무방하다고 판단했다. 유전자 검사를 해 무슨 일이 있었는지 밝힌다면 사건 해결에 중요한 실마리가 될 수 있음에도 불구하고 위드머는 여전히 감옥에 갇힌 상태다.

위드머의 아내가 사망할 때 그 자리에 내가 있던 건 아니니 나 역시 위드머가 결백한지 아닌지는 사실 알 수 없다. 그러나 그의 태도를 주요 근거로 위드머가 유죄라 얘기하는 이들의 극단적 확신은 분명히 문제가 있다. 이는 우리 형사사법 시스템이 태도 증거에 과도하게 의존하며, 인간의 거짓말 탐지 능력을 불편하리만치 지나치게 확신하고 있다는 점을 명백히 보여주고 있다.

7

눈을 가리는 터널시야

Blind Tunnel Vision

제어되지 않는 각자의 터널시야 속에서 모두
움직이다 보니 우리는 마치 배심원들이 착각할 리는
절대 없다는 듯 유죄판결 하나하나를 '복음'처럼
취급한다. 그러다 보니 유죄판결을 받아 교도소에 간
사람이 애초부터 결백했을 가능성을 내포하는
새로운 증거가 몇 년 뒤 나타나면 우리는
원심의 유죄판결이 마치 절대 반박할 수 없는
신의 말씀인 양 군다. "어떻게 감히 이 사람이
결백할 수도 있다는 주장을 합니까?"

Blind
Injustice

클라렌스 엘킨스 사건이야말로 터널시야가 무엇인지 완벽하게 보여주는 경우다. 이 책의 초반부에 소개한 엘킨스의 이야기를 독자 여러분은 기억할 것이다. 엘킨스는 장모를 살해하고 6세 질녀를 강간한 혐의로 유죄판결을 받았다. 사건 발생 직후, 질녀는 범인이 클라렌스 이모부와 "비슷하게 생겼다"고 했지만, 경찰을 포함한 수사당국이 질녀와 면담을 하는 과정에서 "클라렌스 이모부**였다**"로 이야기가 둔갑했다. 아이와 할머니가 한밤중에 공격을 당하던 시점에 집안은 캄캄했고, 이 6세 소녀는 공격이 시작되자마자 의식을 잃었기 때문에 당연히 범인을 제대로 봤을 리가 없었다. 그러나 증거가 이토록 불확실한 상황임에도 불구하고 경찰은 범죄 발생 후 수 시간 만에 자택에 있던 클라렌스를 체포한 뒤 자신들이 위험한 범죄자를 붙잡았다며 대중에게 자신만만하게 공표했다. 재빠르게 대처해 시민들을 보호해냈다며 자화자찬을 했다.

　그 시점부터 수사 중에 발견된 거의 모든 증거는 엘킨스의 결백을 확실하게 가리켰는데도 경찰은 전부 무시했다. 사실, 경찰이 엘킨스를 체포하고 사건이 해결됐다고 발표해버린 이상 이미 돌이킬 수 없는 상황이 되었다. 그들은 이미 마음을 정했고, 터널시야가 작동하기 시작했다.

결백의 증거들 가운데는 엘킨스의 아내였던 멜린다가 범죄 발생 시간에 남편이 부부 침대에서 잠들어 있었다고 말한 사실도 있었다. 아들이 밤새 아파서 멜린다는 아들을 돌보느라 자지 않고 깨어 있었다. 멜린다는 엘킨스가 자기도 모르게 침대에서 나와 피해자의 집까지 30분을 운전해 가서 둘을 강간하고 한 명을 죽인 다음 다시 30분간 차를 몰고 와서 침대로 돌아오는 건 절대 불가능한 일이라고 말했다. 그리고 엘킨스는 아무런 동기도 없었다. 엘킨스와 장모 사이에 간혹 마찰은 있었지만 장모와 사위 사이에 흔히 있을 법한 수준을 벗어나는 일은 없었다.

멜린다는 자신이 거짓말을 할 리도 없다고 말했다. 어쨌든 살해된 사람이 다름 아닌 **본인의 엄마**고 폭행과 강간을 당한 건 **본인 여동생의 딸**이니까. 그런데도 터널시야에 갇힌 경찰은 멜린다가 거짓말을 한다고 확신했다. 멜린다에게는 "그 사람 곁에 있어주세요stand by your man"라는 노래 가사(〈stand by your man〉은 1960년대 크게 유행한 미국 노래로, 남자에게 헌신하는 여자의 이야기를 담고 있어 페미니즘 진영으로부터 큰 비판을 받았다—옮긴이)처럼 자기 엄마와 질녀 대신 살인자 남편을 지키는 쪽을 택한 구닥다리 여자라는 꼬리표가 붙었다. 멜린다가 엘킨스를 변론하며 증언하자 검찰 측은 결국 배심원단에게 이 같은 가설을 강조했으며, 이는 사실상 멜린다는 신뢰할 수 없는 사람이라는 의중을 배심원단에게 전달한 셈이었다.

그러나 그 어떤 포렌식 분석 결과도 엘킨스와 범죄현장을 연결시키지 못했다. 피가 흥건한 범죄현장에는 피 묻은 손바닥 자국과 피범벅이 된 머리카락 그리고 온갖 종류의 증거가 바닥이며 벽에 남아 있었는데, 어느 것도 엘킨스의 것이 아니었다. 티끌 하나도 없었다. 문제될 거 없다, 검경은 그렇게만 말했다. 그들은 장모의 자택이 굉장히 더러운 상태였으며 아마도 청소를 안 한 지 아주 오래됐을 거라고 주장했다. 그러니 지문과 머리카락 같은 것들은 이전 방문객들이 남긴 게 틀림없다는 설명이었다. 어떻게 한 건지는 몰라도, 엘킨스는 범죄를 저지르고도 흔적 하나 안 남기고 현장을 빠져나갈 수 있었던 거라고 주장했다. 그리고 범인은 틀림없이 피에 흠뻑 젖었을 텐데 엘킨스와 범죄를 연관 지을 만한 혈흔은 그의 차량이나 옷에서도, 엘킨스의 집 어디에서도 발견되지 않았다. 심지어 경찰은 엘킨스가 몸에 묻은 피를 씻어내기 위해 샤워를 했다고 추측하며 혈흔을 찾아내겠다고 그의 집 배수관까지 뜯어서 뒤져보았다. 그러나 아무것도 나오지 않았다.

이 시점에서 객관적인 관찰자라면 어둠 속에서 자신을 공격했던 범인을 몇 초간 목격한 6세 소녀의 증언은 엄청난 스트레스 상황에서 이뤄진 것이며, 엘킨스의 알리바이가 확실하고 그가 범죄를 저질렀다는 것을 밝힐 포렌식 증거가 없으니 이 증언의 신빙성을 뿌리부터 의심해봐야 한다고 생각할 수 있었을 것이다. 사실, 엘킨스가 유혈이 낭자한 범죄를 저지르고도 아무런 증거도 남기지 않은 채 현장을 빠져나간 동시에 자기 차량과 옷 그리고 자택 곳곳의 모든 혈흔을 단 몇 시간 안에 완전히 제거했을 수 있다는 가설은 객관적인 관찰자라면 누가 봐도 상상조차 불가능한 일이었다. 그렇지만 검경은 터널시야에 갇힌 채 계속 밀고 나갔다. 그것도 점점 더 과격하게. 그들은 엘킨스에게 사형을 구형하고자 했다.

아동의 증언을 토대로 엘킨스는 유죄판결을 받았다. 천만다행으로 배심원단은 사형 구형을 거부하여 엘킨스는 종신형을 받았다.

앞에서 언급한 대로, 7년 반을 복역한 시점에 엘킨스는 DNA 검사 결과 덕분에 무죄방면되었고, 얼 만이 진범이었음이 입증되었다. 얼 만은 현재 클라렌스 엘킨스가 유죄판결을 받은 것과 동일한 죄목으로 종신형을 선고받아 복역 중이다.

검경은 엘킨스의 결백을 가리키는 그 모든 증거를 무시한 것에만 그친 게 아니라 위험한 아동강간범이 갓 출소하여 범죄현장에서 불과 두 집 건너 거리에 살고 있었다는 사실마저 도외시했던 것이다. 더더욱 분노할 일이다. 게다가 얼 만은 클라렌스 엘킨스와 외모가 약간 비슷한 면이 있었다. 심지어 이뿐만이 아니다. 나중에 담당 경찰서를 상대로 엘킨스가 제기한 민사소송에서 밝혀진 바에 따르면 엘킨스의 재판을 앞두고 있던 당시 시점에 폭행강도 사건으로 같은 경찰서에 잡혀들어왔던 얼 만이 "주디 존슨 살해 혐의로는 왜 나를 체포 안 해요?"라는 식의 말을 했었다. 이런 날벼락 같은 소리에 얼 만을 체포한 경찰관은 살인 사건을 수사 중이던 수사국에 바로 알렸다. 그러나 형사들은 자기네가 세운 가설, 그리고 엘킨스가 유죄라는 생각에 완전히 사로잡혀 있던 탓에 유죄를 암시하는 그런 발언에도 제대로 반응하지 않았다. 그냥 무시해버린 것이다. 얼 만을 진짜 범인으로 의심할 수 있게 하는 그 모든 증거를 검경은 거들떠보지 않았다. 게다가 얼 만의 진술을 기록한 경찰 보고서는 재판을 앞두고도 엘킨스의 변호인단 측에 전달조차 되지 않았다!

검경의 끔찍한 터널시야 때문에 엘킨스는 7년 반을 지옥에서 살았고, 얼 만은 다른 아동 여러 명을 계속 강간하고 폭행하고 다니다가 결국 체포되어 종신형을 받았다.

형사사법제도에 익숙하지 않은 사람이라면 엘킨스의 사연이 기이해 보이거나 도저히 믿을 수 없게 여겨질지도 모르겠다. 그러나 이는 전혀 특이한 사례가 아니다. 터널시야는 우리 시스템 안에 만연한 문제다.

* * *

터널시야는 우리가 처음의 믿음이나 의심을 계속 파고들어, 그 믿음에 매달리게 되고 이후 마주치게 되는 모든 정보를 그 최초 생각을 확증하기 위해 해석하거나 심지어 왜곡할 때 발생한다. 일상의 다양한 상황 속에서 일어나는 흔한 인간적 경향이다. 키이스 핀들리가 주장했듯 이는 "어느 정도 선천적"이며 "우리 심리구조의 일부분"이기 때문이다.[1]

터널시야는 처음에는 확증편향과 유사해 보인다. 그러나 그 이상이다. 이 책에서 언급한 모든 심리적 문제들이 한데 작용하여 터널시야를 만들어낸다. 확증편향 탓에 새로운 정보가 들어와도 자신이 놓기 싫은 최초 신념의 뒤틀린 렌즈를 통해 바라본다. "사람들은 자기 나름의 가설을 확증해주는 정보를 찾아내고 자기 가설을 부정하는 정보는 회피하는 경향이 있다"고 핀들리는 설명한다.[2]

그리고 기억의 가변성을 감안하면, 우리는 과거의 일들을 떠올릴 때면 새로운 신념을 뒷받침하기 위해 개조한 기억들을 덧입힌다. 이 때문에 때로는 '그럴 줄 알았다 효과'나 '사후 확신 편향' 혹은 모든 일을 실제보다 더 예측 가능한 것으로 보는 경향이 나타난다. 기억에 관한 인지 연구를 보면 우리에겐 과거 일들에 대한 기억을 이후에 생긴 신념에 일치시키는 방향으로 재구성하려는 경향이 있음을 분명히 알 수 있다.[3]

게다가 인간은 거짓말 탐지 능력이 형편없어서 누가 진실을 말하고 누가 거짓말을 하는지 판별하는 정확도가 동전던지기보다 나을 게 없는 수준이다. 여기에 터널시야까지 작용하면 우리는 범죄에 대한 자신의 가설에 부합하는 진술만을 선택적으로 판단하게 된다.

외부의 정치적 압력이 초반 가설에 부합하는 특정 결론에 도달하라는 방향으로, 이를테면 흉악범죄 사건을 해결하라는 방향으로 검경에 작용할 경우, 이런 모든 문제들은 크게 악화되고 터널시야가 모든 걸 엉망으로 만든다.[4]

먼 옛날 터널시야에는 중요한 목적이 있었다. 기근에 시달리는 부족을 책임지는 부족장은 결단력 있게 다양한 단서를 재빨리 해석하여 사냥감 무리가 밤사이 어느 방향으로 움직일 가능성이 높은지 판단해야만 했다. 그래야 자기 부족을 이끌고 그 사냥감 무리를 놓치지 않고 따라잡을 수 있었을 것이다. 한편, 생각해볼 수 있는 모든 단서를 종일 일일이 헤아려본 뒤에야 결론을 내리는 사색가 타입은 과감하게 결단하는 부족장에 비해 정확한 방향을 골라낼 확률은 더 높았을지 몰라도, 그렇게 신중한 숙고의 시간 때문에 사냥감 무리가 저만치 달아나버려서 자기 부족이 굶어 죽을 수도 있었을 것이다.

즉 진화는 가장 확실한 선택지 하나를 못 박아둔 채로 빠르게 결단하고 집중에 방해되는 요소들은 무시하는 능력을 선호했다. 그 결과 선천적으로 우리의 두뇌는 제각각 산만하게 흩어진 세부사항들에 발이 묶이는 대신 곧바로 결론으로 뛰어드는 쪽에 가까운 '휴리스틱heuristics'(직관과 경험을 바탕으로 한 빠른 추론 및 문제해결 방식 – 옮긴이) 방식을 택한다.[5] 이는 빠른 결단을 가능하게 해주는 머릿속에 본래 있던 지름길이라 할 수 있다. 그러나 심리학자들은 휴리스틱이 과거 시대에는 필요했고 오늘날의 삶에도 도움이 되는 측면은 있겠지만 복잡한 현대 세계에서는 때때로 재앙이나 다름없는 결과를 낳기도 한다고 지적해왔다. 그리고 인간의 타고난 심리적 본능은 우리의 인식과 제어 노력 없이는 형사사법제도에서 심각한 문제들을 야기할 수 있다.

터널시야는 강력한 힘으로 작용한다. 가령 정치지도자들은 외교 정책에서 터널시야의 함정에 빠지는 일이 흔하다. 조지 W. 부시와 그 행정부는 9/11 이후 사담 후세인이 이끄는 이라크가 대량살상무기를 은닉하고 있다는—망상까지는 아니라 하더라도—의심을 키웠다. 2003년 이라크를 침공하기까지 미국은 연이어 신뢰할 수 없는 출처를 믿는 선택을 했다. 이를테면 부시 행정부가 듣고자 하는 대로 일일이 '떠먹여주다'시피 하는 내용만 전달하던 정보원들이라든가 관련 사안을 다룬 위조문서나 여타 믿기 힘든 자료들을 근거로 삼으면서도, 과거 걸프전 이후 이라크는 대량살상무기를 이미 폐기한 상태라고 알려주던 좀 더 믿을 만한 출처의 정보와 확실한 데이터는 일축했다.[6] 이라크 침공 시작 후 이라크에는 더이상 대량살상무기가 없다는 사실을 확인한 뒤 그 참담한 실패에 대해 조사했던 정부위원회는 대통령에게 이렇게 보고했다.

이라크의 경우, 기밀정보 수집원들이 합의된 우세한 분석을 받아들였고 반대되는 정보는 거부하거나 무시하는 경향이 있었다. 그 결과 첩보 계통의 기존 가설에만 초점을 맞추는 '터널시야'가 작용했다. …… 예를 들면, 다수의 정보원이 이라크는 대량살상무기를 보유하고 있지 않다고 주장했는데 …… 당시 통념—이라크는 대량살상무기를 갖추고 있으며 조사관들의 눈에 띄지 않게 철저히 은닉하고 있다는 가설—의 영향으로 첩보망에 일종의 '터널시야'가 생겨난 탓에 그런 통

념에 상충하는 정보는 허위라고 판단했다. 대안적 견해들을 제시할 만
한 정보원들은 저평가되거나 수집원들에게 외면당했다.[7]

한마디로, 부시 행정부는 초반 가정에 '한몸처럼 얽혀' 있다가 온갖 새로
운 증거를 객관적으로 분석하는 데 실패한 것이다. 그 결과 전쟁이라는
치명적인 대가를 치르면서 고집스러우리만치 의문을 제기해보지 않던 그
가설이 틀렸음이 입증되고 말았다.[8]

그러나 미국 대통령 가운데 조지 W. 부시만 터널시야를 겪은 건 아니
었다. 린든 B. 존슨은 베트남전쟁은 승산이 없다는 조언과 데이터를 계속
무시했다.[9] 존슨의 자문 역할을 담당했던 조지 리디는 존슨 대통령이 "항
상 고수**해야만** 하는 원칙들을 고수해야 한다고 굳게 믿는 능력이 탁월했
고, 그 자신의 의견이 예전에는 달랐다는 증거를 제시하는 사람에게는 억
울하게 누명이라도 쓴 것처럼 굴어서 주변을 꼼짝 못 하게 만드는 재주가
있었다. 그건 그냥 연기가 아니었다. …… 그는 자기 현재에 편리한 '진실'
이 바로 **진짜 진실**이며 그에 반하는 것은 무엇이든 적의 농간이라고 스스
로 확신하는 놀라운 능력이 있었다. 그는 자기 머릿속에 있는 것은 말 그
대로 어떻게든 진실로 만들어버렸다."[10] 모두가 그런 것은 아닐지라도 우
리는 대부분 일상에서 이와 비슷한 자기기만을 저지른다.

1962년, 존 F. 케네디와 그 행정부는 소련이 쿠바에 미사일을 배치하
지 않았으리라는 믿음을 고수하고 그에 상충하는 정보가 쌓여만 가는데도
그런 정보는 모조리 수용하기를 주저했다. 1968년, 존슨 행정부는 소련이
체코슬로바키아 침공을 계획 중이라는 믿을 만한 명백한 증거를 일축해
버렸다. 관료들의 기존 견해에 상충하는 증거라는 이유였는데, 결국 침공

이 일어났다. 5년 뒤 닉슨 행정부는 반대되는 "증거가 산더미처럼" 쌓였는데도 이집트와 시리아가 이스라엘을 공격하지 않으리라는 믿음을 떨치지 않았다.[11] 과거 어느 정권이든 조사해보면 이와 유사한 터널시야 사례들을 거의 다 찾아볼 수 있으며, 재앙 수준의 결과를 초래한 경우도 많았다. 그러나 터널시야를 겪는 건 비단 대통령들만이 아니다. 보통 사람들도 직장이나 집에서, 평범한 일상 속에서 터널시야를 경험한다.

예를 들면, 사랑 역시 터널시야를 부추기는 강력한 원인이 될 수 있다. 나 역시 개인적인 경험을 통해 이를 알게 됐다. 2004년에 아내가 처음으로 이혼 이야기를 꺼냈을 때 나는 완전히 무너져내렸다. 15년 넘게 완벽에 가까운 관계를 유지해왔노라고 믿고 있었는데, 왜 이런 상황이 벌어진 건지 혼란스럽고 괴로웠다. 2년 넘게 이혼을 미루다 2006년 이혼한 뒤 몇 달간 우울에 빠져 지냈고 내 세상은 이제 영영 끝장났다고 믿었다. 모든 게 예전 그 시절과 같을 수 없었다. 사랑스러운 두 아이까지 안겨줬던 그런 근사한 관계를 내던지다니 얼마나 한심한 짓인가 싶었다. 이렇다 할 이유도 없이 가족들에게 고통스러운 이혼을 겪게 하는 건 비정하고도 결코 불필요한 일이라는 생각이 들었다.

나는 이혼을 있을 수 없는 일로 여기던 가정에서 자라났다. 우리 부모는 매일같이 사랑, 기쁨, 응원의 표현으로만 가득하고 겉으로 드러나는 갈등은 전혀 없는, 동화 같은 결혼생활을 지속했다. 자라면서 나 역시 그런 결혼생활을 영위할 줄 알았다. 다른 방식은 알지 못했기 때문이었다. 우리 부모의 관계는 내가 아는 유일한 사례였고, 나는 순진하게도 매일 서로를 사랑하고 응원하려고 애쓰는 것이 모든 부부에게 해당되는 이야기라고만 생각했다. 그건 내겐 쉬워 보이는 일이었다. 그래서 우리 부모님 같은 결혼생활은 평생 내가 품어온 뿌리 깊은 환상의 일부가 됐다.

헤어진 아내와는 처음 만나자마자 사랑에 빠졌고 부모님이 서로 그랬던 것처럼 우리도 함께 행복하고도 즐겁게 나이를 먹고 있다고 생각했다. 하지만 이혼하고 난 뒤 시간이 흐르자 결혼생활 동안 나를 가두고 있던 겹겹의 터널시야가 하나씩 벗겨지기 시작하는 걸 느낄 수 있었다. 그제야 우리의 관계를 아주 천천히 단계적으로 다른 관점에서 바라보기 시작했다. 이전에는 전혀 보지 못했던 우리 관계의 문제들을 이해하기 시작했다. 나와 전前 아내는 그저 잘 맞지 않는 사람들이라 함께할 수 없다는 걸 비로소 깨달았다. 아내가 줄곧 옳았던 것이다.

사실 나 역시도 결혼생활이 늘 행복한 것은 아니었다. 적어도 내가 스스로에게 솔직했더라면 그걸 알았을 것이다. 그런데도 둘 사이의 여러 문제를 자기합리화하며, 그리고 끝없이 과거의 기억을 수정하며 나는 행복하다고 굳게 믿고만 있었다. 실제로는 불행하고 불만스러운 결말이 된 관계가 내 눈엔 완벽에 가까운 관계로 유지됐던 건 내가 스스로 시야를 좁혀버렸기 때문이었다. 그러나 충분한 시간이 흐른 뒤인 2007년 말 즈음 나는 좀 더 뚜렷이 상황을 바라보고, 내면의 자기기만을 뿌리치고 빠져나올 수 있게 됐다. 그리고 내가 안일하고도 고집스럽게—어느 누구의 잘못도 아니고 그저 우리는 서로 맞지 않는 사람이라는 사실을—알아차리지 못하고 있었는데도 일찌감치 깨닫고는 상황을 정리하기 위해 용기를 낸 전 아내가 고마웠다.

물론 갈등 관계에서 터널시야를 겪어본 사람은 나뿐만이 아닐 것이다. 내가 보기에 많은 이들이 사랑 문제에서, 건강하지 못한 관계일수록 그런 경험을 한다. 벤자민 프랭클린의 농담처럼 갈등을 겪는 커플은 결혼

전에는 눈을 계속 "크게 뜨고 있다"가 "나중에 반쯤 감는" 경향이 있다.

시야만 좁아지는 것이 아니다. 관계가 불안한 커플은 자신들의 관계에 대한 현시점의 인식에 맞춰 각자의 기억을 끊임없이 수정한다. 어느 심리학자가 썼듯 "과거 사건에 대한 왜곡—혹은 전적인 망각—이 작동하기 시작"하는 것은 상대에 대한 신념들을 "확증"하기 위해서다.[12] 만일 첫 결혼생활 당시의 나처럼 결혼생활을 괜찮은 상태라고 열심히 믿으려 한다면, 그런 믿음을 지속하기 위해 그들은 과거 사건에 대한 기억을 긍정적인 쪽으로 열렬히 뜯어고칠 것이다. 그러나 만일 결혼생활을 끝난 것으로 판단하고 이혼을 원할 경우, 그들은 필요 이상으로 부정적인 쪽으로 과거 사건을 편집하려는 경향을 보일 것이다. 부부심리를 연구하는 어느 심리학자의 보고서를 보면, 어느 내담자 부부에게 둘은 어떻게 만났냐고 묻자 아내가 이렇게 대답했다고 한다. "학교에서요, 그때는 그가 똑똑한 줄 알았죠." 그러고는 자신이 남편을 선택했던 게 실수가 아니라 본인을 똑똑한 사람으로 여기도록 속인 남편의 잘못이라고 덧붙였다.[13] 아아, 부부상담전문가야말로 기억의 온갖 왜곡과 수정 사례의 보고가 아닐 수 없겠다.

* * *

마찬가지로, 경찰이나 검찰도 다 사람이기 때문에 각자 초반에 품었던 의심이나 믿음과 얼마든지 사랑에 빠질 수 있다. 범죄수사는 승부욕과 스트레스가 굉장히 크게 작용하는 업무이며, 경찰과 검찰 모두 맡은 사건들을 해결해야 한다는 압력을 내외적으로 많이 받는다. 흉악범죄를 해결하지 못하고 있다는 무력감은 감정적 스트레스와 불안을 불러오며, 자존감이 떨어지거나 직장 내에서 부정적인 여파로 이어질 수도 있다. 실제로, 경찰관들과 검사들은 개인별 '해결율clearance rates'—배정받은 사건 가운데 유죄판결로 해결된 사건의 퍼센트율—로 평가를 받는 경우가 많다.[14]

이들은 감정 없는 로봇이 아니다. 피가 낭자한 범죄현장에 가서 피해자 가족들의 손을 잡아야 한다. 흉악범죄라면 그 지독한 공포 한가운데로 걸어들어가 피해자 편에서 정의구현을 하기 위해 감정적으로 깊이 관여하면서 개인적으로도 분노하게 된다. 그래서 드디어 혐의점이 드러나 용의자에게 초점을 맞출 수 있게 되면 일단 "아하! 아주 흥미로운걸…… 이제 시작이군!" 정도의 감정부터 느낀다. 특히 흉악범죄나 세간의 이목이 집중된 범죄 사건일수록 검경은 그런 최초 의심이 정확한 것이기를 간절히 바란다. 그렇지 않으면 출발점으로 되돌아가 모든 걸 다시 시작해야 하고 상심한 피해자나 가족에게는 더 안 좋은 소식을 전해야 하기 때문이다.

나는 검사 시절 이를 직접 겪어본 터라 잘 안다. 유력한 용의자가 나타난 첫 '유레카'의 순간부터는 머릿속에서 사건의 모든 기존 증거를 엄청난 흥분 상태에서 곱씹어보게 된다. 그전까지는 무의미했던 사실들도 이제 용의자가 생기니 갑자기 불길한 느낌을 풍기기 시작한다. 이를테면 "그 피해 여성이 살해당하기 30분 전에 그 남자가 전화를 건 이유를 이제 알겠군. 그 여자가 집에 혼자 있는지 확인하려고 전화를 걸었던 게 분명해! 이제 말이 되네" 같은 깨달음이 오는 것이다. 퍼즐 조각들이 서로 맞아들어가기 시작한다. 기세가 붙는다. 정신적인 아드레날린이 솟구친다. 머릿속으로 사건을 돌려보면서 새로운 '깨달음'이 올 때마다 점점 더 흥분된다. 이제 모든 증거 하나하나를 자신의 새로운 이론에 끼워 맞춰본다.

용의자의 알리바이를 증언한 목격자는 면담 당시 거짓말을 하고 있었던 게 틀림없다는 생각이 이제야 든다. 그리고 이제 그를 믿지 않을 이유들을 찾는다. "용의자의 친구니까 당연히 그 남자를 보호하려고 거짓말을 하는 거야. 이제 이해가 되는군." 혹은 "그가 안절부절못하고 나랑 눈도 못 마주치는 거 봤어? 뭔가 숨기는 사람처럼 초조해 보였어" 같은 식이다. 그러다 문득 이 목격자를 한순간도 믿은 적이 없었다고 스스로 확신한다. 실제로는 믿었던 순간이 있을지라도 말이다. 처음부터 이 남자에게 수상한 냄새가 나는 걸 알았다. 줄곧 모든 걸 다 알고 있었다.

반면, 용의자에게 불리한 증거를 제공한 목격자는 진실을 말하고 있었다는 생각이 이제야 든다. 그리고 이 역시 처음부터 쭉 알고 있었다고 스스로 확신한다. 하나씩 새로 합리화를 할 때마다 본인의 신념에 점점 더 확고히 빠져든다.

바로 내가 그랬다. 매일 그랬다. 솔직히 정말 그랬다. 나는 확증편향에 대해 전혀 인식하지 못했다. 내 기억이 변형되기 쉽다는 생각도 하지 못했다. 목격자들이 진실을 말하는지 아닌지 제대로 구별해낼 수 있다고 생각했다. 나는 거짓말을 잘 알아볼 수 있는 사람이니까. 하지만 그렇지 않다는 걸 이제는 너무나도 확실히 안다. 그리고 당시에는 제도적 차원의 정치적 압력이 내 의사결정에 어떤 식으로든 영향을 미친다는 걸 스스로 인정하지 못했을 것이다.

터널시야는 개인의 문제가 아니라 검찰 문화의 일부분이었다. 우리는 주변 사람들과 자기 가설을 공유했다. 서로 동료들의 견해를 살피고 그 반응들을 종합할 방안을 내놓았다. '사건을 푼' 다음 모든 퍼즐 조각을 한데 맞출 방안을 생각해내는 데서 오는 흥분은 검찰 업무의 매력이기도 했다. 그리고 새로운 조각이 하나씩 맞아들어갈 때마다 다들 점점 더 자신의 가설에 매달리는 상태가 되었다. 우리는 서로를 자양분 삼았다. 우리가 반대 입장의 주장을 헤아려보는 일이 있다면 그건 오직 재판에서 상대를 격추시키기 위한 준비 차원에서였다.

* * *

검사 임용 초기에 내가 맡았던 사건 중 하나는 터널시야가 어떻게 작동하는지 잘 보여준다(이어질 이야기에서 관련자들의 이름과 별로 중요하지 않은 몇몇 세부사항은 익명성을 보장하기 위해 바꾸었다). 피고인(이하 디에고 미란다)은 뉴욕시 지역 프로 스포츠팀에서 하위 직급의 비품 관리자로 있었다. 피해자(이하 재키)는 같은 팀의 유명한 스타 선수였다. 재키는 백만장자였지만 아직 나이가 어리고 제멋대로 사는 데다 낭비벽이 있었다. 재키의 담당 회계사는 그의 씀씀이를 통제해보려고 매달 재키와 마주 앉아 반려된 수표들을 일일이 확인해가며 뭘 샀는지 살펴보고 분수에 맞는 생활을 하도록 조언했다. 그런데 어느 날에는 재키가 금액이 큰 반려 수표 몇 장은 자신이 쓴 게 아니라고 부인했다. 그 수표들은 대부분 신용카드 대금 변제에 사용된 것이었고 수표 메모란에는 신용카드 번호가 적혀 있었는데, 확인해보니 재키 소유의 신용카드 어느 것의 번호도 아니었다.

회계사는 그에게 수표책에 접근할 수 있는 사람이 누가 있는지 물었고 재키는 디에고 미란다의 이름을 댔다. 재키는 디에고가 다른 '극성팬들'—프로 선수들로 이뤄진 모임에 들어와 친분을 쌓아보려는 사람들—과 함께 자신의 집에서 어울리곤 했다고 설명했다. 재키는 디에고가 수표책 한 권을 가져갔을 수 있다며, 본인이 그 수표책을 놓아둔 채로 자리를 뜬

적이 있었는데 돌아와 보니 그 수표들 중 몇 장에 디에고가 쓴 글씨가 있었다고 했다. 재키는 디에고가 자기 서명을 위조하고 그 수표를 사용해 자기 신용카드 대금을 변제한 게 틀림없다고 주장했다. 그리하여 이 회계사가 수표들을 들고 우리를 찾아왔고 수사가 시작되었다.

회계사는 이미 디에고를 찾아가 수표에 관해 따졌고, 디에고가 눈물을 터뜨리며 재키의 돈을 훔쳤다며 사과했다고 우리에게 말했다. 그리하여 검찰은 디에고를 구속했다.

그러나 디에고의 변호인은 디에고의 결백을 주장하며 우리에게 면담을 요청해왔다. 면담에서 그는 디에고가 재키의 개인 비서처럼 일했다고 말했다. 재키는 디에고에게 필요한 옷과 전자기기 등의 물건 구매나 세탁물 회수, 세차 등을 부탁했고 경기 후에는 냉장고에 음식이나 맥주가 늘 채워져 있도록 챙기게 하는 등 이런저런 잔심부름을 시켰다. 이런 식의 관계는 더욱 심해져서 언제부턴가 디에고는 구단의 일을 하고 있지 않을 때도 대부분의 시간을 재키를 위해 보내게 되었다.

재키는 디에고에게 수표책을 한 권 주면서 재키의 부탁으로 디에고가 구매한 몇몇 물건들을 결제하게 했다. 하지만 변호인의 설명에 따르면 재키는 체계적이지 못한 사람이었다. 현금을 챙겨 다니는 일이 거의 없었고, 디에고가 처리한 일에 비용을 지급하는 것도 계속 잊어버렸다. 디에고가 정식 급여를 받을 수 있게 공식적으로 채용해달라고 요청하자 재키는 자기 회계사가 그런 건 절대 허락해줄 리가 없다며 '기록에 남지 않게' 계속 비밀로 해야 한다고 말했다.

디에고의 변호인 측 주장에 따르면, 재키는 디에고에게 이렇게 말했다. "가서 제가 신세 진 만큼 물건을 좀 사요. 월급이라고 생각하시고 필요한 거 사서 써요. 그렇게 신용카드로 물건을 한 다음 제 수표로 그 신용카드 대금을 처리하시면 되겠죠. 그럼 제 회계사가 절대 모를 겁니다. 아마 제가 제 신용카드 대금 결제에 그 수표들을 썼다고 생각할 거예요." 디에고의 변호인은 그런 식의 처리가 보통 사람에게는 이상하게 들리겠지만 재키는 어수선하고 미성숙한 젊은 부자라서 아무렇게나 기분 내키는 대로 했던 얘기라고 했다. 그리고 재키가 디에고를 상대로 절도 혐의를 제기하기 직전 재키와 디에고의 사이가 틀어졌는데 당시 재키가 교제 중이던 어떤 여성과 디에고가 연락한 일 때문이었으며, 이후 디에고가 비공식적인 심부름꾼 역할에서 해고를 당한 상태였다고도 덧붙였다.

아울러 디에고가 '자백'을 했다는 부분에도 오해가 있다고 주장했다. 재키는 회계사가 절대 허락할 리 없으니 디에고에게 둘 사이의 업무 관계는 계속 비밀이어야 한다고 말했던 터였다. 그래서 회계사가 수표에 대해 따져 물었을 때 디에고는 당황했다. 둘 사이의 비밀을 밝힌다면 재키가 곤란한 상황에 빠지고, 재키에게 중요한 관계가 어그러져 수표로 쓴 금액을 받지 못하거나 다른 어떤 일이 일어날지 알 수 없었기 때문이다. 생각할 시간이 별로 없었던 디에고는 일단 자백을 했고, 있었던 일을 털어놓기만 하면 상황을 수습할 방법을 재키가 알 거라 여겼다. 그러나 이후 둘의 사이가 틀어진 탓인지 혹은 회계사가 진실을 다 알아버릴까 봐 재키가 겁을 먹은 탓이었는지, 재키가 뒷통수를 치는 바람에 디에고가 희생양이 된 상황이라는 설명이었다.

나는 이 사연을 듣고 재키를 면담했다. 재키는 디에고를 개인 비서처럼 고용한 적이 전혀 없다고 했다. 재키의 주장에 따르면 디에고는 그저 유명 선수들 꽁무니나 따라다니는 '사생팬'이나 '떨거지들' 중 하나일 뿐이었다는 것이다. 디에고는 늘 재키의 집에 드나들며 파티 때마다 어슬렁거려서, 프로 선수들 전부가 그에게 맥주 심부름을 시키거나 여자친구들을 클럽에서 집까지 차로 데려다주거나 하는 종류의 일을 시켰다고 했다. 그러나 디에고에게 돈을 지급하지는 않았고 그냥 동네에서 함께 어울리면 먹고 마시는 비용을 대신 계산해주기만 했다는 것이다. 오히려 그가 퇴근 후에도 프로 선수들 옆에 있으면서 무슨 일이든 기꺼이 하고 싶어 하는 수많은 열성팬 중 한 명이었기에 다들 그를 이용했다고 했다.

내가 이 사건을 맡았는데, 검찰에서는 이미 디에고를 기소한 상태였다. 재키의 이야기는 납득이 됐고, 디에고의 이야기는 좀 억지스러운 느낌이 있었다. 재키를 면담하며 그의 태도를 관찰한 뒤 나는 그를 믿었다. 그리고 디에고의 변호인을 통해 들은 이야기는 적당히 흘려들었다. 10만 달러나 되는 금액은 아무리 재키 같은 백만장자라 해도 일개 심부름꾼에게 급료로 주기에는 너무 큰 금액 같았고 절도당한 게 맞는 것 같았다.

배심 재판이 시작되기 하루 이틀 전, 나는 드디어 절도가 일어났다는 시기에 해당하는 몇 달간의 은행 거래내역 전부를 넘겨받았다. 수표에는 세탁소, 세차장, 식료품점 같은 업체들에 소액씩 결제한 기록이 디에고의 필체로 남아 있는 걸 확인할 수 있었다. 나로선 큰 충격이었다. 디에고의 필적이 확인되는 이런 식의 수표마다 전부 재키의 서명이 있었는데 디에고가 위조한 것으로 보였다. 디에고 측 변호인이 해당 수표들의 사본을 받고 전화를 걸어와 이렇게 말했다. "보세요, 제가 말하던 그대로입니다. 디에고는 재키가 맡긴 세탁물을 찾아오고, 식료품을 사고, 재키가 매일 쓰는 물건들을 잡다하게 사왔습니다. 디에고가 재키의 개인 비서처럼 일했던 거예요. 검사님이 기소한 나머지 수표들은 디에고의 신용카드 대금으로 사용된 건 맞지만 그건 일한 대가로 재키가 허용한 부분입니다. 이상한 상황이긴 한데, 재키는 그런 사람이에요."

하루 이틀 안에 재판은 시작될 참이었고, 나는 명치를 한 대 얻어맞은 듯한 느낌이었다. 그 새로운 수표들은 디에고의 이야기를 뒷받침하는 듯 보였고 재키가 내게 했던 말과는 모순됐다. 그럼에도 어쩐지 나는 디에고의 주장이 사실일 리 없다는 생각이 그냥 들었다. 이 당시 나는 디에고가 유죄라는 생각이 확고했다. 그래서 생각하고 또 생각해보았다. 그러자 마침내 확실한 깨달음이 왔다. 디에고는 내가 인정한 것 이상으로 영리한 사람이라는 깨달음이었다. 그는 재키의 수표장을 훔쳤지만 자기 신용카드 채무를 변제하는 용도로 고액 수표를 바로 사용하지는 않고 처음에는 세탁소나 식료품점 같은 곳에서 소소한 결제에 계획적으로 사용하곤 했던 것이다. 한마디로 위조 서명이 은행 창구에서 무사통과될지 보기 위한 일종의 '테스트'였던 것이다. 이런 '테스트'를 통해 은행 직원과 재키의 회계사가 디에고의 필체로 적힌 수표에 익숙해지게 만들―디에고의 글씨가 적힌 수표를 무사통과시키도록 적응시킬―계획이었다. 만일 그 필체를 알아보고 디에고를 붙잡는다 해도 워낙 소액에만 사용됐을 테니 재키 같은 백만장자에게는 별 게 아니어서 아무 문제도 없을 것이다. 그러나 시간이 흐르고 아무 경고음도 울리지 않으면 디에고는 탄탄대로라 생각해서 자기 신용카드 결제에 점점 더 고액의 수표를 쓰기 시작했을 것이다.

머릿속에 이런 불이 반짝 하고 들어오자마자 나는 이게 정답임을 알았다. 내 가설을 동료들에게 설명해봤고, 동료들도 내 의견에 동의했다. "대단한데요. 충분히 일리가 있어요." 나는 일촉즉발의 위기에서 사건을 건져낸 내 자신이 자랑스러웠다.

재판에서 나는 배심원단에게 디에고가 소액부터 시험 삼아 써본 다음 은행이나 재키의 회계사에게 들통나지 않으면 점점 더 고액의 수표를 써서 자기 신용카드 결제에 사용하려는 영리한 계획을 세웠던 거라는 가설을 제시했다. 디에고는 본인이 재키를 위해 일했고, 자기 신용카드 결제에 쓴 고액 수표는 재키도 승인한 자기 급여 명목이었다고 직접 증언했다. 디에고는 담당 회계사가 재키의 과소비 문제를 재차 단속했던 데다 자신과 사이가 틀어지자 보복을 하려 거짓말을 하고 있다고 주장했다. 재키는 이 모든 내용을 부인했고 이건 절도 사건이라고 말했다. 나는 배심원단에게 이런 식으로 말했다. "프로 선수가 대체 뭐가 아쉬워서 이런 거짓말을 하겠습니까? 본인이 잃을 게 그렇게 많은데요. 자기 팀을 위해 일한 말단 직원을 모함한다면 정말 악질인 사람일 겁니다. 그가 악질이라는 증거는 전혀 없어요." 배심원단은 유죄평결을 내렸고 디에고는 연방 교도소에 수감됐다.

　당시에 나는 디에고가 유죄라고 믿었지만 이제 와 생각해보면 전적으로 확신은 못 하겠다. 검사 시절 내가 기소한 다른 대부분의 사건들과 마찬가지로, 이 사건 역시 돌이켜보면 내가 터널시야에 갇혀 있었다는 생각이 든다. 오늘날 내가 담당하는 이노센스 사건들에서 검경이 보이는 것과 동일한 종류의 터널시야 말이다. 사건의 실상이 어떤지는 알 수 없지만, 내가 그랬다는 건 확실히 알겠다. '테스트' 가설은 재판이 있기 하루 이틀 전 뜬금없이 떠올랐다. 처음에는 그 수표들이 디에고의 주장을 뒷받침하는 것처럼 보였는데도 말이다. 그런 착상을 할 수 있었던 건 새로 나타난 모든 증거를 그간 붙들고 있던 선입견에 부합하도록 이리저리 비틀고 뒤집어봤기 때문이었다. 나는 몇 주간 디에고가 거짓말을 하고 있다는 믿음으로 사건에 열심히 매달렸기 때문에 재판 전날 수표 몇 장이 새로 입수됐을 때 내가 떠올릴 수 있는 유일한 선택지는 그 수표들은 무언가 디에고의 꿍꿍이와 관련된 게 틀림없다는 것이었다. 그래서 나는 내 선입견에 부합하는 가설을 세웠고 마치 그 가설이 합리적 의심이 없을 정도의 증거에 해당하기라도 하는 양 밀어붙였다.

당시에 나는 정말로 디에고가 유죄라고 믿었지만, 지금은 디에고가 영리한 '테스트' 계획을 짰던 것인지 혹은 그의 주장대로 재키의 개인 비서 노릇을 했던 것인지 모르겠다. 내 가설이 맞았을 수도 있지만, 알 수 없는 일이다. 재키가 디에고에게 너무 화가 나서, 혹은 과소비 문제로 자기 회계사와 갈등을 겪고 싶지 않아서, 혹은 두 이유 모두에서 그에게 누명을 씌웠던 것인지 나는 알 수 없다. 다만 돌이켜보면 내가 디에고의 유죄에 대해 합리적 의심이 없을 정도의 증거를 제시했어야 하는데 그러지 못한 채 재판 직전에 갑자기 떠오른 가설을 제시했다는 건 확실히 안다. 당시에는 내가 옳다고 **알았기** 때문에 그 가설을 열성적으로 제시했고, 디에고 미란다는 감옥에 가 마땅한 사람이라고 굳게 믿었다.

형사사법제도는 이런 종류의 모호성에 아무 문제가 없다고 믿는다. 배심원단이 목격증인들의 눈을 들여다보면 누가 진실을 말하고 누가 거짓을 말하고 있는지 알아낼 수 있다는 이유에서다. 그때는 나도 그렇게 믿었다. 내가 그렇듯 배심원단도 진실과 거짓을 구분할 능력이 있을 거라고 믿었다. 그러나 우리 중 어느 누구도 인간의 거짓말을 정확히 탐지해낼 수 있는 이는 없으며 우리의 거짓말 탐지 능력은 어떤 가설에 깊이 심취해 있을 때 훨씬 더 형편없어진다는 사실을 이제는 안다. 내가 재키를 믿고 디에고는 믿지 않은 건 단지 내가 디에고의 유죄 쪽에 훨씬 더 깊이 마음을 쏟았기 때문이다. 그리고 배심원단도 마찬가지였다. 앞에서 살펴봤듯이, '무죄추정'이라는 이상적 원칙에도 불구하고 배심원들은 피고인이 실제로 유죄가 아니고서야 검경이 시간낭비를 할 리는 없다고 믿는 경향이 있다. 대개 무죄추정을 하는 대신 형사피고인에게 불리하고 검경 측에는 유리한 방향으로 행동한다.

내 터널시야가 저 사건에서 더 증폭됐던 건 재키를 비롯해 여러 다른 유명 프로 선수와 코치도 증언을 하면서 세간의 이목이 집중됐기 때문이었다. 디에고가 함께 있었던 재키의 파티에 몇 차례 참석한 유명 래퍼의 증언도 예정돼 있었다. 특히 ESPN과 《뉴욕타임스》에서 취재해 보도할 예정이라는 것도 알고 있었다. 재판을 일주일 앞둔 시점에 이미 나는 해당 사건에 대해 언론과 계약이 된 법정 스케치 화가와 재판 후 원화를 구매하기로 약속을 해둔 상태였다. 그 그림을 집무실 벽에 액자로 걸어두려는 마음이 가득했다. 그때 구매한 스케치 원화 두 점은 아직도 가지고 있는데, 하나는 증인석의 재키에게 질문을 하고 있는 내 모습이 담긴 그림으로 우리 부모님댁에 걸려 있다. 그 사건에서 내가 그때까지 쏟아부었던 그 모든 노력, 내 평판이 달린 상황, 사건에 쏠린 세간의 이목을 생각하면 아마도 나는 결백에 관한 그 어떤 새로운 증거가 나타나든 유죄판결을 내리는 데 필요한 가설을 어떻게든 생각해내려 했을 것이다. 물론 살인이나 강간 등 중대 사건은 어느 경우라도 걸린 게 많고 언론의 관심이 아니더라도 압박이 크다.

디에고 미란다 사건에서 내가 그랬던 것처럼 검사들은 매일 유죄판결을 끌어낸다. 공방이 치열하고 한 치 앞을 알 수 없는 사건들에서도 그게 기본이다. 검사들은 나름의 가설, 즉 증거를 유리하게 써먹을 시나리오를 마련하는데, 전부 일방적이고 편향된 터널시야 안에서 휘저어 만들어낸 추측에 불과하다. 그런 다음 이 가설들을 배심원들에게 사실인 양—마치 "합리적 의심이 없을 정도의 증거"라도 되는 듯—자신 있게 제시한다. 그런 다음 시스템은 그 혼돈을 수습해 정돈하고 어느 쪽 가설이 정답인지 판단하기 위해 배심원단을 인간 거짓말탐지기로 두고 의존하는데, 다수의 배심원들은 검찰 측에 유리하게 편향된 선입견에서 출발하는 경향이 있다. 그리고 자원 면에서 철저히 불리한 입장일 수밖에 없는 피고인 측은 반론에 대해 보완해줄 수사관이나 전문가도 없는 경우가 많다. 사법의 대립 구도가 작동하는 방식이 바로 이렇다.

그러나 이런 과정은 무오류와는 거리가 멀다는 사실을 인정하는 것이 중요하다. 솔직히 말하자면, 꽤나 취약하고 주관적이다. 디에고 미란다의 사례처럼 공방이 치열한 사건에서는 배심원들에게 그저 증거를 던져주고 그들의 판단을 기다리는 것 말고는 별다른 선택지가 없을 수도 있다. 범죄에 대해 기소를 그만둘 수는 없다. 단 한 번의 오류 없이 진실을 꿰뚫어 볼 방법은 없기 때문이다. 그러나 우리는 적어도 사실을 사실대로 말해야 하며, 인간 그리고 인간이 지닌 그 모든 결함 위에 세워진 시스템의 불안한 토대를 인정할 필요가 있다. 인간의 한계 때문에 우리에게는 진실을 밝혀낼 완전무결한—과거의 일들을 굉장히 정확한 수준으로 재구성할—방법은 없다. 검사들은 배심원단 앞에서 자신이 세운 가설들을 엄연한 사실처럼 제시하고는 **실제로 무슨 일이 일어났던 건지** 검찰이 정말 알고 있다고 배심원단을 설득하려 들 것이 아니라, 솔직하게 있는 그대로, 즉 그것이 가설에 불과하다는 점을 제대로 말해야 할 것이다. 그런 다음 좀 더 객관적으로 평가하기 좋은 환경에서 다양한 가능성을 두고 배심원들이 판단할 수 있게 두어야 한다. 결국, 검사가 할 일은 정의구현이 아닌가. 승소가 아니라.

그리고 제어되지 않는 각자의 터널시야 속에서 모두 움직이다 보니 우리는 마치 배심원들이 착각할 리는 절대 없다는 듯 유죄판결 하나하나를 '복음'처럼 취급한다. 그러다 보니 유죄판결을 받아 교도소에 간 사람이 애초부터 결백했을 가능성을 내포하는 새로운 증거가 몇 년 뒤 나타나면 우리는 원심의 유죄판결이 마치 절대 반박할 수 없는 신의 말씀인 양 군다. "어떻게 감히 이 사람이 결백할 수도 있다는 주장을 합니까?" 검사들은 종종 그렇게 묻는다. "동료 시민들로 구성된 배심원단이 유죄평결한 사람이었습니다. 유죄가 틀림없어요."

* * *

앞부분에서 언급한, 텍사스주 윌리엄슨 카운티의 마이클 모턴 역시 터널시야의 희생양이었다. 1986년 8월 13일 아침, 마이클은 아내 크리스틴에게 약간 짜증이 난 채로 잠이 깼다. 둘은 전날 저녁 마이클의 생일을 축하하기 위해 저녁식사를 하러 외출했다. 집에 돌아온 마이클은 생일을 기념하는 섹스를 기대하며 아내와 함께 보려고 성인영화를 틀었다. 하지만 크리스틴이 곧 잠들어버리는 바람에 마이클은 실망했고 화가 났다. 다음 날 아침 마이클은 출근 전에 크리스틴에게 이런 쪽지를 쓰고 나왔다. "크리스, 당신이 일부러 그런 거 아닌 건 알지만, 어젯밤에 당신 때문에 나는 완전히 거절당한 느낌이 들었어. 근사한 식사를 하고 집에 돌아와서는 당신이 허겁지겁 쿠키를 먹었잖아. …… 난 화가 난 것도, 뭐 대단한 걸 원하는 것도 아냐. 섹스 문제로 또 싸우고 싶진 않고 그냥 내 감정을 당신이 알았으면 해. 당신 생일인데 덩그러니 혼자 남으면 어떤 기분일지 생각해봤으면 좋겠어. 사랑해 ― M[마이클]." 마이클은 이 쪽지를 아내의 화장대 위에 올려두고 출근했다. 그날 집에 돌아왔을 때 그는 살인 용의자가 됐다.

모턴의 친구이자 이웃인 엘리자베스 지가 크리스틴의 시신을 발견했다. 그는 모턴 부부의 두 살배기 아들이 기저귀만 찬 채로 돌아다니는 모습을 보고 모턴네 집으로 들어섰다. 지는 부부 침실로 들어서자마자 정액으로 얼룩진 침대 시트 위에서 둔기에 맞아 살해당한 크리스틴을 발견했다.[15]

무슨 일이 벌어졌던 건지 마이클이 알기도 전에 경찰은 집에 도착해 수사를 시작했다. 경찰은 마이클이 아내의 화장대 위에 남긴 쪽지를 곧바로 발견했다. 그렇지 않아도 경찰은 피해자의 배우자를 으레 의심해보기 마련인데 이 쪽지가 마이클에 대한 의혹을 증폭시키면서 경찰은 마이클이 살인범이라는 결론으로 비약해버렸다.

귀가한 마이클은 자택 주변을 경찰차들이 에워싼 광경을 보자마자 아내보다는 아들부터 걱정이 됐고, 아내의 사망 소식을 듣고는 별다른 감정의 동요를 보이지 않았다. 이런 사건이 보통 그렇듯, 이는 형사들의 의심을 더욱 부추겼다. 이후 마이클이 그날 밤 아들과 함께 집에 머물기로 한 것을 두고도 많은 이들은 그날 벌어진 일을 감안하면 어딘가 비정한 반응이라고 느꼈다. 게다가 마이클은 사건이 벌어진 바로 그 방, 아내가 살해당한 바로 그 침대에서 다시 잠을 잤는데 검경은 이 부분에 대해서도 냉혈한 살인자의 태도라 판단했다.

마이클은 아내를 살해했다는 혐의를 결단코 부인하며 수사에 적극 협조했다. 그리고 본인의 머리카락, 타액, 혈액 검체를 흔쾌히 제출했고 기꺼이 응한 두 차례의 거짓말탐지기 검사도 전부 통과했다. 쪽지라든가 그의 행동 및 태도로부터 유추할 만한 결론들은 차치하고, 범죄현장에서 찾아낸 수많은 물리적 단서들 중 마이클과 아내의 죽음을 연관시킬 만한 건 단 하나도 없었다. 집안의 미닫이 유리문의 창틀에서 채취한 지문은 모턴 가족의 어느 누구와도 일치하지 않았다. 집 안과 피해자의 시신 주위에서 발견된 또 다른 지문 15건 역시 가족 구성원의 것이 아니었다. 모턴 일가의 울타리 안쪽 뒤뜰에 새로 찍힌 발자국 하나가 발견됐고, 숲이 우거진 인근 공터에서는 피 묻은 파랑색 두건이 발견됐다. 이런 증거 중에 마이클과 연관 지을 만한 것은 전혀 없었다.

경찰은 포렌식 증거들이 가리키는 지점이 마이클과는 거리가 멀다는 놀라운 사실을 무시했을 뿐 아니라 엘리자베스 지가 마이클에게 등을 돌리게 만듦으로써 검찰 측 공소사실에 힘을 실어주었다. 재판을 앞두고 보안관보들은 수시로 지와 면담을 하며 마이클이 유죄임을 전제로 한 온갖 정보와 가설을 계속 제공했다. 이후 재판에서 지는 마이클이 크리스틴에게 못되게 굴었던 일들이나 구체적인 다툼에 대한 기억을 떠올리며 모턴 부부의 결혼생활이 불행했다고 증언했다. 또한 살인 사건 이후 마이클이 감정이 없는 사람처럼 굴었던 태도나 아내의 장례식 이틀 전에 아내가 키우던 메리골드를 잘라버렸던 사실도 냉혹하고 의심스럽게 느껴진다고 말했다.

무심한 마이클의 모습은 그가 아내에게는 아무런 감정도 못 느끼는, 포르노에 중독되고 비뚤어진 성도착자라는 검찰 측 주장을 뒷받침해줌으로써 사건 기소에 힘이 실렸다. 주 당국의 주장에 따르면, 생일 기념 섹스를 거절당한 마이클이 성인물을 계속 시청하다가 결국 성적으로 흥분되자

아내의 동침 거부에 극도의 분노를 느꼈다는 것이다. 검찰은 성적 좌절과 분노가 극에 달해 결국 아내를 둔기로 살해한 혐의로 마이클을 기소했다. 진짜 놀라운 이야기는 다음이다. 검찰은 마이클이 아내를 살해한 직후 마지막으로 도착적인 행동, 즉 아내의 시신 위에서 자위를 했다고 주장했다.

피고인 측의 반대에도 불구하고 검찰 측은 마이클이 그날 밤 대여했다는, 성행위 묘사가 노골적인 영화를 배심원들에게 보여주었다. 6일에 걸쳐 진행된 재판 이후 배심원단은 불과 2시간의 숙의 끝에 유죄평결을 내렸다.

그로부터 몇 년 뒤 유죄확정판결 이후 절차 중에 마이클의 변호인단은 크리스틴 살해 사건 수사에 관한 상세한 내용이 담긴 경찰 보고서를 입수했다. 피고인 측에는 숨겼던, 무죄를 밝힐 증거 그리고 반드시 살펴보아야 했으나 수사도 이뤄지지 않은 채 무시된 단서들, 다른 진범을 명백히 가리키는 수많은 목격자 진술이 있었음이 보고서를 통해 드러났다.

예를 들면, 살인 사건이 벌어진 다음 아침에 모턴 가족네 집 아래 살던 한 부부는 그 집 뒤편에 인접한 숲이 우거진 공터 옆에 어떤 남자가 녹색 밴을 세우는 걸 봤다고 알렸다. 피 묻은 두건이 발견된 그 부근이었다. 이웃의 다른 가족도 비슷한 광경을 목격했다는 신고를 했지만 아무도 확인 연락을 다시 해오지 않았다. 또 다른 목격자는 수상한 남자가 숲을 가로질러 모턴 씨네 뒤뜰 쪽으로 걸어가는 걸 봤다고 했다. 그런데도 경찰은 이런 신고 내용에 별다른 주의를 기울이지 않았다. 어떤 목격자는 살인 사건 발생 후 2~3일쯤 지났을 무렵에 나눴던 대화를 떠올리며 경찰이 이미 범인을 잡았다고 확신하는 눈치였다고 기억했다. "대놓고 '누가 그랬는지 안다'는 말은 하지 않았지만, '묻지마' 사건은 아니라는 뉘앙스를 풍겼습니다. 정확한 표현까지는 기억이 안 나지만 그 남편을 범인이라고 보는 것 같았어요."

살인 사건이 벌어진 이후 경찰은 크리스틴의 지갑이 도난당했다는 사실을 알리는 신고 전화를 몇 통 받기도 했다. 한 친척의 신고 내용에 따르면, 그가 크리스틴에게 써준 수표가 있었는데 크리스틴 사망 이후에 현금화가 이뤄졌고 서명은 위조된 것으로 보인다는 것이었다. 그런가 하면 크리스틴의 신용카드가 그녀가 살해당하고 이틀 뒤 샌안토니오에서 사용됐다는 신고도 있었다. 그런데도 경찰은 마이클이 그 강도 건을 일부러 꾸며낸 것이라 확신한 탓에 단서에 대한 수사도 하지 않았다. 경찰 측 추론은 보고서에 끼워져 있던 쪽지에서도 명확히 적혀 있다. "크리스틴의 지갑이 도난당한 거라고 다들 생각하는 모양이다. 물론, 우리는 그 정도에 안 넘어간다."

게다가 수사 당시, 외할머니가 돌보고 있던 모턴의 두 살배기 아들도 경찰의 심문을 받았던 것으로 드러났다. 엄마의 죽음을 둘러싼 상황을 아이가 알고 있었으므로, 그 아이가 범죄를 목격했다는 사실은 명백해졌다. 그때 누가 그 자리에 있었느냐는 질문에 아이는 자기랑 엄마랑 어떤 "괴물"이 있었다고 했다. 아빠도 같이 있었냐고 묻자 아이는 아니라고 아주 또렷이 답했다. 이 내용 역시 피고인 측에 전달되지 않았다. 그냥 묻혀버렸다.

유죄판결을 받고 25년이 지난 뒤에야 모턴은 DNA 검사 등에 힘입어 무죄임이 밝혀졌다. 범죄현장 근처에서 발견됐던 파란 두건을 가지고 DNA 검사를 해보니 크리스틴 모턴과 마크 노우드의 DNA 프로필이 나왔다. 마크 노우드는 FBI의 CODIS 데이터베이스에 DNA 프로필이 보관돼 있던 누범으로, 2013년 크리스틴 모턴의 살해 혐의로 재판에 넘겨져 유죄판결을 받아 종신형에 처해졌다.[16]

2011년 10월 4일, 마이클 모턴은 감옥에서 석방됐다. 공식적으로 무죄방면이 이뤄진 건 두 달 뒤였으며 이후 텍사스주 당국으로부터 100만 달러를 상회하는 배상을 받았다. 훗날 마이클은 저서『삶을 얻다: 결백했던 남자의 25년 여정Getting Life: An Innocent Man's 25-Year Journey from Prison to Peace』에서 경찰의 터널시야에 자신이 또 한 명의 희생양이 되었던 경험을 자세히 들려주었다.

* * *

1982년, 버지니아의 마빈 앤더슨 역시 같은 유형의 피해자였다.[17] 그는 사진 라인업에서 범죄 피해자에게 강간 및 강도 사건의 진범으로 지목당했다. 앤더슨의 사진은 일렬로 늘어놓은 사진들 중에서 유독 두드러졌다. 유일하게 컬러 사진이었던 데다 그것만 용의자의 사회보장번호가 대각선으로 찍혀 있었기 때문이다. 피해 여성은 이제 앤더슨의 얼굴이 뇌리에 단단히 박힌 상태에서 20분 뒤 용의자들이 실제로 선 자리에서 또 다시 앤더슨을 지목했다. 이 같은 범인식별은 주 당국의 공판 절차에서 가장 중요한 부분이자 그에게는 가장 불리하게 작용하는 강력한 증거였다. 앤더슨은 유죄판결을 받고 210년형을 받았다.

앤더슨이 용의자가 된 건 순전히 우연이었다. 피해자가 자신을 공격한 범인에 대해 기억해낸 몇 가지 사실들 중에 범인이 백인 여자친구가 있다는 말을 했다는 부분이 있었다. 피해 여성은 범인을 흑인이라 진술했고 인종 간 교제는 1982년 당시 버지니아 하노버에서 그리 흔한 경우가 아니었다. 경찰은 백인 여성과 동거 중이던 한 흑인 남성을 우연히 알게 됐는데 그가 바로 마빈 앤더슨이었다. 그리하여 앤더슨은 유력한 용의자가 되었다.

그 시점부터 경찰은 다른 근거는 하나도 없이 마치 이미 범인을 잡기라도 한 것처럼 확신에 차서 앤더슨을 몹시 추궁했다. 그러나 앤더슨은 유색인종이라는 사실 말고는 피해자가 묘사한 범인의 특징에 부합하는 것이 전혀 없었다. 앤더슨은 키가 더 크고, 피부색이 더 어두웠으며, 콧수염은 없었고 피해자의 설명과는 달리 얼굴에 흉터도 없었다. 게다가 앤더슨은 사건 발생 당시 알리바이를 입증해줄 목격자가 네 명이나 있었다. 그리고 전과도 없었고 경찰에 체포된 이력도 없었다. 그런데도 앤더슨은 피해자의 범인식별을 근거로 유죄판결을 받았다.

앤더슨의 유죄판결로까지 이어졌던 극단적 터널시야가 해소된 건 20년이 지나 DNA 검사로 진범이 밝혀진 뒤였다. DNA 검사는 앤더슨의 결백을 입증했을 뿐 아니라 진범—존 오티스 링컨—의 신원도 밝혀냈다. 당시 강간 사건에 그가 관련돼 있다는 소문은 앤더슨 재판 당시부터 지역사회 전역에 퍼져 있었다. 수사 초기에 다수의 목격자들은 해당 범죄가 발생했던 장소 인근을 링컨이 자전거를 타고 지나는 걸 본 적이 있다고 말했다. 뿐만 아니라 그들에게 음란하고 위협적인 말을 내뱉었다고도 진술했다. 나중에 알고 보니 링컨이 타고 있던 자전거는 강간 사건 당일 훔친 물건이었음이 자전거 주인을 통해 확인되기도 했다. 링컨의 범죄 연루 가능성을 전혀 생각하지 못한 건 오직 경찰뿐이었다. 링컨은 피해자가 진술한 범인의 모습에 부합했고, 사건 당일 훔친 자전거를 타고 그 지역에 있었으며, 당시에도 또 다른 성범죄 사건으로 재판을 앞두고 있었는데도 경찰은 수사 초기부터 링컨을 용의선상에서 바로 제외시켰다. 그 결과, 마빈 앤더슨은 자신이 저지르지도 않은 범죄 때문에 20년을 교도소에서 보냈다.

* * *

버지니아주의 '노퍽의 네 남자' 사건은 터널시야의 극단적 사례를 보여준다.[18] 이 사건에서 경찰은 미셸 무어 보스코를 강간 살해한 혐의로 마침내 진범을 잡아 유죄판결을 내리기까지, 무려 일곱 명의 죄 없는 사람을 기소했다. 그중 4명은 장기간 복역했고, 3명은 공소 기각됐다. 〈세 바보Three Stooges〉의 한 에피소드를 연상시키는 일련의 사건들에서 담당 형사는 처음에는 피해자 주변에 거주하던 대니얼 윌리엄스와 그의 룸메이트 조 딕에 초점을 맞췄다. 한 이웃이 윌리엄스가 피해자에게 '집착'했다고 말했기 때문이었다. 강압적인 취조로 악명 높던 이 형사는 나중에 다른 사안과 관련된 비위 사실 때문에 수감되기도 했다. 그는 윌리엄스와 딕을 허위자백하도록 강요했는데 이 둘의 자백 자체도 서로 맞지 않았고 피해자가 살해당한 방식 등 현장 증거에도 전혀 부합하지 않았다.

범죄현장에 대한 DNA 검사 결과로 윌리엄스와 딕 둘 다 용의선상에서 배제되자 그 형사는 둘을 다시 찾아가 제3의 공범이 있다는 사실을 확실히 알고 있다고 말했다. 사형 선고를 받을 수 있다며 겁박하는 등의 강요에 못 이겨 딕은 결국 새로운 인물인 에릭 윌슨의 이름을 댔다. 그러자 형사는 윌슨을 체포하여 그에게도 허위자백을 강요했다. 그러나 범죄현장에서 나온 DNA는 윌슨과도 맞지 않았고 형사는 다시 그들을 찾아가 다른 공범의 이름을 대라고 말했다. 엄청난 압박을 느낀 딕은 결국 더렉 타이스의 이름을 댔고, 타이스도 곧바로 체포되어 엉성한 자백을 했다. 타이스의 DNA 역시 범죄현장의 증거에 부합하지 않자, 타이스는 몇 명 이름을 더 대보라는 압박을 받았고 3명의 이름을 댔다. 이들 셋에 대한 공소는 훗날 기각됐다(이들은 허위자백은 하지 않았다).

범죄현장에서 나온 증거는 강간 살해가 단독범의 소행임을 강력히 시사했음에도 불구하고, 용의자들이 DNA 검사로 하나씩 풀려날 때마다 사건에 대한 담당 형사의 가설은 계속 수정됐고 강요에 의해 새로운 사람이 공범으로 추가됐다. 결국 이 형사의 가설은 집단강간 및 살해에 8명이 가담한 것으로까지 확장되었다. 범죄현장에는 단 한 명의 DNA만 있었다는 불편한 진실을 비롯해 편향되지 않은 모든 현장 분석 결과와 정면으로 배치되는 가설이었다. 그런데도 주 당국은 그대로 강행해 자백을 주 근거로 윌리엄스, 딕, 윌슨, 타이스에 대한 유죄판결을 받아냈다. 범죄현장에서 확보한 DNA는 알고 보니 오마르 발라드의 것이었는데 그는 나머지 사람들과는 아무 연결고리가 없었고, 자신의 단독 범행이었다고도 자백했다. 노퍽의 네 남자는 결국 석방 및 완전 사면되었으나 해당 사건에 쏠린 엄청난 세간의 관심과 질타의 무게를 오롯이 견딘 뒤였다.[19]

* * *

1989년 4월, 뉴욕 센트럴파크에서 조깅을 하던 한 여성이 무참히 강간을 당하고 거의 죽기 직전까지 구타를 당한 사건이 발생했다. 이 여성이 의식을 잃은 채 발견되기에 앞서 경찰은 한 무리로 보이는 십대 소년 13명이 이 공원에서 사람들을 괴롭히고 있다는 제보를 받고 출동했다. 한 시간 뒤 이들 가운데 5명이 체포되었는데, 집단 폭행뿐 아니라 조깅하던 여성을 강간한 혐의로 체포 및 기소됐다. 이 십대 소년들—앤트런 맥크레이, 케빈 리처드슨, 유세프 살람, 레이먼드 산타나, 코리 와이즈—은 14세에서 16세 사이였다. 이들 중 넷이 이후 자백을 했고 결국 다섯 명 전원이 유죄판결을 받았다. 그러나 수년 뒤 DNA 검사 결과 다섯 명 모두 결백이 입증됐고 실제로는 마티아스 레예스라는 연쇄강간범의 단독 범행이었던 것으로 밝혀졌다.[20]

조깅하던 여성이 공격받은 사건은 성격상 언론의 엄청난 관심을 받았다. 성폭력을 당한 피해자가 아이비리그 출신의 부유층 백인 여성—고학력의 투자 전문가—이었고, 범인들은 흑인 및 라틴계 십대 소년들이었기 때문이다. 심지어 다름 아닌 도널드 트럼프까지 관심을 보이고 나섰다—그는 5명 전원에 대한 즉각 사형 집행을 촉구해서 이목을 끌었다. 처음부터 세간의 이목이 집중된 사건이었고 사람들의 관심이 커질수록 사건을 해결하라는 압력은 더욱 거세졌다. 유죄판결을 끌어내야 한다는 압력이 안팎으로 거세지자 해당 사건을 담당하던 이들은 이 소년들의 자백을 그대로 굳히기로 작정했다.[21]

조깅하던 여성이 공격당하던 순간을 목격한 사람은 아무도 없었고, 이여성은 머리를 공격당해 정신을 잃었기 때문에 범인에 대한 진술이 불가능했다. 소년들이 공원에 있었고 집단 폭행에 가담했다는 추정 외에는 이들이 강간했다고 혐의를 둘 만한 이유는 전혀 없었다. 실제로, 피해자가 한 명이 아닌 복수의 범인들에게 공격을 당했다는 증거는 전무했다. 그런데도 경찰은 이 소년들에게 14~30시간의 장시간에 걸쳐 강압적인 취조를 했다.[22]

네 명의 자백 내용은 서로 간에도 일치하지 않았던 데다 공격 방식에 대한 명백한 사실관계와도 전혀 맞지 않았으므로 맨해튼의 지방 검사장은 자백 내용의 신빙성에 의문을 제기했어야 마땅했다. 하지만 이들의 자백은 유죄판결을 이끌어내는 주요 증거로 사용됐다. 지나치게 조작적이고 강압적인 신문 기법이 사용됐고 여기에는 온갖 협박, 물리적 폭력, 석방 약속 등까지 동원돼 본인들의 의사와 반대되는 자백을 하게 했다는 변호인단의 주장에도 불구하고 이들의 자백은 받아들여졌다. 법집행관들의 편의대로 자백 부분만 녹음되었고, 자백에 앞서 이뤄진 실제 신문은 녹음되지 않았다. 경찰이 강요한 정도를 입증할 길이 없다는 의미였다.

조깅하던 여성에 대한 강간과 다섯 소년을 연관 지을 증거는 이들의 자백 외에는 전무했다.[23] 실제로, 물리적 증거는 정반대—소년들의 결백—를 가리키고 있었다. 이들에 대한 재판 당시 도입 초창기였던 DNA 검사는 범죄현장에서 확보한 몇몇 검체를 대상으로 이뤄졌다. 맨해튼 지방검찰청은 검사 결과만으로는 결론 내리기가 어렵다고 언론을 통해 발표했다. 그러나 실제로는 피고인들과 해당 DNA 검체는 불일치한다는 결과가 나온 상황이었다. 즉 피고인 다섯 명 모두 용의선상에서 제외된 셈이었다. 게다가 이 검사 결과에 따르면 피해자의 자궁경부에서 채취된 정액과 피해자의 양말에서 나온 정액이 일치했고, 이는 범인 1명의 단독범행일 가능성이 높다는 걸 의미했다. 그런데도 검찰은 다섯 소년에 대한 기소를 중지하지 않고 결론 내리기 어렵다고 해석함으로써 검사 결과를 사실상 숨겨버렸다.[24]

재판에서 다섯 소년 모두 유죄판결을 받았고, 각각 5년에서 15년의 징역형을 선고받았다. 그러던 2002년, 뉴욕주립교도소에서 종신형으로 복역 중이던 마티아스 레예스가 센트럴파크에서 조깅하던 여성을 강간 및 폭행했다는 자백을 했다. 레예스는 뉴욕에서 가장 악명 높은 연쇄강간범 중 하나로 꼽히는 인물이었다. 그간 기술적으로 진일보한 새로운 DNA 검사를 통해 피해자의 양말에서 나온 정액이 레예스의 것이라는 사실이 확인되었다.[25] 2002년 12월 19일, 앤트런 맥크레이, 케빈 리처드슨, 유세프 살람, 레이먼드 산타나, 코리 와이즈에 대한 유죄판결이 뒤집혔다. 다섯 명 가운데 유일하게 성년으로 기소됐던 와이즈는 11년 반을 교도소에서 복역했다. 센트럴파크의 다섯 소년은 뉴욕시 당국으로부터 4000만 달러가 넘는 배상을 받았다.

* * *

내가 있던 검찰청에는 터널시야의 위험성에 대한 보편적 인식이 전혀 없었다. 공판 준비 과정에서 증거를 수집하고 새로운 증거마다 기존 가설에 맞추는 일은 집단 활동일 때가 많았다. 우리는 원 가설에 증거를 어떻게 끼워 맞출지 서로의 생각을 빌리거나 브레인스토밍하는 일을 즐겼다. 일종의 게임 같았다. 어떤 과정이든 객관성에 관한 감각이 전혀 없었다. 우리의 원 가설을 논박해보려는 시도도 해보지 않았다. 그 대신 게임의 초점은 그 온갖 새로운 증거를 원 가설에 어떻게 영리하게 끼워 맞춰 논거를 더 탄탄하게 만들 것인가 하는 데 있었다. 일부러 반대 입장에 서서 반론까지 하는 건 법정에서 그런 주장을 격추시킬 준비가 된 경우에 한해서였다.

대부분의 경찰서나 검찰청에 터널시야를 예방하기 위한 체계적 방침이 전혀 없을 뿐 아니라 실제로는 경찰은 터널시야를 이용하도록 오히려 훈련을 받는다. 가령, 널리 알려진 리드 신문 기법은 미국 내 대다수 경찰관들이 훈련받는 기법으로, 신문을 받는 이들을 미리 유죄로 추정하고 그런 사실을 경찰관들이 **이미 알고** 있음을 용의자에게 과감하게 알려주도록 독려한다. 신문을 받는 용의자들이 자신이 결백하다는 다른 주장을 내놓거나 그에 대해 설명하려 하면, 경찰관들은 그런 말을 듣지 말고 퉁명스럽게 미리 차단하라고 교육을 받는다. 이와 관련하여 어느 연구자는 이렇게 지적하기도 했다. "따라서 리드 '신문'이라는 개념 자체에는 터널시야의 근본적 문제—유죄에 대한 섣부른 결론과 다른 설명을 숙고하지 않는 완고함—가 내포되어 있다. 이런 맥락에서 볼 때 터널시야는 무심코 생기는 문제가 아니라 고의적이다. 경찰은 수사 진전을 위한 방편으로 이를 교육받고 있다. 인지편향을 공공연하게 장려하고 있는 셈이다."[26]

* * *

유죄확정판결이 난 이노센스 사건들을 담당하는 나 같은 이들은 우리 형사사법제도에서 또 다른 유형의 터널시야도 보게 되는데 이는 바로 피고 측 변호인의 터널시야이다. 여러 사건을 접하게 될수록 원심에서 우리 의뢰인 측 변호인이 거의 한 게 없었고 사실관계에 대해 독자적인 조사는 전혀 하지 않았음을 알게 될 때가 많다. 그저 통상적으로 주 당국의 기소 근거를 수용하고 그 틀 안에서만 움직이며, 다른 가설을 뒷받침할 증거를 제시하는 일은 전혀 하지 않은 채 주 당국의 목격증인에게 교차신문만 했다. 여기에는 변호인들이 대개 사건에 관한 검찰 측 가설을 반박하기 위해 자체적으로 동원할 만한 자원이 없는 현실도 한몫한다. 그러나 대개 이를 감안해도 너무한 경우가 많다. 이노센스 활동 중인 한 변호사는 이렇게 지적했다.

우리는 모두 터널시야에 관해서 그리고 그것이 경찰 수사나 검찰의 판단에 미치는 영향에 대해서도 익히 알고 있다. 변호인들 역시 인지 편향에 빠지기 쉽다. 대부분 배심원이나 판사와 다를 바 없는 시선으로 자기 의뢰인을—유죄로—바라본다. 그리고 자기 의뢰인의 승소가 불가능하다고 보는 경우도 흔하다. 이 같은 인지 편향 때문에 결국 무죄방면에 도달할 만한 주장을 제기하는 데 실패할 때가 많다. 변호사는 수사가 완료되는 순간까지 판단을 보류한 채 모든 사실관계를 조사하고 모든 가설을 검증할 줄 아는 사람이다. 유죄확정판결 후 이노센스 활동을 하는 변호사라면 모든 가설이 논박되고 관련된 유리한 모든 사실관계가 틀린 것으로 밝혀진 다음에야 비로소 패배를 시인해야 마땅하다.[27]

또 다른 연구자는 이렇게 지적하기도 했다. "국선변호인으로 1년간 고군분투하고 나면 대부분 자신이 변호를 맡은 피고인이 실은 결백하다고 믿기를 그만두게 된다. 사실 형사재판정의 대다수는 경찰의 판단이 옳고 재판은 단순히 피고인의 유죄를 확증하는 절차라고 믿는 편이다."[28]

넷플릭스 다큐멘터리 시리즈 〈살인자 만들기〉에서도 이런 현상을 확인할 수 있다. 브렌던 대시는 테레사 할바흐 살해 사건 경찰 조사에서 자신이 스티븐 애버리의 공범이라고 자백한 이후 체포되었다. 그러나 그의 자백은 명백히 신뢰할 수 없는 것으로 보인다. 이 작품을 보면서 시청자는 대시가 결국 유죄판결을 받긴 했지만, 실은 완전히 결백한 사람일 수 있으며 재판에서 그를 변호할 강력한 논거도 있었음을 알 수 있다. 그러나 브렌던 대시에게 법원이 처음 배정한 변호인은 아직 자세한 대화를 나눠보지도 않고 그 어떤 조사를 시작하지도 않은 상태에서 의뢰인이 범행에 가담했다는 진술을 법정에서 해버렸다. 사건에 대한 검찰 측 가설을 무턱대고 받아들였던 것이다. 이해상충 문제로 첫 변호사가 사임하고 다음 변호인이 된 렌 카친스키도 똑같았다. 카친스키는 대시를 변호하는 동안 사건에 대해 전혀 조사하지 않았고 대시가 하는 말—자신은 결백하며 허위 자백을 했다는 것—을 들으려조차 하지 않았다. 사실, 대시가 결백을 주장하자 카친스키는 자기 조사관을 교도소로 보내 대시가 결백 주장을 포기하게끔 압박하게 했다. 그리고 결국 처음 했던 자백과 유사한 또 다른 자백 내용에 서명을 하게 만들었다.

국선변호인과 법원이 배정한 변호인은 독자적으로 면밀히 조사하기 위해 조사관을 고용하거나 목격증인을 구할 여력이 없어서 주 당국의 주장을 그냥 수용하게 되는 것도 문제의 원인 중 하나다. 그러나 변호인의 터널시야도 문제다.

오하이오 이노센스 프로젝트 측과 일하면서 재심 변론이 개시되어 재수사를 시작한 뒤 사건 관련 정보를 찾기 위해 원심 변호인에게 연락을 하면 빈정거리는 웃음만 되돌아온 적이 무수히 많았다. 보통 이런 식의 반응이었다. "그 사람이요? 오하이오 이노센스 프로젝트가 그 사건을 들여다보고 있다고요? 그 남자는 확실히 유죄 맞아요." 그래서 해당 사건을 그때 혹시 어떻게 조사했는지 물어보거나 오하이오 이노센스 프로젝트가 최근 찾아낸, 무죄를 입증할 가망이 있어 보이는 관점에 대해서도 검토했냐고 물어보면 대답은 이런 식이다. "아뇨. 그런 건 안 했어요. 그 사람이 유죄인 건 그냥 확실했거든요. 그렇게 유죄가 확실한 사건이라면 저는 조사 비용 같은 것도 청구 안 할 겁니다. 법정에서 그냥 웃음거리만 될 테니까요."

결국 우리가 강력한 결백의 증거를 찾아낼 경우 변호인들의 반응은 각양각색이다. 걱정스러워하는 사람도 있고, 당혹스러워하는 사람도 있고, 어떻게든 도움을 주려는 사람도 있다. 그러나 상당수가 자신들의 이전 의뢰인이 유죄라는 믿음을 바꾸지 않는다. 본인이 충분히 노력하지 않았다는 사실이나 자기 과실로 죄 없는 사람이 유죄판결을 받았을지 모른다는 사실을 받아들일 수가 없는 것이다. 터널시야는 피해자의 권리를 보호할 책임이 있는 변호인조차도 떨치기가 힘든 모양이다.

대의를 위한 부패

물론 어느 분야이든 썩은 사과는 있기 마련이다. 형사사법제도에서 이 문제에서 자유로운 분야는 없다. 저항하지도 않고 무기도 소지하지 않았던 용의자들을 경찰관들이 총으로 사살하는 모습이 담긴 영상이 최근 유출되어 모두를 충격에 빠뜨린 바 있었다.[29] 경찰관들이 무고한 이에게 누명을 씌우고 증거를 몰래 심거나 전기충격기로 용의자들을 고문하여 자백까지 받아낸 사건들이 일반 대중에게 알려지기도 했다.[30]

검사를 하지도 않고 검찰 측에 유리한 결론을 만들어주는 식으로 결과를 밥 먹듯이 위조하다 걸린 포렌식 분석가에 관한 이야기도 심심찮게 있었다. 이를테면 매사추세츠의 포렌식 분석가 애니 두킨은 수천 건의 사건에서 검사 결과를 상습적으로 위조하던 것이 발각되어 2013년 징역형을 받았다.[31]

목격증인에게 뇌물을 주거나 재판에서 자기 의뢰인에게 불리한 증언을 할 수 없도록 거주지를 옮기라고 종용한 죄로 감옥에 간 변호사들도 있었다. 그런가 하면 자기 의뢰인의 범죄 활동에 연루돼버리는 변호사들도 있었는데 금전적 유혹을 거부하지 못했던 모양이다.[32]

때로는 판사 중에도 썩은 사과가 있다. 펜실베이니아의 한 판사는 최근 이른바 '아동판매Kids for Cash' 스캔들로 알려진 사건에서 사설 교도소 운영 회사로부터 뇌물을 받은 혐의로 유죄판결을 받았다. 그는 소년원 시설에 청소년 수형자를 새로 보낼 때마다 금전적 대가를 받았고, 사설 교도소 운영 회사는 수형자 수용 명목으로 국가에 비용을 청구하여 배를 불리는 방식이었다.[33]

보통 사람들은 나쁜 사람—성격 문제나 범죄자 같은 심리를 지닌 사람—이 어쩌다 경찰관, 검사, 변호사, 판사 등이 되어 형사사법제도 안에 숨어들어 있는 거라고 생각한다. 정신적으로 문제가 있는 사람들이 간혹 의사가 되기도 하고 회계사나 교사가 되듯이 말이다. 그건 아무리 통제를 하려 해도 완전히 막을 수 없는 일이다. 그걸 모르는 사람은 없다.

그러나 형사사법제도에서 일어나는 대부분의 불의는 어쩌다 드물게 있는 썩은 사과 때문이 아니라 선량한 사람들의 행동 때문에 발생한다. 실제로, 좋은 경찰과 검찰도 터널시야에 갇히면 비극적인 불의를 가져오는 데 동참할 수 있다. 검경이 가해자를 지목할 때의 확신이 때로는 큰 그림 속에서 자신들이 정답으로 **알고 있는** 결과를 손에 넣기 위해 그저 지름길을 택하게—혹은 노골적인 부정행위에도 가담하게—만드는 원인이 되기도 한다. 이런 현상을 '대의를 위한 부패noble-cause corruption'라 부른다.[34] 대의를 위한 부패에 가담하는 경찰과 검찰을 움직이는 동력은 일반 대중을 보호해야 한다는 나름의 사명감이다. "수사관들이 내부의 부적절한 행동에는 눈을 감은 채 중요한 공익을 추구하고 있다는 믿음으로 비위마저 합당한 것으로 여기게 만드는, 목적 중심의 수사 문화"때문이다.[35]

대의를 위한 부패는 노골적인 부정부패—이를테면 공소를 기각시켜주는 대가로 뇌물을 받는 경우—와는 다르다. 여기에 가담하는 이들은 금전 등 개인적 이득을 취하려 들지 않고 자신이 칭찬받을 만한 대의명분에 복무하고 있다고 믿는다. 경찰관이라면 이런 식으로 생각할 것이다. "죄를 저지른 이 살인자가 빠져나간다면 결국 피해자와 우리 사회에 비극인 거야. 피해자들을 위해 정의를 실현하고 다음 희생양이 될지 모를 이의 목숨을 구하기 위해서라면 규칙 몇 개쯤 어겨주겠어."

〈살인자 만들기〉에서 의뢰인 스티븐 애버리에게 불리한 증거를 경찰이 심어놓은 것이라는 취지의 변론을 한 딘 스트랭 변호사는 일면 수긍이 가기도 하는 이런 인간적인 유혹에 대해 다음과 같이 설명했다. "[경찰이] 증거를 심어놓는 걸 제가 두 눈으로 직접 본 건 아니지요. …… 하지만 어떤 인간적인 감정들이 [애버리가] 테레사 할바흐를 죽인 게 틀림없다는 경찰관들의 믿음을 증폭시키거나 확증하고 싶게 만드는 방향으로 작용했을 수 있다는 사실을 이해하는 게 어려운 일일까요? 그런 인간적 감정을 이해하기는 전혀 어렵지 않습니다." 그리고 이렇게 덧붙였다. "경찰관이 결백하다는 걸 알고 있는 누군가에게 누명을 씌우려 하는 경우는 정말 드뭅니다. 그건 파렴치한 악행이죠." 그는 애버리 사건에서 있었던 경찰의 모든 부정행위가 나쁜 의도에서 비롯된 것이 아니라 진범을 잡아 유죄판결을 받게 하겠다는 의지에서 비롯됐다고 본다.[36]

누구나 한 번쯤은 이런 질문을 받는다. "타임머신이 생긴다면 가장 먼저 무슨 일을 하겠습니까?" 그럼 이런 대답들을 많이 한다. "과거로 돌아가면 히틀러가 권력을 잡지 못하게 막을 겁니다. 히틀러를 죽여야 할 수도 있겠죠." 그리고 싶은 인간적인 유혹과 욕망을 나는 충분히 이해한다. 실제로, 최근에 있었던 한 설문조사에서 타임머신이 생긴다면 아기인 히틀러를 죽이겠냐는 질문에 42%가 '예'라고 답했고, 30%는 '아니오', 28%는 '모르겠다'로 답했다.[37]

대의를 위한 부패에 가담하는 경찰관과 검사의 경우도 마찬가지다. 만일 수사선상에 오른 용의자가 극악무도한 살인범이라는 확신이 드는 데 몇 가지 규칙을 깨지 않는 이상 그 용의자가 처벌을 받지 않고 빠져나갈지도 모르는 상황이라면 그 몇 가지 규칙을 깨고 싶은 유혹이 엄습할지 모른다. 인간적인 반응이다. 법집행관들은 마치 로빈 후드처럼("부자의 재산을 훔쳐 빈자에게 나눠주자") 중요한 공공선을 증진하기 위해 사소한 부정행위들이 필요하며, 그렇게 하지 않으면 일반 대중이 큰 고통을 겪게 될 것이라고 굳게 믿을 수 있다.

검경은 언제나 자신들이 흉악범을 쫓고 있으며 그 용의자는 위험한 악인이라고 믿는 경향이 있지만 역사적으로 보면 그들의 판단이 틀린 경우가 많았다.

자기네에 유리한 증거를 심거나 피고인 측에 유리한 증거는 숨기는 등 대의를 위한 부패를 보여주는 명백한 사례는 많이 있었다. 유리한 증거를 감추는 일—법적으로는 브래디 규칙 위반—이 워낙 빈번하다 보니 제9연방항소법원Court of Appelas for the Ninth Circuit의 한 판사는 이를 만연한 문제로 지적하며 최근 재판 소견서에서 이렇게 표현한 바 있다. "이번 사건에서 검찰 측의 전문가답지 못한 처신은 예외적인 것이며, 검사로서 법적 윤리적 책임에 무관심한 채 쉬운 길만 찾으려 했던 모습은 미 전역의 각 검찰청에서 성실히 양심적으로 일하던 대다수 검사들에게 당혹감을 안기는 아주 드문 오점이라고 말할 수 있다면 좋겠다. 하지만 이는 진실이 아니다. 브래디 규칙 위반은 이미 만연한 현상이며, 이 같은 우려스러운 경향에 대해서라면 연방 및 주 법원 출입 기자들이 증인일 것이다."[38] 앞부분에서 언급한 길리스피 사건을 포함하여 내가 담당한 이노센스 사건들 여러 건에도 브래디 규칙 위반이 포함돼 있었다. 내 의뢰인이었던 휘트, 글로버, 존슨 역시 이 같은 브래디 규칙 위반에 희생된 사례였다.

세 의뢰인은 모두 살해 혐의로 유죄판결을 받았다. 유일한 목격증인의 범인식별과 이스트 클리블랜드 거리에서 벌어진 총격 사건 직후 이들옷의 극히 일부분에서 검출된 총기발사 잔여물이 근거가 됐다. 총기발사잔여물은 '후풍효과blowback effect' 때문에 총을 쏜 사람의 손이나 옷에 흔히남는다. 검찰은 이 세 남자가 피해자를 총으로 쏴 죽일 법한 동기도 전혀제시하지 못했고 다른 증거도 내놓지 못했다. 자칭 '이스트 클리블랜드 3인방'이던 이 피고인들은 유죄판결 이전은 물론이고 이후로도 한결같이자신들의 결백을 주장했다.

이들이 교도소에서 여러 해를 보내는 사이 목격증인은 주장을 철회했다. 그렇게 지목하도록 경찰이 압력을 가했다는 것이었다. 원심을 맡았던판사는 수년 전 이 세 남성에게 배심원단이 유죄평결을 내린 이후로 내내 해당 사건이 마음에 걸렸다고 훗날 인정하기도 했는데, 그는 목격자의 증언 철회 소식을 들은 뒤 그 증언 철회가 신뢰할 만하다고 판단하여셋에 대한 원심의 유죄판결을 뒤집었다. 그러나 검찰이 항소했고 항소법원에서는 총기발사 잔여물 증거가 여전히 이스트 클리블랜드 3인방의 범행 연루 사실을 뒷받침하기에 충분하다고 판단하며, 이들에 대한 유죄판결을 복구시켰다.

　오하이오 이노센스 프로젝트는 이 지점을 파고들었다. 총기발사 잔여물 증거—셋에 대한 유죄판결을 뒷받침하는 유일한 증거—는 문제의 소지가 다분하다는 걸 알고 있었기 때문이다. 셋이 유죄판결을 받은 이후 몇 년 사이 원심 당시 실시한 검사는 '거짓 양성반응false positives'이 나오기 쉽다는 사실이 밝혀졌다. 즉 실제로는 그 잔여물이 총기 발사와는 무관한 환경에서 검출된 어떤 다른 물질이어도, 이 검사에서는 총기발사 잔여물이라고 나왔을 수도 있다는 뜻이었다.

　더 중요한 사실은, 이스트 클리블랜드 3인방의 손과 옷에서 총기발사 잔여물 검사를 위한 검체를 채취한 건 수갑이 채워져 순찰차를 타고 경찰서로 가서 신문을 받은 **이후**였다는 점이었다. 최근 연구들에서는 경찰차와 경찰서는—심지어 경찰 제복도—총기발사 잔여물로 뒤덮여 있음이 밝혀졌다.[39] 경찰관들이 주기적으로 훈련하는 화기 사용량이 상당하기 때문이다. 여기서 오염이 발생한다. 순찰차로 호송되는 용의자들은 그저 순찰차에 탑승한 탓에 옷에 총기발사 잔여물이 묻을 수 있다. 어느 전문가가 지적했듯, 이런 환경에서 검체 채취를 해 총기발사 잔여물이 나왔다고 유죄라고 말하는 건 용의자의 신발 바닥에서 모래알이 나왔다고 해서 방금 전 해변에 있었다고 하는 것이나 마찬가지다.[40] 이런 연구결과가 나온 이후로는 법집행관들에게는 잔여물 검체 채취 프로토콜을 변경하고 용의자 체포 직후 순찰차에 태우기 전에 검체 채취를 하거나 오염 방지를 위해 반드시 용의자의 손에 봉투를 씌운 뒤 호송해 경찰서에서 채취 작업을 하도록 권고하는 추세다.[41]

　목격증인의 증언 철회 그리고 총기발사 잔여물의 증거 가치를 약화시키는 이 같은 새로운 과학적 정보에 힘입어 우리는 이스트 클리블랜드 3인방에 대한 유죄판결을 뒤집기 위한 시도를 해볼 수 있었다.

우리는 졌다. 항소심에서도 졌다. 이 사건은 우리에게 최악의 미해결 사건이 됐고 이스트 클리블랜드 3인방은 감옥에 남았다.

그로부터 몇 년 뒤 우리는 경찰의 사건 파일 원본에 대한 기록 공개를 요청했다. 이스트 클리블랜드 3인방은 복역 중에도 수년간 해당 파일을 입수하기 위해 애를 써봤지만 경찰은 계속 거부했다. 그러나 이번에는 어떤 이유에서였는지 뜻밖에 파일을 우편으로 받을 수 있었다. 새로 알게 된 사실은 놀라웠다. 파일에는 경찰이 초기 수사 단계에서 기록한 보고 내용이 있었는데 두 가지 사실이 밝혀졌다. 첫째, 살해 사건이 벌어지기 전에도 미상의 남성 집단이 피해자와 그 형을 살해하려다 미수에 그친 일이 있었다. 사실, 피해자는 사건 발생으로부터 불과 며칠 전 달리던 차량으로부터 총격을 받은 적이 있었는데 결국 그가 살해당한 방식과 흡사했다. 당시 총격을 가한 이들이 몰던 차는 이스트 클리블랜드 3인방과는 전혀 관련이 없는 다른 차량이었다. 수사 초기에 경찰은 이스트 클리블랜드 3인방의 사진들을 피해자의 형에게 보여줬으나 그는 먼저 있었던 미수 사건에서 총을 쐈던 이들로 그 3인방 중 어느 누구도 지목하지 않았다. 그러므로 피해자가 살해당할 당시 피해자를 살해할 동기를 가진 전혀 다른 인물이 있었다고 판단할 만했다. 그리고 그 인물은 우리 의뢰인 셋 중 어느 누구도 아니었다.

게다가 초기 수사 당시 한 목격자(나중에 경찰의 압력이 있었다며 증언 철회)는 이스트 클리블랜드 3인방 중 한 명을 총을 쏜 사람으로 지목했던 반면, 다른 두 명의 목격자는 그와는 완전히 상반되는 진술을 했었던 데다 전혀 다른 인물—이웃에서 살던 안면이 있는 한 남자—을 범인으로 지목했다.

이 모든 증거는 이스트 클리블랜드 3인방의 결백을 단호히 가리키고 있었다. 그런데도 경찰은 이를 숨겼고, 이들의 헌법적 권리마저 침해하며 재판 전에 피고인 측에 해당 정보를 전달하지 않았다. 원심의 변호인단은 목격자를 면담하지도, 증인으로 소환하지도 않았다. 그들의 존재 자체를 몰랐으니까.

유죄확정판결 후 몇 년이 지났을 때 복역 중이던 이스트 클리블랜드 3인방은 경찰의 사건 파일 기록 전체를 공개해달라고 요청했었다. 그때는 이들의 요청이 묵살됐다. 그러나 그로부터 몇 년 뒤 우리가 마침내 경찰의 사건 파일을 입수했을 때 그 안에는 이스트 클리블랜드 3인방의 기록 공개 요청 후 검찰에서 경찰 측에 보낸 서신 한 장이 들어 있었다. 서신에는 그 요청을 무시하라는 내용이 적혀 있었다. 사실, 그 서신에서는 해당 파일을 안전하게 보관할 수 있도록 검찰청으로 보내라는 내용도 있었다. 그러나 우리가 알 수 없는 이유로 경찰서에서는 그 요구에 따르지 않았다. 몇 년 뒤 우리가 독자적으로 경찰서에 기록 공개 청구를 했을 때 해당 파일을 입수할 수 있었던 이유다.

즉 최초의 재판을 앞둔 시점에 경찰서의 누군가가 피고인의 무죄를 증명할 보고서를 피고인 측에 공개하지 **않기**로 결정했던 것이다. 브래디 규칙에 따르면 반드시 전달을 했어야 함에도 말이다. 그런 다음 검찰도 그 파일이 영영 세상의 빛을 보지 못하도록 재판 이후에 또 다시 그런 결정을 내렸다.

서로 뒤를 닦아주는 솜씨가 보통이 아니다.

오늘날 다 지나고 나서 이런 행동들을 가짜 유죄판결을 끌어내고 그대로 유지하려는 사악한 시도로 묘사하기는 어쩌면 쉬운 일이다. 악마 같은 행위라고 말할 수도 있다. 그러나 저들이 그랬던 이유로 가장 가능성이 높은 건 저들이 심각한 터널시야에 빠져 이스트 클리블랜드 3인방을 유죄라고 확신했으며, 그 3명이 확실히 유죄판결을 받아 평생 감옥에 갇히도록 일부 규칙을 슬쩍 손대는 게 공익을 위한 일이라고 느꼈으리라는 것이다. 이런 것이 바로 대의를 위한 부패다.

검경에 의한 이 같은 브래디 규칙 위반의 증거를 새로 확보한 우리는 다시 한번 이스트 블리블랜드 3인방의 무죄방면을 요구했다. 2015년 3월, 판사는 기존 유죄판결을 파기했고 3인방은 감옥에서 각각 20년씩을 살고 나서야 마침내 자유의 몸이 되었다. 이 결정은 항소심에서도 유지되어 이후 검찰 측은 이들에 대한 모든 공소를 취하했다.

* * *

대의를 위한 부패는 좀 더 미묘한 형태로도 발생한다. 앞에서 '합성된 증언'의 문제를 설명한 바 있다. 터널시야에 갇힌 검찰이나 경찰이 용의자에게 유리한 내용을 처음 제공한 목격자를 데려다가 그가 틀린 게 **분명하다**는 확신으로 날선 질문들을 던지며 잘못된 기억이라는 뉘앙스를 풍길 때 발생하는 문제다. 그러면 일부 목격자들은 그 신호를 감지하고 자기 자신의 기억에 의문을 품기 시작한다. 그러다 간혹 경찰이 확신하는 사건 내용에 부합하도록 자기 진술을 변경하기도 할 것이다. 그런 다음엔 그 일을 그렇게 '기억'하게 된다.

그러나 이보다 심각한 것은 피고인 측에 유리했던 초반의 진술을 법집행관들이 기록해두지 않는 경우다. 브래디 규칙에 따르면 법집행관들은 수사 중에 밝혀진, 실질적인 도움이 될 만한 모든 증거는 피고인 측에 공개해야 한다. 그러나 만일 목격자가 피고인 측에 유리한 진술을 초반에 했다가 나중에 자신을 겨눈 낯선 질문들을 받고 난 뒤에 경찰 측 가설에 부합하도록 진술 내용을 수정하는 경우 초반 진술은 대개 기록되지 않는다. 재판에서 목격자가 증언할 때 해당 증인이 피고의 알리바이를 제공했다가 경찰의 심문 이후 진술을 수정한 사실을 피고인 측 변호인은 알지 못할 것이다.

앞에서도 말했듯이, 신임 검사 시절 나는 목격자 진술 가운데 부정확한 내용이라고 생각되는 부분은 기록하지 말라고 선배들에게 배웠다. 해당 목격증인이 '불현듯 깨닫'고 '정확한' 이야기를 할 때까지 기다리라는 것이었다. 만일 초반의 '부정확한' 진술이 기록으로 남으면 피고인 측에 건네줘야 하고 그렇게 되면 피고인 측 변호인이 말을 왜 바꾸냐며 증인을 집중 공격할 테니까. 그건 치욕이라고, 그렇게 교육받았다. 충분히 생각해보지도 않고 입을 여는 경솔한 증인 때문에 죄를 지은 범인이 벌도 안 받고 달아나서는 안 된다. 이렇게 하는 건 우리 쪽의 멍청한 실수를 변호인이 재판에서 부당하게 써먹어서 죄 지은 자가 달아나게 되는 사태를 막고 그가 응분의 대가를 치를 수 있게 애초에 완전히 싹을 잘라버리는 거라고 배웠다.

그리고 대의를 위한 부패는 훨씬 더 미묘하고 훨씬 더 비가시적인 형태로 발생한다. 〈살인자 만들기〉에 묘사돼 있듯, 16세였던 브렌던 대시가 자신이 테레사 할바흐 살인 사건의 공범이라는 자백을 한 다음날, 켄 크라츠 검사는 기자회견을 열어 대시의 자백을 통해 밝혀진 사실이라며 극적이고 오싹한 범행의 세세한 내용을 설명했다. 크라츠는 텔레비전 시청자들에게 자신이 전달하려고 하는 내용은 너무 끔찍한 것들이니 15세 미만의 시청자는 채널을 돌려달라고 말하기까지 했다. 그러곤 대시의 자백을 토대로 한 것이라며 유혈이 낭자하고 난잡한 이야기를 즐기는 듯 살해 사건에 대한 본인의 시나리오를 상세히 설명했다.

그런데—웬일인지—대시의 '자백'은 녹화되었는데, 해당 비디오테이프를 보면 대시가 범행에 대해 아는 게 없는 듯한 기색이다. 오히려 유도 신문에 따라 수사관들이 듣고 싶어 하는 이야기를 들려주는 데 급급한 것처럼 보인다. 실제로, 비디오테이프에 담긴 대시의 자백은 허위자백의 교과서나 다름없다. 대시는 질문마다 계속 틀린 답을 하다가 수사관들이 '정답'을 떠먹여주면 그제서야 그대로 받아들이곤 했다. 예를 들면, 일반 대중에게 아직 알려지지 않은 결정적인 사실—할바흐가 살해당한 방식—을 대시가 밝혀주기를 원하던 수사관들은 이렇게 질문했다. "너네들 그 여자 머리에다 무슨 짓을 했어?" 정답을 알 리 없는 대시는 대답을 할 수가 없었다. 경찰관들이 여러 차례 계속 같은 질문을 반복하고 나니 대시는 결국 추측을 해보았다. "머리카락을 잘랐어요." 그러나 이는 경찰이 원한 대답이 아니었기 때문에 경찰은 그에게 자꾸만 다시 물어보았다. "그거 말고 머리에다 뭘 했어? …… 이봐 브렌던, 그 여자 머리에다 또 무슨 짓을 하냐고?" 대시는 또다시 짐작으로 대답한다. "주먹질을 했어요." 하지만 이 역시 정답이 아니었기 때문에 인내심이 바닥난 경찰관 한 명이 결국 이렇게 말했다. "좋아, 내가 그냥 대놓고 말해주지. 너네 중에 누가 그 여자 머리에 총 쐈어?" 어느 순간 대시는 이렇게 대답했다. "그가 그랬어요." 스티븐 애버리가 그랬다고 한 것이었다.

해당 영상에서 신문 마무리 단계에 대시가 과제 마감 때문에 1시 반까지 학교로 다시 갈 수 있느냐고 경찰관들에게 묻는 것을 보면 대시는 분명 자신이 하고 있는 일이나 말의 중요성을 제대로 이해하지 못하고 있었다. 물론, 그날 이후로 대시는 다시는 학교로 갈 수 없었다. 계속 감옥에 갇혀 있어야 했다. 신문을 마친 경찰관들이 취조실에서 나왔을 때 대시의 엄마는 안으로 들어서며 왜 하지도 않을 일을 자백했냐고 물었다. 대시는 이렇게 대답했다. "저 사람들이 내 머릿속을 조종했어요." 이후 실시된 애버리의 자택 수색에서도 대시가 말한 허무맹랑한 내용, 아니 엄밀히 말하자면 경찰 신문에 따라 '합성'된 이야기는 입증되지 못했다. 훗날 대시는 신문 과정에서 경찰이 원하는 대답을 '때려 맞추기'만 했다고 말했다.

그러나 이 자백에 문제가 있다는 게 확연한데도 켄 크라츠는 방송에 출연하여 자백 내용이라며 대중 앞에서 끔찍한 이야기들을 해댔다. 결국 배심원단도 그 일반 대중 가운데서 구성될 예정이었으므로 대중의 시선 속에서 스티븐 애버리의 운명은 이미 결정돼버린 셈이었다. 〈살인자 만들기〉에는 크라츠의 기자회견 장면을 비롯하여 다양한 청중과의 온갖 뉴스 인터뷰가 나온다. 인터뷰한 이들 가운데 몇몇은 기자회견 전까지는 애버리가 범인인지 긴가민가했는데 '자백' 내용을 듣고 난 뒤 이제는 그가 범행을 저질렀다고 굳게 믿는다고 했다. 대시의 자백은 이후 애버리의 재판에서 증거로 채택조차 되지 않았으나, 크라츠가 그 자백의 신빙성이나 재판에서의 채택 여부를 확인하기도 전에 대중의 인식에 그 자백 내용을 단단히 심어버리는 바람에 배심원들의 생각도 그렇게 고정시키게 됐다.

크라츠의 터널시야는 너무나도 확고했던 탓에 그는 기자회견에서 자백 내용이 표면상으로도 신뢰할 수 없다는 사실을 무시해버렸다. 분명 그는 머릿속으로 자백이 사실이 아닐 가능성은 전혀 없다고 생각했을 것 같다. 크라츠는 본인이 하는 말에 극도의 자신감을 보였고 피비린내 나는 내용을 상세히 묘사함으로써 기자회견 내용을 한층 더 자극적으로 대중의 뇌리에 각인시켰다. 전문가들은 크라츠의 처신이 비윤리적이었다고 지적한다. 지역의 배심원 후보군을 오염시킨 셈이었기 때문이다. 그러나 재판 전 공표 지침을 위반한 것에 대해서 아무런 이의제기 절차도 없었고 대책 마련도 이뤄지지 않았다.[42] 이런 식으로 행동하는 대다수의 검사들은 징계받지 않는다. 실제로, 내가 사는 도시 인근 카운티들의 검사들 역시 세간의 이목이 집중된 사건을 기소할 때 재판을 앞두고 이렇게 공연하듯 사건 내용을 공표하는 일이 흔하다. 물론 이는 배심원 후보군을 자신들에게 유리한 방향으로 오염시킨다.

그러나 이런 일을 할 때 검사들은 늘 좋은 뜻으로 한다고 생각한다. 자신들은 일반 대중을 보호하고 악인은 반드시 벌주는 정의로운 대의를 위해 싸우고 있다고 믿는다. 그러니 이런 성격의 기자회견 개최는 '정의'에 한걸음 다가서는 효과적인 방법인 셈이다.

* * *

법집행관이 규칙을 전혀 어기지 않으면 죄를 지은 자가 결국 처벌을 면하고 빠져나갈 사건들도 어쩌면 있을 것이다. 만일 자기 가족이 살해를 당했고 특정 용의자가 범인이 확실하다는 생각이 든다면 규칙을 약간 구부리고 변용해서라도 범인을 반드시 법의 심판대에 세우고 싶은 마음이 들수 있다는 걸 나는 충분히 이해한다. 그런 유혹은 자연스럽다.

그러나 우리의 형사사법제도는 피해자가 극도의 충격과 슬픔에 빠진 순간 품게 되는 가장 밑바닥의 보복 본능에 토대를 두어서는 안 된다. 만일 그런 본능을 사법 체계의 기반으로 삼는다면, 흉악범죄로 체포된 자들은 체포 즉시 총으로 쏴 죽여버리는 편이 차라리 나을지 모른다. 내 이성은 다르게 말할 테지만, 내 가장 밑바닥의 본능은 내 아이를 살해했다는 확신이 드는 누군가를 그렇게 응징하고 싶어 할 것이다. 그리고 많은 부모들 역시 비슷하리라 생각한다. 물론 우리는 그런 보복 본능을 따를 수 없고, 공정한 절차에 대한 더 깊은 감수성과 더 합리적인 이해가 그런 본능을 넘어서게 만들어야만 한다.

대의를 위한 부패에 눈을 감아버린다는 건 사법제도와 재판 절차 대신 경찰관과 검사가 범죄로 기소된 이들의 운명을 결정짓는 주체가 된다는 의미이기도 할 것이다. 그리고 경찰관이나 검사가 대의를 위한답시고 용의자의 운명을 결정짓는 부정 행위를 하는 건—이를테면 목격자의 기억을 조작하여 용의자의 알리바이를 무력화한다든가 하면—밀실에서 벌어지는 일이다. 그건 공개적인 재판을 통해 누군가를 유죄판결하는 방식과는 다르다. 결과적으로 밀실에서 벌어지는 그런 행위는 심리나 조사도 불가능하다. 바깥 세상의 빛 한 번 못 보고 묻히는 것이다.

가장 중요한 사실은 경찰관과 검사가 본인들이 옳다고 확신할 때조차도 틀린 경우가 있다는 것이다. 다들 인간이기 때문에 터널시야에 갇히기 쉽고 따라서 무고한 용의자에게 집착하는 일이 있을 수도 있다. 만일 우리가 "죄 없는 사람 한 명이 고통을 받는 것보다는 죄 지은 사람 열 명이 도망가는 편이 낫다"는 격언을 정말로 믿는다면, 그리하여 마땅히 그런 기반 위에 우리의 형사사법제도를 세우고자 한다면,[43] 이런 유형의 행동은 절대 너그러이 용서해서는 안 된다.

조직적 증거 오염

법집행관들에게 주어지는 범죄를 해결하라는 압박은 종종 터널시야 그리고 대의를 위한 부패의 원인이 되고 여러 범주의 증거를 조직적으로 오염시키는 결과로까지 이어지고 있다. 목격자의 범인식별 증언, 자백 증언, 이득이 주어진incentivized 목격자 증언, 포렌식 증언 등이 그 예에 해당한다. 물론 이들 범주의 어떤 증거가 오염됐다고 할 때 법정에서 이뤄진 모든 목격증인의 범인식별이 전부 틀렸다거나, 모든 자백이 거짓이라거나 포렌식 '전문가'나 이득을 위한 목격증인의 모든 발언 하나하나가 전부 오도의 소지가 있거나 조작됐다는 뜻은 아니다. 절대 그렇진 않다.

그러나 이런 증거 범주들은 다음과 같이 정리해볼 수 있다. (1) 때때로 신뢰할 수 없거나 거짓인 것. (2) 검찰 측에서 **언제나** 해당 사건에 대한 확실하고 전적으로 신뢰할 만한 증거로서 재판 중에 제시하는 것. (3) 현저한 개선 혹은 신빙성 제고의 여지가 있는 것. 그러나 여전히 우리 시스템은 이들을 개선할 조치를 취하는 데 실패한다. 만일 특정한 범주의 증거가 **종종** 신뢰하기 힘들다거나 그런 사실을 배심원들에게 **솔직하게** 털어놓을 수 있다면, 그리고 그런 부분들을 개선하기 위해 우리가 더는 할 수 있는 것이 없다면, 내가 보기엔 괜찮은 상황이다. 어떤 형식의 증거가 완벽하지 않다고 해서 기소 자체를 안 해버릴 수는 없는 노릇이니까. 그리고 그런 상황에서 나름의 최선을 다하고 우리의 한계에 대해 솔직하게 인정하면 되니 말이다. 그러나 우리는 그러는 대신 결국 배심원들을 기만하게 되는 이런 증거들의 신빙성을 부풀리면서도 그 신빙성을 개선하려는 충분한 조치는 하지 못하고 있다.

목격증인의 범인식별 증언

연구결과를 보면 목격증인의 범인식별을 보다 믿을 만한 수준으로 개선하기 위해 할 수 있는 조치들은 간단하다.[44] 목격증인 오류는 다양한 이유로 발생한다. 본인이 진범을 알고 있다고 확신하는 경찰관이 목격증인이 그 범인을 골라내기를 간절히 바라는 마음에서 어떤 사진을 골라야 할지 어떤 식으로든 일말의 힌트를 줄 때 절차 속에 오류가 스며든다. 이는 굉장히 미묘한 방식으로도 이뤄진다. 가령 "2번 사진을 유심히 보고 계시네요. 무엇 때문에 2번 사진이 그 사람일 수 있다고 생각하시나요?" 같은 식이다. 혹은 목격증인의 시선이 2번 사진에 머물 때마다 경찰관이 갑자기 긴장하며 숨을 죽인 채 '정답'을 골라주리라는 기대에 찬 듯 몸을 기울여 어깨 너머로 유심히 본다든가 할 수도 있다. 2번 사진이 '정답'이라는 강력한 신호를 자신이 보내고 있다는 건 인식하지 못한 채로 말이다. 우리는 우리의 입보다도 몸을 통해서 더 많은 말을 한다. 프로 포커 선수들은 바로 이런 이유 때문에 선글라스와 모자를 쓴다―능숙하게 '포커 페이스'를 할 수 있는 이들조차도 무심코 자기 패가 드러나는 건 막을 수가 없기 때문이다.[45]

혹은 목격증인이 선택을 하고 나면 경찰관이 본인도 같은 용의자를 지목했노라고 알려주기도 한다. 앞서 보았듯이, 목격증인이 사진 한 장을 고른 뒤 이런 식으로 확증해주는 피드백은 확신을 더욱 강화시키는 효과가 있다. 이는 "범인과 가장 닮았기 때문에 2번 사진을 고르긴 했지만 자신은 없어요"였던 것을 "100퍼센트 확실하게 2번이 맞아요"로 바꿔놓기 쉽다.

경찰에 의한 이 같은 기억 수정을 막기 위해서는 범인식별 과정을 이중맹검double-blinded으로 해야 한다. 다시 말해 사진 라인업 절차를 실시하는 경찰관은 6장의 사진 가운데 누가 경찰 측에서 지목한 용의자인지 알고 있어서는 안 된다. 그러므로 해당 사건에는 배정되지 않은 경찰관이 라인업 절차를 진행해야 한다. 아니면 수사에 배정된 경찰관이 라인업 절차를 진행하되 본인은 해당 사진들을 직접 보지는 않도록 함으로써 결과에 미세하게 영향을 미칠 가능성을 최소화하는 쉬운 방법도 얼마든지 있다.

이중맹검 절차는 과학적인 방법의 기본으로 편향성을 배제할 수 있게 해준다.[46] 만일 다른 분야에서 이중맹검 방식으로 하지 않은 테스트가 있다면 그런 결과는 수용되지 않을 것이다. 다소 우스꽝스러운 예를 들자면, 만일 쇼핑몰을 오가는 손님들 대상으로 펩시콜라 대 코카콜라 구별 테스트를 하는데 그 테스트를 진행하는 사람이 코카콜라 직원이고 어느 컵에 코카콜라가 담겨 있는지도 안다면, 우리는 아마 그렇게 나온 결과는 비과학적이라며 단박에 거부할 것이다. 쇼핑몰에서 콜라 맛 테스트를 하는 이들도 테스트 결과가 신뢰할 만하려면 이중맹검이어야 한다는 걸 안다. 그런데도 우리는 중대 범죄 사건에서 미세한 편향을 제거하고 신빙성을 최대화하도록 고안된 과학적 방법의 핵심 원칙을 무시한 선다형 테스트—사진 여섯 장 가운데 어느 쪽이 범인인가?—를 활용해 유죄판결하고 심지어 사형 선고까지 하고 있는 것이다.

뿐만 아니라 목격증인이 "저는 2번을 고르겠습니다"라고 하는 즉시 그의 확신 수준을 기억해두기 위한 과정도 마련해야 한다. 가령 사진 선택 시점에는 60% 정도 확신하던 목격자가 사진 선택 이후의 확증적 피드백 때문에 법정 증언 시점에는 본인의 선택을 100% 확신하는 경우가 많다. 가장 확실한 확증적 피드백이 이뤄지는 시점은 목격증인이 지목한 사람이 결국 체포되고 용의자에게 불리한 증언을 재판에서 해달라는 부탁을 받을 때다. 그러는 사이 목격증인은 용의자의 얼굴을 뉴스에서 보게 되거나 검찰 측이 이후 용의자에게 불리한 다른 중요한 증거를 확보했다는 사실을 알게 될 가능성이 높다. 그러나 만일 목격증인이 사진을 한 장 선택한 직후 그때의 확신 정도를 법집행관이 이중맹검 방식으로 기록해 둔다면, 이 문제는 상당히 해소될 수 있다. 변호인은 사진 선택 당시엔 불과 60% 정도였던 목격증인의 확신 수준이 이후 외부 요인에 의해 상승했음을 지적할 수 있을 것이다.

연구결과에 따르면 목격증인에게는 사진을 동시에 여러 장 보여주지 말고 한 번에 한 장씩 보여주는 것이 오류 가능성을 줄인다.[47] 이를 '순차법'이라 한다. 이 과정의 전제는 목격자가 사진 여섯 장을 한꺼번에 보면 머릿속으로 비교 판단을 하게 되고 결국 라인업에서 범인과 가장 닮은 사람을 지목하게 된다는 것이다. 그러나 여섯 명의 얼굴 속에서 범인을 지목하는 과정은 목격자가 일단 "2번이네요"라고 선택한 뒤에는 실제 범죄를 저지른 진범의 얼굴 대신 그 2번 사진 속 얼굴을 범인으로 '기억'하도록 목격증인의 기억을 바꿔놓기 쉽다. 그리고 용의자에 대한 경찰 측의 착오로 진범의 사진이 라인업 속에 **없을** 경우, 이는 목격증인으로 하여금 죄 없는 사람을 지목하게 한 뒤 그를 범인이라고 확신하게 만들 수 있다. 이 문제는 임상 연구에서뿐 아니라 실제 사건들을 통해서도 계속 입증된 부분이다.

그러나 목격증인에게 사진 여러 장을 하나씩 차례대로 보여주면 목격자는 눈앞에 놓인 사진 한 장씩만 자기 기억 속 범인의 얼굴과 비교해볼 수밖에 없기 때문에 한꺼번에 여섯 장씩 보게 되는 기존 라인업 방식의 비교-혼합 효과를 억제할 수 있다. 이 경우 경찰이 무고한 사람에 대해 의혹을 제기하면 목격증인은 아마 이런 식으로 말할 가능성이 높다. "범인

은 이 중에는 없어요." 수많은 심리학자와 연구자 들이 순차법을 추천해
왔으나, 미국과학한림원은 2014년 발간한 보고서에서 이 방법을 권장하
기에 앞서 좀 더 많은 연구가 선행될 필요가 있다는 의견을 제시했다.[48]

목격증인의 범인식별 과정의 공정성과 신빙성을 높이기 위해서는 배
심원들에게 전달하는 배심 지침에 고질적인 기억 관련 문제들과 목격자
진술이 늘 정확하지는 않다는 설명을 포함시키는 것도 필요하다. 그리고
기억 및 심리 분야 전문가들이 재판 과정에서 배심원들에게 범인식별 과
정 그리고 목격증인 진술을 어느 정도 무게로 받아들여야 할지 충분히 교
육할 수 있게 하는 것도 문제 개선에 도움이 될 것이다. 범인식별 과정은
처음부터 끝까지 영상으로 녹화해둠으로써 초기 단계의 식별에 관련된
여러 상황에 대해서도 기록을 남겨두어야 한다.[49]

그러나 현재 사용하고 있는 방식의 목격증인의 범인식별 증언은 조직
적으로 오염되고 있다. 극히 일부 지역을 제외하면 순차법을 쓰는 곳은 거
의 없다. 그리고 목격자의 증언 자체가 지닌 고질적 결함에 대해서도 배
심원단에게 설명해주지 않는다. 오히려 검찰은 배심원들에게 이런 증거
에 대해 전적으로 믿을 만하고 사건에 대한 목격자 증언은 100퍼센트 신
뢰해도 좋다고 늘 말한다.

자백

허위자백의 문제를 크게 개선할 수 있는 간단한 방법이 있다. 바로 신
문 과정을 처음부터 끝까지 영상으로 녹화해두는 것이다. 그리하면 배심
원들은 신문을 단계별로 볼 수 있고 결과로 나온 자백이 확신에서 자연스
레 나온 것인지 아니면 경찰이 따라 말하도록 관련 정보를 제공해주거나

압박을 가해서 나온 내용인지 판단할 수 있다. 오늘날 경찰은 통상적으로 신문 전 과정을 녹화해두지는 않는다. 일단 몇 시간에 걸쳐 압박한 뒤 용의자가 '합성된' 자백을 처음부터 끝까지 상세히 늘어놓을 준비가 되면 그제야 카메라를 켠다. 배심원단은 제품처럼 만들어진 최종 결과물로서의 자백만을 보게 되고, 정리된 기록 형태로 보는 경우도 많으며, 그 이전에 있었던 과정은 보지 못한다.

테레사 할바흐 살해에 자신이 가담했으며 스티븐 애버리가 주범이라고 말한 브렌던 대시의 자백은 처음부터 끝까지 녹화되었다. 위스콘신주에서는 '애버리 법안Avery Bill'을 제정하여 최근 이를 필수요건으로 만들었기 때문이다. 과거 페니 비언스턴 강간 사건에서 애버리에 대한 오판과 DNA 검사로 인한 무죄방면이 이 법안이 탄생하는 계기가 되었다. 내 경험상 대시에 대한 신문 과정이 처음부터 끝까지 녹화되지 않았더라면 일반 대중은 자백의 신빙성에 문제가 있다는 낌새를 눈치채지 못했을 것이다. 그리고 경찰은 재판에서 대시의 자백이 범죄에 대한 경찰 측 정보 주입이나 종용 없이 이루어진 확실히 믿을 만한 것인 양 제시했을 것이다. 터널시야와 대의를 위한 부패 때문에 경찰은 신문 과정에서 자신들이 용의자에게 정보를 주입하고 있음을 인식하지 못한다. 취조 대상을 늘 유죄라고 믿어 의심치 않으며 마침내 구체적인 자백이 나오면 그 내용을 신뢰할 만하다고 확신한다.

대시의 자백은 전반적으로 신뢰하기 힘들다는 설명이 배심원단에게 이뤄졌음에도 불구하고 대시는 유죄판결을 받았다. 그러나 사건에 따라서는 신문 과정에 대한 녹화 영상의 존재는 (마땅한 결론이라 생각될 경우) 무죄선고에 도움이 되기도 한다. 그리고 대시의 유죄판결이 연방법원에서 뒤집힌 것도 녹화된 영상 속의 경찰 취조 방식이 잘못되었다는 판단 때문이었다.[50] 신문 과정 전체가 녹화되어 있지 않았더라면 대시에게는 전혀 가망이 없었을 것이다.

목격증인의 범인식별과 마찬가지로, 자백 증거의 신빙성 역시 적절한 배심 지침을 두고 신문 과정 본연의 심리적 압박에 대한 전문가 증인의 설명을 충분히 허용함으로써 개선 가능하다.

각 부서 역시 HIG 또는 PEACE 등 리드 신문 기법을 대체할 방법들을 탐색해야 한다. 리드 기법이 허위자백에 취약한 이유는 신문하는 사람이 용의자가 유죄라 가정하고 (사실이든 아니든, 대개 터널시야에 갇힌 채 규정해놓은 '진실'을 가지고) 용의자의 입에 단어들을 욱여넣는 식으로 굉장히 강압적인 환경을 조성하기 때문이다. 게다가 리드 기법은 죄가 있는 사람—영리한 범죄자들—일수록 입을 다물어버리게 만들거나 변호사를 요청하게 만드는 반면, 숨길 것이 없기 때문에 말을 해야겠다고 느끼는 결백한 사람을 오히려 조작과 허위자백에 더 취약하게 만드는 경향이 있다. 이에 반해, HIG 및 PEACE 방법은 라포rapport를 형성하여 용의자가 자유로이 말하게 만드는 데 초점을 맞춘 방식이다.[51] 만일 제대로만 활용한다면 리드 기법으로 접근했을 땐 '변호사 부르기'부터 했을 영리한 범죄자들도 입을 열게 만들 수 있다. HIG 기법(이 기법을 개발한 주요용의자신문팀High-Value Detainee Interrogation Group의 이름을 따 명명)은 최근 FBI, CIA, 펜타곤에서 대테러 전쟁에 사용하고자 리드 기법보다 효과적인 새로운 신문 방법을 찾던 중 개발한 방법이다. 유사한 PEACE 방법(계획 및 준비Planning and preparation, 참여 및 설명Engage and explain, 진술 확보obtain an Account, 종결 및 평가Closure and Evaluation의 약자)은 영국에서 10년 넘게 신문에 활용되고 있다. 이 기법들에서 신문하는 사람은 용의자가 편안하게 느끼고 속마음을 털어놓아 정보가 흘러나올 수 있게 '사전준비'를 시키고자 최선을 다한다. 그다음 용의자의 진술을 곧바로 확인가능한 객관적 사실들에 비추어 대조한다. 연구결과에 따르면 이들 기법은 유의미한 자백을 받아내는 데 리드 기법보다 효과적이다. 그리고 더욱 중요한 점은 이 기법들이 허위자백에도 덜 취약하다는 것이다. LAPD는 HIG 신문 방법으로 실험을 해왔으나 미국 내에서 이를 실험한 경찰서는 아직까지 LAPD가 유일하다.[52]

그러나 기존의 신문 방식에서 자백 증거가 조직적으로 오염되는 가장 중요한 이유는 검찰이 자백을 무오한 증거처럼 취급하기 때문이다. 실제로는 신뢰할 수 없거나 오도의 소지가 있는 경우가 많은데도 말이다. 자백 증거의 정확도를 개선할 수 있는 간단한 조치들조차도 대다수 관할에서 전혀 시행되지 않고 있다.

이득이 주어진 증언

형사사법제도는 법조인들 사이에서 흔히 정보원 혹은 '밀고자snitch'라 불리는 증인들에게 과도하게 의존하고 있다. 이들은 본인의 범죄에 관해 관대한 처분을 받는 대가로 검찰 측에 유리한 증언을 제공한다. 이 증인들은 대부분 거짓말을 할—검찰이 듣고 싶어 하는 대로 말할—동기가 충분한 범죄자들이다. 그래야 본인에게 유리한 방향으로 거래가 가능해지기 때문이다. 상식적으로는 그런 이들의 증언은 적당히 걸러 들어야 할 것 같지만, 검사들은 늘 배심원들에게 **이 사건**의 밀고자만큼은 진실을 말하고 있다며 그를 믿게 만드는 데 열심이다. 배심원들은 통상적으로 응당 자신보다 사건에 대해 더 많이 알 거라 생각하는 검사들의 말을 존중하기 때문에, 이 증인들이 거짓말을 할 경우 무고한 이가 유죄판결을 받게 된다. 실제로, 미국에서 최초로 이뤄졌던 DNA 무죄방면 325건에서 잘못 유죄판결 받은 사례 가운데 14%는 바로 그런 증언도 원인으로 작용했다.[53] 미국 무죄방면등록부에 따르면, 잘못된 유죄판결 사건 가운데 절반 이상이 피고인에게 불리한 위증과 관련이 있었고, 이 중 상당수가 이득이 주어진 증언과 관련이 있었다.[54]

검사 시절 나는 밀고자를 못 구해 고생한 적은 없었다. 사건에 따라서는 다수의 범죄자 혹은 공동피고인 들이 앞다투어 임박한 재판에서 피고인 측에 불리한 증언을 하겠다고 나서는 경우도 종종 있었다. 그런 상황이면 누가 최적의 증인이 될지 보기 위해 그들을 면담―실제로는 오디션―하곤 했다. 그중 누가 재판에서 최적의 세부내용을 증언해줄 수 있는지 그리고 누가 가장 설득력 있어 보일지 가려낼 수 있었다. 검찰청의 검사들은 배심원들 앞에서 진실되게 보이는 법을 밀고자들에게 알려주기 위한 일정을 마련하기도 했다. 우리는 그들에게 이렇게 말했다. "과거 모든 범죄를 인정해야 합니다. 그 어떤 것도 축소시키지 말고. 변호인과 언쟁은 하지 마십시오. 당신 앞에 던져놓는 내용은 그냥 창피하다는 듯 고개 숙인 채 다 수긍을 하는 겁니다. 중요한 건 당신이 새 사람이 됐다, 새 삶을 시작하려 한다, 그렇게 배심원들이 믿게 만드는 거죠. 그리고 이 사건에 관해 당신이 아는 것을 다 실토하는 것이 곧 정직한 삶을 향해 내딛는 첫걸음이라고 깨달았음을 보여주는 겁니다."

밀고자들이 증인석에서 이야기를 할 때 어떤 인상을 풍겨야 할지 우리와 밀고자들이 공유하는 특정한 이미지가 있었으니, 바로 고개를 숙이고 '모자는 손에 든 채' 지난 모든 행동을 뉘우치는 겸허한 모습이었다. 그들은 이렇게 말하기로 돼 있었다. "네, 맞습니다. 저는 나쁜 짓도 좀 했어요. 하지만 새출발을 하려면 어딘가에서 다시 시작해야만 한다는 걸 깨달았습니다. 그리고 지금 여기서 바로 더 이상 나쁜 사람으로 살기를 그만두고 선한 편에 서서 나쁜 이들에게 맞서 그들을 감옥에 보내는 데 힘을 보태려고 합니다. 제가 이러기까지 많은 용기가 필요했습니다. 쉬운 일은 아니었죠."

물론, 이 과정은 전부 미리 연습된 것이었다. 배심원단이 보기에 신뢰가 가서 결국 그 밀고자까지도 믿게 만드는 12단계의 자기발견 및 자기개선 프로그램(일반적인 중독치료 및 심리치료 프로그램이 12단계로 구성된다 – 옮긴이) 같은 극적인 장면이 연출되는 것이다. 우리는 마치 브로드웨이 무대에 세울 배우들을 준비시키는 감독처럼 이 증인들을 준비시켰다. 잘만 진행되면 배심원들은 그 밀고자들을 **믿으려** 했다. 배심원들은 그들의 갈등을 십분 이해했고 범죄를 저지르며 살았던 사람이 마침내 새롭게 인생을 살기로 결심하는 것이, 그리고 좋은 사람들이 나쁜 놈들을 잡을 수 있게 협조하는 것이 얼마나 어려운 일일지 공감했다. 다들 그 밀고자에게 연민을 느꼈고 혹은 적어도 더 나은 사람이 되고자 노력하는 그를 응원하고 싶은 마음이 들었다. 그러니 자연히 그를 믿었다. 어쩌면 희망 섞인 믿음이었다. 우리는 거의 늘 유죄판결을 이끌어냈으니 이 방법은 분명 효과가 있었다.

그러나 밀고snitching는 일종의 사업이다. 자기 운명을 개척하려고 하는 거래이고 협상인 것이다. 내가 검사로 재직하던 당시 자주 법정에서 마주치던 어느 변호사가 밀고 정보를 판매한 혐의로 기소되었다. 이를테면 그는 3개 사건에 대해 연방당국에 협조할 수 있는 의뢰인이 있는데 두 사건만 협조해줘도 이 사람은 충분히 면책받을 수 있거나 혹은 적어도 형량을 크게 줄일 수 있음을 알았다고 하자. 그러면 공소사실에 따라 세 번째 사건에 관한 정보를 의뢰인으로부터 얻은 뒤 그 정보를 빈손인—털어놓아서 형량을 줄이는 데 도움이 될 정보가 전혀 없던—다른 의뢰인에게 대가를 받고 팔았던 것이다. 이런 방식으로 두 의뢰인 모두에게 관대한 처분을 받는 대가로 연방 사법당국에 증언할 내용이 생겼다. 그는 세 번째 사건에 관한 정보를 자신에게 판매한 의뢰인과 수익을 나눈 것으로 알려졌다.

밀고 건에 관한 기록들은 대부분 내용이 비슷하다. 짐 드와이어, 배리 셰크, 피터 뉴펠드가 공저한 『실질적 결백Actual Innocence』에서 '밀고' 장의 내용을 보면 증언에서 이득을 얻기 위한 증인들로 인해 야기되는 다양한 오판 사례가 수없이 나온다. 일단 재판을 앞둔 피의자가 교도소에 새로 수감되면 이 증인들은 신문을 읽다 해당 피의자의 사건 내용을 알고 이후 검찰에 연락해 그 피의자가 자신에게 자백했다고 허위 주장을 할 수도 있다. 이런 자백 내용에는 범죄를 다룬 신문 보도를 통해 밀고자가 수집한 구체적인 사항들이 포함되어 있기 때문에 그럴싸해 보인다. 오죽하면 어느 재소자는 별명이 '밀고 박사님'이었다. 본인도 여러 차례 그렇게 했을 뿐 아니라 교도소의 다른 재소자들에게 각자에게 유리한 방향으로 게임에 참여하는 요령을 가르쳐줬기 때문이다.

내 의뢰인 듀이 존스는 밀고자 증언 때문에 잘못된 유죄판결을 받았다. 그가 살해 혐의로 체포되어 구속 상태에서 재판을 기다리고 있을 때 접근해온 윌리 케이튼이라는 다른 재소자가, 둘이 같이 수감생활을 하는 동안 존스가 자신에게 다 털어놓았다고 주장했던 것이다. 존스는 19년 수감 생활을 한 뒤 무죄방면되었다. DNA 검사 결과로 존스의 결백뿐 아니라 케이튼의 거짓말도 드러났다. 케이튼은 존스의 재판에서 증언한 이후로 다수의 형사 사건에서 증언을 하는 대가로 검경과 거래를 하여 징역형을 계속 피하는 것으로 그 지역에서 악명이 높았다. 그리고 지역 법집행관들의 기소가 임박한 피의자를 대상으로 '자백'을 꾸며내곤 했다. 범행을 저지른 다음 관대한 처분을 받는 조건으로 증언을 반복하던 패턴은 결국 경찰과의 추격전 끝에 총격전을 벌이고 추돌사고를 내서 두 어린아이를 죽게 만들고 케이튼 본인도 죽는 비극적인 결말로 끝이 났다. 케이튼은 지금의 시스템을 어떻게 활용할지 요령을 알아 죄를 짓고도 거리를 활보할 수 있었다. 그리고 그 과정에서 그는 적어도 무고한 사람 한 명을 유죄판결을 받게 만들었다.

간혹 증인들에게 이득을 주고 활용해야만 해결 가능한 사건들도 있다. 이해할 수 있는 부분이다. 그렇기 때문에 그런 증인들의 활용 자체를 폐지해야 한다는 몇몇 학자들의 주장에는 동의하지 않는다. 그 대신 좀 더 세심하게 통제 및 조절될 필요는 있다고 생각한다. 특히, 제9연방항소법원의 알렉스 코진스키 판사는 좀 더 엄격한 통제의 필요성을 지적해왔다.[55] 1990년, 그는 로스앤젤레스 카운티에서는 이러한 증인들을 법정에 세우기에 앞서 객관적 신뢰성을 기준으로 반드시 심사해 선별하도록 위원회를 두는 새로운 법규를 마련했다고 강조했다.[56] 그 결과 이러한 증인을 활용한 사건 수가 급감했는데, 이는 신뢰할 수 없는 다수의 밀고자들이 배제됐다는 의미다.[57]

밀고 증언에 대한 우리 시스템의 의존도가 높아져온 것은 유죄판결을 받아내라고 검경에 가해지는 극심한 압박 때문이다. 그리고 신뢰하기 힘든 밀고 증언은 터널시야나 심지어는 대의를 위한 부패 때문에 특정 범죄 사건들에서 자주 이용되고 있다. 법집행관들은 범죄자가 피의자에게 불리한 증언을 하게 만들고 배심원단에게는 이 범죄자를 믿어야 하는 이유를 두고 약간의 쇼를 보여주는 일이 나쁜 인간들이 거리를 활보하지 못하게 하는 데 도움이 될 거라 믿는다. 다시 말해, 좋은 일이고, 대의를 위한 일이라는 것이다.

그러나 현재 인센티브로 유인된 증인들이 활용되는 방식을 속속들이 알고 있고 이런 관행이 밀실에서 실제로 작동하는 방식을 이해하고 있는 사람이라면 이런 증언을 개운치 못하다고 느낄 뿐 아니라 날조되기 쉽다는 생각도 들 것이다. 그러나 터널시야의 영향도 있는 데다 너무 오래된 관행인 탓에 아무렇지 않게 받아들이는 내부 관계자들은 그런 식으로 생각하지 않는다. 마치 아주 오래전부터 그 자리에 있었던 가구의 얼룩은 어느 순간부터는 눈에 띄지 않는 것과 마찬가지다. 그러나 현재 이 제도가 운용되고 있는 과정에 객관성이나 신빙성은 찾아보기 힘들다.

포렌식 증언

현재 포렌식forensic 증언은 확증편향과 적절히 검증되지 않은 근본 방식 때문에 신뢰하기 힘든 경우가 많다. 검찰은 주 당국이 고용한 전문가들에게 자신들이 원하는 결과를 알려주며, 무수히 많은 오판 사례들뿐 아니라 다수의 연구를 통해 이런 확증편향이 검찰 쪽으로 편향된 부정확한 결과로 귀결됨이 거듭 확인되었다. 그러나 문제는 단순한 확증편향보다 더 고질적이다. 그런 편향이 없는 사건들에서조차 과학수사의 하위분과들 전체가 조직적으로 오염되어 있다.

목격증인의 범인식별 증거, 자백 증거, 밀고 증언 등도 그렇듯, 과학수사의 현재 문제는 굉장히 뿌리 깊고 복잡해서 제대로 다루려면 책 한 권

전체를 할애해야 할 것이다. 그리고 오로지 현재 포렌식이 안고 있는 문제와 이 같은 다른 형태의 증거들만 다루고 있는 책들도 있다.[58] 포렌식에 관한 연구문헌은 굉장히 많다. 간단히 말하자면, 우리가 형사사법제도에서 과거에 활용했고 오늘날에도 계속 활용되고 있는 대다수 포렌식 분과들은 오류율이 확인된 과학적 원리에 근거를 두고 있지 않다. 긴 세월 동안 미국에서는 '전문가'에 의한 교흔에 관한 증언(용의자의 치아와 피해자 몸에 남은 교흔이 일치한다는 전문가의 주장), 신발자국 비교 증언(범죄현장의 진창에 남은 신발자국이 피고인의 족적과 같다는 전문가의 주장), 총기발사 잔여물 증언(총기발사 잔여물이 총격 이후 용의자의 옷에서 발견되었다는 전문가의 주장), 타이어 자국 비교 증언, 총탄에 남은 흔적 증언(범죄현장에서 발견된 총탄이 피의자의 총에서 나온 것이라는 전문가의 주장), 지문의 융선隆線 분석 그리고 그 밖에 다른 여러 포렌식 '과학'을 토대로 유죄판결을 내려 왔다.

DNA 검사를 제외하면, 오늘날 과학수사에서 사용되는 그 어떤 분과도 오류율이 확인된 적절한 검증 과정을 거친 객관적 환경에서 발전해오지 않았다. 전문가들은 피고인의 자택에서 발견된 쇠지렛대가—세상의 다른 모든 쇠지렛대는 아니고 오직 피고인의 쇠지렛대만이—피해자의 문틀에 생긴 특정한 자국을 남겼을 수 있다고 증언하는 경우도 많다. 나는 지금 이 순간에도 바로 이와 똑같은 주장으로 인해 유죄판결을 받은 의뢰인의 사건을 오하이오 이노센스 프로젝트에서 맡고 있다. 그리고 실제로 그런 사실은 마치 유죄를 입증하는 증거처럼 보인다. 그러나 세상의 쇠지렛대는 죄다 비슷하게 생겼는데 어떻게 피고인의 쇠지렛대가 문제의 문틀에 긁힌 자국을 남겼다는 게 절대적으로 확실하다고 증언할 수 있는가? 그런 대답은 아무도 할 수 없다. 정확도 혹은 오류율을 확인하거나 애초에 옹호할 만한 주장인지 입증하기 위해 실시된 연구도 없었다. 그리고 그런 주장은 타당하지도 않다는 것을 이제 우리는 알고 있다. 그렇게 부풀려지고 비과학적인 '전문가' 증언을 근거로 원심에서 유죄판결을 받았던 많은 이들이 차후에 DNA 검사 결과로 무죄방면되었기 때문이다. 또한, 아이티엘 드로어 박사 같은 심리학자들의 연구를 보면 이런 '전문가들'이 미리 '정답'이라고 믿게끔 유도되는 방향에 따라 자기 답변을 수정—이를테면 '일치'를 '불일치'로—하는 비율이 놀라우리만치 높은 것으로 나타난다.

이런 이야기를 하는 것은 비단 나뿐만이 아니다. 앞서 언급했듯이, 2009년 미국과학한림원이 내놓은 보고서는 미국 내 과학수사 관행에 경종을 울렸다. 이 보고서는 거의 모든 과학수사 분과—유일하게 합격한 DNA 검사만 예외—의 토대에 의문을 제기하고 관련 문제 개선을 위해 국립과학수사연구소 설립을 의회에 제안했다. 미국과학한림원은 해당 연구소 설립을 통해 법정의 모든 포렌식 증언이 오류율이 확인된 과학에 근거를 두고 그런 모든 증거의 정확성과 신빙성을 보장하는 기준 및 인정 절차를 채택하도록 하는 지침과 규칙을 마련하라고 권고했다. 모든 포렌식 연구소는 여러 법집행기관과 검찰청의 통제에서 벗어나 온전히 독립적이어야 하고, 현재 관련 분야에 만연한 확증편향을 제거할 대책들을 마련해야 한다고 조언했다. 시정 방법으로는 범죄현장에서 확보한 지문과 일치하는 것이 있는지 판단해야 할 전문가에게 용의자의 지문만 채취해 건넬 것이 아니라 여섯 명의 지문 검체를 제시하여 '정답'을 드러내지 않음으로써 전문가의 편향을 배제하는 방식 등도 제안했다.

그러나 지금까지도 미국과학한림원의 13개 권장사항은 대부분 무시되고 있다.[59] 대다수 포렌식 분과는 여전히 조직적으로 오염된 증거를 내놓고 있고 그중 상당수는 여전히 법정에서 활용되고 있다. 터널시야와 편향의 결과물인 경우가 너무 많은데도, 배심원들에게 포렌식 증거는 〈CSI〉 같은 텔레비전 프로그램에서 묘사된 것처럼 경탄할 만한 무오류의 영역이자 마치 달에 인간을 보낸 사건에 준하는 일처럼 제시된다.

다큐멘터리 〈살인자 만들기〉에 나온 또 다른 사례를 살펴보자면, 스티븐 애버리가 테레사 할바흐를 살해했다는 공소사실에 대한 변론 중에 할바흐의 차량 안에서 발견된 애버리의 혈흔은 경찰이 심어놓은 것이라는 내용도 있었다. 경찰이 가짜 증거를 심었을 가능성도 충분히 생각해볼 수 있는 건, 애버리에 대한 이전의 잘못된 유죄판결 사건에서 경찰이 애버리의 혈흔 시료를 확보해둔 상태였기 때문이다. 검찰은 이 같은 변론을 반박하기 위해 할바흐의 차량에서 확보한 혈흔을 FBI로 보내 EDTA 검사를 실시했다. EDTA는 방부제로, 애버리의 혈액이 시료병 속에 보관돼 있던 거라면 검출이 될 것이었다. 반대로 EDTA 성분이 검출되지 않는다면 해당 혈액은 시료병에서 나온 것이 아님이 입증된다는 게 검찰 측 추측이었다. 피고인 측 변호인 제리 버팅은 이 계획을 듣고는 냉소했다. "저는 FBI를 전혀 믿지 않습니다. 그리고 그 사람들 아마도 시료병 속의 혈액은 현장에서 발견된 것과 다르다고 주장할 만한 거짓 검사 결과를 가지고 나올 거예요."[60]

나는 버팅이 어떤 기분일지 너무 잘 알기에 다큐멘터리에서 그 장면을 보는 순간 웃음이 터졌다. 나와 마찬가지로 그 역시 이런 업무에 워낙 오래 몸담아온 터라 포렌식이 검찰의 목적을 달성하기 위한 수단으로 이용되는 경우가 얼마나 많은지 너무나 잘 알고 있었다. 그리고 버팅의 우려는 기우가 아니었을지 모른다. FBI에 따르면 원래 신빙성 문제로 여러

해 전에 중단됐던 검사라 새로 하려면 수개월이 걸릴 것이고, 따라서 그 사건을 위해서만 새로운 검사 메커니즘을 마련해야 하는 상황이었다. 그런데 검찰 측이 즉각 결과를 요구하자, FBI는 어찌된 일인지 기적처럼 불과 몇 주만에 해당 검사를 실시해 검찰 측에 유리한 결과를 얻을 수 있었다. 그리고 재판에서 버팅은 FBI 연구소 분석가가 검사를 준비하기도 전부터 어떤 결론에 도달해야 할지 검찰 측으로부터 귀띔을 받았다고 지적했다. 증거 제출 기록에 따르면 검사 목적은 경찰이 혈흔을 조작해 심었다는 '혐의를 벗기는' 것이라 돼 있었다.

애버리의 재판에서 피고인 측의 한 전문가는 FBI 검사는 신뢰할 수 없다고 증언했다(실제로, 첨예한 대립이 있는 경우 그런 검사 결과는 과거 신빙성 문제로 단 한 번도 법정에서 채택된 적이 없었다). 게다가 이 전문가는 FBI 측 검사 결과는 정밀검토도 불가능했다고 지적했다. FBI가 해당 특정 사건에만 한정하여 마련한 새로운 검사 과정 및 세부사항 공개를 거부했기 때문이었다. 그런데도 배심원들은 대개 이런 미세한 의미들을 포착하지 못한다. 그들 눈에 들어오는 것은 증언을 위해 워싱턴 DC에서 날아온 멋있는 FBI 분석관이며, 대개 그런 증언을 복음처럼 받아들인다. 앞서 나는 이런 현상을 'CSI 역효과'로 설명한 바 있다.[61] 그리고 버팅이 우려했던 대로 애버리 사건에서도 배심원들은 그렇게 받아들였을 수 있다.

그리고 애버리 사건에서 FBI 혈흔 분석 전문가는 심지어 자신이 검사한 적 없는 혈흔 시료 몇 개에 대한 의견까지 내놓았다. 전문가로서 그 시료들에는 EDTA 성분이 들어 있지 않으니 조작됐을 리 없다는 의미라고 진술했다. 이런 진술에 경악한 버팅은 재차 물을 수밖에 없었다. FBI 전문가가 같은 진술을 반복하자, 버팅은 이렇게 말했다. "알겠습니다. 분석관님이 대체 어디까지 가시려는 건지 궁금했습니다."

눈덩이 효과

오심 유죄판결 사건에서 터널시야는 눈덩이 효과snowball effect를 불러올 수 있다. 초반의 잘못된 증거 하나가 재판 시점에는 손쓸 수 없을 만큼 모든 걸 압도해버리는 상황이 되는 것이다.[62] 가령, 목격증인이 사진 라인업에서 결백한 사람을 잘못 지목할 경우, 경찰은 자신들이 용의자를 제대로 특정했다는 확신을 더 굳히게 되어 포렌식 전문가들에게 범죄현장에 남아 있던 뭉개진 지문 정보와 일치하는 지문을 찾아내라는 압력을 가하게 될 수 있다. 자신들이 바라던 지문 일치 결과가 나오면 그 다음에는—이전보다 한층 더 용의자의 유죄를 확신하며—해당 사건의 목격자들을 면담하며 그 용의자의 유죄에 좀 더 부합하는 큰 그림을 그리기 위해 목격자 진술을 가감하거나 수정하도록 '넌지시 제안'하게 된다. 그리고 특정 방향으로 유도하는 질문들을 던지면 목격자 한두 명은 경찰이 원하는 대로 상황을 '기억'하기 시작할지 모른다.

이제 목격증인과 지문 일치 결과를 확보한 경찰이 용의자의 알리바이를 무력화시키고 유죄를 입증할 만한 증언을 해줄 다른 목격자들까지 확보했으니, 해당 용의자와 함께 수감 중인 재소자들에게 접근하여 그 용의자가 범행에 대해 하는 이야기를 우연히 들은 적은 없는지 묻고 다닐 것이다. 재소자들은 형기를 줄이고 싶은 마음이 간절하므로 용의자가 범행에 대해 이야기한 걸 들었다고 기꺼이 거짓으로 지어내고도 남을 만한 사람을 찾기는 별로 어려운 일이 아니다. 혹은 당사자 본인을 직접 찾아가 허위자백을 유도하며 이미 목격자가 당신을 지목했고 현장에서 지문도 발견되었다며 압박할 수도 있겠다. 사형이라도 면하려면 당장 자백하고 선처를 구하는 길뿐이라는 인상을 풍기면서 말이다.

종국에는 결백한 용의자에게 불리한 증거가 감당할 수 없을 만큼 많아 보이는 상황이 된다. 그러나 각각의 증거들은 '되먹임 고리'[63] 속에서 바로 앞의 증거들로부터 나온 것이다. 초반의 잘못된 증거—첫 눈송이—하나가 나중에 거대한 눈덩이로 불어날 수 있는 것이다.

8

인간의 한계를
직시하고 받아들이기

Seeing and Accepting
Human Limitations

리키는 버논이 교회 안으로 들어서는 걸 보며
바로 며칠 전 법정 증언을 하던 자기 자신을 보는 것
같았다. 거의 40년 전 리키와 다른 두 무고한 남성을
사형수로 만들어버렸던 거짓말을 짊어진 채 살아오느라
부서지고, 굽어지고, 무기력해진 한 남자가 있었다.
그날 버논이 교회 안으로 들어서자 리키는 그에게 다가가
포옹을 했다. 그리곤 버논의 귀에 속삭였다.
"당신을 용서합니다. 저는 당신이 잘 살아가기를 바랍니다."

사법제도를 개선하려면 두 가지 변화가 필요하다. 첫째, 형사사법제도는 수십 년에 걸쳐 조정을 끝내고 마침내 완벽한 정의에 도달한 자동화 기계 같은 것이 아니라는 사실을 인정해야 한다. 그보다는 인간들로 이뤄진 체계로, 인간이기에 어쩔 수 없는 심리적 결함들이 속속들이 스며 있다. 우리의 인간성을 포용해야만 하고 인간의 결함을 인정하고 개선하기를 겁내지 말아야 한다. 즉 우리에게 필요한 건 겸허함, 그리고 인간적 한계를 수용하는 능력이다.

〈살인자 만들기〉 제9화에서 스티븐 애버리의 변호인 딘 스트랭은 이렇게 말한다. "우리 형사사법제도를 병들게 하는 요소 대부분은 경찰관, 검사, 변호사, 판사, 배심원마다 자신이 제대로 하고 있다고, 자신이 확실히 옳다고 하는 근거 없는 확신에 있다. 우리 형사사법제도에 몸담은 모든 사람에게 겸허함이 결여된 것 자체가 비극이다." 나중에《뉴욕타임스》인터뷰에서 스트랭은 "그런 문화를 우리는 어떻게 바꿔야 할까요?"라는 질문을 받자 이렇게 답했다. "저는 겸허함에서 시작해야 한다고 생각합니다. 한데 모여 형사사법제도를 구성하고 있는 시스템 내 모든 구성 요소가 그 자체로 사람들로 구성되어 있고, 우리는 모두 완벽하지 않고 누구나 결함이 있다는 걸 인정해야죠. ⋯⋯ 그걸 인정하고 심각한 실수들을 바로잡는 겸허함이 필요하다고 생각합니다."[1]

내 입에서도 똑같은 답이 나왔을 것 같다. 사실, 나는 이런 깨달음을 그저 우연히, 혼자서 얻었다. 검찰청을 떠날 당시 나는 오만했고 시스템의 결함에 눈을 감은 상태였다. 신참 연구자로서 사실상 떠밀리듯 켄터키 이노센스 프로젝트 관리 업무를 보조하게 된 교육 과정이 아니었더라면 끝내 변화의 필요성을 인지하지 못했을 것이다.

둘째, 형사사법제도의 구조와 절차를 변화시켜 우리의 심리적 결함을 보완해야 한다. 목격증인의 오지목에서부터 허위자백과 엉터리 포렌식에 이르기까지, 정의롭지 못한 결과를 가져올 수 있는 인간적 요인들을 통제 혹은 제거하기 위해 우리가 취할 수 있는 확실하고도 명백한 조치들이 있다.

이들 두 가지—태도 및 절차—변화는 서로 맞물려 일어난다. 시스템 곳곳에 인간의 결함들이 스며 있음을 잘 이해할수록 인간적인 문제들을 최소화하기 위해 설계된 절차적 변화들을 수용할 가능성도 높아진다.

실행이 필요한 절차적 변화들에 대해서는 이 책 전반에 걸쳐 제시했다. 각각의 변화는 그 자체로 책 한 권으로 따로 다룰 만한 주제다. 실제로, 허위자백, 목격증인의 범인식별 증거, 밀고 및 포렌식 증언 등 특정 유형의 증거를 개선하기 위해 필요한 조처들을 집중해 다룬 책들이 많다.[2]

요약해 정리하면, 필요한 절차적 변화는 다음과 같다.

- **목격증인의 범인식별:** 사진 라인업 작업을 담당하는 경찰관은 이중맹검 순차법을 택해야 한다. 목격자들에게 주는 지침을 표준화하고, 목격자의 확신 수준에 대한 진술은 범인 지목 직후에 확보해야 한다. 모든 범인식별 절차는 영상으로 녹화되어야 한다.

- **신문:** 모든 중대범죄 사건에서 신문 과정은 처음부터 끝까지 중단 없이 영상 녹화가 이뤄져야 한다. 경찰서마다 리드 기법보다 좀 더 생산적이면서도 허위자백을 유도할 가능성은 낮은 새로운 신문 기법(이를테면 HIG나 PEACE 방법)을 모색해야 한다.

- **이득이 주어지는 증인(밀고):** 이 유형의 증인들은 밀착 통제가 필요하다. LA 카운티나 캐나다 일부 지역에서 이전에 실행했던 것처럼 신빙성을 제고할 만한 절차들을 고려할 수 있다.

- **포렌식:** 2009년 미국과학한림원 보고서 그리고 유수 학자들이 제안했듯 '맹검blinding' 절차를 실행해야 한다. 이를 통해 포렌식 분석에서 확증편향을 제거할 수 있다.[3] 예를 들면, 과학수사기관들은 법집행기관의 통제에서 벗어나 있어야 하고,[4] 전문가들은 사전에 '정답'을 알 수 없도록 분석 개시 전에는 사건 관련 정보에 접근이 제한돼야 한다. '눈을 가린' 상태의 감독관이 최초 분석 결과를 재확인해야 한다. 이 같은 절차는 이미 스코틀랜드에서 시행되고 있다.[5] 뿐만 아니라, 포렌식 분과에 대한 인증 및 확인 기준을 마련하고 실행할 때는 신빙성이라는 기본적인 안전장치에 부합하도록 해야 한다.

- **변호인:** 우리는 수사 및 포렌식을 위해 변호인 측에 제공되는 적절한 자원을 이용하여 검찰 측과 피고인 측 간에 공평한 경쟁의 장을 만들기 위해 노력해야 한다.[6]

- **경찰과 검찰:** 경찰관과 검사는 터널시야의 위험과 그 터널시야에 저항하는 법, 그리고 이 책에서 간단히 다뤘던 다른 심리적 함정의 위험에 대해 정식으로 교육을 받아야 한다.[7] 캐나다 일부 관할 지역에서는 이런 성격의 교육이 이미 실시되고 있다.[8]

- **판사 및 검사 선출:** 판검사 선출 방식을 바꾸려는 노력이 필요하다. 그들을 정치적 압력으로부터 보호하고 선출 방식에서 벗어나 연방 제도 및 애리조나 등 일부 주에서 이미 도입한 것과 유사한 초당파적 기구에 의한 임명 방식으로 전환해야 한다.[9]

우리 시스템에 필요한 구조적 변화들을 파악하고 지적하기는 어렵지 않으며, 이미 수많은 보고서 등에서도 충분히 언급되어왔다. 가령, 이노센스 프로젝트 웹사이트에서는 별도 페이지의 주제별 링크에서 세부 정보를 제공하며 이러한 모든 절차적 개혁에 대해 상세히 다루고 있다.[10] 피고인 측에 대한 수사 자원 지원 확대 등 비용이 많이 들고 따라서 완수까지는 많은 시간이 소요될 사안들도 있다. 그런가 하면 비교적 비용도 적게 들고 실행도 어렵지 않은 부분들도 있다. 이를테면 목격증인의 범인식별 방식을 개선한다든가 과학수사연구소의 절차를 편향을 줄이는 쪽으로 개선하는 일 등이 그렇다.

그러므로 관건은 어떤 개혁이 필요한지 분별하는 것보다도 시스템이 그런 개혁에 동의하게 만드는 일이다. 개혁을 실시하려면 시스템 내부 당사자들이 오만한 방어적 태도를 버리고 유연함과 신중함을 받아들임으로써 언제나 좀 더 정의로운 방향으로 나아갈 길을 찾을 수 있도록 눈을 크게 뜨고 있어야 한다. 그러나 돌이켜보면 아무리 비용이 적게 들고 약간의 노력만으로도 실행할 수 있는 개혁조차도 언제나 말뿐이고 실천으로 옮겨지지 않았다.

* * *

여객기 참사가 발생하면, 미 연방교통안전위원회와 연방항공국이 즉각 나서서 사고 원인을 조사하고 향후 유사 사고의 재발 방지를 위한 개선 방안을 마련하는 다각도의 전담대책위를 꾸린다.[11] 항공관제 절차의 변경에서부터 여객기 제작 단계의 여러 개선에 이르기까지 적재적소에 반드시 변화가 필요하다.

민간 부문의 경우, 예컨대 미국 동부 대서양 연안의 레스토랑 체인을 운영하던 기업 경영진이 사업을 남서부로 확장해야 한다고 판단한다면, 그 결정은 십중팔구 내부에서 반발이 있을 것이다. 관리자급은 십중팔구 일부러 반론을 상정해보는 '악마의 변호인devil's advocate' 역할을 맡아 그런 계획에는 상당 금액이 책정되기에 앞서 가능한 모든 견해에 비추어 철저한 검증이 필요하다고 강조할 것이다. 보통 경영진의 그런 가설을 검증하기 위해 외부인사로 구성된 집중면담집단focus group이 꾸려진다. 우리 브랜드 음식을 좋아하는 수요가 남서부에도 있나? 해당 지역에 이미 자리

잡은 경쟁 브랜드들로는 무엇이 있는가?

앤호이저 부시, IBM, 로열 더치 페트롤륨, 3M 같은 대기업들은 의사결정 과정에 '악마의 변호인' 과정을 정식으로 도입했지만, 사실 기업들 대다수는 정식으로 도입해 명칭을 붙였든 아니든 상관없이 이 과정을 원래 거치기 마련이다.[12] 옆집에 사는 내 이웃은 프록터앤갬블에 다니는 엔지니어다. 그가 맡은 업무는 프록터앤갬블 제품의 제조 과정을 분석하고 기존 생산 과정이 에너지 효율적인지 질문하는 것이다. 그의 유일한 직무는 '악마의 변호인' 역할을 맡아 현 상황에 이의를 제기해보는 것, 즉 과정의 각 단계마다 에너지를 절약할 길을 찾는 것이다. 항상 진행돼왔던 방식을 받아들이지 **않고** 그 방식에 맞서 공격하는 역할을 하며 그는 월급을 받는다.

전세계적인 베스트셀러 『초우량기업의 조건In Search of Excellence: Lessons from America's Best-Run Companies』은 민간 부문에서 '악마의 변호인' 역할의 필요성을 강조한다.[13] 그리고 각종 비즈니스 저널에는 사업할 때 터널시야를 배격할 필요성을 설파하는 글이 넘쳐나며, 터널시야와 '집단순응사고groupthink'를 제어하지 못해 결국 도산해버린 기업들의 오싹한 사례들로 가득하다.[14]

형사사법제도는 지난 25년간 잘못된 유죄판결이 최소 수백 건 밝혀졌다는 사실을 참사나 다름없다고 무겁게 받아들여야 한다. 대규모 참사다. 죄 없는 사람들이 자신이 저지르지도 않은 범죄 때문에 감옥에서 20년, 30년, 40년을 보내고 나서야 풀려나는 일이 매주 벌어진다는 건 항공 분야로 치자면 여객기 추락사고가 매주 일어나는 수준인 것이다. 요식업으로 치자면, 새 지점을 열자마자 폐업하는 일이 반복되어 엄청난 손실을 입고 결국 모기업이 파산하는 것이나 마찬가지다. 민간 부문에서라면 도저히 오래 감내할 수 없는 결과들이다. 그런데도 형사사법제도는 여전히 자기성찰과 변화를 거부하고 있다. 경찰관이나 검사가 어떤 사건을 파고 들어 한 용의자에게 초점을 맞추게 되면, 그 가설을 확증하기 위한 경주 가 시작된다. 걷잡을 수 없이 터널시야에 빠져든다. 경찰서나 검찰청 전 체가 그 가설을 유죄판결로 바꿔내기 위해 뛰어들 것이다. 그리고 20년간 감옥에 갇혀 있던 재소자가 자신은 오판으로 유죄판결을 받았다며 그 주 장을 뒷받침할 새로운 증거를 제시하면, 형사사법제도의 일원들은 당장 반사적으로 펄쩍 뛰기부터 한다. 객관적인 조사가 이뤄지는 경우는 드물 다. 여기에 '악마의 변호' 과정 같은 건 전혀 없다.

그렇다면 형사사법제도는 왜 지하실에 갇힌 채 성찰도 개혁도 하지 못 하는 것일까? 간단히 말하자면, 이 시스템 내부의 당사자들은 일단 시장 수요에 대응할 필요가 없기 때문이다. 민간 부문의 경우, 여객기가 추락한 다든가 어떤 제품의 결함 때문에 손해가 발생한다든가 혹은 성급한 사업 판단으로 기업에 수백만 달러 규모의 손실이 발생한다면 시장의 압력 때 문에 해당 기업은 그런 위험을 최소화할 조치를 취하지 않을 도리가 없다. 그러기 위해서 견제와 균형을 제도화하고 모든 가설이나 사업 관련 직관 에 대해서는 실행에 앞서 어느 정도는 예상되는 반론을 제기해보고 검증 하는 과정을 반드시 거친다.

그러나 형사사법제도의 행위자들—경찰관, 검사, 판사 등—은 이 같은 방식으로 시장에 반응할 일이 없다. 이들이 활동하는 경직된 환경에서는 이들의 행동에 의해 다치는—잘못된 유죄판결을 받는—사람들이 생기는 데, 문제는 그 다치는 사람들이 제품의 소비자가 아니라는 것이다. 그러므 로 형사사법제도의 일원들은 자신들이 다치게 만든 무고한 사람들이 다시 마음을 되돌려 구매를 하게 만들려고 무언가를 고치거나 다듬을 필요가 없다. 그런 식으로 움직이는 곳이 아니니까. 그리고 미 대법원이 최근 이들의 비위에 대한 민사책임을 면제해주는 면책특권까지 후하게 부여해준 덕분에 이들은 금전적으로든 혹은 다른 어떤 식으로든 책임질 일이 거의 없다. 오심으로 유죄판결을 받은 사람이 면책특권이라는 방패를 용케 뚫고 경찰이나 검찰을 상대로 금전적 보상을 받는 판결을 받아낸다 해도 대개 그 금액은 보험사들이 지급한다. 형사사법제도 내부의 당사자들은 다른 전문 분야 종사자들과는 달리 본인의 행동에 책임을 지는 일이 거의 없다고 해도 과언이 아니다.

그리고 형사사법제도 내부의 구성원들이 활동하는 정치적 환경이 '범죄에 단호한' 기조임을 생각하면 대중에게 가장 만족스러운 스토리는 법집행관들이 집행력을 과시하며 간혹 있는 잘못된 유죄판결은 평범한 시민에게는 절대 일어날 리 없는 아주 비정상적인 예외상황이라고 확신시키는 것이다. 이것이 바로 일반 대중이 듣고 싶어하는 메시지이자 믿는 바다. 자신에게 닥친 일이 되기 전까지는 말이다. 나는 아들이나 남편이 오심으로 유죄판결을 받았다는 엄마나 아내의 전화를 수도 없이 받는다. 그들이 가장 먼저 하는 이야기는 재판이 얼마나 불공정했는지, 검사들이 얼마나 오만하게 굴었는지 그리고 미국에서 이런 식의 마녀사냥이 일어나리라고는 상상도 해본 적 없다는 것이었다. 그리고 어김없이 열과 성을 다해 털어놓는다. 마치 자신이 털어놓는 내용은 난생 처음 들어보는 이야기라 엄청난 폭로로 받아들일 거라 여기는 눈치다. 그럼 나는 이렇게 말한다. "맞아요, 다들 그렇듯 선생님도 당황스러우셨을 겁니다. 상상도 못 하셨을 거예요. 우리 다 같은 마음입니다. 안타까운 일이지만 이 바닥이 실제로 어떻게 돌아가는지 이제 알게 되신 거예요. 굳이 아실 필요 없는 걸 아시게 돼 유감입니다."

* * *

나는 도입부에서 이 책은 절망을 말하는 '멸망의 책'은 아니라고 말했다. 그리고 그건 사실이다. 비록 형사사법제도가 아직 지하실에 갇힌 상태이긴 하지만 희소식이 있으니 바로 변화가 이제 시작되고 있다는 점이다. 느리지만 확실하게 변화는 일고 있다. 이노센스 운동은 계속해서 힘을 얻어왔고 일반 대중은 잘못된 유죄판결의 문제를 점차 인지하고 있다. 지금까지 14개 주에서 목격증인의 범인식별 과정 개혁안을 받아들였고,[15] 23개 주에서는 신문 과정 녹화를 의무로 규정하고 있다.[16] 20년 전만 해도 오판을 막기 위해 조치하는 관할은 전혀 없었다. 자발적으로든 혹은 입법 또는 사법 절차를 통해서든 이처럼 '모범 실무best practice'를 수용하려는 지역 관할의 수는 매년 증가하는 추세다. 2017년, 경찰에 신문 기법을 교육하는 미국 내 주요 기업 한 곳에서는 리드 기법이 허위자백을 야기하는 경향이 있으므로 해당 기법은 제외하겠다고 발표했다.[17] 한때 난공불락의 요새처럼 여겨지던 리드 기법이 결정적으로 타격을 입은 순간이었다.

　　2015년, FBI에서는 현미경을 이용한 체모 대조검사가 포함된 유죄판결 2,000여 건에 대해 해당 포렌식에 결함이 있다며 재검사가 필요하다고 발표했다.[18] 현재 재검토 중이며, 그 결과 여러 건의 무죄방면이 이미 시작되었다.[19] 2013년, 미 법무부에서는 국립과학수사위원회를 창설하여 "과학수사의 관행 개선과 신빙성 제고" 임무를 일임하고 있다.[20] 안타깝게도, 트럼프 행정부가 2017년 출범 직후 이 위원회를 해체했으나, 이는 잠시 레이더 화면이 깜박인 것일 뿐 그 경로에서 우리는 느리지만 확고하게 옳은 방향으로 나아가고 있다는 희망을 품어본다.[21]

2003년에 오하이오 이노센스 프로젝트가 창설되었을 때, 나는 오하이오의 법률가들을 만나 목격증인의 범인식별 및 신문 과정에 대한 개혁 필요성을 두고 논의를 시작했다. 그렇지만 돌아오는 건 그저 멍하니 끔벅거리기만 하는 시선과 초조해하는 반응이었다. 그래도 나는 시급한 문제임을 거듭 강조하고 다녔다. 그러면서 돌아오는 반응은 매년 조금씩이나마 나아졌다. 2010년, 우리 사무실에서 초안을 작성한 개혁안—목격증인의 범인식별 과정 개혁, 신문 내용 녹화 방침, 유죄확정판결 후 DNA 검사 접근권 확대, DNA 보존법(수감자가 석방될 때까지는 사건 파일의 DNA를 법집행부가 반드시 보관하도록 함)이 포함됨—이 주 상하원 모두에서 통과됐고 주지사가 서명을 마쳤다. 이로써 오하이오주는 이노센스 개혁의 '전국적 모범 사례'가 됐고 한 후원자는 이를 "한 세기를 통틀어 미국 형사 사법 절차에서 가장 중요한 입법 중 하나"로 꼽기도 했다.[22]

이 과정을 통해 나는 의미 있는 교훈을 한 가지 얻었다. 바로 변화는 굉장히 점진적으로 일어난다는 것이다. 변화에 대한 저항에 처음 직면했을 때 활동가들이 명심해야 할 것이 있다. 사람들은 어떤 문제에 대해 긴 세월에 걸쳐 여러 차례 듣고 나서야 비로소 그 메시지를 인지하고 받아들이기 시작한다는 사실이다. 예를 들면, 마케팅 분야에서 '유효빈도effective frequency' 개념에 따르면 사람은 처음 접하는 새로운 아이디어는 본능적으로 옆에 던져둔다. 그러나 이후 그 이야기를 반복해서 접할 때마다 그 새로운 아이디어는 차츰 덜 낯설어진다. 결국, 그 아이디어는 어느 순간 '정

상' 범주 안의 것처럼 느껴지고 비로소 공개적인 논의와 토론의 대상이 될 수 있게 된다.[23]

이노센스 개혁에도 해당되는 이야기였다. 이노센스 활동가들은 당장 결과가 눈에 보이지 않아 절망하고 포기할 때도 있다. 그러나 무죄방면 된 내 친구 딘 길리스피가 늘 말하듯 변화—특히 형사사법제도 전반에 걸친 이 정도의 대대적인 변화—는 진실이 끝내 승리하는 순간까지 우리 가 단호하게 계속 '비명과 고함'을 질러야만 느리게 그러나 확실하게 일 어나는 것이다.

모든 민권 운동이 그렇다. 1980년대 초에 내가 고등학생이었을 때 연 설 수업에서 급우 한 명이 동성애의 해악을 주제로 연설을 했는데, 그 수 업의 어느 누구도—심지어 선생도—놀라지 않았다. 30년 뒤였다면 그런 연설은 전혀 다른 반응을 만났을 것이다. 실제로, 나 역시 살면서 성소수 자 인권에서부터 마리화나 합법화에 이르는 다양한 사회적 현안에 대한 견해에 엄청난 변화를 겪어왔다. 그리고 이는 이노센스 개혁에서도 마찬 가지일 것이다. 우리가 계속 강조하고 교육한다면 우리는 형사사법제도 가 좀 더 정확하고 공정하고 정의로운 방향으로 나아가는 대대적인 변화 를 목격하게 될 것이다.

절차적 변화들을 가져오는 힘은 겸허함, 즉 태도의 변화에서 온다. 예 를 들면, 최근 미 전역 25개 이상의 검찰청에서는 '유죄판결진실부conviction integrity units(CIUs)'를 개설하여 오심으로 유죄판결을 받은 이들을 석방하기 위한 유죄확정판결 후 결백 주장을 조사하고 있다. 브루클린 지방검찰청 의 유죄판결검토부Conviction Review Unit의 경우, 운영을 시작한 첫 2년간 재 소자 20명을 무죄방면했다. 이 부서를 만들고 안타깝게 2016년 말 향년

50세의 나이로 세상을 떠난 켄 톰슨 검사장은 이를 '전국적 모범 사례'라 칭했는데, 그의 말은 과연 옳았다. 그가 재직하던 브루클린 지방검찰청은 2014년부터 2016년까지 우리 오하이오 이노센스 프로젝트보다도 많은 수의 결백한 이들을 무죄방면시켰다. 아마 전세계 이노센스 단체를 통틀어 가장 많은 숫자일 것이다.[24] 단 한 곳, 텍사스 휴스턴 검찰청 내 CIU만이 이보다 더 많은 일을 해냈는데, 이곳 검사들은 2015년 한 해에만 이노센스 프로젝트를 통해 결백한 재소자 42명을 석방시켰다.[25] 내가 소속된 곳을 포함하여 그 어떤 로스쿨 이노센스 조직도 근접하기 힘든 기록이다.

물론, 브루클린과 휴스턴의 CIU들은 이노센스 운동에 꼭 필요한, 환영받는 존재다. 우리 오하이오 이노센스 프로젝트를 비롯한 여러 독립 기관들과 힘을 합해 오판의 문제를 궁극적으로 어떻게 극복할지 청사진을 제시하고 있다. 그러나 다른 관할 CIU의 실패 사례들을 보면 이들의 성공이 결코 쉬운 일은 아님을 알 수 있다. 다른 수많은 CIU들은 잘못된 유죄판결 문제에 입에 발린 말 이상의 노력은 지금까지 하지 않는 듯하다. 담당 검사들이 새로운 시각으로 과거 사건들을 제대로 재검토하기 위해서는 각자 본인의 심리 장벽부터 극복해야 하는데 이것부터 쉽지 않은 일이다. 펜실베이니아대학교 로스쿨 산하의 공정한 법집행 쿼트론센터Quattrone Center for the Fair Administration of Justice에서는 2016년 발행한 보고서에서 이 문제를 지적하며 브루클린과 휴스턴의 경우처럼 CIU의 효율을 제고하기 위한 일련의 제안들을 실었다. 이 보고서에는 검찰청 외부에서 형사 전문 변호사 등의 인사들을 영입하라는 권고도 포함돼 있다. 본인이나 가까운 동료가 처리했던 사건을 다시 검토할 경우 누구나 확증편향과 터널시야에 영향받기 쉽기 때문이다.[26]

그러나 2015년, 미국에서 무죄방면된 149명 가운데 58명은 각 검찰청 CIU를 통해서 석방됐다. 이 작은 CIU들은 58건의 무죄방면을 달성함으로써 실력을 입증해 보였다. 이들은 심리적 장애물까지도 뛰어넘을 수 있었던 것 같다. 이 소규모의 효율적인 CIU들이 2015년에 무죄방면시킨 결백한 이들의 숫자는 미국 내 모든 로스쿨과 독립 이노센스 단체들의 성과를 다 합한 수치에 육박했다. 미국 전역의 주요 도시마다 브루클린이나 휴스턴만큼 성과를 내는 CIU가 있다면 상황은 완전히 달라질 거라는 상상도 가능하다. 그렇게 되면 미 전역의 연간 무죄방면 건수는 어마어마할 것이다. 그런 미래를 기대해본다.

* * *

우리 오하이오 이노센스 프로젝트의 의뢰인이었던 리키 잭슨은 39년을 복역한 뒤 2014년 11월 무죄방면되었다. 리키는 사형수 신분으로 2년 이상의 시간을 보내다 사형집행일을 불과 몇 달 앞둔 시점에 천만다행으로 선고 당시의 서류상 오류가 발견되어 형 집행을 면했다. 리키 잭슨은 당시 미국 역사상 최장기 복역 후 무죄방면된 사례였다. 39년이라는 수감 기간은 최악의 기록으로 남았다. 리키와 죽마고우 두 명은 1975년에 에드 버논이라는 12세 소년의 증언을 토대로 유죄판결을 받았다. 이 소년은 리키와 친구들이 살인을 저지르는 것을 목격했다고 진술했다. 우리가 이들을 거의 40년 만에 무죄방면시킬 수 있었던 것은 이제 50대에 들어선 에드 버논이 과거 증언을 철회한 덕분이었다. 그는 경찰의 엄청난 압박과 조작 때문에 자신이 재판에서 거짓말을 했다고 해명했다. 훗날 클리블랜드에서 있었던 법정 심리 당시 증인석에서 그는 그 거짓말이 자기 삶도 망가뜨렸다고 했다.

나는 리키의 무죄방면을 위한 심리에 참석하기 위해 법정으로 향하면서 우리 쪽이 이길 확률은 희박하다고 느꼈다. DNA 검사 결과 같은 완벽한 결백의 증거가 없는 경우 승소하기는 매우 어려운 일이다. 검사와 판사가 버논이 한 것 같은 증언 철회의 유효성을 인정하는 일은 거의 없다는 걸 나는 경험상 알고 있었다. 증인에게 누군가가 압력을 가했거나 돈을 주어 예전 증언을 철회하게 만든 거라며 펄쩍 뛰는 반응을 보일 게 분명했다. 간단히 말하자면, 그들은 인간이기 때문에 그런 사건을 열린 마음으로 재검토하기가 대체로 불가능하며 따라서 보통은 맹렬히 반격에 나서기 마련이다.

법정 심리를 앞두고 클리블랜드 검찰은 심리에 들어가기 전 에드 버논과 따로 면담을 할 수 있는지 물어왔다. 그가 정말 진실을 말하고 있는지 살펴보겠다고 했다. 이 책 앞부분에서 언급했듯, 검찰 측은 그런 비슷한 요청을 하곤 한다. 당시 사건에서는 우리 측 증인이 약속된 면담 장소에 도착하자 검찰은 면담은 생략하고 교통위반 범칙금 몇 건 체납을 이유로 체포했다. 겁을 줘서 증언을 못 하게 하려는 심산이었다. 애초에 면담 요청은 속임수에 불과했던 것이다.

그러나 리키의 경우에 우리는 검찰 측과 버논의 면담을 막지는 않았다. 클리블랜드주 검사들과 여러 차례 만나본 경험으로 미루어볼 때 근래 이노센스 운동을 대하는 검찰의 태도가 많이 달라졌음을 느끼고 있었기 때문이었다. 2003년 오하이오 이노센스 프로젝트 출범 직후 우리가 사건을 처음 제시할 당시만 하더라도 이 책에 무수히 등장한 유형의 완고하고 편협한 저항에 맞닥뜨리는 경우가 많았다. 그러나 세월이 흐르면서 그런 태도도 조금은 달라진 것 같았다. 모든 사건이 그렇지는 않고, 모든 검사가 그런 것도 아니지만, 클리블랜드 검찰청에는 이노센스 운동의 메시지에 귀를 기울이고 열린 태도로 각 사건마다 정의를 구현하기 위해 최선을 다한다고 느껴지는 검사들도 여럿 있었다. 그리고 그중 한 명이었던 메리 맥그래스 검사가 리키 잭슨의 유죄판결 방어에 배정된 상황이었다.

에드 버논을 만난 메리는 그를 체포하려 들지도, 다른 방식으로 겁박하려 들지도 않았다. 대신, 그의 말을 들었다. 귀를 기울여 들었다.

심리는 2014년 11월 에드 버논의 증언으로 시작되었다. 에드는 어린 아이였던 자신이 어째서 거짓말을 했는지 설명했다. 1975년 당시 그건 거짓말이라고 경찰 측에 재차 말했는데도 경찰은 자신에게 고함을 지르며 증언을 강행하도록 위협했다고 말했다. 그리고 그때의 거짓말로 인한 부채감을 40년 가까이 짊어진 채 살아왔다며 고백했다. 메리와 동료 검사들은 에드를 교차신문하고 그의 이야기에 질문을 던지기도 했다. 그러나 에드는 단호했다. 그 뒤 리키 잭슨이 증언했다. 자신은 결백하며 저지르지도 않은 범죄 때문에 철창 안에 갇혀 수십 년 세월을 보냈다고 이야기했다. 에드의 증언과 리키의 증언 모두 너무나도 생생하고 강렬했다. 이들의 사연이 듣는 이의 마음을 건드렸던 탓에 실제로 법정에 있던 이들 중 여럿이 눈물을 흘렸다. 그렇지만 검찰과 판사가 어떻게 판단할지는 알 수 없었다.

증인들의 진술이 끝나자 판사는 점심식사 이후에 최종변론을 듣겠다고 말했다. 점심식사 시간 동안 오하이오 이노센스 프로젝트 소속의 담당 변호사 브라이언 하우가 최종변론을 준비했고 우리는 모두 리키의 운명이 어찌 될지 불안한 마음에 안절부절못했다. 심리 내내 우리는 판사의 표정을 살피며 리키가 여생을 어떻게 보내게 될지 결정할 증거를 판사가 어떻게 받아들였을지 가늠하며 전전긍긍했다. 그는 감옥에서 남은 평생을 보내야 할까, 아니면 자유의 몸이 될 수 있을까.

45분 정도 대기한 뒤 재판정의 문이 활짝 열리고 메리와 동료 검사들이 법정 안으로 들어섰다. 그들 옆에는 해당 검찰청의 책임자인 선출직 검사장이 함께 있었다. 그들은 한꺼번에 법정에 들어섰고 바로 그때 판사도 판사석 뒤의 개인 통로를 통해 들어오는데 마치 이들의 등장은 미리 조율되기라도 한 것 같았다. 검사들은 곧장 판사석으로 가 이렇게 이야기를 했다. "리키 잭슨은 결백하며 이 사건에서 끔찍한 불의가 자행됐다는 것에 저희도 동의합니다. 이에 모든 공소를 기각하며 리키 잭슨의 석방에 동의합니다."

유죄확정판결 후 이노센스 활동을 했던 전 기간을 통틀어 나는 이토록 충격을 받은 적은 없었다. 리키는 하늘을 한번 바라보더니 울기 시작했고, 그를 돕던 우리 팀도 모두 다 울었다. 검찰 측과 판사는 무죄방면 절차를 완료하기 위해 마무리해야 할 서류작업이라든가 리키가 석방될 시점 같은 실무적 사안에 관해 설명했지만, 우리 쪽에서는 어느 누구도 그들이 하는 이야기를 듣지 못했다. 그저 믿을 수 없다는 듯 어안이 벙벙한 상태로 눈물을 흘리며 서로를 부둥켜안기만 했다.

며칠 뒤 메리와 동료 검사들은 리키에 대한 금전적 배상에 동의하고 리키 잭슨은 결백하며 그가 오하이오주 당국 때문에 겪어야만 했던 그 고통에 대해 온전히 보상받을 자격이 충분하다고 다시 한번 공표하는 서류를 제출했다.

나는 지금까지도 메리를 비롯한 검사들이 리키 잭슨의 사건에서 해낸

일에 경외감을 느낀다. 이런 유형의 사건을 다룬 다년간의 경험에서 나는 그 어떤 검사라도 결백의 증거를 좀처럼 객관적으로 판단하지 못한다는 걸 알고 있다. 확증편향, 터널시야, 인지부조화, 비인간화, 검사의 관료주의적 사고 등으로 인해 검사는 설령 결백의 증거가 DNA 검사 결과처럼 아무리 확고한 것일지라도 받아들이지 못한다. 검사들이 기존 역할에서 스스로 빠져나와, 리키의 유죄를 확신했던 기존 입장을 확증하라는 심리적 압박을 완전히 벗어던지고, 확고부동한 결백 증거가 없는 상황에서도 사건을 객관적으로 그리고 공정하게 바라볼 수 있다는 건 인간으로서 굉장히 감동적인 성취다. 검사 시절의 내가 과연 그럴 수 있었을지 모르겠다. 아마 그러지 못했을 거다.

리키는 석방된 직후 자신에겐 굉장히 중요한 할 일이 있다고 했다. 그는 에드 버논이 다니는 교회 목사의 전화번호를 브라이언 하우에게 물어보았다. 목사는 버논이 겪고 있던 고통과 어렸을 때 자신이 저질러 영원히 남은 참혹한 불의를 바로잡고 싶다는 열망을 우리에게 가장 먼저 알려준 이였다. 브라이언은 리키에게 목사의 전화번호를 건넸고, 리키는 목사에게 전화를 걸어 교회에서 에드 버논과 만날 수 있게 해달라고 부탁했다. 목사는 그 만남을 주선했다. 약속 당일, 리키는 버논이 교회 안으로 들어서는 걸 보며 바로 며칠 전 법정 증언을 하던 자기 자신을 보는 것 같았다. 거의 40년 전 리키와 다른 두 무고한 남성을 사형수로 만들어버렸던 거짓말을 짊어진 채 살아오느라 부서지고, 굽어지고, 무기력해진 한 남자가 있었다. 심리 중 증인석에서 버논은 자신이 했던 그 거짓말을 "지옥의 구렁텅이에서 온 거짓말"이라 표현했었다.

그날 버논이 교회 안으로 들어서자 리키는 그에게 다가가 포옹을 했다.

그리곤 버논의 귀에 속삭였다. "당신을 용서합니다. 저는 당신이 잘 살아가기를 바랍니다." 버논이 리키의 품에 안겨 우는 동안 리키는 한참 그를 안아주었다. 나중에 리키는 버논이 우는 동안 리키의 품속에서 점점 가벼워지고 조금씩 곧게 서기 시작하는 느낌이었다고 내게 말했다. 리키의 눈에는 버논이 짊어지고 있던 짐이 사라지기 시작하면서 신체적 변화가 일어나는 것이 보였다.

나중에 리키가 이렇게 말해주었다. 그는 감옥에서 있었던 39년 동안 에드 버논을 증오하면서 살았었다고. 그는 버논을 '적의 모습'(물론 그가 이 표현을 쓴 건 아니다)으로 상상했고 자유로운 삶을 영위하며 아내와 아이, 좋은 직업, 그리고 리키가 고통 속에 빼앗겨 버렸던 그 모든 것들을 잔뜩 누리며 살 거라 생각했었다.

그러나 리키는 감옥에 있는 동안 위대한 철학자들과 주요 종교들에 대해 공부했고, 그러면서 열린 생각과 마음에 관한 그들의 가르침을 진심으로 받아들일 수 있었다. 그리고 모든 이야기에는 늘 양면이 있기 마련이며 사람은 무슨 짓을 했든 누구나 존중과 배려를 받고 또 용서받을 가치가 있다는 사실도 이해하게 됐다. 그런 마음가짐으로, 리키는 자신의 가장 큰 편향을 극복하는 과제에 스스로 도전했다. 우리 대부분이 평생 직면해보았을 법한 그 어떤 것보다도 큰 편향 말이다. 리키는 수십 년의 세월 동안 단단하게 굳혀온 증오심과 편협한 확신에 질문을 던져가며 세상을 바라보는 시야를 넓히도록—에드 버논을 바라보도록—자신을 다그쳤다. 리키가 그렇게 하고자 했던 것은 비단 에드 버논을 위한 것만은 아니었다. 자기 자신을 위한 것이기도 했다. 형사사법제도가 39년이라는 긴 세월 동안 리키 잭슨에게 하지 못했던 방식으로 자신은 에드 버논에게 진정한 정의를 직접 전할 수 있을지 확인하고 싶었다.

형사사법제도는 더 나은 방향으로 변화하며 결함을 하나씩 수정해 나가기 시작했다. 열린 생각과 마음으로 리키 잭슨을 석방시킨 메리 맥그래스 검사의 결정은 이러한 변화의 힘을 보여주는 증거다. 그러나 우리는 계속해서 말하고, 쓰고, 나누고, 가르치고, 알려주어야만 한다. 무죄방면을 받은 딘 길리스피의 표현대로, 우리는 계속 '비명과 고함'을 질러야만 한다. 그리고 다른 이들도 이 대의에 동참하여 큰 파도—최근 여러 다른 사회 운동을 통해 우리가 보아왔던 것과 같은 사회적 사고의 변화를 일으킬 수 있는 임계질량—를 일으켜야 한다. 이제 시작이다. 변화는 이제 막 싹튼 단계다. 그러나 우리가 방심하거나 굳건히 앞으로 나아가지 않는다면 변화는 결실을 맺지 못한 채 시들어버릴 것이다.

주

1 불의에 눈뜨다

1 www.law.umich.edu/special/exoneration/Pages/about.aspx (2017년 4월 29일 기준)

2 눈을 가리는 부정

1 이후, 범죄현장에서 확보한 DNA가 얼 만의 것과 일치하는 결과가 나온 뒤 판사는 클라렌스 엘킨스를 무죄방면했다. 판사는 해당 사건에 대해 자신이 처음에 내렸던 판단에 오류가 있었으며 얼만과 범죄의 연관성을 보여주는 새로운 증거가 아니었더라면 그 오판 때문에 무고한 사람이 평생 감옥에서 지낼 뻔했다는 생각을 했던 것 같다. 오하이오 이노센스 프로젝트의 그 다음 사건에서 그 판사는 검찰 측의 반대를 무릅쓰고 우리 의뢰인 더글러스 프레이드를 무죄방면하는 논리정연한 의견서를 내놓았다. 다음을 참고할 것. "Former Police Captain Freed after Murder Conviction Overturned," *Cleveland News 19*, www.cleveland19.com/story/20761689/judge-overturns-douglas-prades-murder-conviction (accessed Nov 19, 2016); State v. Prade, 2013 WL 658266 (Ohio Com.Pl.). 이 판결은 항소로 다시 뒤집혔고, 오하이오 이노센스 프로젝트가 프레이드의 석방을 위해 소송을 이어가고 있다.

2 Elizabeth Mendes, "Americans Down on Congress, OK with Own Representative," Gallup, May 9, 2013, www.gallup.com/poll/162362/americansdown-congress-own-representative.aspx

3 Daniel S. Medwed, *Prosecution Complex: America's Race to Convict and Its Impact on the Innocent* (New York: New York University Press, 2012), 163; 다음도 참고할 것. Dahlia Lithwick, "When Prosecutors Believe the Unbelievable," *Slate*, Jul 16, 2015,www.slate.com/articles/news_and_politics/jurisprudence/2015/07/mark_weiner_conviction_vacated_chelsea_steiniger_text_case_finally_overturned.html.

4 Oren Yaniv, "Brooklyn Jury Acquits Man of Murder 24 Years after He Was Jailed for the Crime," *New York Daily News*, Nov 18, 2013, www.nydailynews.com/new-york/nyc-crime/brooklyn-jury-acquits-man-murder-24-years-jail-article-1.1521151.

5 같은 곳.

6 Medwed, *Prosecution Complex*, 119-21.

7 "Innocence Lost: The Plea," Frontline, PBS and WGBH/Frontline, www.pbs.org/wgbh/pages/frontline/shows/innocence/etc/other.html (accessed Apr 4, 2017); "Outcomes of High Profile Daycare Sexual Abuse Cases of the 1980s," *Frontline*, PBS and WGBH/ Frontline, www.pbs.org/wgbh/pages/frontline/shows/fuster/lessons/outcomes.html (accessed Apr 4, 2017). 다음도

참고할 것. Mark Pendergrast, *Victims of Memory: Sex Abuse Accusations and Shattered Lives* (Hinesburg, Vt.: Upper Access Books, 1996).

8   "Haunted Memories, Part 1," Dateline, NBC News, Apr 9, 2012, www.nbcnews.com/video/dateline/46994994/#46994994.

9   다음을 참고할 것. Eddie Harmon-Jones and Judson Mills, "Introduction to Cognitive Dissonance Theory and an Overview of Current Perspectives on the Theory," in *Cognitive Dissonance: Progress on a Pivotal Theory in Social Psychology*, ed. Eddie Harmon-Jones and Judson Mills (Washington D.C.: American Psychological Association, 1999); 다음도 참고할 것. Leon Festinger, *A Theory of Cognitive Dissonance* (Evanston, Ill.: Row, Peterson, 1957).

10 Harmon-Jones and Mills, "Introduction to Cognitive Dissonance," 6-7.

11 Carol Tarvis and Elliot Aronson, *Mistakes Were Made but Not by Me* (San Diego: Harcourt, 2007), 12-13.

12 같은 책, 22.

13 다음을 참고할 것. Steve Orr and Gary Craig "Ruling Alters Legal Landscape in NY Shaken-Baby Cases," *Democrat and Chronicle*, Nov 16, 2016, www.democratandchronicle.com/story/news/2016/11/16/ruling-alters-legal-landscape-ny-shaken-baby-cases/93952304.

14 "Doctor Who Denies Shaken Baby Syndrome Struck Off," *The Guardian*, Mar 21, 2016, www.theguardian.com/uk-news/2016/mar/21/doctor-waney-squier-denies-shaken-baby-syndrome-struck-off-misleadingcourts.

15 Michael Mansfield et al., "General Medical Council Behaving Like a Modern Inquisition," *The Guardian*, March 21, 2016, www.theguardian.com/society/2016/mar/21/gmc-behaving-like-a-modern-inquisition-by-strikingoff-dr-waney-squier.

16 Brandi Grissom, "Texas Science Commission Is First in the U.S. to Recommend Moratorium on Bite Mark Evidence," Trail Blazer's Blog, *Dallas Daily News*, Feb 12, 2016, http://trailblazersblog.dallasnews.com/2016/02/texas-science-commission-is-first-in-the-us-to-recommend-moratorium-onbite-mark-evidence.html.

17 Radley Balko, "A Bite Mark Matching Advocacy Group Just Conducted a Study That Discredits Bite Mark Evidence," The Watch, Washington Post, Apr 8, 2015, www.washingtonpost.com/news/the-watch/wp/2015/04/08/abite-mark-matching-advocacygroup-just-conducted-a-study-that-discreditsbite-mark-evidence.

18 Radley Balko, "Attack of the Bite Mark Matchers," The Watch, *Washington Post*, Feb 18, 2015, www.washingtonpost.com/news/the-watch/wp/2015/02/18/attack-of-the-bite-mark-matchers-2/?tid=a_inl.

19 Balko, "Bite Mark Matching Advocacy Group."

20 Balko, "Attack of the Bite Mark Matchers."

21 Andrew Wolfson, "Louisville to Pay Whistleblower Cop $450,000," *The Courier-Journal*, Apr 16, 2014, www.courier-journal.com/story/news/crime/2014/04/16/louisville-pay-whistle blower-cop/7771933/; "Detective Demoted after He Helps Kentucky Innocence Project,"

Wrongful Convictions Blog, Oct 17, 2012, http://wrongfulconvictionsblog.org/2012/10/17/
detective-demotedafter-he-helps-kentucky-innocence-project.

22 Paige Lavender, "Sharon Snyder, Court Clerk Fired for Helping Free Wrongly Convicted Man:
'I Would Do It Again,'" *Huffington Post*, Aug 15, 2013, www.huffingtonpost.com/2013/08/15/
sharon-snyder-robert-nelson_n_3759185.html.

23 Guy B. Adams, "The Problem of Administrative Evil in a Culture of Technical Rationality"
(abstract), *Public Integrity* 13 (Sum 2011): 275 85, – doi: 10.2753/PIN1099–9922130307.

24 Guy B. Adams and Danny L. Balfour, Unmasking Administrative Evil, 4th ed. (New York:
Routledge, 2014), 152.

25 같은 책, 277.

26 Michelle Maiese, "Dehumanization," Beyond Intractability, Jul 2003, www.beyondintractability.
org/essay/dehumanization.

27 "'Less Than Human': The Psychology Of Cruelty," *Talk of the Nation*, National Public Radio,
Mar 29, 2011, www.npr.org/2011/03/29/134956180/criminals-see-their-victims-as-less-than
-human.

28 같은 곳.

29 Medwed, *Prosecution Complex*, 79–80.

30 "Lead Prosecutor Apologizes for Role in Sending Man to Death Row," *Shreveport Times*, Mar 20,
2015, www.shreveporttimes.com/story/opinion/readers/2015/03/20/lead-prosecutor-offers-
apology-in-the-case-of-exonerateddeath-row-inmate-glenn-ford/25049063.

31 Raeford Davis, "Why I Hated Being a Cop," *Life Inside*, Marshall Project, Apr 21, 2016, www.
themarshallproject.org/2016/04/21/why-i-hatedbeing-a-cop#.cN1tPIBto.

32 Upton Sinclair, I, *Candidate for Governor: And How I Got Licked* (Oakland: University of
California Press, 1994), 109.

3 눈을 가리는 야심

1 Hilary Hylton, "The Tale of the Texting Judge," *Time*, Nov 1, 2013, http://nation.time.com/
2013/11/01/the-tale-of-the-texting-judge.

2 "Fact Sheet on Judicial Selection Methods in the States," American Bar Association, www.
americanbar.org/content/dam/aba/migrated/leadership/fact_sheet.authcheckdam.pdf (accessed
Apr 27, 2016).

3 Madeline Meth, "New Report Finds Explosive Campaign Spending and 'Soft-on-Crime' Attack
Ads Impact State Supreme Court Rulings in Criminal Cases," Center for American Progress,
Oct 28, 2013, www.americanprogress.org/press/release/2013/10/28/78184/release-new-report
-finds-explosivecampaign-spending-and-soft-on-crime-attack-ads-impact-state-
supremecourt-rulingsin-criminal-cases.

4   *Woodward v. Alabama*, 134 S. Ct. 405 (Sotomayor, J., dissenting).

5   같은 책, 409.

6   Christie Thompson, "Trial by Cash," Marshall Project, Dec 11, 2014, www.themarshallproject. org/2014/12/11/trial-by-cash#.bzdp2LFiT. 다음도 참고할 것. "State Supreme Court Judges Are on the Ballots, and Outside Groups Have Broken the Record on TV Ad Spending," *USA Today*, Oct 26, 2016, www.usatoday.com/story/opinion/2016/10/26/judicial-elections-2016-editorialsdebates/92788886.

7   Thompson, "Trial by Cash."

8   *Elected Judges*, YouTube video, 13:26, "LastWeekTonight"이 게시한 Last Week Tonight with John Oliver, Feb 23, 2015, www.youtube.com/watch?v=poL7l-Uk3I8 (accessed Apr 28, 2017).

9   Thompson, "Trial by Cash" 인용.

10   같은 곳.

11   Billy Corriher, "Criminals and Campaign Cash," Center for American Progress, Oct 2013, www. americanprogress.org/wp-content/uploads/2013/10/CampaignCriminalCash-6.pdf.

12   Kate Berry, "How Judicial Elections Impact Criminal Cases," Brennan Center for Justice at New York University School of Law (2015), www.brennancenter.org/sites/default/files/publications/ How_Judicial_Elections_Impact_Criminal_Cases.pdf.

13   법관 선거, 특히 형사사법 문제에서 여러 기업 및 슈퍼팩의 역할에 관한 추가적 논의는 Thompson, "Trial by Cash" 참고.

14   Adam Liptak and Janet Roberts, "Campaign Cash Mirrors a High Court's Rulings," *New York Times*, Oct 1, 2006, www.nytimes.com/2006/10/01/us/01judges.html?pagewanted =all&_r=0.

15   Andrew Cohen, "'A Broken System': Texas's Former Chief Justice Condemns Judicial Elections," *The Atlantic*, Oct 18, 2013, www.theatlantic.com/national/archive/2013/10/a-broken-system -texass-former-chief-justicecondemns-judicial-elections/280654.

16   Joanna M. Shepherd, "Money, Politics, and Impartial Justice," *Duke Law Journal* 58 (Jan 2009): 623 참고.

17   주 판결 통계는 다음을 참고할 것. David A. Harris, *Failed Evidence: Why Law Enforcement Resists Science* (New York: New York University Press, 2012), 110; 연방 법관 통계는 다음을 참고할 것. "The Homogeneous Federal Bench," *New York Times*, Feb 6, 2014, www.nytimes. com/2014/02/07/opinion/the-homogeneousfederal-bench.html?_r=0.

18   Ronald F. Wright, "How Prosecutor Elections Fail Us," Ohio State Journal of Criminal Law 6 (2009): 581–610; Bryan C. McCannon, "Prosecutor Elections, Mistakes, and Appeals," *Journal of Empirical Legal Studies* 10 (Oct 2013): 696–714, doi: 10.1111/jels.12024; Siddartha Bandyopadhyay and Bryan C. McCannon, "The Effect of the Election of Prosecutors on Criminal Trials," working paper, forthcoming in Public Choice, http://ideas.repec.org/p/bir/ birmec/11–08.html 참고.

19   Daniel S. Medwed, *Prosecution Complex: America's Race to Convict and Its Impact on the Innocent* (New York: New York University Press, 2012), 78.

20 같은 책, 78-79.

21 같은 책, 77.

22 같은 책.

23 Saki Knafo, "How Aggressive Policing Affects Police Officers Themselves," *The Atlantic*, Jul 13, 2015, www.theatlantic.com/business/archive/2015/07/aggressive-policing-quotas/398165.

24 Jim Hoffer, "NYPD Officer Claims Pressure to Make Arrests," ABC, WABC-TV New York, Mar 2, 2010, http://abc7ny.com/archive/7305356.

25 Joel Rose, "Despite Laws and Lawsuits, Quota-Based Policing Lingers," *Weekend Edition Saturday*, National Public Radio, Apr 4, 2015, www.npr.org/2015/04/04/395061810/despite-laws-and-lawsuits-quota-based-policinglingers.

26 Mensah M. Dean, "Retired Philly Cop Recalls the Blue Wall of Silence," *The Inquirer*, Oct 26, 2016, www.philly.com/philly/news/20161026_Retired_Philly_cop_recalls_the_Blue_Wall_of_Silence.html. 다음도 참고할 것. Stephanie Clifford, "An Ex-Cop's Remorse," New Yorker, Oct 24, 2016, www.newyorker.com/magazine/2016/10/24/an-ex-cops-remorse.

27 "ISU Team Calculates Societal Costs of Five Major Crimes; Finds Murder at $17.25 Million," Iowa State University News Service, Sept 27, 2010, www.news.iastate.edu/news/2010/sep/costofcrime#sthash.7ZnI39yJ.dpuf 참고. 다음도 참고할 것. "Trial Proceedings: Length and Cost," WashingtonCourts, www.courts.wa.gov/newsinfo/index.cfm?fa=newsinfo.displayContent&theFile=content/deathPenalty/trial.

28 Lincoln Caplan, "The Right to Counsel: Badly Battered at 50," *New York Times*, Mar 9, 2013, www.nytimes.com/2013/03/10/opinion/sunday/the-rightto-counsel-badly-battered-at-50.html?_r=1.

29 다음 예를 참고할 것. Julia O'Donoghue, "Plaquemines Parish Publi Defenders Office to Close after State Cuts," *Times-Picayune*, Feb 16, 2016, www.nola.com/politics/index.ssf/2016/02/louisiana_public_defenders.html;Oliver Laughland, "When the Money Runs Out for Public Defense, What Happens Next?" Marshall Project, Sept 7, 2016, www.themarshallproject.org/2016/09/07/when-the-money-runs-out-for-public-defense-what-happensnext#.nQIRnitGk.

30 Brentin Mock, "Why the ACLU Is Suing the New Orleans Public Defenders Office," *The Atlantic* City Lab, Jan 20, 2016, www.citylab.com/crime/2016/01/why-the-aclu-is-suing-new-orleans-public-defenders-office/424689; Ailsa Chang, "Not Enough Money or Time to Defend Detroit's Poor," All Things Considered, National Public Radio, Aug 17, 2009, www.npr.org/templates/story/story.php?storyId=111811319.

31 Matt Ford, "A Governor Ordered to Serve as a Public Defender," *The Atlantic*, Aug 5, 2016, www.theatlantic.com/politics/archive/2016/08/whenthe-governor-is-your-lawyer/494453

32 Tina Peng, "I'm a Public Defender: It's Impossible for Me to Do a Good Job Representing My Clients," *Washington Post*, Sept 3, 2015, www.washingtonpost.com/opinions/our-public-defender-system-isnt-just-broken—its-unconstitutional/2015/09/03/aadf2b6c-519b-11e5-

9812－92d5948a40f8_story.html.

33 "Minor Crimes, Massive Waste: The Terrible Toll of America's Broken Misdemeanor Courts," National Association of Criminal Defense Lawyers, Apr 2009, https://www.nacdl.org/reports/misdemeanor.

34 Ben Myers, "Orleans Public Defender's Office to Begin Refusing Serious Felony Cases Tuesday," *Times-Picayune*, Jan 11, 2016, www.nola.com/crime/index.ssf/2016/01/orleans_public_defenders _to_be.html. 다음 역시 참고할 것. James Fuller, "Kane County Public Defender: We Can't Always Provide Rigorous Defense," Daily Herald, May 13, 2016, www.dailyherald.com/article/20160513/news/160519415.

35 "Innocents Have Gone to Jail, Say Nola Public Defenders," CBS News, Apr 13, 2017, www.cbsnews.com/news/innocents-have-gone-to-jail-say-nolapublic-defenders (2017년 5월 8일 기준).

36 Alexa Van Brunt, "*Poor People* Rely on Public Defenders Who Are Too Overworked to Defend Them," *The Guardian*, Jun 17, 2015, www.theguardian.com/commentisfree/2015/jun/17/poor-rely-public-defenders-too-overworked; Andrew Cohen, "How Much Does a Public Defender Need to Know about a Client?" *The Atlantic*, Oct 23, 2013, www.theatlantic.com/national/archive/2013/10/how-much-does-a-public-defender-need-to-know-about-a-client/280761. 다음 역시 참고할 것. Justin A. Hinkley and Matt Mencarini, "Court-Appointed Attorneys Paid Little, Do Little, Records Show," *Lansing State Journal*, Nov 4, 2016, www.lansingstatejournal.com/story/news/local/watchdog/2016/11/03/courtappointed-attorneys-paid-little-do-little-records-show/91846874.

37 Chang, "Not Enough Money or Time to Defend Detroit's Poor."

38 같은 곳.

39 Daniel S. Medwed, "Anatomy of a Wrongful Conviction: Theoretical Implications and Practical Solutions," *Villanova Law Review* 51, no. 2 (2006): 370, http://digitalcommons.law.villanova.edu/vlr/vol51/iss2/3; Allen St. John, "The $40/Hr Defense Lawyer: 'Making a Murderer' Attorney Dean Strang Discusses the Economics of Innocence," *Forbes*, Jan 24, 2016, www.forbes.com/sites/allenstjohn/2016/01/24/the-40hr-defense-lawyer-making-a-murderattorney-dean-strang-discusses-the-economics-of-innocence/#11064a0dca18.

40 https://www.washingtonpost.com/opinions/our-public-defender-system-isnt-just-broken-its-unconstitutional/2015/09/03/aadf2b6c-519b-11e5-9812-92d5948a40f8_story.html?utm_term=.e36a74de8ee9

41 Keith Findley, "The Presumption of Innocence Exists in Theory, Not Reality," *Washington Post*, Jan 19, 2016, www.washingtonpost.com/news/in-theory/wp/2016/01/19/the-presumption-of-innocence-exists-in-theory-not-reality.

42 Hon. Alex Kozinski, "Preface: Criminal Law 2.0," Georgetown Law Journal Annual Review of Criminal Procedure 44 (2015): iii－xliv, https://georgetownlawjournal.org/assets/kozinski-arcp-preface-9a990f08f3f006558eaa03ccc440d3078f5899b3426ec47aaedb89c606caeae7.pdf.

4 눈을 가리는 편향

1   Raymond S. Nickerson, "Confirmation Bias: A Ubiquitous Phenomenon in Many Guises," *Review of General Psychology* 2, no. 2 (1998): 175 – 220.

2   J. M. Darley and P. H. Gross, "A Hypothesis Confirming Bias in Labelling Effects," *Journal of Personality and Social Psychology* 44 (1983): 20 – 33.

3   E. J. Langer and R. P. Abelson, "A Patient by Any Other Name—Clinician Group Difference in Labeling Bias," *Journal of Consulting and Clinical Psychology* 42 (Feb 1974): 4 – 9.

4   Brendan Nyhan and Jason Reifler "When Corrections Fail: The Persistence of Political Misperceptions," *Political Behavior* 32 (Jun 2010): 303 – 30, doi:10.1007/s11109-010-9112-2.

5   D. Kuhn, "Children and Adults as Intuitive Scientists," *Psychological Review* 96 (Oct 1989): 674 – 89.

6   N. Pennington and R. Hastie, "The Story Model for Juror Decision Making," in *Inside the Juror: The Psychology of Juror Decision Making*, ed. R. Hastie (New York: Cambridge University Press, 1993), 192 – 221.

7   P. C. Wason, "On the Failure to Eliminate Hypotheses in a Conceptual Task," *Quarterly Journal of Experimental Psychology* 12, no. 2 (1960): 129 – 40.

8   Nickerson, "Confirmation Bias," 175.

9   같은 책, 205.

10   "The Causes of Wrongful Conviction," Innocence Project, www.innocenceproject.org/causes-wrongful-conviction (accessed May 1, 2016).

11   Itiel E. Dror, David Charlton, and Ailsa E. Péron, "Contextual Information Renders Experts Vulnerable to Making Erroneous Identifications," *Forensic Science International* 156 (2006): 74 – 78, doi:10.1016/j.forsciint.2005.10.017.

12   같은 곳.

13   Federal Bureau of Investigation and J. Edgar Hoover, *The Science of Finger-Prints: Classification and Uses* (Washington, D.C.: United States Government Printing Office, 2006), iv, www.gutenberg.org/files/19022/19022-h/19022-h.htm.

14   D. R. Ashbaugh, "The Premise of Friction Ridge Identification, Clarity, and the Identification Process," *Journal of Forensic Identification* 44 (1994): 499 – 516.

15   Sherry Nakhaeizadeha, Itiel E. Dror, and Ruth M. Morgana, "Cognitive Bias in Forensic Anthropology: Visual Assessments of Skeletal Remains Is Susceptible to Confirmation Bias," *Science and Justice* 54 (May 2014): 208 – 14, doi:10.1016/j.scijus.2013.11.003.

16   R. D. Stoel, I. E. Dror and L. S. Miller, "Bias among Forensic Document Examiners: Still a Need for Procedural Changes," *Australian Journal of Forensic Sciences* 46, no. 1 (2014): 91 – 97.

17   Itiel E. Dror and Greg Hampikian, "Subjectivity and Bias in Forensic DNA Mixture Interpretation," *Science and Justice* 51 (Dec 2011): 204 – 8, doi:10.1016/j.scijus.2011.08.004.

18   브랜든 메이필드 사건에 관한 전반적인 내용은 다음을 참고할 것. "A Review of the FBI's Handling

of the Brandon Mayfield Case," Office of the Inspector General, Jan 2006, https://oig.justice.gov/special/s0601/exec.pdf.

19 Itiel E. Dror and Simon A. Cole, "The Vision in 'Blind' Justice: Expert Perception, Judgment, and Visual Cognition in Forensic Pattern Recognition," *Psychonomic Bulletin and Review* 17, no. 2 (2010): 163, doi:10.3758/PBR.17.2.161.

20 Itiel E. Dror, "Practical Solutions to Cognitive and Human Factor Challenges in Forensic Science," *Forensic Science Policy and Management* 4(2013): 1–9, doi: 10. 1080/19409044.2014.901437.

21 아이티엘 드로어 박사가 연구 중 입수한 사건 파일에서 발췌한, 형사가 작성한 실제 서류.

22 Sandra Guerra Thompson, *Cops in Lab Coats: Curbing Wrongful Convictions through Independent Forensic Laboratories* (Durham, N.C.: Carolina Academic Press, 2015), 130–31.

23 Linda Geddes, "Forensic Failure: 'Miscarriages of Justice Will Occur,'" *New Scientist*, Feb 11, 2012, www.newscientist.com/article/mg21328514-600-forensic-failure-miscarriages-of-justice-will-occur.

24 이 문제에 관한 더 자세한 논의는 다음을 참고할 것. Radley Balko, "New Study Finds That State Crime Labs Are Paid per Conviction," *Huffington Post*, Aug 8, 2013, www.huffingtonpost.com/2013/08/29/in-some-states-crime-labs_n_3837471.html. 다음도 참고할 것. Roger Koppl and Meghan Sacks, "The Criminal Justice System Creates Incentives for False Convictions," *Criminal Justice Ethics* 32, no. 2 (2013): 126–62, doi:10.1080/0731129X.2013.817070.

25 Sandra Guerra Thompson, *Cops in Lab Coats: Curbing Wrongful Convictions through Independent Forensic Laboratories* (Durham, N.C.:Carolina Academic Press, 2015), 127.

26 Mike Wagner et al., "Scientist's Work Records Show Litany of Problems, but Praise from Cops," *Columbus Dispatch*, Dec 7, 2016, www.dispatch.com/content/stories/local/2016/10/30/records-show-litany-of-problems-butp raise-from-cops.html.

27 Jill Riepenhoff, Lucas Sullivan, and Mike Wagner, "State Crime Lab: Do Thank You Notes Hint at Impropriety?" *Columbus Dispatch*, Nov 19, 2016, www.dispatch.com/content/stories/local/2016/11/19/domissin-thank-you-noteshint-at-impropriety.html.

28 Committee on Identifying the Needs of the Forensic Sciences Community, National Research Council, *Strengthening Forensic Science in the United States: A Path Forward*, available at the National Criminal Justice Reference Service, www.ncjrs.gov/pdffiles1/nij/grants/228091.pdf (accessed May 8, 2017).

29 같은 책, 22, 24.

30 Jordan Smith, "FBI and DOJ Vow to Continue Using Junk Science Rejected by White House Report," *The Intercept*, Sept 23, 2016, https://theintercept.com/2016/09/23/fbi-and-doj-vow-to-continue-using-junk-science-rejected-by-white-house-report.

31 Jessica Gabel Cino, "Sessions's Assault on Forensic Science Will Lead to More Unsafe Convictions," *Newsweek*, Apr 20, 2017, www.newsweek.com/sessionss-assault-forensic-science-will-lead-more-unsafe-convictions- 585762.

32 레이 크론 사건에 관한 더 자세한 정보는 다음을 참고할 것. National Registry of Exonerations,

(2015년 1월 4일자 최종 업데이트), www.law.umich.edu/special/exoneration/Pages/casedetail.aspx?caseid=3365.

33 크론은 사형수로 수감 생활을 하다가 재심을 통해 또 다시 유죄판결을 받았고, 이번에는 종신형을 선고받았다.

34 사건 전반에 관한 자세한 내용은 무죄방면등록부의 래리 패트 수터 사건 부분을 참고할 것. www.law.umich.edu/special/exoneration/Pages/casedetail.aspx?caseid=3656 (accessed Apr 18, 2016).

35 사건 전반에 관한 자세한 내용은 무죄방면등록부의 로버트 리 스틴슨 사건 부분을 참고할 것. (2014년 4월 9일 최종 업데이트), www.law.umich.edu/special/exoneration/Pages/casedetail.aspx?caseid=3666.

36 "Two Innocent Men Cleared Today in Separate Murder Cases in Mississippi, 15 Years after Wrongful Convictions," Feb 15, 2008, www.innocenceproject.org/Content/Two_Innocent_Men_Cleared_Today_in_Separate_Murder_Cases_in_Mississippi_15_Years_after_Wrongful_Convictions.php.

37 사건 전반에 관한 자세한 내용은 무죄방면등록부의 조지 앨런 사건 부분을 참고할 것. (2013년 1월 18일 최종 업데이트), www.law.umich.edu/special/exoneration/Pages/casedetail.aspx?caseid=4091.

38 사건 전반에 관한 자세한 내용은 무죄방면등록부의 월터 짐머 사건 부분을 참고할 것. (2014년 4월 7일 최종 업데이트), www.law.umich.edu/special/exoneration/Pages/casedetail.aspx?caseid=4283.

39 사건 전반에 관한 자세한 내용은 무죄방면등록부의 밥 곤도르와 랜디 레시 사건 부분을 참고할 것. www.law.umich.edu/special/exoneration/Pages/casedetail.aspx?caseid=3245. (2016년 1월 13일 최종 업데이트)

40 제임스 파슨스 관련 사건 파일.

41 Riepenhoff, Sullivan, and Wagner, "State Crime Lab: Do Thank You Notes Hint at Impropriety?"

42 에드 에머릭 관련 사건 파일.

43 라이언 위드머 관련 사건 파일.

5 눈을 가리는 기억

1 Brandon Garrett, *Convicting the Innocent: Where Criminal Prosecutions Go Wrong* (Cambridge, Mass.: Harvard University Press, 2012), 66.

2 "John Jerome White," National Registry of Exonerations, www.law.umich.edu/special/exoneration/pages/casedetail.aspx?caseid=3735 (accessed Apr 18, 2017).

3 Germain Lussier, "/Film Interview: Sarah Polley Explains Secrets of Her Brilliant Documentary 'Stories We Tell,'" */Film*, May 17, 2013, www.slashfilm.com/film-interview-sarah-polley-explains-secrets-of-her-brilliantdocumentary-stories-we-tell 참고.

4 D. L. Schacter, J. L. Harbluk, and D. R. McLachlan, "Retrieval without Recollection: An

Experimental Analysis of Source Amnesia," *Journal of Verbal Learning and Verbal Behavior* 23 (Sept 1984): 593–96.

5 Dan Simon, *In Doubt: The Psychology of the Criminal Justice Process* (Cambridge, Mass.: Harvard University Press, 2012), 100.

6 Leon Festinger, *A Theory of Cognitive Dissonance* (Evanston, Ill.: Row, Peterson, 1957).

7 Elizabeth F. Loftus and John C. Palmer, "Reconstruction of Automobile Destruction: An Example of the Interaction between Language and Memory," *Journal of Verbal Learning and Verbal Behavior* 13 (Sept 1974): 585–89, doi:10.1016/S0022-5371(74)80011-3.

8 같은 책 585.

9 같은 책, 587.

10 같은 책, 588.

11 Elizabeth F. Loftus and Jacqueline E. Pickrell, "The Formation of False Memories," *Psychiatric Annals* 25 (Dec 1995): 720–25; 720. 볼드체는 저자가 추가한 것.

12 같은 책.

13 같은 책, 721.

14 같은 책, 723.

15 같은 책, 724.

16 같은 책, 724-5.

17 "Elizabeth Loftus: How Reliable Is Your Memory?" TED Conferences, LLC, filmed Jun 2013, www.ted.com/talks/elizabeth_loftus_the_fiction_of_memory (accessed Apr 20, 2016).

18 다음을 참고할 것. 그래프 출처는 웹사이트. "The Causes of Wrongful Conviction," Innocence Project, www.innocenceproject.org/causes-wrongful-conviction (accessed May 1, 2016).

19 "% Exonerations by Contributing Factor," National Registry of Exonerations, www.law.umich.edu/special/exoneration/Pages/ExonerationsContribFactorsByCrime.aspx (accessed Dec 10, 2016).

20 같은 곳. 위증 혹은 무고誣告는 보고된 잘못된 유죄판결 사건 중 57%의 사유에 해당한다. 2016년 4월 기준.

21 예로는 다음을 참고할 것. Siegfried L. Sporer, *Psychological Issues in Eyewitness Identification* (New York: Taylor and Francis, 1996); Brian L. Cutler and Margaret Bull Kovera, *Evaluating Eyewitness Identification* (Oxford: Oxford University Press, 2010); Committee on Scientific Approaches to Understanding and Maximizing the Validity and Reliability of Eyewitness Identification et al., *Identifying the Culprit: Assessing Eyewitness Identification* (Washington D.C.: National Academies Press, 2015).

22 저자가 담당했던 더글러스 프레이드 사건의 찰스 굿셀 박사의 진술서, 저자 제공.

23 Morgan et al., "Misinformation Can Influence Memory for Recently Experienced, Highly Stressful Events," *International Journal of Law and Psychiatry* 36 (2013): 11–17; 다음도 참고할 것. Jon B. Gould and Richard A. Leo, "One Hundred Years Later: Wrongful Convictions after a Century of Research," *Journal of Criminal Law and Criminology* 100 (Summer 2010): 841 참고.

24 N. M. Steblay, "A Meta-Analytic Review of the Weapon Focus Effect," *Law and Human Behavior*

16, no. 4 (1992): 413 – 24; K. L. Pickel, "Unusualness and Threat as Possible Causes of 'Weapon Focus,'" *Memory* 6, no. 3 (1998): 277 – 95.

25 Radley Balko, "NYPD Shooting Demonstrates Flaws in Eyewitness Identification," *Washington Post*, May 15, 2015, www.washingtonpost.com/news/the-watch/wp/2015/05/15/nypd-shooting-demonstrates-the-flaws-ineyewitness-memory.

26 Affidavit of Charles A. Goodsell, Ph.D., at 4, *Ohio v. Prade*, Court of Common Pleas Summit County Ohio (Case No. CR 1998-02-0463); E. F. Loftus, "Creating false memories," *Scientific American* 277 (1997): 70 – 75; E. F. Loftus and K. Ketcham, *The Myth of Repressed Memory* (New York: St.Martin's Press, 1994); E. F. Loftus and J. C. Palmer, "Reconstruction of Automobile Destruction: An Example of the Interaction between Language and Memory," *Journal of Verbal Learning and Verbal Behavior*, 13 (1974): 585 – 89; J. T. Wixted and E. B. Ebbesen, "On the Form of Forgetting," *Psychological Science* 2 (1991): 409 – 15; J. T. Wixted and E. B. Ebbesen, "Genuine Power Curves in Forgetting: A Quantitative Analysis of Individual Subject Forgetting Functions," *Memory and Cognition* 25 (1997): 731 39; A. D. Yarmey, M. J. Yarmey, and A. L. – Yarmey, "Accuracy of Eyewitness Identification in Showups and Lineups," *Law and Human Behavior* 20 (1996): 459 – 77.

27 J. W. Shepherd, H. D. Ellis, and G. M. Davies, *Identification Evidence: A Psychological Evaluation* (Aberdeen: Aberdeen University Press, 1982).

28 찰스 굿셀 박사의 진술서 및 더글러스 프레이드 사건에 관련된 기타 서류는 저자 제공.

29 Daniel L. Schacter, "The Seven Sins of Memory: Insights from Psychology and Cognitive Neuroscience," *American Psychologist* 54, no. 3 (1999): 182 – 203, http://scholar.harvard.edu/files/schacterlab/files/schacter_american_psychologist_1999.pdf.

30 비슷한 연구결과들에 관한 논의는 다음을 참고할 것. Jeffrey S. Neuschatz et al., "The Effects of Post-Identification Feedback and Age on Retrospective Eyewitness Memory," *Applied Cognitive Psychology* 19 (Mar 2005): 435 – 53, doi: 10.1002/acp.1084. 다음도 참고할 것. Amy Bradfield, Gary Wells, and Elizabeth Olson, "The Damaging Effect of Confirming Feedback on the Relation between Eyewitness Certainty and Identification Accuracy," *Journal of Applied Psychology* 87 (Feb 2002): 112 – 20.

31 "The State of Wisconsin vs. Steven A. Avery," *Dateline*, NBC News, Jan 29, 2016, www.nbcnews.com/dateline/video/full-episode-the-state-of-wisconsinvs-steven-a-avery-618615875727.

32 Laura Ricciardi and Moira Demos, "Eighteen Years Lost," *Making a Murderer*, Netflix Streaming, Dec 18, 2015. Documentary web series, episode 1, sixty minutes.

33 다음을 참고할 것. Justice Project, "John Willis' Story," in *Eyewitness Identification: A Policy Review*, 12 – 14, https://public.psych.iastate.edu/glwells/The_Justice%20Project_Eyewitness_Identification_%20A_Policy_Review.pdf (accessed May 8, 2017); "25 Years after Wrongful Conviction, Steven Phillips Set to Be Exonerated in Dallas Based on DNA and Other Evidence," Innocence Project, Aug 4, 2008, www.innocenceproject.org/25-years-after-wrongfulconviction-steven-phillips-set-to-be-exonerated-in-dallas-based-on-dna-andother-evidence.

34 라인업 절차가 암시적 성격을 띠었던 사례들. Brandon Garrett, *Convicting the Innocent: Where Criminal Prosecutions Go Wrong* (Cambridge, Mass.: Harvard University Press, 2012), 61.

35 Laura A. Bischoff, "Sometimes I Wonder If Death Ain't Better," *Dayton Daily News*, Jun 3, 2007.

36 Elizabeth F. Loftus, "Juries Don't Understand Eyewitness Testimony," *New York Times*, Sept 1, 2011, www.nytimes.com/roomfordebate/2011/08/31/can-we-trust-eyewitness-identifications/juries-dont-understand-eyewitnesstestimony.

37 Christie Thompson, "Penny Beerntsen, the Rape Victim in 'Making A Murderer,' Speaks Out," *Marshall Project*, Jan 5, 2016, www.themarshallproject.org/2016/01/05/penny-beernsten-the-rape-victim-in-making-a-murdererspeaks-out?ref=hp-3-121#.fJu9vltXt.

38 Jennifer Thompson-Cannino, Ronald Cotton, and Erin Torneo, *Picking Cotton: Our Memoir of Injustice and Redemption* (New York: St. Martin's Press, 2009); "Eyewitness, Part 1," *60 Minutes*, CBS News, Jul 12, 2009; "Eyewitness, Part 2," *60 Minutes*, CBS News, Jul 12, 2009.

39 Lesley Stahl, "Eyewitness: How Accurate Is Visual Memory?" *CBS News*, Mar 6, 2009, www.cbsnews.com/news/eyewitness-how-accurate-isvisual-memory/2.

40 "Eyewitness, Part 2."

41 "The Words 'Guilty Your Honor' May Hold Far Less Authority Now That the 300th Person Has Been Exonerated by DNA Evidence," *Sky Valley Chronicle*, Oct 1, 2012, www.skyvalleychronicle.com/FEATURE-NEWS/THEWORDS-GUILTY-YOUR-HONOR-FROM-AJURY-MAY-HOLD-LESSAUTHORITY-BR-Now-that-the-300th-person-has-been-exonerated-by-DNA-evidence-1132961.

42 같은 곳.

43 같은 곳.

44 같은 곳.

45 같은 곳.

46 Douglas A. Blackmon, "Louisiana Death-Row Inmate Damon Thibodeaux Exonerated with DNA Evidence," *Washington Post*, Sept 18, 2012, www.washingtonpost.com/national/louisiana-death-row-inmate-damon-thibodeaux-is-exonerated-with-dna-evidence/2012/09/28/26e30012-0997-11e2-afffd6c7f20a83bf_print.html.

47 같은 곳.

48 같은 곳.

49 "Words 'Guilty Your Honor' May Hold Far Less Authority."

50 Blackmon, "Louisiana Death-Row Inmate Damon Thibodeaux Exonerated."

51 같은 곳.

52 "Words 'Guilty Your Honor' May Hold Far Less Authority."

53 같은 곳.

54 같은 곳.

55 "The Causes of Wrongful Conviction," Innocence Project, 2016, www.innocenceproject.org/causes-wrongful-conviction (accessed May 1, 2016).

56 "% Exonerations by Contributing Factor," National Registry of Exonerations, last updated Dec 10, 2016, www.law.umich.edu/special/exoneration/Pages/ExonerationsContribFactorsByCrime.aspx.

57 *Colorado v. Connelly*, 479 U.S. 157.

58 "John Mark Karr and the False Confession: Why?" WebMD, www.webmd.com/mental-health/features/john-mark-karr-false-confession-why(accessed Apr 20, 2016) 참고.

59 Richard A. Leo, *Police Interrogation and American Justice* (Cambridge, Mass.: Harvard University Press, 2009): 201–10; Tom Wells and Richard A. Leo, *The Wrong Guys: Murder, False Confessions, and the Norfolk Four* (New York: New Press, 2008); John Grisham, *The Innocent Man: Murder and Injustice in a Small Town* (New York: Doubleday, 2006).

60 Ken Burns, David Mcmahon, and Sarah Burns, The Central Park Five (PBS, Florentine Films, WETA-TV, 2012). 다큐멘터리 영화, 120분.

61 Leo, *Police Interrogation and American Justice*, 210–25; Saul M. Kassin, "Internalized False Confessions," *Handbook of Eyewitness Psychology* 1 (2007), http://web.williams.edu/Psychology/Faculty/Kassin/files/Kassin_07_internalized%20confessions%20ch.pdf 참고.

62 Kassin, "Internalized False Confessions," 171.

63 Julie Shaw and Stephen Porter, "Constructing Rich False Memories of Committing Crime," *Psychological Science* (Jan 2015).

64 같은 책, 298.

65 Kassin, "Internalized False Confessions," 176.

66 같은 책, 177.

67 피터 라일리 사건에 관한 전반적인 내용은 다음을 참고할 것. Donald S. Connery, in *True Stories of False Confessions*, ed. Rob Warden and Steven A. Drizin (Evanston, Ill.: Northwestern University Press, 2006), 47–70; Kassin, "Internalized False Confessions," 175–94; D. S. Connery, *Guilty until Proven Innocent* (New York: Putnam, 1977), 173.

68 Douglas T. Kenrick, Steven L. Neuberg, and Robert B. Cialdini, *Social Psychology: Unraveling the Mystery*, 3rd ed. (Boston: Pearson, 2005), 173.

69 John Wilkens and Mark Sauer, "Haunting Questions: The Stephanie Crowe Murder Case," parts 1 and 2, SignOnSanDiego.com, Union-Tribune Publishing, May 11–12, 1999, http://legacy.utsandiego.com/news/reports/crowe/crowe2.html.

70 Frances E. Chapman, "Coerced Internalized False Confessions and Police Interrogations: The Power of Coercion," *Law and Psychology Review* 37(2013): 159–92, http://heinonline.org/HOL/Page?handle=hein.journals/lpsyr37&div=8&g_sent=1&collection=journals.

71 같은 책, 185.

72 "Rock Hill Man Convicted of 2001 Rape, Murder of Daughter Seeks New Trial," *The Herald*, Jul 20, 2015, www.heraldonline.com/news/local/crime/article27957517.html.

73 Simon, *In Doubt*, 146.

74 Barry Berke and Eric Tirschwell, "New Rule Proposed on Note Taking in Criminal Cases," *New*

York Law Journal 238, no. 47 (2007): 4.

75 Dan Simon, "The Limited Diagnosticity of Criminal Trials," *Vanderbilt Law Review* 64, no. 143 (2011): 150–51.

76 Danielle M. Loney and Brian L. Cutler, "Coercive Interrogation of Eyewitnesses Can Produce False Accusations," *Journal of Police and Criminal Psychology* 31, no. 1 (Mar 2016): 29–36, http://link.springer.com/article/10.1007/s11896-015-9165-6.

77 Wendy Gillis, "Aggressive Police Questioning May Boost False Accusations, Study Finds," *Toronto Star*, Feb 2, 2015, www.thestar.com/news/crime/2015/02/15/aggressive-police-questioning-may-boost-false-accusationsstudy-finds.html.

78 Stéphanie B. Marion et al., "Lost Proof of Innocence: The Impact of Confessions on Alibi Witnesses," *Law and Human Behavior* (Aug 24, 2015), http://dx.doi.org/10.1037/lhb0000156.

79 Simon, *In Doubt*, 95.

80 같은 곳.

81 Marisol Bello, "Brian Williams Not Alone in Having False Memories," USA Today, Feb 6, 2015, www.usatoday.com/story/news/2015/02/05/brianwilliams-helicopter-memory/22928349; 다음도 참고할 것. Brittny Mejia, "Scientists Explain How Brian Williams' Memory May Have Failed Him," *Los Angeles Times*, Feb 6, 2015, www.latimes.com/science/sciencenow/la-sci-sn-memoryblame-brian-williams-20150206-story.html.

82 Luke Johnson and Sam Stein, "Mitt Romney Recalls Parade That Occurred Before He Was Born," *Huffington Post*, Feb 27, 2012, www.huffingtonpost.com/2012/02/27/mitt-romney-remembers-golden-jubilee_n_1305110.html.

83 Nicholas Thompson, "Lie or Mistake, Paul Ryan's Marathoning Past," *New Yorker*, Sept 1, 2012, www.newyorker.com/news/news-desk/lie-ormistake-paul-ryans-marathoning-past.

84 Daniel Greenberg, "President Bush's False Flashbulb Memory of 9/11/01," *Applied Cognitive Psychology* 18 (2004): 363–70, doi: 10.1002/acp.1016.

6 눈을 가리는 직관

1 *U.S. v. Scheffer*, 523 U.S. 303.

2 가령, 다음을 참고할 것. 4-76 *Modern Federal Jury Instructions—Civil P 76.01* ("목격자의 모습은 어떠했나, 목격자의 태도는 어땠나—즉, 증언할 때의 몸가짐, 행동, 자세, 태도, 표정은 어땠는가. 우리 마음을 움직이는 건 그가 무엇을 말하는가보다 그 말을 어떻게 하는가일 때가 많다."); 3-3-43 *Instructions for Virginia and West Virginia § 114-115; 1-II Criminal Jury Instructions for DC Final Instructions Instruction 2.200.*

3 Steve Drizin, "Dancing Eyebrows, Amanda Knox, and Jerry Hobbs: Assessing Guilt Based on Body Language Is a Dangerous Game," Huffington Post Crime Blog, Jul 14, 2014, www.huffingtonpost.com/steve-drizin/dancingeyebrows-amanda-k_b_5291451.html.

4　John Ferak, "Politician: Steven Avery's Eyes Prove He's Guilty," USA Today Network, Apr 6, 2016, www.postcrescent.com/story/news/local/stevenavery/2016/04/06/politician-averys-eyes-prove-hes-guilty/82586402.

5　데이비드 아이어스 사건에 관한 자료는 저자 수집.

6　Laura Ricciardi and Moira Demos, "Eighteen Years Lost," *Making a Murderer*, Netflix Streaming, Dec 18, 2015. 다큐멘터리 시리즈, 제1화, 60분.

7　Dave D'Marko, "Kansas Man Who Maintained His Innocence in Murder Case Released from Prison," WDAF-TV, Dec 8, 2015, http://fox4kc.com/2015/12/08/kansas-man-who-maintained-his-innocence-in-murdercase-released-from-prison. 더 자세한 내용은 다음을 참고할 것. Maurice Possley, "Floyd Bledsoe," National Registry of Exonerations, last updated Dec 14, 2015, www.law.umich.edu/special/exoneration/pages/casedetail.aspx?caseid=4809.

8　월터 짐머 사건에 관한 전반적인 내용은 다음을 참고할 것. National Registry of Exonerations, last updated Apr 7, 2014, www.law.umich.edu/special/exoneration/Pages/casedetail.aspx?caseid =4283.

9　Paul Ekman, *Telling Lies: Clues to Deceit in the Marketplace, Politics, and Marriage* (New York: W. W. Norton, 2001).

10　Samantha Mann, Aldert Vrij, and Ray Bull, "Detecting True Lies: Police Officers' Ability to Detect Suspects' Lies," *Journal of Applied Psychology* 89, no. 1 (2004): 137–49, University of Portsmouth, http://eprints.port.ac.uk/id/eprint/23; R. E Kraut, "Humans as Lie Detectors: Some Second Thoughts," *Journal of Communication* 30 (1980): 209–16.

11　Charles F. Bond, Jr., and Bella M. DePaulo, "Accuracy of Deception Judgments," *Personality and Social Psychology Review* 10, no. 3 (2006): 214–34, www.communicationcache.com/uploads/1/0/8/8/10887248/accuracy_of_deception_judgments.pdf.

12　Mann, Vrij, and Bull, "Detecting True Lies," 137–49.

13　F. E. Inbau et al., *Criminal Interrogation and Confessions*, 4th ed. (Gaithersburg, Md.: Aspen, 2001).

14　Joel Seidman, "GAO: $1 Billion TSA Behavioral Screening Program 'Slightly Better than Chance,' " NBC News, Nov 13, 2013, www.nbcnews.com/news/other/gao-1-billion-tsa-behavioral-screening-program-slightly-betterchance-f2D11588343.

15　"Aviation Security TSA Should Limit Future Funding for Behavior Detection Activities," United States Government Accountability Office, Nov 2013, http://msnbcmedia.msn.com/i/msnbc/sections/news/GAO-TSA_SPOT_Report.pdf. Italicsadded.

16　Seidman, "GAO: $1 Billion."

17　윌링엄 사건에 관한 전반적인 내용은 다음을 참고할 것.
David Grann, "Trial by Fire: Did Texas Execute an Innocent Man?" *New Yorker*, Sept 7, 2009, www.newyorker.com/magazine/2009/09/07/trial-by-fire.

18　"Cameron Todd Willingham: Wrongfully Convicted and Executed in Texas," Innocence Project, Sept 13, 2010, www.innocenceproject.org/newsevents-exonerations/cameron-todd-willingham

-wrongfully-convicted-andexecuted-in-texas.

19 Douglas J. Carpenter et al., "Report on the Peer Review of the Expert Testimony in the Cases of State of Texas v. Cameron Todd Willingham and State of Texas v. Ernest Ray Willis," *Arson Review Committee: A Peer Review Panel Commissioned by the Innocence Project,* www. innocenceproject.org/wpcontent/uploads/2016/04/file.pdf (accessed May 1, 2016); Craig L. Beyler, "Analysis of the Fire Investigation Methods and Procedures Used in the Criminal Arson Cases against Ernest Ray Willis and Cameron Todd Willingham," Hughes Associates, Aug. 17, 2009, www.scribd.com/doc/20603037/Analysis-of-the-Methods-and-Procedures-Used-in-the-Cameron-Todd-Willingham-Arson-Case; 다음 역시 참고할 것. "Trial by Fire."

20 Beyler, "Analysis of the Fire Investigation."

21 Sarah Koenig, Serial, episode 9, "To Be Suspected," podcast audio, Nov 20, 2014, https://serialpodcast.org/season-one/9/to-be-suspected.

22 Pamela Colloff, "The Innocent Man, Part One," *Texas Monthly* (Nov 2012), www.texasmonthly.com/politics/the-innocent-man-part-one/#sthash.2HNay7ea.dpuf.

23 "Michael Morton," National Registry of Exonerations, www.law.umich.edu/special/exoneration/pages/casedetail.aspx?caseid=3834 (accessed Apr 21, 2016).

24 Maurice Possley, "Russell Faria," National Registry of Exonerations, www.law.umich.edu/special/exoneration/Pages/casedetail.aspx?caseid=4792 (accessed Nov 16, 2015).

25 별도의 언급이 없는 경우, 사실관계의 출처는 다음과 같다. Lee v. Tennis, 2014 U.S. Dist. LEXIS 110736, 2014 WL 3894306 (M.D. Pa. Jun 13, 2014); Transcript of Record, Commonwealth v. Lee, 433 Pa. Super. (No. CP-45-CR-0000577-1989).

26 Transcript of Record at 162, 621, *Commonwealth v. Lee,* 433 Pa. Super. (No. CP-45-CR-0000577-1989).

27 같은 책, 156.

28 같은 책, 257.

29 Appellant's Brief at 33, *Lee v. Cameron,* 2014 U.S. Dist. LEXIS 117115 (2015) (No. 14-3876) Doc. 003111853826.

30 별도의 언급이 없는 경우, 사실관계의 출처는 다음과 같다. Transcript of Record, *Georgia v. Debelbot,* Superior Court of Muscogee County (Indictment No.SU-09-CR-1843).

31 같은 책, 251.

32 같은 책, 250-52.

33 같은 책, 288-89.

34 새로운 재심청구를 위한 피고 측 의견서 *Georgia v. Debelbot,* Superior Court of Muscogee County (Indictment No.SU-09-CR-1843).

35 Tim Chitwood, "Whether Parents Crushed Infant's Skull Subject of New Trial Hearing," *Ledger Enquirer,* Jan 12, 2015, www.ledger-enquirer.com/news/local/crime/article29383837. html#storylink=cpy.

36 별도의 언급이 없는 경우, 사실관계의 출처는 다음과 같다. Judge (ret.) Leslie Crocker Synder et

al., *Report on the Conviction of Jeffrey Deskovic: Prepared at the Request of Janet DiFiore, Westchester County District Attorney* (Jun 2007), www.westchesterda.net/Jeffrey%20Deskovic%20Comm%20Rpt.pdf.

37 "Jeff Deskovic," Innocence Project, www.innocenceproject.org/casesfalse-imprisonment/jeff-deskovic#sthash.UnH4jzsp.dpuf (accessed Apr 22, 2016).

38 Synder et al., *Report on the Conviction*, 16.

7 눈을 가리는 터널시야

1 Keith Findley and Michael S. Scott, "The Multiple Dimensions of Tunnel Vision in Criminal Cases," *Wisconsin Law Review* 2 (Jun 2006): 307, http://ssrn.com/abstract=911240.

2 같은 책, 309.

3 같은 책, 317.

4 이 맥락에서 터널시야는 대개 누구나 영향을 받기 쉬운 "통상적인 휴리스틱 및 논리적 오류 목록"을 의미하는 것으로 이해할 수 있다. 이는 형사사법제도의 주요 행위자들이 "특정 용의자에게 초점을 맞춘 뒤 유죄판결을 위한 '논거 구축'에 일조할 증거는 선별하고 유죄에 어긋나는 증거는 무시하거나 억압하게" 만드는 요인들이다. 이 과정은 수사관, 검사, 판사, 변호사 모두가 특정 결론에 초점을 맞춘 뒤 그런 결론이 제공하는 렌즈를 통해 사건의 모든 증거를 여과시켜 선별하게 만든다. 이 여과장치를 통과하면, 채택한 결론을 뒷받침하는 모든 정보의 의미값은 올라가고, 나머지 증거와 일치하는 것으로 간주되어 유의미하고 증거력이 있는 것으로 판단된다. 반면, 채택된 가설에 맞지 않는 증거는 무의미하고 믿을 수 없으며 신뢰도가 떨어지는 것으로 손쉽게 간과 또는 무시된다. 적절히 파악해보면, 터널시야는 악의나 무관심의 산물이라기보다는 제도적, 문화적 압력 및 인간 조건의 산물인 경우가 더 많다. 다음을 참고할 것. Keith Findley, "Tunnel Vision," in *Conviction of the Innocent: Lessons from Psychological Research*, ed. Brian Culter (Washington, D.C.: APA Press, 2010), http://ssrn.com/abstract=1604658.

5 휴리스틱 및 의사결정에 관한 좀 더 자세한 내용은 다음을 참고할 것. Amos Tversky and Daniel Kahneman, "Judgments under Uncertainty: Heuristics and Biases," *Science* 185 (Sept 1974): 1124–31, doi:10.1126/science.185.4157.1124; Amos Tversky and Daniel Kahneman, "Availability: A Heuristic for Judging Frequency and Probability," *Cognitive Psychology* 5 (Sept 1973): 207–33, doi:10.1016/0010-0285(73)90033-9; Daniel Kahneman and Gary Klein, "Conditions for Intuitive Expertise: A Failure to Disagree," *American Psychologist* 64 (Sept 2009): 515–26, doi:10.1037/a0016755.

6 매튜 에이드 블로그 글 2013년 9월 7일자. MatthewAid.com, "Analyst Liabilities and the Iraqi WMD Intelligence Failure," www.matthewaid.com/post/31058119160/analyst-liabilities-and-the-iraqi-wmd-intelligence.

7 The Commission on the Intelligence Capabilities of the United States Regarding Weapons of Mass Destruction, Rep. to the President (Mar 31, 2005), at 162, https://fas.org/irp/offdocs/

wmd_report.pdf.

8   같은 책, 3.

9   Carol Tavris and Elliot Aronson, *Mistakes Were Made (But Not by Me): Why We Justify Foolish Beliefs, Bad Decisions, and Hurtful Acts* (New York: Houghton Mifflin Harcourt Publishing, 2015), 3–7.

10   같은 책, 7.

11   MatthewAid.com, "Analyst Liabilities and the Iraqi WMD Intelligence Failure."

12   Tavris and Aronson, *Mistakes Were Made*, 175.

13   같은 곳.

14   Findley and Scott, "The Multiple Dimensions of Tunnel Vision," 325.

15   별도의 언급이 없는 경우, 사실관계의 출처는 다음과 같다. Pamela Colloff, "The Innocent Man, Part One," *Texas Monthly* (Nov 2012), www.texasmonthly.com/politics/the-innocent-man-part-one/#sthash.2HNay7ea.dpuf; and, Colloff, "The Innocent Man, Part Two," Texas Monthly (Dec 2012), www.texasmonthly.com/articles/the-innocent-man-part-two.

16   "Michael Morton," National Registry of Exonerations, www.law.umich.edu/special/exoneration/pages/casedetail.aspx?caseid=3834 (accessed Apr 28, 2016).

17   사실관계의 출처는 Findley, "Tunnel Vision."

18   사실관계의 출처는 Tom Wells and Richard A. Leo, *The Wrong Guys: Murder, False Confessions, and the Norfolk Four* (New York: New Press, 2008).

19   "Convictions Vacated for Two Cases of the So-Called 'Norfolk Four,'" Associated Press / WAVY, Oct 31, 2016, http://wavy.com/2016/10/31/judge-tohold-hearing-in-norfolk-four-cases; Priyanka Boghani, "Norfolk Four Pardoned 20 Years after False Confessions," *Frontline*, PBS/WGBH, Mar 22, 2017, www.pbs.org/wgbh/frontline/article/norfolk-four-pardoned-20-years-after-falseconfessions.

20   Findley and Scott, "The Multiple Dimensions of Tunnel Vision," 305–7.

21   Syndney H. Schangberg, "A Journey through the Tangled Case of the Central Park Jogger," *Village Voice*, Nov 19, 2002, www.villagevoice.com/news/a-journey-through-the-tangled-case-of-the-central-park-jogger-6436053.

22   Findley and Scott, "The Multiple Dimensions of Tunnel Vision," 305–7.

23   Schangberg, "Journey through the Tangled Case of the Central Park Jogger."

24   같은 곳.

25   Findley and Scott, "The Multiple Dimensions of Tunnel Vision," 305–7.

26   같은 책, 335. 다음 역시 참고할 것. Adam Benforado, *Unfair: The New Science of Criminal Injustice* (New York: Penguin Random House, 2015), 31.

27   Carrie Sperling, "Defense Lawyer Tunnel Vision: The Oft-Ignored Role Defense Counsel Plays in Wrongful Convictions," *The Defender* (Fall 2010): 19, http://ssrn.com/abstract=1802654.

28   Wendy J. Coen, "The Unparalleled Power of Expert Testimony," in *Forensic Science Testimony: Science, Law, and Expert Evidence*, ed. C. Michael Bowers (Oxford: Academic Press, 2014), 221.

29 Michael Martinez, "South Carolina Cop Shoots Unarmed Man: A Timeline," CNN, Apr 9, 2015, www.cnn.com/2015/04/08/us/south-carolinacop-shoots-black-man-timeline.

30 Matt Gelb, "Former Philly Narcotics Cop Jeffrey Walker Sentenced to 3 1/2 Years in Prison," Philadelphia Media Network, Jul 31, 2015, www.philly.com/philly/news/20150730_Former_Philly_narcotics_cop_Jeffrey_Walker_sentenced_to_31_2_years_in_prison.html; Michael E. Miller, "Cop Accused of Brutally Torturing Black Suspects Costs Chicago $5.5 Million," *Washington Post*, Apr 15, 2015, www.washingtonpost.com/news/morning-mix/wp/2015/04/15/closing-the-book-on-jon-burge-chicago-cop-accused-of-brutallytorturing-african-american-suspects.

31 Dahlia Lithwick, "Crime Lab Scandals Just Keep Getting Worse," *Slate Magazine*, Oct 19, 2015, www.slate.com/articles/news_and_politics/crime/2015/10/massachusetts_crime_lab_scandal_worsens_dookhan_and_farak.html.

32 Katie Mulvaney, "R.I. Criminal Defense Lawyer Sentenced to 6 Years in Prison for Bribery Scheme," *Providence Journal*, Sept 11, 2013, www.providencejournal.com/article/20130911/News/309119971; Debra Cassens Weiss, "California Criminal Defense Lawyer Convicted of Laundering Money for Client," *ABA Journal*, Jul 21, 2010, www.abajournal.com/news/article/california_defense_lawyer_convicted_of_laundering_money_for_client; Martha Neil, "Attorney Is Convicted of Conspiring to Bilk Criminal Defense Clients Out of Big Bucks," *ABA Journal*, May 29, 2015, www.abajournal.com/news/article/defense_attorney_is_convicted_of_conspiring_to_dupe_criminal_clients_into_p.

33 Eyder Peralta, "Pa. Judge Sentenced to 28 Years in Massive Juvenile Justice Bribery Scandal," *The Two-Way*, National Public Radio, Aug 11, 2011, www.npr.org/sections/thetwo-way/2011/08/11/139536686/pa-judge-sentencedto-28-years-in-massive-juvenile-justice-bribery-scandal.

34 Bruce A. MacFarlane, "Wrongful Convictions: The Effect of Tunnel Vision and Predisposing Circumstances in the Criminal Justice System," *Prepared for theInquiry into Pediatric Forensic Pathology in Ontario*, the Honourable Stephen T. Goudge, Commissioner (2008), 20, www.attorneygeneral.jus.gov.on.ca/inquiries/goudge/policy_research/pdf/Macfarlane_Wrongful-Convictions.pdf.

35 같은 곳.

36 Brigit Katz, " Making a Murderer Lawyer Says Humility Is Needed to Change a Flawed Legal System," *New York Times*, Jan 29, 2016, http://nytlive.nytimes.com/womenintheworld/2016/01/29/making-a-murderer-lawyersays-humility-is-the-answer-to-flawed-legal-system.

37 Matt Ford, "The Ethics of Killing Baby Hitler," *The Atlantic*, Oct 24, 2015, www.theatlantic.com/international/archive/2015/10/killing-baby-hitlerethics/412273.

38 Tim Lynch, "An 'Epidemic' of Prosecutorial Misconduct," Cato Institute, Dec 12, 2013, www.policemisconduct.net/epidemic-prosecutorial-misconduct.

39 Diana M. Wright and Michael A. Trimpe, "Summary of the FBI Laboratory's Gunshot Residue

Symposium," *Forensic Science Communications* 8, no. 3 (2005), www.fbi.gov/about-us/lab/forensic-science-communications/fsc/july2006/research/2006_07 _research01.htm. 다음도 참고할 것. R. E. Berk et al., "Gunshot Residue in Chicago Police Vehicles and Facilities: An Empirical Study," *Journal of Forensic Science* 52 (July 2004): 838 – 41; B. Cardinetti et al., "X-ray Mapping Technique: A Preliminary Study in Discriminating Gunshot Residue Particles from Aggregates of Environmental Occupational Origin," *Forensic Science International* 143 (Jun 2004): 1 – 14.

40 Dennis L. McGuire, "The Controversy Concerning Gunshot Residues Examinations," *Forensic Magazine*, Aug 1, 2008, www.forensicmag.com/articles/2008/08/controversy-concerning-gunshot-residues-examinations.

41 Wright and Trimpe, "Summary of the FBI Laboratory's Gunshot Residue Symposium."

42 John Ferak, "Legal Experts Blast Avery Prosecutor's Conduct," USA Today Network—Wisconsin, Jan 24, 2016, www.postcrescent.com/story/news/local/steven-avery/2016/01/15/kratzs-pretrial-behavior-called-unethical/78630248.

43 Vidar Halvorsen, "Is It Better That Ten Guilty Persons Go Free than That One Innocent Person Be Convicted?" *Criminal Justice Ethics* 23, no. 2 (2004): 3-13

44 이를테면 다음을 참고할 것. Amy Klobuchar, Nancy K. Steblay, and Hilary Lindell Caligiuri, "Improving Eyewitness Identifications: Hennepin County's Blind Sequential Lineup Pilot Project," *Cardozo Public Law, Policy, and Ethics Journal* 4 (2006): 381 – 413; Gary L. Wellset al., "Eyewitness Identification Procedures: Recommendations for Lineups and Photospreads," *Law and Human Behavior* 22 (Dec 1998): 603 – 47, www.psychology.iastate.edu/FACULTY/gwells/Wells_articles_pdf/whitepaperpdf.pdf.

45 포커 관련 비유는 저스틴 브룩스의 강연 내용을 인용한 것. "The Role of the Innocence Project in the United States and the Current Situation," keynote speech, Ritsumeikan University, Osaka Japan, Mar 20, 2016.

46 Farlex Partner Medical Dictionary, s.v. "double-blind study," http://medical-dictionary.thefreedictionary.com/double-blind+study (retrieved May 9, 2016).

47 다음을 참고할 것. R. C. Lindsay and Gary L. Wells, "Improving Eyewitness Identifications from Lineups: Simultaneous versus Sequential Lineup Presentation," *Journal of Applied Psychology* 70 (Aug 1985): 556 – 64, http://dx.doi.org/10.1037/0021 – 9010.70.3.556; R. C. Lindsay et al., "Biased Lineups: Sequential Presentation Reduces the Problem," *Journal of Applied Psychology* 76 (Dec 1991): 796 – 802, http://dx.doi.org/10.1037/0021-9010.76.6.796. 그러나 미국과학한림원에서 발간한 보고서 내용에 따르면, 다른 방법보다 이 방법이 탁월하다는 결론을 내리기 위해서는 좀 더 연구가 필요하다. Thomas D. Albright et al., *Identifying the Culprit: Assessing Eyewitness Identification*, National Academy of Sciences(Washington D.C.: National Academies Press, 2014), 3.

48 "Report Urges Caution in Handling and Relying upon Eyewitness Identifications in Criminal Cases, Recommends Best Practices for Law Enforcement and Courts," National Academies, Oct 2, 2014, www.8.nationalacademies.org/onpinews/newsitem.aspx?RecordID=18891.

49 같은 곳.

50 2017년 초 기준으로, 검찰 측은 이 판결에 항소했고 제7연방항소법원에서 사건은 현재 계류중이다. 다음을 참고할 것. Steve Almasy, "Making a Murderer: Brendan Dassey Conviction Overturned," CNN, Aug 12, 2016, www.cnn.com/2016/08/12/us/making-a-murdererbrendan-dassey-conviction-overturned.

51 HIG 및 PEACE 신문 기법에 관해서는 다음을 참고할 것. James L. Trainum, *How the Police Generate False Confessions: An Inside Look at the Interrogation Room* (Lanham, Md.: Rowman and Littlefield, 2016); Kelly McEvers, "In New Age of Interrogations, Police Focus on Building Rapport," *All Things Considered*, National Public Radio, May 23, 2016, www.npr.org/2016/05/23/479207853/in-new-age-of-interrogations-police-focus-onbuildingrapport; "Symposium Facilitates Exchange of Research on Lawful Interrogations," FBI, Oct 27, 2015, www.fbi.gov/news/stories/symposiumfacilitates-exchange-of-research-on-lawful-interrogations; Robert Kolker, "Nothing but the Truth," Marshall Project, May 24, 2016, www.themarshallproject.org/2016/05/24/nothing-but-the-truth#.IkBS3CvTk.

52 Robert Kolker, "A Severed Head, Two Cops, and the Radical Future of Interrogation," *Wired*, May 24, 2016, www.wired.com/2016/05/how-tointerrogate-suspects.

53 "Contributing Causes of Wrongful Convictions (First 325 DNA Exonerations)," Innocence Project, www.innocenceproject.org/causes-wrongfulconviction (accessed May 5, 2015).

54 "% Exonerations by Contributing Factor," National Registry of Exonerations, www.law.umich.edu/special/exoneration/Pages/Exonerations ContribFactorsByCrime. aspx (accessed Dec 10, 2016).

55 Hon. Alex Kozinski, "Preface: Criminal Law 2.0," *Georgetown Law Journal Annual Review of Criminal Procedure* 44 (2015): iii–xliv, http://georgetownlawjournal.org/files/2015/06/Kozinski_Preface.pdf.

56 상동, 다음 역시 참고할 것. Henry Weinstein, "Use of Jailhouse Testimony Is Uneven in State," *Los Angeles Times*, Sept 21, 2006, http://articles.latimes.com/2006/sep/21/local/me-jailhouse21.

57 상동, 다음 역시 참고할 것. Russell D. Covey, "Abolishing Jailhouse Snitch Testimony," *Wake Forest Law Review* 49 (Jan 2014): 1375.

58 David A. Harris, *Failed Evidence: Why Law Enforcement Resists Science* (New York: New York University Press, 2012); Kevin J. Strom and Matthew J. Hickman, *Forensic Science and the Administration of Justice: Critical Issues and Directions* (New York: Sage Publications, 2014). 다음도 참고할 것. Sandra Guerra Thompson, *Cops in Lab Coats: Curbing Wrongful Convictions through Independent Forensic Laboratories* (Durham, N.C.: Carolina Academic Press, 2015) 참고.

59 Stephen A. Cooper, "D.C. Judge Rejects Junk Science but the Law Is Slow to Follow," *Huffington Post*, Jan 25, 2016, www.huffingtonpost.com/stephen-a-cooper/dc-judge-rejects-junk-sci_b_9063476.html.

60 다음에 인용. Laura Ricciardi and Moira Demos, "The Last Person to See Teresa Alive," *Making* *a Murderer*, Netflix Streaming, Dec 18, 2015. Documentary web series, episode 5, sixty minutes.

61 Mark A. Godsey and Marie Alou, "She Blinded Me with Science: Wrongful Convictions and the 'Reverse CSI-Effect,'" *Texas Wesleyan Law Review* 17 (2011): 481.

62 이 같은 '폭포수 효과'는 허위자백 사건에서 가장 흔히 나타난다. Saul M. Kassin, Daniel Bogart, and Jacqueline Kerner, "Confessions That Corrupt: Evidence from the DNA Exoneration Case Files," *Psychological Science* 23 (Jan 2012): 41–45, doi: 10.1177/0956797611422918.

63 Findley, "Tunnel Vision."

8 인간의 한계를 직시하고 받아들이기

1 Brigit Katz, "Making a Murderer Lawyer Says Humility Is Needed to Change a Flawed Legal System," *New York Times*, Jan 29, 2016, http://nytlive.nytimes.com/womenintheworld/2016/01/29/making-a-murderer-lawyer-sayshumility-is-the-answer-to-flawed-legal-system.

2 다음을 참고할 것. Siegfried L. Sporer, *Psychological Issues in Eyewitness Identification* (New York: Taylor and Francis, 1996); Brian L. Cutler and Margaret Bull Kovera, *Evaluating Eyewitness Identification* (Oxford: Oxford University Press, 2010); Committee on Scientific Approaches to Understanding and Maximizing the Validity and Reliability of Eyewitness Identification et al., *Identifying the Culprit: Assessing Eyewitness Identification* (Washington D.C.: National Academies Press, 2015); Ethan Brown, *Snitch: Informants, Cooperators, and the Corruption of Justice* (New York: Public Affairs, 2007); David A. Harris, *Failed Evidence: Why Law Enforcement Resists Science* (New York: New York University Press, 2012); Sandra Guerra Thompson, *Cops in Lab Coats: Curbing Wrongful Convictions through Independent Forensic Laboratories* (Durham, N.C.: Carolina Academic Press, 2015); Richard A. Leo, *Police Interrogation and American Justice* (Cambridge, Mass.: Harvard University Press, 2009); Tom Wells and Richard A. Leo, *The Wrong Guys: Murder, False Confessions, and the Norfolk Four* (New York: New Press, 2008).

3 Committee on Scientific Approaches to Understanding and Maximizing the Validity and Reliability of Eyewitness Identification et al., *Identifying the Culprit*; Itiel E. Dror and Simon A. Cole, "The Vision in 'Blind' Justice: Expert Perception, Judgment, and Visual Cognition in Forensic Pattern Recognition," *Psychonomic Bulletin and Review* 17 (2010): 163, doi:10.3758; Itiel E. Dror, "Practical Solutions to Cognitive and Human Factor Challenges in Forensic Science," *Forensic Science Policy and Management* 4 (2013), doi: 10.1080/19409044.2014.901437; Itiel E. Dror, "Cognitive Neuroscience in Forensic Science: Understanding and Utilizing the Human Element," *Philosophical Transactions of the Royal Society B* (Mar 2015), http://dx.doi.org/10.1098/rstb.2014.0255; Kevin J. Strom and Matthew J. Hickman, *Forensic Science and the Administration of Justice: Critical Issues and Directions* (New York: Sage Publications, 2014); Harris, Failed Evidence; Thompson, *Cops in Lab Coats*.

4 같은 책, 198–99, 211.

5 Sophie Stammers and Sarah Bunn, "Unintentional Bias in Forensic Investigation," *Postbrief*, Parliamentary Office of Science and Technology (Oct 2015), researchbriefings.files.parliament. uk/documents/POST-PB-0015/POST-PB-0015.pdf 참고; 다음 역시 참고할 것. Dror and Cole, "The Vision in 'Blind' Justice."

6 부적절한 변호 활동은 잘못된 유죄판결의 주된 요인이다. "과중한 업무에 시달리던 변호인이 제대로 조사, 증인 호출, 재판 준비를 하지 못함으로써 결백한 이들이 유죄판결을 받게 됐다. 변호인이 맡은 바를 제대로 해내지 못하면 피고인이 고통을 받는다. 국선변호인 및 법원 배정 변호인에 대한 지원 축소는 문제를 더욱 악화시킬 뿐이다." "Inadequate Defense," Innocence Project, www.innocenceproject.org/causes/inadequate-defense (accessed May 20, 2016). 다음 보고서 역시 참고할 것. Innocence Project's report by Dr. Emily M. West, "Court Findings of Ineffective Assistance of Counsel Claims in Post-Conviction Appeals among the First 255 DNA Exoneration Cases," Innocence Project, Sept 2016, www.innocenceproject.org/wp-content/uploads/2016/05/ Innocence_Project_IAC_Report.pdf; "Inadequately Funded Public Defender Services Threaten Criminal Justice System, ACLU Testifies," American Civil Liberties Union, Mar 26, 2009, www.aclu.org/news/inadequately-funded-public-defender-services-threatencriminal-justicesystem-aclu-testifies.

7 경영진이 고위험 성격의 의사결정을 자주 해야 하는 비즈니스 분야에서는 이런 교육이 이미 실행되고 있다. 관련해서는 다음을 참고할 것. Max H. Bazerman and Dolly Chugh, "Decisions without Blinders," *Harvard Business Review*, Jan 2006 (의사결정 과정에 참여할 때 터널시야 문제를 인식하게 만드는 교육의 장점에 관한 논의), https://hbr.org/2006/01/decisions-without-blinders; Judith Winters Spain et al., "Tunnel Vision: A Multi-Perspective Model and Case Application of Organizational Social Responsibility," paper distributed by the Department of Management, Marketing, and Administrative Communication at Eastern Kentucky University, (더 나은 의사결정을 할 수 있도록 각자의 편향을 인식할 수 있게 돕는 직원 교육에 대한 제안), http://people. eku.edu/englea/TunnelVisionconfproceed.htm. 다음도 참고할 것, Daniel S. Medwed, *Prosecution Complex: America's Race to Convict and Its impact on the Innocent* (New York: New York University Press, 2012); Keith Findley, "Tunnel Vision," in *Conviction of the Innocent: Lessons from Psychological Research*, ed. Brian Culter (Washington, D.C.: APA Press, 2010), http:// ssrn.com/abstract=1604658; Keith Findley and Michael S. Scott, "The Multiple Dimensions of Tunnel Vision in Criminal Cases," *Wisconsin Law Review* 2 (Jun 2006), http://ssrn.com/ abstract=911240; Laurie L. Levenson, "The Cure for the Cynical Prosecutors' Syndrome: Rethinking a Prosecutor's Role in Post-Conviction Cases," *Berkeley Journal of Criminal Law* 20 (Aug 2015); Loyola Law School, Los Diegoes Legal Studies Research Paper No. 2015-27, available at SSRN, https://papers.ssrn.com/sol3/papers.cfm?abstract_id=264829 (accessed May 1, 2017).

8 "Tunnel Vision," in *FPT Heads of Prosecutions Committee Report of the Working Group on the Prevention of Miscarriages of Justice*, Government of Canada Department of Justice, Jan 7, 2015, www.justice.gc.ca/eng/rp-pr/cj-jp/ccr-rc/pmj-pej/p4.html#s44 참고.

9   "A Messy Supreme Court Case Shows Why Judges Should Be Appointed, Not Elected," *Washington Post*, Jan 21, 2015, www.washingtonpost.com/opinions/a-messy-supreme-court-case-shows-why-judges-should-beappointed-not-elected/2015/01/21/dab54610-a0f6-11e4-9f89-561284a573f8_story.html; John L. Dodd et al., "The Case for Judicial Appointments," Federalist Society, Jan 1, 2003, www.fed-soc.org/publications/detail/the-case-for-judicialappointments. 미국의 현행 검사 선거제도의 기원에 관한 전반적인 내용은 다음을 참고할 것. Michael J. Ellis, "The Origins of the Elected Prosecutor," *Yale Law Journal* 121, no. 6 (Apr 2012): 1528-69.

10 "The Causes of Wrongful Conviction," Innocence Project, www.innocenceproject.org/causes-wrongful-conviction (accessed May 19, 2016).

11 Phil Locke, "Why a Wrongful Conviction Is Like a Plane Crash—or Should Be," Wrongful Convictions Blog, Feb 16, 2015, https://wrongfulconvictionsblog.org/2015/02/16/why-a-wrongful-conviction-is-like-a-plane-crashor-should-be; Sarina Houston, "Inside the Aircraft Accident Investigation Process," *About Money*, Dec 19, 2014, http://aviation.about.com/od/Accidents/a/Inside-The-Aircraft-Accident-Investigation-Process.htm 참고.

12 Fred C. Lunenburg, "Devil's Advocacy and Dialectical Inquiry: Antidotes to Groupthink," *International Journal of Scholarly Academic Intellectual Diversity* 14 (Nov 2012): 5-6.

13 Thomas J. Peters and Robert H. Waterman, Jr., *In Search of Excellence: Lessons from America's Best-Run Companies* (New York: Harper Business, 2006).

14 다음을 참고할 것. Max H. Bazerman and Dolly Chugh, "Decisions without Blinders," *Harvard Business Review*, Jan 2006, https://hbr.org/2006/01/decisionswithout-blinders.

15 "Eyewitness Misidentification," Innocence Project, www.innocenceproject.org/causes/eyewitness-misidentification (accessed May 19, 2016).

16 Thomas P. Sullivan, "Compendium: Electronic Recording of Custodial Interrogations," National Association of Criminal Defense Lawyers, Jan 8, 2016, www.nacdl.org/criminaldefense.aspx?id=31573&libID=31542 (pdf available for download).

17 Wicklander-Zulawski and Associates, press release, "WZ Discontinues Reid Method," Mar 6, 2017, www.w-z.com/portfolio/press-release.

18 Spencer S. Hsu, "FBI Admits Flaws in Hair Analysis over Decades," *Washington Post*, Apr 18, 2015, www.washingtonpost.com/local/crime/fbioverstated-forensic-hair-matches-in-nearly-all-criminal-trials-for-decades/2015/04/18/39c8d8c6-e515-11e4-b510-962fcfabc310_story.html 참고.

19 Spencer S. Hsu, "Santae Tribble Cleared in 1978 Murder Based on DNA Hair Test," Washington Post, Dec 14, 2012, www.washingtonpost.com/local/crime/dc-judge-exonerates-santae-tribble-of-1978-murderbased-ondna-hair-test/2012/12/14/da71ce00-d02c-11e1-b630-190a983a2e0d_story.html; "North Carolina Man Convicted Based on Erroneous Microscopic Hair Evidence Exonerated after Wrongly Serving 25 Years," Innocence Project, Mar 2, 2016, www.innocenceproject.org/north-carolina-man-convicted-based-onerroneous-microscopichair-

evidence-exonerated-after-wrongly-serving-25-years; George Graham, "After 30 Years in Jail, George Perrot of Springfield Freed after Rape Conviction Overturned," Mass Live, Feb 11, 2016, www.masslive.com/news/index.ssf/2016/02/george_perrot_springfield_man.html 참고.

20 "General Information," National Commission on Forensic Science, www.justice.gov/ncfs (accessed May 19, 2016).

21 Spencer S. Hsu, "Sessions Orders Justice Dept. to End Forensic Science Commission, Suspend Review Policy," *Washington Post*, Apr 10, 2017, www.washingtonpost.com/local/public-safety/ sessions-orders-justice-dept-to-endforensic-science-commission-suspend-review-policy/2017/04/10/2dada0ca-1c96-11e7-9887-1a5314b56a08_story.html?utm_term=.346af0d125aa.

22 "Ohio Enacts Historic Reforms," Innocence Project, Apr 5, 2010, www.innocenceproject.org/ ohio-enacts-historic-reforms. 다음 역시 참고할 것. Alana Salzberg, "Ohio Passes Major Package of Reforms on Wrongful Convictions; Governor Is Expected to Sign Bill, Making Ohio a National Model," Innocence Project, Mar 16, 2010, www.innocenceproject.org/ohio-passes-major-package-ofreforms-on-wrongful-convictionsgovernor-is-expected-to-sign-bill-makingohio-a-national-model.

23 다음을 참고할 것. Michael J. Naples, *Effective Frequency: The Relationship between Frequency and Advertising Effectiveness* (New York: Association of National Advertisers, 1979).

24 Conviction Review Unit, Brooklyn District Attorney's Office, http://brooklynda.org/conviction-review-unit (accessed May 19, 2016).

25 Noah Fromson, "Conviction Integrity Units Expand beyond Texas Roots," *Texas Tribune*, Mar 12, 2016, www.texastribune.org/2016/03/12/conviction-integrity-units-expand-beyond-texas-roo.

26 "Quattrone Center Issues National Report on Best Practices for Conviction Review Units," press release, Penn Law, University of Pennsylvania Law School, Apr 28, 2016, www.law.upenn.edu/ live/news/6125-quattronecenter-issues-national-report-on-best#.VzEdG GDtye4.

BLIND INJUSTICE

죄 없는 죄인 만들기

2023년 3월 17일 초판 1쇄 발행

지은이 마크 갓시 · **옮긴이** 박경선
펴낸이 류지호
책임편집 김희중 · **디자인** firstrow
편집 이상근, 김희중, 곽명진

펴낸곳 원더박스 (03169) 서울시 종로구 사직로10길 17, 301호
대표전화 02-720-1202 · **팩시밀리** 0303-3448-1202
출판등록 제2022-000212호 (2012. 6. 27.)

ISBN 979-11-92953-02-1 (03330)